시인들이 만난 하나님

기독교 인문
시리즈
001

시인들이 만난 하나님

한국현대시와 기독교의 대화

차정식

Holy
WavePlus

| 저자 서문 |

나는 왜 시를 읽기 시작했던가. 추억의 후일담 같은 감상으로 이 질문과
다시 마주친다. 그래, 그럴 때가 있었다. 삐쩍 마른 몰골로 허겁지겁 밥을
먹듯, 시집을 탐하며 이것저것 읽어대던 시절이 어렴풋이 떠오른다. 대
학시절 곰팡내 피어나는 칙칙한 반지하 자취방에서 그랬고, 먼 타국 땅
모국어가 그리워 한글로 된 책만 보면 반가워지던 유랑시절의 골목 서
점에서도 그랬다. 농밀하게 응결된 시어들이 맛깔나게 느껴지던 경험은
곧 내 상상력이 무르익어 그 언어의 틈새로 파고 들어가 그 말들의 풍경
을 나만의 시선으로 체감하던 버릇이 생기면서부터였던 것 같다. 그 즈
음에 나는 정갈하고 섬세하게 해석된 시 비평의 세계에도 입문하여 한
작품을 해석하는 명민한 비평의 작업이 그 작품의 생산자가 의도한 것
이상으로 다양한 의미의 메아리를 만든다는 사실도 깨치게 되었다. 그
전후로 나는 심오한 말에 허기 들린 사람처럼 작품의 품질을 따져가면
서 시인들의 책을 수집하여 천천히 읽는 재미에 푹 빠졌다. 어떤 시집은
수십 차례 반복하여 읽으면서 내 말과 삶의 스타일이 그 말들의 풍경처
럼 성육화되길 소망했다. 이와 함께, 멋진 말들을 조합하여 헤픈 영탄의

포즈로 버무린 얼치기 감상적인 작품과 차별되는 좋은 작품, 뛰어난 작품이 무엇인지, 시적인 것의 창조적인 순간은 왜 팽팽한 긴장과 함께 다가오는지 따져보는 습관이 생겼다. 진정성이 박힌 시들은 왜 한결같이 견고한 내면을 품고 있는지, 왜 어떤 작품은 특정한 리듬을 유도하면서 특정한 시어를 힘주어 읽게 만드는지 등의 질문과 함께 고뇌도 깊어졌다. 또 시문학사에 길이 남을 작품은 어떤 수준의 위엄과 권위를 갖추어야 하는지 그 비평적 혜안을 무시할 수 없었다.

이처럼 내 사사로운 삶의 가장 여유로운 공간에서 시와 비평의 집을 지었다가 허물길 반복하는 사이, 나는 어느덧 신약성서를 전공으로 삼는 신학자가 되어 있었다. 그 뒤에는 내가 주업으로 선택한 성서신학의 작업에 매진해야 했지만, 그 기간에도 나는 그간 읽고 모아둔 시집에 대하여 무엇인가 한 마디 해야 한다는 모종의 채무감을 느꼈다. 신학세계에 뛰어들어 보니 시학과 신학의 거리가 의외로 매우 긴밀하다는 사실을 발견하였다. 말/말씀의 시원에 서려 있는 신성한 존재의 흔적을 더듬으며 이를 극진히 받들어 모시고 그 진액을 뽑아 삶의 자리에 뿌리는 일의 공통분모가 그 둘 사이에 매우 친숙하게 포착되었던 것이다. 더구나 문화신학이라는 신학의 분과에 자양분을 공급하는 '문화'의 가장 농익은 성취의 중요한 지분이 '시문학'에 있음을 확인하게 된 점도 내게 시 작품에 대한 신학비평의 적실한 동기를 부여하였다. 마침 기회가 왔다. 월간 「기독교사상」과 계간 「신학비평」에 원고를 연재할 기회에 나는 그간 읽은 뛰어난 시와 시집, 내 삶에 진한 성찰의 흔적을 남겨준 작품들을 공들여 분석하고 그 의미를 신학적 자장 안에 증폭시키는 작업에 시동을 걸었다. 이 책은 이 모든 모험과 유랑, 독서와 감상, 분석과 해석, 우연과 인연의 기회가 맞물려 태동된 내 지적 탐색의 궤적이자 언어적 삶을 통해 직조한 내 정신사의 한 자취다.

2008년 이레서원에서 출간한 『한국 현대시와 신학의 풍경』을 개정하고 증보한 리모델링의 결실이 바로 이 책이다. 그 책의 문장 중 사소한 부분이지만 단어와 문구를 여러 군데 손질하였고, 안도현의 시집 『간절하게 참 철없이』(창작과비평사, 2008)에 나오는 음식과 식사 이미지를 향유의 신학이란 관점에서 다룬 한 편의 비평 에세이를 말미에 추가하였다. 새물결플러스 대표 김요한 목사님은 이 책이 제대로 빛을 보지 못한 채 사장된 것이 안타깝다며 발굴의 혜안을 가지고 간간이 부활의 소망을 피워 올렸다. 이 땅의 신학계에 보기 드문 신학자의 시 읽기라는 견지에서 그 희소성이 확연하고 보존가치가 있다며 재출간을 제안하신 것이다. 그 선의에 화답하여 제목과 디자인을 바꾸고 내용을 보완하여 내 젊은 시절의 자화상을 이렇게 또다시 선보이게 되었다. 한 마디로 이 책은 이 세상의 한 시절을 가장 치열하게 살아간 시인들이 꿈꾸고 만난 하나님, 어쩌면 낯설고 희한한 미지의 신과 그 신의 나라에 대한 신학자의 보고서다. 이제 그 결실을 코앞에 두고 다소 계면쩍은 심사일망정 나름의 감회가 일렁인다. 애증으로 범벅된 자식에게 더 연민의 정이 느껴지는 것과 마찬가지 이치이리라. 부디 이 땅의 메마르고 딱딱한 신학과 목회의 현장에 하나님의 말씀이 인간의 삶으로 성육하는 자리와 관계마다 풍성한 시적 영감이 넘실거리고, 그 가운데 우리의 부실하고 오염된 언어들이 새롭게 거듭나길 기원한다. 아울러, 이 책에서 다루는 작품들과 시인들이 우리의 신학적 상상력을 증폭시켜 마침내 하나님 나라의 심오한 한 줄기가 우리 실존의 절벽에 이르러 전혀 새로운 풍경으로 체험되길 기대해본다.

2014. 7. 3.

차정식 씀

차례

제1부

초월과 방랑,
역사와 자연

1장 방랑자의 고독에 깃드는 신성

-백석의 〈남신의주 유동 박시봉방〉을 중심으로

예수께서 말씀하셨다. "방랑자가 되어라"(도마복음 42).

"많은 자들이 문 앞에 서 있다. 그러나 고독한 자는 그 신혼방에 들어가리라"(도마복음 75).

흘러가는 생명의 곡절

모든 생명이 그렇지만 인간의 생명 또한 본질상 고여 있기보다 흘러가는 것이라서 붙박이 스타일을 싫어한다. 몸이 특정 공간에 붙잡혀 있으면 영혼이 노니는 시간이라도 자유로워야 하며, 영혼이 무엇엔가 골몰해 있다면 몸이라도 떠돌아야 한다. 영혼이든 몸이든 인간 생명이 갇혀 있는 부자유의 삶을 싫어하는 것은, 자연의 일부인 인간의 성정이 그것을 부자연스럽게 느끼기 때문이다. 그래서 창조적 자유를 꿈꾸는 사람들마다 자발적 방랑의 삶을 추구하며, 꼭 전적으로 자발적이지 않더라도, 많은 사람들은 이런 곡절과 저런 사연을 간직한 채 평생의 긴 여로를 통해 방랑자처럼 살다 간다. 인간은 방랑하면서 자기 의지와 무관하게, 실수로 많은 것을 잃게 되는 상실의 존재다. 상실은 자발적 이별과 함께 찾아들기도 하고, 세월 속의 풍화 작용으로 불가피하게 경험되기도 한다.

　상실한 것들은 대체로 시간의 힘에 떠밀려 망각의 늪으로 가라앉기 십상이지만, 죽지 않는 한 끊임없이 기억의 촉수에 달라붙어 우리를 덧없이 슬프게, 외롭게, 아프게 하는 것들도 적지 않다. 그 고독과 애상의 정조가 단순히 말초신경 수준의 감상적 넋두리나 변덕스레 명멸하는 낭만적 장식품이 아니라면 그것의 진정성은 무엇일까. 그 정조가 정조 이상의 힘으로 승화하여 한 개인의 삶을 지배하는 정신적 푯대가 된다면, 하여 그것이 그 주체가 살아가는 일상적 삶의 스타일로 육화되어 나타난다면, 그러한 삶의 신학적 의의는 무엇일까. 신을 발견하는 경로로 경전의 말씀이나 역사 또는 자연을 들지만, 무릇 하느님의 신성은 저 크고 높은 곳으로의 상승 초월뿐 아니라, 저 낮고 비루한 곳으로의 하강 초월이나 개체 생명 속으로의 내면 초월을 통해 두루 경험될 수 있다.

그처럼 다양한 초월적 신성의 열린 채널은 신의 얼굴을 새롭게 발견하도록 우리를 부추기고 들뜨게 하며, 이에 따라 우리는 종종 방랑자를 자처한다. 자발적 방랑자가 되기 위해, 혹은 어쩌다 방랑자가 되다 보니, 거추장스러운 주변의 일상은 단출하게 정리되고, 그 과정에서 우리는 소중한 것들을 많이 잃고 그 상실로 인한 상심에 잠겨 깊이 앓는다. 넉넉한 준비 없이 홀로 떠돌다 보면 무엇보다 일상의 습속에서 기대되는 체통과 품위를 잃기 쉽다. 든든한 고향과 안온한 가정의 울타리를 벗어나면 외로움과 그리움은 빠짐없이 찾아드는 단골 정서다. 이리저리 떠도는 시간과 공간 속에서 방랑자는 옷이 닳듯, 심신이 닳든 상하게 마련이다. 또 삶의 군더더기 장식들이 떨어져 나감과 동시에 잡스러운 각종 욕망이 풍화되며, 간혹 제 자신의 비루한 몰골에 당황하기도 한다. 그런데 놀라워라. 그 당황의 순간이 새로운 자기 발견의 순간이라면…? 그 비루한 몰골의 자화상이 구원에 이르는 또 다른 자기 초월의 계기라면…?

'~것이었다'의 리듬과 여운

이 글에서 나는 그와 같은 고독, 상실, 방랑의 삶을 체화하여 그 막다른 골목에서 초월적 신성과 마주친, 아니 그렇게 마주쳤다고 해석하고픈 한 시인의 한 작품을 집중적으로 분석하고자 한다. 그 시인은 해방 이후 오랫동안 우리 역사에서 잊혔다가 1989년쯤 부활한 백석白石, 1912-1995이고, 그 작품은 이 시인의 마지막 작품이자 한국 시문학사에서 가장 아름다운 시로 평가받은 바 있는 〈남신의주 유동 박시봉방〉南新義州 柳洞 朴時逢方이다. 백석이 그렇게 오래도록 잊힌 까닭은 스스로 선택한 정치적 이념과 무관하게 단지 그가 남북 분단 시점에 고향인 북쪽에 있었기 때문이고, 남한 사회의 민주화가 더디 이루어졌기 때문이다. 또 예의 이 작품이 지극히 아름답다고 평가받는 것은, 그의 다른 작품들을 응축하는 상실과 고독의 미학이 극대화되어 절절한 자기 성찰과 고백 속에 제시되어 있기 때문이다. 그것이 단순히 개인의 심리적 풍경으로 고착되지 않고 그 시대를 고독하게 살았던 많은 실향민과 방랑자들의 정서를 역사적으로 육화시켰다는 점에서도 이 작품의 특출한 면모를 발견할 수 있다.

일단 차분히, 시인처럼 숨을 자주, 천천히, 쉬면서 주의 깊게 그 시의 전문을 읽어보자.

어느 사이에 나는 아내도 없고, 또,
아내와 같이 살던 집도 없어지고,
그리고 살뜰한 부모며 동생들과도 멀리 떨어져서,
그 어느 바람 세인 쓸쓸한 거리 끝에 헤매이었다.
바로 날도 저물어서,

바람은 더욱 세게 불고, 추위는 점점 더해 오는데,

나는 어느 木手네 집 헌 샷을 깐,

한 방에 들어서 쥔을 붙이었다.

이리하여 나는 이 습내 나는 춥고, 누긋한 방에서,

낮이나 밤이나 나는 나 혼자도 너무 많은 것 같이 생각하며,

딜옹배기에 북덕불이라도 담겨 오면,

이것을 안고 손을 쬐며 재 우에 뜻없이 글자를 쓰기도 하며,

또 문밖에 나가지두 않구 자리에 누어서,

머리에 손깍지 베개를 하고 굴기도 하면서,

나는 내 슬픔이며 어리석음이며를 소처럼 연하여 쌔김질하는 것이었다.

내 가슴이 꽉 메어 올 적이며,

내 눈에 뜨거운 것이 핑 괴일 적이며,

또 내 스스로 화끈 낯이 붉도록 부끄러울 적이며,

나는 내 슬픔과 어리석음에 눌리어 죽을 수밖에 없는 것을 느끼는 것이
        었다.

그러나 잠시 뒤에 나는 고개를 들어,

허연 문창을 바라보든가 또 눈을 떠서 높은 턴정을 쳐다보는 것인데,

이 때 나는 내 뜻이며 힘으로, 나를 이끌어 가는 것이 힘든 일인 것을 생
        각하고,

이것들보다 더 크고, 높은 것이 있어서, 나를 마음대로 굴려 가는 것을 생
        각하는 것인데,

이렇게 하여 여러 날이 지나는 동안에,

내 어지러운 마음에는 슬픔이며, 한탄이며, 가라앉을 것은 차츰 앙금이
        되어 가라앉고,

외로운 생각만이 드는 때쯤 해서는,

더러 나줏손에 쌀랑쌀랑 싸락눈이 와서 문창을 치기도 하는 때도 있는데,

나는 이런 저녁에는 화로를 더욱 다가 끼며, 무릎을 꿇어 보며,

어니 먼 산 뒷옆에 바우섶에 따로 외로이 서서,

어두어 오는데 하이야니 눈을 맞을, 그 마른 잎새에는,

쌀랑쌀랑 소리도 나며 눈을 맞을,

그 드물다는 굳고 정한 갈매나무라는 나무를 생각하는 것이었다.(122-123)

끊어질 듯 이어지는 이 시의 유장한 가락은 '…것이었다'라는 중후한 종결어미에 편승하여 시인의 절박한 내면을 담담히 드러내는 데 일조하고 있다. 절박한 내면이 급박하게 분출되지 않도록 절제하기 위하여 시인은 자주 쉼표(,)를 찍는다. 그 쉼표는 과거를 향한 진지하고 섬세한 회고의 정조를 심화시키며, 자신의 모습을 짚어보는 현재의 시점과 관련해서는 그의 감정을 신중하게 표출하는 역할을 한다. 그 신중한 감정 표출의 과정에서, 띄엄띄엄 시인은 제 감정의 이면을 살피며, 그 너머의 지평으로 감정을 승화시킬 통풍구를 모색한다. 방랑자의 포즈는 무모하고 성급한 돌격대의 포즈와 다르다. 멀리 외지를 떠도는 몸의 주인은 스스로 그 몸 사리며 조심스럽게 주변을 살피지 않으면 이른바 비명횡사의 당사자가 되기 십상이다. 더구나 시인은 이제 막 방랑의 여정에 든 초보자가 아니라 꽤 오래 멀리 떠돈 지친 영혼이다. 그러니 그는, 천천히 가라앉듯, 생각의 골과 맥을 짚어가며 자주 숨 쉴 수밖에 없었을 터이다. 그것이 탄식의 한숨이든, 방랑에 찌든 가쁜 숨결이든, 시인은 시의 마디마디에서 쉼표를 찍으면서 제 호흡을 느낀다. 아, 아직 살아 있구나, 하는 은밀한 영탄과 함께!

이 시는 시인이 토로하는 내면의 흐름에 따라 방랑과 정착, 회고와 사색, 감상과 회한, 초월과 정화, 극기와 결단의 패턴으로 짜여 있다. 1-8 행까지 시인은 그간의 상실과 방랑의 여정을 통과하여 현재 시점에 다다른 내력을 담담히 진술한다. 그것이 그나마 담담할 수 있는 것은, 그가 지금은 막막한 길 위에서 떠돌지 않고 잠시 정착할 수 있는 방을 하나 얻었기 때문이다. 9-16행에서 시인은 그 닫힌 방 안에서 '생각'이란 것을 한다. 물론 그 생각은 주체와 객체 사이에 차가운 거리를 두고 하는 인지적인 분별이나 논리적 유추로서의 생각과는 거리가 멀다. 그 생각은 차라리 자신의 현재 모습에 대한 성찰로서의 사색이며 살아온 나날을 향한 회고에 가깝다. 마침내 17-21행에서 그 사색과 회고의 결과로 시인의 내면은 슬픔과 부끄러움, 어리석음 등의 구체적인 반응으로 뜨겁게 달아오른다. 그 반응은 격렬하지만 제동을 걸지 않으면 결국 죽음으로 치달을 수밖에 없는 부정적인 반응이다. 하지만 이어지는 22-28행에서 시인은 또 다른 '생각'에 이르는데, 그로써 그는 그 갑갑한 현실을 뚫고 극복할 단초로서 초월의 창을 발견한다. 그 초월에의 의지는 29-34행에서 시간의 흐름 위로 층층이 쌓이는 부정적 감정의 '앙금'과 함께 영혼의 정화를 가능케 한다. 그 정화의 체험은 그러나 대번에 갑갑한 현실의 해소를 낳기보다 '외로운 생각만'을 더한다. 그러면 다시금 구질구질한 감정의 늪 속으로 침몰하는가? 아니다. 마지막 35-39행에서 시인은 "눈"과 "갈매나무"라는 눈부신 이미지를 통해 또 다른 '생각'에 이르기 때문이다. 이때의 생각은 외로움을 외로움으로 극복하리라는 자기 다짐이란 의미에서 극기를 위한 결단으로서의 생각이다.

시야에 포착된 첫째 풍경

어느 사이에 나는 아내도 없고, 또,

아내와 같이 살던 집도 없어지고,

그리고 살뜰한 부모며 동생들과도 멀리 떨어져서,

그 어느 바람 세인 쓸쓸한 거리 끝에 헤매이었다.

바로 날도 저물어서,

바람은 더욱 세게 불고, 추위는 점점 더해 오는데,

나는 어느 木手네 집 헌 샷을 깐,

한 방에 들어서 쥔을 붙이었다.

방랑은 부지불식간에 찾아든다. '어느 사이에' 그랬는지 실감이 안
날 정도로 시인의 방랑은 계산된 것이 아니다. 그에게는 지금 제 한 몸을
누일 집이 없고, 그 몸을 품어줄 아내도 없다. 부모 동생들도 멀리 떨어
진 채 시인은 철저히 혼자다. 본문의 그 아내는 백석의 생애에 비추어 볼
때 집안에서 봉건적 혼사로 두 차례 맺어준 그 아내가 아니라 김가 성에,
백석이 붙여준 '자야'라는 이름의 여인을 가리킨다. 그리고 그 아내와 함
께 살던 집을 백석이 조선일보사에서 근무하던 시절 서울 청진동에 있
던 집이라고 적시할 수도 있다. 그러나 그러한 자전적 사실은 시적 화자
의 방랑에 담긴 탄력적인 의미를 딱딱하게 고착시킬 뿐 풍부한 해석을
하는 데는 별 영양가가 없다. 그는 기실 살뜰한 부모 동생들과 더불어 살
던 시절로부터 정겨운 기억을 많이도 저장해두었다. 그 기억의 대상은
주로 그가 태어나고 자란 정주, 오산 등 북관의 마을과 집과 방, 거기서
어울리던 가족이나 친척이나 친지들, 그리고 그들과 함께 먹던 음식과

각종 풍물 및 풍속으로 집중된다. 그것은 백석의 시에서 다채롭고도 매우 풍부하게 언급되는 토속적인 음식의 맛처럼 감칠맛 나는, 아주 부드럽고 따스한 기억들로 시인의 원형 체험을 이루고 있다.

그런데 시인은 이제 그 모든 따스하고 아름답던 것들과 단절된 채, 방랑의 길거리 위에서 정처 없이 헤매는 형편이다. 정처 없음의 처량함을 더해주는 것은 "쓸쓸한 거리", 그것도 더 이상 기동할 수 없을 만큼 절박한 거리의 "끝"이라는 말과 그 거리를 황량하게 장식해주는 거센 바람의 이미지다. 설상가상으로 시인은 그 바람 부는 거리 끝에서 하루의 끝, 곧 저녁을 맞는다. 저물녘 어둠이라는 시간적 종말의 이미지는 거리의 끝이라는 공간적 종말의 이미지와 맞물려 방랑하는 시인을 더욱 외곬의 모퉁이로 몰아세운다. 그를 혹 불어 날리기라도 할 듯, 바람은 더욱 거세게 불고, 더구나 그 바람은 한기를 머금고 추위로 압박하기까지 한다. 그토록 시인의 영혼을 풍성하게 해주던 어릴 적 먹던 훈훈한 음식조차 사라진 상태에서 정신까지 잃어버리면 이제 아사에 동사까지 겹칠 테니 그야말로 비명횡사가 눈앞에 어른거릴 뿐이다. 그러나 겨울 나그네에게 여인숙이 있었듯, 시인은 어느 목수네 집에 헌 샷을 깐 방 한 칸을 만나 그리로 들게 된다. 그 방이 바로, 제목이 시사하듯, 당시 남신의주 유동 지역에 있던 박시봉이라는 사람의 집에 딸린 방이었을 것이다.

실제로 시인의 일대기가 말해주듯, 그는 쉼 없이 떠돌았고 떠돌면서 고향과 부모 형제, 사랑하는 여인, 그들과 더불어 살던 집과 방 등등 소중한 것들을 많이 잃었다. 대강만 짚어 봐도 시인은 정주에서 오산으로, 오산에서 일본 동경으로, 동경에서 서울로, 서울에서 함흥으로, 함흥에서 다시 서울로, 서울에서 만주 신경(장춘), 안동으로, 해방 이후 신의주로, 다시 고향 정주로 기동했고, 그의 동선은 그때마다 고단하게 출렁였다. 하지만 그는 그 방랑의 여정에서 언 몸을 녹여줄 집과 방을 만나 얼마간 기거하였을 것이니, 남신의주에서의 체류도 그 일부였을 터.

불교 전통에서도 그렇지만 예수의 하나님 나라 운동은 제자들로 하여금 단호한 출가의 결행으로 방랑의 여정에 들게 했다. 그때 결별해야 할 것들은, 무엇보다 집과 집에 딸린 재산, 그리고 직계 가족들이었다. 부모자식, 형제자매들도 하나님 나라에 거치는 장애물이 될 수 있다는 인식 가운데 종말론적 신국 운동은 주동자인 예수조차 머리 둘 곳이 없을 정도로 험한 방랑의 길 위에서 진행되었다. 게다가 그를 따르던 군중들이 뿔뿔이 흩어지고 친애하던 제자들조차 그를 떠나자 겟세마네에서 하나님 앞에 홀로 선 단독자로 고독하게 남기까지 예수의 삶은 이별과 상실의 연속이었다. 그런데 이 시의 주인공 백석에게는 예수가 품었던 천국에의 꿈도, 미래의 뚜렷한 목표도, 또 그것을 향한 자발적 유랑에의 결기도 없었다. 그는 아마도 예수를 따랐을 군중 가운데 한 사람처럼, 식민지 백성으로 집도 절도 없이 떠돌며 잃어버린 나라에서 정주민으로서의 꿈을 포기할 수밖에 없는 처지에, 그야말로 '어느 사이에' 놓였을 뿐이다. 그래서 현 시점에서 시인은 불우하다. 그는 목적 없이 무기력하고, 꿈 없이 정처 없다. 그가 처한 길거리의 끝이나 하루의 끝에는 도무지 종말 너머의 희망이 보이지 않는 듯하다. 죽지 못해 어쩌다 기어들게 된 목수네 집의 방 하나가 시인에게 희망의 불씨가 될 수 있었을까.

둘째로 만난 생각의 주변

이리하여 나는 이 습내 나는 춥고, 누긋한 방에서,

낮이나 밤이나 나는 나 혼자도 너무 많은 것 같이 생각하며,

딜옹배기에 북덕불이라도 담겨 오면,

이것을 안고 손을 쬐며 재 우에 뜻없이 글자를 쓰기도 하며,

또 문밖에 나가디두 않구 자리에 누어서,

머리에 손깍지벼개를 하고 굴기도 하면서,

나는 내 슬픔이며 어리석음이며를 소처럼 연하여 쌔김질하는 것이었다.

시인이 아무리 방랑의 여정에 지쳐 있기로서니 그 감각마저 둔해진
것은 아니다. 그는 그 방 안에 들어 그 공간을 맴도는 습기의 냄새까지
맡을 정도로 민감하다. 비록 습기 찬 방이지만 그는 그 추운 방을 누긋한
것으로, 즉 충분히 부드러운 공간으로 느낄 정도로 상상력이 풍부하다.
습도 높고 추운 방과 시인의 넉넉한 상상력이 어우러져 인도한 생각의
세계는 그리 거창하지 않다. 아니, 얼핏 그 생각의 반경이라는 것이 외려
옹색할 지경인데, 생각의 대상이 '나' 자신이고, 게다가 그 '나' 혼자의 세
계조차 너무 많은 것 같다고 보기 때문이다. 시인은 이 세상을 많이, 다
양하게 방랑하였지만 정작 제 자신의 내면만큼 복잡하고 난해한 방랑의
대상이 없음을 이제 알아챈 것일까. 그는 '나' 혼자가 너무 크거나 무겁
다고 말하지 않고, 굳이 너무 많다고 말한다. 아니, 단정의 어투를 비껴간
채, 그는 그조차 "너무 많은 것 같"다고, 조심스레 추리하듯 생각한다. 너
무도 많은 나 자신의 모습! 그것은 나 자신의 많은 관심사? 복잡하게 분
열된 많은 자아? 그 욕망? 어찌 보든, '나'의 속에 든 너무도 많은 '나'의
모습에 시인은 지쳐 있고, 그 지난한 실존의 현실에 부대껴 힘들어한다.
　　그처럼 너무도 많은 '나'에 대한 생각의 문을 열고 그 속으로 침잠토
록 유인하는 이미지는 '딜옹배기'와 그 속에 담긴 짚을 태운 '북덕불', 그
리고 그 불이 연소시켜 남긴 '재' 따위다. 까마득한 옛날, 호랑이가 담배

피우던 시절까지 가지 않더라도 근대 이후 자취를 감추다시피 한 이 향수 어린 물건들은 시인이 상실한 고향을 그 불처럼 따스하게 환기시키는 매개물이다. 짚북데기가 불에 타 온기를 발한 뒤 싸늘한 잿더미로 남듯, 화자의 많디많은 '나'가 통과해온 지금까지의 여정 또한 생의 열정을 불태우다 스러져온 나날들이었을 것이다. 시인은 그 따스한 자배기 불을 마치 상실한 고향의 아름다운 추억을 끌어안듯이 혹은 연인을 끌어안듯이 가까이 품는다. 그리고 그 불에 곱은 손을 녹인다. 그 온기가 몸에 스며 노곤하게 몸의 신경이 풀어지면서 그는 잿더미 위에 "글자를 쓰기도" 할 만큼 다소간의 여유를 회복한다.

그가 쓴 글자는 무엇이었을까? 그가 비록 "뜻없이" 썼다고 하지만 왜 뜻이 없었으랴. 그것은 무심코 썼다는 말이지 그가 쓴 글자들이 정말 뜻이 없었다고 볼 수는 없다. 글자를 쓴다는 것은 손가락을 통하여 머리가 움직이고, 사고의 작용이 일어남을 뜻한다. 이어지는 시구로 미루어볼 때 그가 쓴 글자들은 지금까지 살아오면서 반복되는 기억의 작용을 통해 뇌리에 박혀 있던 말들이었음을 추측게 한다. 그것이 고향 풍물의 목록이었든, 그가 그토록 즐긴 북관 이웃들의 감칠맛 나는 향토 음식의 이름이었든, 아니면 그가 사랑한 가족과 친척, 친지, 혹은 여인이었든, 그것들은 이제 상실된 존재로 기억 속에서나 명멸할 뿐이다. 언어가 관념을 응축하여 생각의 올을 뽑아내는 매개라면 문자 또한 그와 같이 생각을 촉발, 증폭, 심화하는 작용을 한다. 더구나 그 글자들은 내키는 대로 아무렇게나 휘갈긴 것이 아니라, 잿더미 위에 조심스레, 천천히 쓴 것으로 시인의 생각이 심각하고 진지하게 진행되고 있음을 암시한다.

그렇게 "딜옹배기" "북덕불"에 의해 풀어지고 잿더미 위에 쓴 글자들로 진전된 생각의 행로는 시인이 낮게 침잠하는 방향으로 뻗어간다. 그 낮은 침잠의 포즈가 바로 문밖으로 나가지 않는 방 안의 고립이며, 그 공간에서 눕는 행동으로 나타난 것이다. 눕는 자세는 인간이 취할 수 있는 가장 안정되고 편한 자세다. 밖으로 떠돌던 몸이 취한 직립의 고단한 자세를 이제 수평으로 펼쳐 눕게 되었을 때 그는 비로소 제대로 안식할 수 있었을 것이다. 밖에서 차가운 바람과 부대끼고 인간의 훈기에 치여 긴장하고 상처받던 몸은 이제 방 안으로 들어 눕는 자세를 통해 오랜만에 안돈과 보양의 기미에 눈 뜨게 되었을 터이다.

더구나 그 생각의 기관인 머리를 "손깍지벼개"로 떠받들기까지 하니 마침내 그의 몸은 온갖 억압을 떨치고 안정할 수 있게 되었으리라. 그의 시에서 "손깍지벼개"가 등장하는 또 다른 장면은 딱 한 군데 더,

그즈런히 손깍지벼개하고 누어서
이 못된 놈의 세상을 크게 크게 욕할 것이다(85)

라는 시구인데, 시인은 거기에서처럼 손깍지로 베개를 삼고 이 세상을 원망하며 욕하지 않는다. 그의 손깍지베개는 여기서 이 세상을 향해 멀리 뻗기보다 자신의 내면을 향해 깊이 가라앉아 있다. 이 세상을 욕하는 대신, 그는 말없이 방 안에서 구른다. 몸을 방에서 굴릴 때 그것은 기쁨의 표현일 수도, 슬픔이나 괴로움의 표현일 수도 있다. 여기서는 물론 후자 쪽에 가깝다. 그것은 이를테면 "내 슬픔이며 어리석음이며를 소처럼 연하여 쌔김질하는" 포즈와 같다. 소의 되새김질은 반복적이고 길다. 마찬가지로, 시인의 생각은 자신의 삶이 걸어온 여정을 반복적으로 회고하며 긴 회한에 젖게 한다. 그 회한의 내용으로 제출되는 것이 슬픔이며 어리석음일 텐데, 그 느낌들의 정확한 출처를 헤아리기란 쉽지 않다. 겨우

회복한 안정된 몸의 최소치 여유가 고작 슬픔과 어리석음을 되새김질하는 여유라니…. 그것은 언뜻 허탈한 듯하지만 화자가 자신의 내면을 느릿느릿 정직하게, 적나라하게 들여다볼 수 있게 되었다는 점에서 그 느낌의 발견은 표피적 허탈감을 상쇄하고도 남는다.

셋째로 마주친 느낌의 이면

> 내 가슴이 꽉 메어 올 적이며,
> 내 눈에 뜨거운 것이 핑 괴일 적이며,
> 또 내 스스로 화끈 낯이 붉도록 부끄러울 적이며,
> 나는 내 슬픔과 어리석음에 눌리어 죽을 수밖에 없는 것을 느끼는 것이
>   었다.

백석의 시에서 적막한 외로움의 정서가 가끔 표출되긴 하지만, 그의 시 세계는 대체로 따사롭고 자족적인 편으로 그가 살피며 즐기고 맛본 풍물과 음식물들, 심지어 사람들까지 그 자족의 내용물을 이룬다. 그런데 이 부분에서 그는 매우 심각한 자기 균열을 체험한다. 그가 그 향유의 세계를 떠나 홀몸으로 떠돌 때, 방랑의 막다른 골목에서 본 자화상은 가슴이 꽉 메어지는 듯한 답답한 절망감, 눈에 뜨거운 물이 핑 솟을 때의 비애감, 낯이 화끈거리는 자괴감으로 찌든 몰골이었던 것이다. 이러한 일련의 내면 풍경을 드러내는 시구의 종결어미 '~적이며'의 반복적 표현은 시인의 생각이 지난 삶을 여기저기 짚어가면서 사무치는 회한의 감정으로 적잖이 동요하고 있음을 나타낸다.

그 감정들은 강도를 표현하는 '꽉' '핑' '화끈'이라는 의태어가 지시하

는 대로 매우 절박하며 폭발적이다. 시인에게 그런 감정들이 단순히 관념적 감상의 차원에 머물지 않은 것은, 그의 가슴과 눈과 얼굴이 동원되는 신체 반응의 진솔함에 기인한다. 그 진솔한 감정의 표현은 다시 슬픔과 어리석음의 자의식으로 요약되고, 그것은 화자에게 견딜 수 없는 억압으로 다가온다. 그것이 견딜 수 없음은 그로 인해 그가 "죽을 수밖에 없는" 절체절명의 지경에 다다르고 있기 때문이다. 정말 그렇다. 사람은 남한테 눌리어 외부로부터의 억압으로도 죽지만, 자신한테 눌리어 내면의 억압으로도 질식하여 죽을 수 있다. 방 안에 갇혀 자신의 내면을 들여다보며 결국 죽음만을 생각할 수밖에 없는 존재, 그가 살아온 생의 이력은 과연 어떤 것일까. 그의 그런 생각이 구체적인 느낌으로 확 다가오는 순간, 그때 죽음은 정녕 외곬의 선택일 수밖에 없는가.

넷째로 스친 여운의 배경

그러나 잠시 뒤에 나는 고개를 들어,
허연 문창을 바라보든가 또 눈을 떠서 높은 턴정을 쳐다보는 것인데,
이 때 나는 내 뜻이며 힘으로, 나를 이끌어 가는 것이 힘든 일인 것을 생
　각하고,
이것들보다 더 크고, 높은 것이 있어서, 나를 마음대로 굴려 가는 것을 생
　각하는 것인데,

이 대목에서 시인은 일정 시간이 경과한 이후, 느낌에서 생각으로 표현의 양태가 다시 바뀐다. 아울러, '~적이며'로 되풀이되던 염결한 회한의 정조는 '~것인데'의 관용적 사고의 여운으로 전환된다. 전환점은 '그

러나'의 접속사로, 행동의 변화는 부끄러움으로 숙였던 고개를 드는 동작 속에 명시된다. 시인이 죽음의 불가피함을 돌파하는 매개는 의외로 단순한 시선으로부터 온다. 시인이 응시하는 것은 "허연 문창"과 "높은 턴정"이다. 창호지를 발라, 그러나 그것이 오래되어 혹은 어둠과 뒤섞여, 하얗기보다 "허연" 문창은 고립된 방의 안에서 밖으로 통하는 출구다. 천정은 방에서 가장 높은 곳으로 방의 바깥 공간으로 치자면 하늘에 해당한다. 천정이 방의 하늘이라면, 하늘은 지상의 천정인 셈이다.

시인은 바라봄과 쳐다봄의 행위로써 자신의 뜻과 힘으로 자기 삶을 이끌어나가는 한계를 생각하고, 나아가 그것을 넘어 존재하는 무언가 "더 크고 높은 것"을 생각해낸다. 그것은 '나' 자신의 삶이 스스로의 자율적 판단과 능력으로 결정되는 것이 아니라 어떤 초월적 운명이나 섭리에 의해 인도된다는 깨달음으로 시인을 인도한다. 그렇다. 여기서의 '생각'은 곧 자신의 현 존재를 넘어서는 새로운 자아의 발견이고, 그 발견은 곧 깨달음에 다름 아니다. 우리는 그 발견의 대상에 일단 '초월적 신성'이라는 이름을 붙일 수 있다. 그 초월은 문창과 천정을 통한 사색에서 비롯되었다는 점에서 상승 초월이지만, 그 초월의 응시에 다다르기까지 자신의 삶이 걸어온 비루한 역정을 회한 속에 뒤집어보는 치열한 성찰의 노력이 있었다는 점에서 하강 초월, 또는 내면 초월을 포괄한다. 초월의 지향점인 신성은 종교적 심성에 기댄 표현이다. 그 신성은 신성의 능력답게, '나'를 뒤에서 마치 바퀴를 굴리듯 슬슬 수월하게 굴려간다. 이는 '나'의 앞에서 제 힘과 뜻으로 자신을 버겁게, 숨차게, 이끌어가는 것과 대조적이다.

지고한 섭리가 자신을 바퀴처럼 '굴려간다'는 인식에 착안하여 우리는 시인의 종교적 배경이 불교 쪽에 가까움을 짐작할 수 있을는지 모른다. 또 그가 다닌 오산학교의 종교적 배경에 비추어 그의 그리스도교적 취향을 추측해볼 수도 있다. 그러나 시인이 보여준 삶의 행적이나 그의 작품 어디에도 불교는 물론 그리스도교적인 색채도 거의 발견되지 않는다. 그렇지만 그가 그리스도교 정신에 의해 설립, 운영되었던 오산학교를 12년 동안 다녔다는 사실은 최소한 그리스도교적 분위기와 기본 교리에 친숙했으리라고 추측할 수 있다. 더구나 그는 오산학교를 졸업하고 감리교 재단에서 설립한 동경의 아오야마 학원青山學院으로 유학했는데, 입학한 이듬해 학교 내의 부속 교회에서 세례를 받은 것으로 알려져 있다. 물론 이러한 그의 그리스도교적 배경이나 그와 연계된 그리스도교적 수사의 유무를 따져 위의 시구가 백석의 그리스도교적 종교 체험을 증명하는 양 비약할 필요는 없다. 그리스도교든 불교든 어떤 종교든, 그 본원적 종교성은 교의적 수사나 제의적 장식을 뛰어넘어 그야말로 보편적 초월의 위상을 지니기 때문이다. 분명한 사실은 현재 시인이 처한 고립된 방 안에서 그는 누구의 전도나 아무런 설교 없이, 자신의 내면으로 침잠하여 치열하게 생각하고 깊이 느낌으로써, 또 그러다가 허연 문창과 높은 천정을 응시함으로써, 자신을 뛰어넘는 더 크고 높은 존재를 발견했다는 것이다. 아울러 중요한 것은, 그 발견을 통해 시인이 죽을 수밖에 없는 부정적 운명을 극복하고 새로이 견결한 삶의 자세를 세우는 긍정적 운명을 개척하게 되었다는 사실이다.

마지막으로 감동한 이미지

이렇게 하여 여러 날이 지나는 동안에,

내 어지러운 마음에는 슬픔이며, 한탄이며, 가라앉을 것은 차츰 앙금이

되어 가라앉고,

외로운 생각만이 드는 때쯤 해서는,

더러 나줏손에 쌀랑쌀랑 싸락눈이 와서 문창을 치기도 하는 때도 있는데,

나는 이런 저녁에는 화로를 더욱 다가 끼며, 무릎을 꿇어 보며,

어니 먼 산 뒷옆에 바우섶에 따로 외로이 서서,

어두어 오는데 하이야니 눈을 맞을, 그 마른 잎새에는,

쌀랑쌀랑 소리도 나며 눈을 맞을,

그 드물다는 굳고 정한 갈매나무라는 나무를 생각하는 것이었다.

박 목수 집의 방에 든 지 여러 날이 지나고 시인이 초월적 신성을 발견한 이래로, 그동안 감정의 되새김질과 자기 초월의 사색은 지속되었을 터. 시간의 흐름은 "잠시 뒤에"에서 "여러 날이 지나는 동안"으로 확장되고, 그만큼 되새김질의 심도와 사색의 반경 또한 확대되었을 것이다. 되새김질은 삭임에 목적을 둔 것일진대, 그로써 시인의 부정적 감정들은 점점 삭여지고 그 찌끼들은 슬픔이든 한탄이든, 차츰 앙금이 되어 가라앉는다. 점진적인 가라앉음의 과정은 곧 정화의 과정이다. 시인의 마음은 여전히 어지럽다. 아직도 충분히 삭여지고 온전히 가라앉지 않은 상태이기 때문일 것이다.

그러나 설사 "가라앉을 것"이 웬만큼 가라앉은 뒤에도 구원은 쉽사리 완성되지 않는다. 이런저런 감정의 앙금이 가라앉고 복잡한 생각이 정돈된 뒤에도 해소되지 않는 "외로운 생각"이 있다. 그것이 '스스로 외롭다는 생각'이란 뜻인지 '자신의 외로움에 대한 생각'을 가리키는지 약간 모호하지만, 그 의미의 편차는 오십보백보다. 여기서 차라리 강세가 주어지는 부분은 "외로운 생각만"의 그 '만'이다. 이 한정적 보조사는 초월적

신성과 해후한 뒤에도, 그리하여 현 존재의 초극과 감정의 정화가 이루어진 뒤에도, 여전히 남는 불가피한 실존적 굴레가 외로움이라는 사실을 암시한다. 그것은 그저 홀로 있는 상태에서 연유하는 쓸쓸한 감상이라기보다 홀로 있음을 민감하게 의식하며, 그 의미를 명징하게 새기는 내면적 조건으로서의 고독에 가깝다. 그러니 그것은 초월과 극복의 대상이라기보다 그것을 가능케 하는 선결 요소인 셈이다. 역설적이게도 외로움은 외로움을 넘어서는 태반이자 동반자다.

그 차분한 외로움의 기미에 맞춰 분위기도 외로움을 증폭시키는 "나줏손", 곧 저물 무렵이다. 이는 첫째 장면에서 시인이 방으로 드는 시점의 저물녘과 수사적으로 조응하지만, 실상은 그때의 막막하고 구질구질한 처연함을 넘어선 단계다. 시인은 이제 외로운 심성을 올곧게 세워 밖의 소리, 쌀랑쌀랑 문창을 치는 싸락눈 소리를 듣는다. 자기를 외통수로 몰아세운 저 바깥 세상의 험하고 거친 소리가 시인의 내면처럼 앙금으로 가라앉고 싸락눈을 소통의 매개 삼아 타자로 자리 잡는 순간이다. 먼저 쌀랑쌀랑 소리로 청각적 이미지를 동반하는 싸락눈은 소리의 싸늘한 감촉으로 촉각의 이미지를 덩달아 개척한다. 싸늘함은 다시 따스한 화롯불을 끌어안게 하고, 내면의 온기를 북돋고자 무릎을 꿇어 기도의 자세를 취하도록 시인의 마음을 겸허하게 인도한다. 이 시인이 다른 시에서,

明太창난젓에 고추무거리에 막칼질한 무이를 뷔벼 익힌 것을
이 투박한 北關을 한없이 끼밀고 있노라면
쓸쓸하니 무릎은 꿇어진다(63)

라고 한 것을 보면, 무릎을 꿇는 행위가 꼭 종교적 차원의 기도를 위한

동작으로 국한하여 보기는 어렵다. 외려 시인에게 그것은 폭넓게 무언가를 깊이 응시하며 골몰하는, 이른바 상상력의 작동을 함축하는 자연스러운 행위다. 시인은 무릎 꿇고, 마치 자신보다 더 높고 더 큰 초월적 신성을 향해 기도라도 하듯 상상의 날개를 편다.

시인이 날개를 접어 안착한 곳은 어느 먼 산 속, 바위 옆, 눈을 맞고 서 있는 갈매나무다. 시인이 머무는 방의 문창을 치던 싸락눈의 쌀랑쌀랑 소리, 그 정갈한 소리는 먼 산 속에서 갈매나무가 하얀 눈을 맞으며 마른 잎사귀를 비비는 동음의 의성어를 연상시켜준다. 눈의 정갈함은 갈매나무의 정함으로 연결되고, 갈매나무를 지키듯 옆에 서 있는 견고한 바윗덩어리는 갈매나무의 굳센 이미지를 치장해준다. 방 안에 고립된 시인의 외로움은 그 고적한 곳에 다른 식물들과 떨어진 채로, 따로 외로이 서 있는 갈매나무의 외로움에 비견된다. 쌀랑거리는 마른 잎사귀는 한창 시절 광합성 작용으로 왕성하게 생산하고 성장을 구가하던 푸르른 원기를 소진한 상태의 죽은 잎사귀다. 그러나 그 잎사귀는 쌀랑거리는 소리와 그 소리를 내는 몸의 동작으로 외로운 제 몸의 의미를 일깨운다. 이는 곧 모든 격렬한 것을 앙금으로 가라앉히고 정화의 관문을 통과한 시적 자아의 고독한 내면 풍경을 드러내는 객관적 상관물이다.

이렇게 쌀랑거리는 싸락눈 문창 치는 소리를 듣던 시인은 그렇게 더 고독한 산 속으로 날아가 하얀 눈바람에 쌀랑거리며 흔들리는 외로움으로 제 존재의 의미를 이루는 갈매나무가 된다. 아니, 그는 상상력으로 다만 그 나무를 떠올릴 뿐이니 굳고 정한 갈매나무를 생각하는 것만으로도 충분하다. 그 상상 속에서 시인은 무릎 꿇는 자세를 풀고 외로움을 실존의 조건으로 수락하며 갈매나무처럼 외로이 서서 자신의 실존을 감내하길 희망한다. 어둠 속에서도 하얀 눈처럼 정결하게! 그리고 쌀랑거리는 흔들림 속에서도 바위처럼 굳세게! 그는 그 갈매나무의 견결한 자세를 유지하면서 비루한 삶의 한가운데 깃든 초월적 신성까지 되새김질로 곰삭혀 스스로 자족하는 신의 세계에 입문하고자 한 것은 아니었을까? 과연 그런지, 나도 그처럼 일단 무릎 꿇고 외로이 생각해본다.

• 이 시의 판본은 이동순 편, 『백석시전집』(서울: 창작과비평사, 1987)을 출전으로 삼고 있으며, 괄호 안의 숫자는 이 전집의 쪽수다. 백석의 생애에 대한 일부 정보는 이 책의 연보와 인터넷 웹페이지 http://limaho.hihome.com의 자료실에 게시된 정효구의 글 "백석이 살아온 길"을 참조했다.

2장 순진한 무심함, 또는 예수의 고향
-김종삼 시인의 경우

이국 취향의 미학적 감수성

김종삼의 시에서 그리스도교의 냄새를 풍기는 어휘는 상당히 많이 나오는 편이다. 그의 한 시선집에서 대강 뽑아만 봐도 '크리스마스 카드', '어린 羊', '요단 江', '미사', '天使', '신부', '선교사', '하느님', '예수', '敎會堂', '부활절', '그리스도', '천국', '요한의 칸타타', '목사', '死海', '아담 橋' 등등 적잖게 등장하는 그리스도교적 어휘들은 그가 혹 신자이거나 신자가 아니더라도 그리스도교에 꽤나 관심이 깊은 사람이 아닌가 하는 생각을 불러일으키기에 충분하다. 그러나 이 단어들이 사용된 시적 맥락을 꼼꼼히 뜯어 살펴보면 시인이 사용하는 그리스도교적 어휘가 그의 개인적 신앙고백이나 신학적 사색과 연루되지 않음을 확인할 수 있다. 가령, 그는 '크리스마스 카드'나 '부활절'이란 어휘를 예수의 탄생이나 부활이 지닌 신학적 함의로 연결시키지 않는다. '하느님', '그리스도', '천국' 같은 어휘들도 그것이 각각 사용된 성서적 맥락과 별 상관없이 사용하고 있다. 그리스도교적 어휘의 과다한 선택과 탈맥락적 사용은 그 어휘들이 단순히 장식적인 효과를 노리고 있는 것이 아닐까 하는 의문을 더해 준다.

단적으로 말해 그가 그러한 어휘로 추구하는 바의 일단은 이국적 장식미인 듯하다. 그리고 그 이국적 장식미의 배후에는 그리스도교와 모종의 관계를 이루는 시인의 정신사적 편력이 감추어져 있는 것으로 짐작된다. 그 편력은 물론 예의 어휘들을 중심으로 한 그리스도교적 이미지에만 국한되는 것은 아니다. 그의 이국적 장식미에 대한 취향은 서양의 풍물을 연상시키는 '드빗시 산장', '두이노 城', '스와니 江' 따위의 각종 소재로 가득 차 있거니와, 동일한 궤도에서 시인은 서양의 학자, 예술가, 작가, 시인들을 줄곧 등장시켜 미학주의적 욕구를 만족시킨다. 그 학자와 예술가와 작가와 시인들의 작품과 작품 세계에 대한 심층적 연계나 암시가 거의 없이(예외적으로, '~마라의 〈죽은 아이를 추모하는 노래에 붙여서〉'라는 부제가 붙은 〈음악〉이란 작품이 있지만) 단순히 이미지로 빌려와 그의 시를 장식해주는 인물들은 굉장히 광범위하다. 예컨대 헤밍웨이, 루드비히 반, 스테판 말라르메, 반 고흐, 장 폴 사르트르, 모차르트, 아인슈타인, 피카소, 찰리 채플린, 마라, 엘리자베스 슈만, 스테판 포스터, 프로이트, 구스타프 말러, 모리스 라벨, 폴 세잔, 에즈라 파운드 등을 아우를 정도다. 이들과 더불어 한국의 시인들(全鳳來, 金洙暎, 金冠植, 金素月, 金宗三 자신)과 문학평론가(林肯載), 화가들(李仲燮, 鄭圭)이 몇 명 나오긴 하지만, 이들은 광범위하게 분포하기보다 제한적이고 국부적이다. 또한 모두 한자어로 표기되어 글자의 형상 자체가 가볍게 날기보다 무겁게 이 땅에 가라앉은 분위기를 조성하는 데 일조한다. 실제로 이들은 이미 사망한 자를 추억하는 형식으로 거명되거나(85) 시인학교에 공고된 홍보물 속에

서양의 시인, 예술가 밑에 소묘되어 나온다(94-95).

　　시인이 이러한 미학주의적 취향에 이국적 장식미를 내세우게 된 연원이 무엇일까. 그것은 그가 유난히 고전음악 듣기를 즐겨하는 광적인 취미에 기인하는 측면도 있으려니와, 그때 그에게 예술과 독서는 일종의 도피처로 제공되는 '사원'寺院과 같은 존재일 것이다. 그런데 그 도피처는 고정된 한 군데의 도피성이 아니라 앞에 예시된 대로 다양한 대상을 향해 산포한다. 그리고 보면 그의 도피는 숨어 꼼짝도 안 하고 있는 정적인 도피가 아니라, 끊임없이 움직이는 방황이나 방랑으로서의 동적인 도피다. 한 평자의 지적에 의하면 그가 그렇게 방황하게 된 것은 이 세상과의 근원적 불화에 기인한다(김현). 그 불화의 증거로 거론되는 것은,

　　몇 개째를 집어 보아도 놓였던 자리가
　　썩어 있지 않으면 벌레가 먹고 있었다.
　　그렇지 않은 것도 집기만 하면 썩어갔다.

　　거기를 지킨다는 사람이 들어와
　　내가 하려던 말을 빼앗듯이 말했다.

　　당신 아닌 사람이 집으면 그럴 리가 없다고….(57)

에서처럼, 평과果나무 소독이 있어 과수원에 들어가 흙바닥에서 과실을 집어 드는데, 그 놓였던 자리가 썩거나 벌레가 먹고 있었고 그렇지 않은 과실도 집기만 하면 썩어갔다는 진술이다. 이에 대하여 "당신 아닌 사람이 집으면 그럴 리가 없다"라는 과원지기의 지적도 불화의 증거다. 왜 다

른 사람은 괜찮은데 그만이 과실의 부패를 초래하는 장본인이란 말인가. 이러한 자기 인식은 그가 이 세상 속에서 다른 이들과 뒤섞여 원만한 삶을 운영할 수 없으리라는 비관주의적 세계관에 근거하는 것처럼 보인다.

전쟁 체험과 상처의 흔적

예의 시적 화자에게 세상과의 불화가 이국적 취향의 통풍구를 만들어놓았다면, 그 사이를 매개하는 개인적·역사적 체험은 무엇일까. 시인은 그의 시에서 예술가와 예술 작품 속으로 방황하는 모습 이외에 이 세상의 생을 통해 드러난 두드러진 체험이나 그로부터 파생된 상흔을 좀처럼 드러내지 않는다. 그럼에도 한국 현대사를 관통하는 가장 비극적인 역사 체험의 흔적이 군데군데 출몰하고 있다. 바로 한국 전쟁과 연관된 체험이 그것이다. 시인의 한 연보를 보니까 김종삼은 1921년 황해도 은율 생으로 나이 서른이 다 된 성년기에 6.25 전쟁을 체험한 세대로 고향을 북쪽에 둔 실향민에 속한다. 그래서일까. 전쟁이 끝난 지 오래된 훗날에도 그 후유증은 그의 무의식에 달라붙어 있다가 불현듯 상기되곤 한다.

> 헬리콥터가 지나자
> 밭이랑이랑
> 들꽃들이랑
> 하늬바람을 일으킨다
> 상쾌하다
> 이곳도 전쟁이 스치어 갔으리라.(80)

    의미심장하게도 〈서시〉란 제목이 붙여진 이 시에서 헬리콥터 한 대의 출현은 범상치 않은 심상을 일구어낸다. 헬리콥터 한 대가 고도를 낮추어 날아가는 듯, 밭이랑 위로 바람을 일으키며 주변의 들꽃을 흔들고 있다. 그런데 그 흔들림이 일으키는 바람은 하늬바람이다. 그 바람을 시인은 "상쾌하다"고 느낀다. 밭이랑 위로 불면서 들꽃을 흔드는 헬리콥터가 일으키는 기계적인 바람이 아니라 계절을 좇아 북서쪽에서 불어오는 자연풍으로서의 하늬바람이다. 헬리콥터 바람을 마치 들꽃이 일으키는 하늬바람으로 인식할 정도로 그는 서정적인 눈으로 그 비행 풍경을 응시한다. 그런데 그 상쾌한 느낌과 더불어 튀어나오는 시적 화자의 독백―"이곳도 전쟁이 스치어 갔으리라"―은 그가 그렇게 서정적인 눈을 지닌 시인임에도 헬리콥터가 연상시키는 전쟁의 역사적 악몽까지 망각한 것은 아님을 섬뜩한 분위기 속에 환기시켜준다. 그는 헬리콥터라는 일종의 전쟁용품을 밭이랑과 들꽃을 매개로 상쾌한 하늬바람 속에 느낄 만큼 겉으로는 태연한 것 같지만 그 상쾌한 풍경 속에서 뜬금없이 전쟁의 흔적을 유추할 만큼 잠재된 무의식의 내면은 비극적 사건으로 늘 편치 못한 것이다.

    그 잠재된 6.25 전쟁의 상처는 가령,

1947년 봄
深夜
黃海道 海州의 바다
以南과 以北의 境界線 용당浦

사공은 조심 조심 노를 저어가고 있었다.

울음을 터뜨린 한 嬰兒를 삼킨 곳.

스무몇 해나 지나서도 누구나 그 水深을 모른다.(82)

에서처럼 전쟁과 결부된 남북의 이념 대립과 분단 상황 하에 자유를 찾아 비밀리에 남하하던 중 살기 위해 울음을 터뜨린 갓난아이를 어른들이 물속에 수장시킨 구체적인 실제 사건의 예시로써 확대·심화된다. 다수의 목숨이 살기 위해 철모르는 젖먹이 아기의 희생을 선택하는 비극은 아무리 가슴을 치고 머리를 굴려도 선선히 납득되지 않는 기억이다. 그렇게 오랜 세월이 지나도 씻기지 않는 기억으로 굳어진 그 비극의 깊이는 아무도 수심을 모르는 그 바다의 깊이에 대응한다.

이와 같은 전쟁의 비극은 시인으로 하여금 잡초가 무성해가고 있는 "아우슈뷔츠 收容所 鐵條網"(62)을 상상하게 하고, 어른들의 목숨을 대가로 희생물이 된 어린아이의 생명에 대한 죄의식은 다른 곳에서 심리적 굴절을 거쳐 마라의 '죽은 아이들을 추모하는 노래'를 들으면서 "하늘 나라에선/ 자라나면 죄 짓는다고/ 자라나기 전에 데려간다 하느니라/ 죄 많은 아비는 따 우에/ 남아야 하느니라"(73-74)라고 살아남은 자의 부담감 위에서 죄 없이 죽어간 어린아이들의 죽음을 애써 위무한다. 사실, 전쟁으로 인해 가장 큰 피해를 입는 자는 노약자들이다. 그들은 대체로 전쟁의 원인과 무관하다. 노인들이야 살 만큼 살았다고 하지만 특히 어린이들은 전쟁이 무엇인지도 모르고 전쟁의 피해를 입는다. 자신의 목숨을 보장할 어떤 물리적 수단이나 힘을 가지지 못한 그들은 어른들의 전쟁터에서 쉽사리 죽음에 노출되거나 보호자를 잃으면 곧 전쟁고아로 방치되어 살아 있어도 살아 있다고 할 수 없을 만큼 가혹한 생명의 위협을 받는다. 예수는 "어린아이들이 내게 오는 것을 용납하고 금하지 말라.

하나님의 나라가 이런 자의 것이니라.""누구든지 하나님의 나라를 어린아이와 같이 받들지 않는 자는 결단코 그곳에 들어가지 못하리라"(막 10:14-15)라고 말했지만, 아이러니컬하게도 전쟁이란 상황은 그 어린아이들을 죽임으로써 천국에 먼저 들게 하는 것이다.

시인의 본적 또는 장성한 어린아이

아마도 이런 배경 하에, 시인은 그의 시집 도처에서 어린이들에 대한 지극한 관심을 표출하고 있다. 그는 성탄절 캐롤에 등장하는 "북치는 소년"을 "서양 나라에서" "가난한 아희에게 온 아름다운 크리스마스 카드"를 통해 떠올리고(33), 눈이 많이 내리던 과거의 어느 해에 초가집에 살고 있었던 "나이 어린 소년"(34)을 회상하며, "기동차가 다니던 철뚝길 옆에서 살"면서 "날마다 신명께 감사를 드릴 줄 아는" "할아버지 하나"와 "나[이?] 어린 손자 하나"를 기억해낸다(44). 또한 시인은 "잘 먹이지도 입히지도 못하지만/ 잠깨는 아침마다" 행복한 얼굴을 짓는 어린 것들을 보면서 평화를 느끼고(49) 한 풍경화 속에서 "세상에 나오지 않은/ 樂器를 가진 아이와 손 쥐고" 가고 있거나(51) "안니·로·리" 이야기를 하면서 리본을 달고 놀고 있는 아이들(54)과 "처마 밑에서 한 걸음도 나오지 않고 짜증을 내고 있는" "얼마 못가서 죽을 아이"(55)를 보며, "뾰죽집이 바라보이는 언덕"에서 "앞만 가린 채 보드라운 먼지를 타박거리고" 놀고 있는 영아(59)에 주목한다. 이처럼 어린이에 대한 지극한 관심은 교문도 "어린 校門"처럼 보이게 하고(62) 코끼리도 잠들어 있는 "어린 코끼리"를 말하며(81), 그밖에도 "부드러운 낡은 벽돌의 골목길에[서]" "고분고분하게 놀고 있"는 아이들(63), "철뚝길 연변으[로]" "저녁 먹고 나와 있는 아이들"(68), "낯모를 아이들" 곧 "무거운 거울 속에 든 꽃잎새처럼/ 이름이 적혀지는 아이들"(77), 어버이의 생일이라고 10전짜리 두 개를 보이는 어린 소녀(84), 중환자실에서 의식불명 상태로 산소 호흡기를 쓰고 누워 있는 아비를 옆에 두고 여인 품에 안겨 있는 어린 것(99) 등 실로 다양한, 그렇지만 공통적으로 무심하게 놀고 있거나 방치되어 있는 소박하고 순진하기만 한 어린아이들이 그의 시에 등장한다.

그 어린아이들은 더러 시인의 유년기를 비춰주는 회상의 매개물이다. 그가 세상살이에서 상처받기 이전 과거의 기억들을 어린아이들이 되살려주기 때문이다. 한편, 그 아이들은 이 세상살이의 음지에서 뜻 모른 채 고통을 겪거나 소외되지만 희망과 애정을 잃지 않고 천연덕스럽게 뛰어놀고 있는 평화의 풍경을 조형한다. 아이들의 노는 풍경, 그 천진한 어린 생명들을 향한 시인의 감정 이입은, 시인의 도피를 부추기는 심리적 동기를 제공하는 동시에 바로 그 도피처를 제공한다. 어린이들이 도피처가 될 수 있을까. 말하자면 어린이들은 단순히 어린이가 아니라 자유롭고 순수하고 상처받지 않은 사람살이의 객관적 표상체다. 그 어린이들은 요즘의 영악한 어린이들과는 달리 말의 재치와 인공적 교양과 거리가 먼, 고요한 어린이들로 비친다.

그 때문인지, 시인은 한 서양의 화가를 지칭하여 굳이 "언어에 지장을 일으키는 난쟁이 畵家 로트렉ㄲ氏"(41)라고 표현하며, 그에게는 하느님도 "말을 잘 할 줄 모르는 하느님"(50)으로 인식된다. 심지어 이 시인의 시는 어눌하거나 우물쭈물 말의 매듭을 짓지 못한다. 한 평자는 그것을 '잔상의 미학'(황동규)이라고 평가했지만, 어쨌든 언어가 매끄럽게 진행되지 못한 채 메아리치며 맴돈다는 점에서 그의 삶뿐 아니라 언어 또한 방황하며 배회한다. 그렇게 돌아다니면서 실제로나 상상 속에서 만난 어린이들은 돌아가야 할 고향과 같은 대상이다. 하지만 이미 돌아갈 고향을 잃은 실향민인 시인은 그 귀향의 대상을 특정한 지리적 공간에 못 박아 두지 않는다. 그래서 그는 그의 본적을 밝히면서,

나의 本籍은 늦가을 햇볕 쪼이는 마른 잎이다. 밟으면 깨어지는 소리가
　　난다.
나의 本籍은 巨大한 계곡이다.
나무 잎새다.
나의 本籍은 푸른 눈을 가진 한 여인의 영원히 맑은 거울이다.
나의 本籍은 次元을 넘어다니지 못하는 독수리다.
나의 本籍은
몇 사람 밖에 안되는 고장
겨울이 온 敎會堂 한 모퉁이다.
나의 本籍은 人類의 짚신이고 맨발이다.(64)

라고 말한다. 아니, 덤덤히 말하기보다 그는 선연히 노래한다. 그리하여 그는 바스라지기 쉽고 연약한 것("늦가을 햇볕 쪼이는 마른 잎", "나무 잎새"), 깊숙하고 은밀한 곳("거대한 계곡"), 투명한 것("푸른 눈을 가진 한 여인의 영원히 맑은 거울"), 느긋하고 고고한 것("차원을 넘어다니지 못하는 독수리"), 한가하고 조용한 것("몇 사람 안 되는 고장", "겨울이 온 교회당 한 모퉁이"), 가볍고 자유스러우며 겸허한 것("인류의 짚신", "맨발")을 자신의 본적으로 삼아 그곳으로 회귀하길 꿈꾼다. 그것들은 한결같이 세상과 불화한 시인의 고단한 심경을 달래며 이 세상의 얽매이기 쉬운 통속적 가치에 대한 집착의 욕망을 떨치고 평온하고 순정한 미학의 성채 속에 칩거한 채 아름다

운 것들에 마음을 준다. 그의 그런 성향을 가리켜 폐쇄적이라고 비판할 수 있지만, 고향을 잃고 전쟁의 상처가 깊은 그가 그런 위안의 공간조차 없다면 자신의 여린 마음을 다독이며 "날마다 바뀌어지는 地平線에서" (92) 오랜 세월을 견디며 살아낼 도리가 없을 것이다.

그런 위안의 공간에서 생을 관조하며 방황하는 그에게도 그 방황의 체험에 기초한 희망은 있다. 그래서 그는 헤밍웨이의 바다와 노인에 기대어 "살아온 기적이 살아갈 기적이 된다고/ 사노라면/ 많은 기쁨이 있다고"(35) 남들의 말을 옮기듯이 은근히 낙관의 전망을 내비친다. 그러나 "살아온 기적"이라는 표현에서 우리는 그에게 지난 과거의 삶이 그리 순탄하지 않았음을 알 수 있다. (얼마나 힘들었으면 삶이 기적처럼 여겨졌으랴!) "살아갈 기적"이란 무슨 말일까. 기적처럼 버티며 살아온 나날들이 앞으로의 삶을 기적처럼 일구어가는 데 자양분이 될 수 있단 말일까. 아니면, 과거의 기적처럼 버텨온 힘겨운 삶이 앞으로도 변함없이 지속되리라는 뜻일까. 어쨌건, 시인은 그렇게 어렵던 시절이 있었기에 어려운 만큼 많은 기쁨이 생김을 안다. 기쁨과 보람은 고통과 역경에 비례한다. 삶이 온통 기쁨인 사람에게 기쁨은 별다른 가치가 되지 못한다. 그러나 고통스럽게 삶을 영위해가는 사람에게 삶은 그 자체가 기적일 수 있다. 그 고통의 결과가 생산적인 미래를 담보할 때 그것은 곧 희소한 만큼 귀하고 크고 많은 비중으로 체감되기 마련이다.

침묵하시는 하느님

세상과의 불화와 방황 속에서 위안과 희망을 탐색하는 시인에게 종교, 특히 그리스도교 신앙은 두드러진 사색의 재료로 기능하는 듯하다. 내가 '사색의 재료'라고 말하는 까닭은, 그에게 그리스도교 신앙이라는 것이 흔히 이해하듯 '예수 그리스도를 믿음으로 의롭게 된다'든지 '하나님의 은혜로 구원을 받는다'든지 하는 교리적 얼개로 작용하고 있는 것 같지 않기 때문이다. 그는 '하느님'을 말하면서 무심히 지나가는 듯한 어조로 "말을 잘 할 줄 모르는 하느님"(50) 정도로 언급할 뿐이다. 그것도 애당초 하느님을 말하기 위해 하느님을 언급한 것이 아니라, 병원 뜰에 놓여 있는 빈 유모차 한 대의 주인이 누구일까를 궁리하는 중 뜬금없이 어눌한 하느님의 이미지가 튀어나온 것이다. 이는 아마도 병원 뜰의 잔디밭 위로 맴도는 한가한 푸르름이 연상시켜준 "사람들의 영혼"이란 시구로부터 파생되었을 것이다. 사람들의 '영혼'은 눈에 보이지 않지만 존재론적 맥락에서 사람의 정수, 곧 궁극의 가치로 들먹여지는 추상명사다. 인간의 보이지 않는 궁극적인 관심의 대상이란 면이 하느님을 떠올리게 한 동인이었으리라는 것이다.

그런데 그 하느님이 왜 굳이 "말을 잘 할 줄 모르는" 분이어야 했을까. 말을 잘할 줄 모른다는 것은 어눌하다는 뜻일까, 아니면 말을 절제하여 자주, 섣불리, 가볍게 하지 않는다는 뜻일까. 성서에서 하느님은 말을 잘하고 못하는 차원의 신이 아니다. 그는 말씀$^{dabar, logos}$의 신답게 늘 말씀을 통해, 말씀 가운데, 말씀과 더불어 현현한다. 그러나 오래 참는 신답게 그는 대체로 침묵을 택하다가 결정적인 순간에 자신의 창조적 섭리와 구원사적 의도를 맹렬하게 드러낸다. 그 계시적 말씀을 대언하는 예언자들이 자주 사용한 수사적인 문구가 "야훼께서 이렇게 말씀하신다" "야훼의 말씀이다"인 것을 보면 그 말씀의 신이 발하는 위용을 짐작할 수 있다. 예수 그리스도의 강림을 해석한 가장 정교한 신학적 틀 속에서도 하느님은 말씀 자체로, 예수 그리스도는 그 말씀이 육신을 입어 성육화한 신의 아들로 이해된다.

시인은 이러한 배경을 아는지 모르는지 하느님의 어눌함 또는 침묵을 상정한다. 그 어느 쪽이든, 그것은 병원 뜰의 "바람 한 점 없"는 한가한 푸르름의 분위기를 깨트리지 않기 위한 수사적 고안일 수 있다. 말을 잘할 줄 모르는 신의 이미지는 이어지는 시구에서 "어디메도 없는 戀人"으로 변용되어 시인의 그리움을 촉발한다. 그렇다면 시인에게 그와 같은 신의 이미지는 세계 내에 존재하지 않을지라도 오히려 그 때문에 더 갈급한 그리움의 대상이 될 수밖에 없는 무심한 절대타자가 아닐까. 그 무심한 신의 마음을 헤아리기라도 했는지, 시인은 마지막 시구에서 "오늘은 무슨 曜日일까" 하는 독백조의 의문을 던지고 있는 것이다. 그 담담하고 느긋한 독백의 자리야말로, 날짜와 요일에 대한 감각조차 잃어버리고 의료인이 없는 병실과 같은 자유스러운 공간에 누워 물 흐르듯이 자연의 생리대로 살아가고자 하는 시인의 욕망을 대변하는 무의식의 틈이 아닐 터인가.

이러한 시인의 천진한 무심함은 예수를 노래하는 대목에서도 여실히 확인된다. 그 중요한 예로 다음을 보라.

예수는 어떻게 살아갔으며
어떻게 죽었을까
죽을 때엔 뭐라고 하였을까

흘러가는 요단의 물결과
하늘나라가 그의 고향이었을까 철따라
옮아 다니는 고운 소릴 내릴 줄 아는

새들이었을까

저물어가는 잔잔한 물결이었을까(52)

"~을까"라는 반복적 운율로 짜인 〈고향〉이라는 제목의 이 아름다운 시편에서 예수는 그 어떤 종교적·신앙적 외피도 걸치고 있지 않다. 예수의 삶의 방식과 죽음에의 자세를 연거푸 묻는 형식을 동원하여 정작 시인이 집중하는 의식의 초점은 이 시의 제목으로 설정된 '고향'이다. 시인이 그 고향의 이미지를 변주하여 주목하는 것은, 실제 성서의 예수 이야기에서 별로 조명을 받지 못하는 것들, 이를테면 "요단의 물결과 하늘나라"이거나 "고운 소릴 내릴 줄 아는 새들", "저물어가는 잔잔한 물결"과 같은 것들이다. 예수가 요단 강에서 세례를 받고 하늘나라를 그 핵심 메시지로 전파하였으며, 공중에 나는 새들을 통해 이 땅의 뭇 생명들을 향한 하느님의 넉넉한 은총을 가르쳤고, 저녁 무렵 갈릴리 바다의 폭풍을 잠잠케 하여 그 물결을 잔잔케 하는 기적을 베풀었다는 사실은 이 시의 배경에 잠수하고 있거나 아예 사장되어 있다.

시인은 과연 몰라서, 예수가 어떻게 살았을까, 예수는 죽을 때 무슨 말을 하였을까, 라고 물었을까. 아니면 알면서도 그 내용의 심층을 깊이 파헤치고 싶어서 괜스레 이런 질문을 던지고 있는 걸까. 어느 경우든, 예수가 가난한 자들을 구제하고 병든 자들을 치유하였으며 절망에 빠져 헤매는 민중들을 위해 위로와 사랑의 복음을 선포하는 등 제자들에게 보람 있는 삶의 길을 가르쳤다는 평범한 대답이 시인에게는 아무런 의미를 띠지 못하는 듯하다. 뿐 아니라, 예수가 죽을 때 "아버지여, 저들의 죄를 용서하소서. 저들은 스스로 무엇을 하는지 알지 못하나이다" "목마르다" "다 이루었다" "아버지여, 아버지여, 왜 나를 버리시나이까" 등의 말을 했다는 정보도 아무런 위상을 지니지 못하기는 매한가지다. 사실 이러한 대답들 자체가 서로 긴장 어린 고리로 연계되어 있는 터라, 어느 한 가지를 뽑아서 예수의 삶의 방식이고 예수의 죽음에의 자세라고 못 박아 말하는 것은 무리다.

예수의 고향, 영혼의 피안

이러한 배경을 뒤로하고 시인이 그 순정한 무심함의 눈길로 조준하는 것은 예수가 그 삶과 죽음을 통해 고향을 애타게 갈망했으리라는 과연 시인다운 발상이다. 굳이 그 맥락의 상관성을 추정하자면, "흘러가는 요단의 물결"과 "하늘나라"는 예수가 지닌 신인 복합적 존재성을 암시하는 듯하다. "흘러가는 요단의 물결"이 자연인으로서 유대 땅을 디디며 살아간 목수의 아들, 나사렛 예수를 표상한다면 "하늘나라"는 그가 태초부터 하느님과 함께 존재한 신의 아들이었음을 떠올리게 한다. 그런데 "하늘나라"는 "흘러가는", 즉 시간성을 지닌 "요단의 물결"이란 공간과 만날 때야만 현실적 토대를 확보한다. "하늘나라"가 하늘에 붕 떠 있는 신만을 위한 초월의 나라가 아니라 이 땅에 임하여 복음의 메시지를 이루는 인간들을 위한 구체적인 희망의 나라이기 때문이다. 그러므로 예수는 그 하늘나라를 장차 마지막 날 들어가야 할 미래의 나라로 간주한 동시에 지금 여기서 임하였거나 보고 있는 현재적 삶의 공간 또는 사건으로 파악한 것이다.

　예수 이후 그리스도교와 접맥된 플라톤 철학에 의하면 영혼을 지닌 존재로서의 인간은 누구나 하늘나라를 고향으로 가지고 있고, 사후에 육체는 썩어 흙이 될지라도 영혼은 신들의 처소로 귀환한다. 그 가운데 이

지상의 갖은 기억을 '망각의 강'을 건너면서 다 지운 뒤 새로운 몸을 입어 다시 지상에 태어나게 된다는 것이다. 그렇게 본다면, 김종삼 시인이 그리는 예수의 고향, 나아가 그 예수를 숙주로 삼는 뭇 인간의 고향을 하늘나라로 여긴 것은 유달리 의도하지 않았더라도 다분히 플라톤주의적 세계관을 그 배후에 깔고 있다. 인간은 고향을 종점 또는 기점으로 이렇게 돌고 도는 순환적 존재다. 아무리 질긴 목숨을 자랑해도, 아무리 한 군데 붙어 토박이 삶을 사는 자라 하더라도 영원히 흐르지 않고 살 수는 없는 노릇이다. 공간을 흐르지 않으면 시간을 타게 마련이고, 시간의 흐름이 둔감하게 느껴지는 경우 그 지루함은 공간의 교체로 나타나기 일쑤다. 그러나 대부분의 경우 시간과 공간은 인간의 유동적 특질을 조건 짓는 씨줄과 날줄을 형성한다. 예수는 하늘에서 땅으로 흐르고, 이 땅 위에서 요단의 물결 위에 그 강물과 더불어 쉬지 않고 흘렀던 것이다.

"철따라 옮아 다니는 새들"은 곧 철새다. 상식적인 얘기지만 철새들은 한곳에 머물러 살지 않고 철 따라 먼 거리를 날아 장소를 옮기는 뜨내기 새들이다. 그런데 상기 시의 맥락에서 그 뜨내기 새들의 방랑성은 텃새에 비해 불안하거나 신뢰도가 떨어지는 부정적인 존재로 부각되지 않는다. 오히려 면면히 흐르는 요단의 물결처럼 그 새들의 흐름은 집도 절도 없는 자로서 부단히 움직이며 여행했던 예수의 사역, 그를 표본으로 내세운 뭇 자유로운 영혼들의 존재 양태를 특징짓는다. 그것은 자유롭고 평안하게 살고 싶은 고향 추수적 인간의 욕망을 투사하거니와, 이로써 사는 것이 곧 고향을 찾아가며 닮아가는 과정과 다름없음을 통찰한 시인의 혜안이 자명해진다.

그렇다면 예수와 같은 사람이 추구한 고향의 그 부단한 흐름, 그 방랑자의 고향은 너무 소모적이지 않을까. 그들의 방랑적 스타일을 뒷감당하기 위해서라도 그 배후에 다른 이들의 묵묵한 인내와 희생은 필수적이지 않을 터인가. 현실적으로 이 세상의 모든 사람이 그렇게 마냥 떠돌아다닌다면 가족과 사회, 국가 등의 공동체적 질서는 심각한 혼돈과 와해를 겪으며 하극상을 초래하지 않겠는가 말이다. 다소 과람한 상상이지만, 이럴 경우에 대비해서 고향의 순례자, 자유의 방랑자들은 제각각 맡은 본분이 있고 사명이 있다. 그것은 공통적으로 지상적 붙박이 삶이 망각하고 있는 천상적 이상의 노래를 들려주는 몫으로 수렴된다. 그것을 시인은 철새들의 경우를 빌어 "고운 소릴 내릴 줄 아는"이라는, 숨표 없이 연결된 수식구로 표현한다. 그들은 공중에서 날기에 단순히 소리를 '내는' 것이 아니라 소리를 위에서 아래로 '내린다.' 마치 아름다운 천상의 화음이라도 되는 양, 그들의 소리는 곱다. 그 고운 소리는 지상에 사는 사람들이 세파에 지친 심신을 달래며 위안을 찾을 때 갈구하는 소리 가운데 하나일 터이다. 그것은 결국 인간에게 마침내 돌아가야 할 영혼의 고향이 있음을 일깨워주는 소리이면서 그 새로운 고향살이에 대한 그리움을 촉발하고 증폭시키는 영감의 원천이다.

고향 이미지의 변용으로 고운 소리를 내며 떠도는 철새의 바톤을 이어받는 마지막 주자는 "저물어가는 잔잔한 물결"이다. 그 '물결'은 앞서 나오는 '요단의 물결'과 같은 물결일까? 나는 아니라는 쪽으로 기운다. 이 물결이 '잔잔한' 물결인 데 비해 앞의 그 물결은 '흘러가는' 물결, 그러니까 요동치며 굴곡을 이루는 물결일 터이기 때문이다. 잔잔한 물결은 강물의 물결이라기보다 고여 있는 호수나 바다의 물결일 가능성이 높다. 그것이 예수의 주요 활동 무대에 인접한 갈릴리 호수의 물결이든, 아니면 이 시인의 다른 시에 등장하는 사해의 물결이든 그 물결은 잔잔하고 그 잔잔함은 고요하고 평온한 느낌을 준다. 그런데 물결이 저물어간다니…. 그것이 무슨 말일까. 이 말에는 저물어가는 황혼녘의 물결이라는 뜻과 함께 그 물결이 바람에 요동치길 그치고 이제 그 유장한 흐름의 여정을 마감하는 끝 무렵이라는 뜻이 중첩되어 울린다. 예수로 되돌아가자면, 그것은 예수가 짧고 굵은 삶의 흐름을 접고 이제 죽음의 관문을 통과하여 평온의 항구인 고향에 다다르는 시점과 겹친다.

그리스도, 나의 산 계급

이처럼 고향을 통해 예수를 추넘하던 시인은 또 다른 시 〈부활절〉에서 좀더 구체적으로 예수의 삶 일부를 흉내 낸다. 그는 "日光이 들고 있"는 성벽 근처에서 "육중한 소리를 내는 그림자가 지"나감을 느낀다(77). 육중한 소리를 내는 그림자의 정체는 헬리콥터 같은 비행물체일 것으로 짐작되는데, 그 거친 소음은 이어지는 연에서 "죄없는 무리들의 주검 옆에" 있는 조용한 그리스도와 대립된다. 그 대립은 앞서 성벽에 깃든 햇빛과 그 빛을 일순간 지우는 물체의 그림자 사이의 대립에 잇닿는 대립으로, 시 속의 화자를 어둠과 소란의 세속으로부터 그리스도의 부활에 걸맞은 빛과 고요의 자리로 끌어들이는 배경이 된다. 그는 고백한다. "그리스도는 나의 산계급이었다고." 그의 그 실존적 계급 구속성은 그리스도의 부활 정신과 합치되는 행태를 유발하는 동력이 된다.

그래서 시인은 자신의 호주머니 속에 들어 있는 밤 몇 톨을 가지고 "돌층계를 올라가서" "낯모를 아이들이 모여 있는 안쪽으로 들어"선 뒤 아이들에게 한 톨씩 나누어준다. 그 돌층계는 "오랜 동안 전해 내려온 전설의 돌층계"로 그리스도의 부활과 관련된 석조물일 것이다. 그 돌층계를 올라 들어간 안쪽에는 낯모를 아이들이 모여 있는데, 그 아이들은 "무거운 거울 속에 든 꽃잎새처럼/ 이름이 적혀지는 아이들"이다. "무거운 거울 속"의 무거움은 성벽과 돌층계를 통과해야 하는 인공건물의 무거운 분위기일 터이고, 그 거울은 세속을 비추어주며 세속과 성스러운 또 다른 세계를 이어주는 관문의 변용일지 모르겠다. 그런데 그 거울 속에 들어 있는 아이들은 "꽃잎새처럼" 가볍고 아름다우며 자연과 흡사한 순수한 생명체다. 그들은 지금보다 나은 미래를 꽃 피울 희망의 씨앗들이다. 그들에게 또 다른 씨앗인 밤 한 톨씩을 나누어주는 시인의 선물은 그나마 비극의 과거를 겪은 어른들의 소박한 유산일 터이다. 그 밤 한 톨은 시인이 다른 곳에서 자신의 삶을 총 결산하면서 "人間을 찾아다니며 물 몇 桶 길어다 준 일밖에 없다고"(32) 했을 때의 바로 그 물 몇 통에 비견되는 메타포다.

그런데 이름이 적혀지는 아이들이라…. 내 상상은 그 어린이들이 꽃잎처럼 흔연히 용납되고 비록 낯선 얼굴들이라도 거리낌 없는 사이처럼 기억되고 관계가 트이는 존재라는 뜻으로 울린다. 시인이 이처럼 종종 어린이들을 찾아 나설 만큼 외롭고, 그들에게 마음을 선뜻 열어주며 기댈 만큼 그의 여정이 고단하고 팍팍하지만, 그들에게 밤 한 톨의 선물을 나누어줄 정도로 그의 내면은 여유 있고 소박하다. 그렇게 여유 있고 소박한 성정의 소유자답게 그는 남에게 베풀고 남을 즐겁게 해주길 원하는 마음의 부자다. 가령, 그는 미사를 드리는 화가 이중섭의 허울을 입고,

내가 많은 돈이 되어서
선량하고 가난한 사람들을 위해 맘 놓고 살아갈 수 있는
터전을 마련해 주리니

내가 처음 일으키는 微風이 되어서

내가 不滅의 平和가 되어서

내가 天使가 되어서 아름다운 音樂만을 싣고 가리니

내가 자비스런 神父가 되어서

그들을 한 번씩 訪問하리니(40)

라고 말하는 것처럼, 그는 되고 싶은 것도, 하고 싶은 것도 많다. 물론 그가 되고 싶어하고 하고 싶어하는 모든 것들은 숭고하고 갸륵한 것들이다. 그저 그 바람만으로도 아름답다. 돈과 미풍과 평화와 천사의 음악과 신부의 방문이 마찰하지 않고 천진하게 어울리며 시인의 기도가 될 수 있는 것은, 그가 천상 그리스도의 유풍을 제도권의 언어로 되풀이하며 위안을 추구하는 앵무새 신자가 아니라 그리스도를 자신의 '산 계급'으로 인식하며 그 의미를 온몸으로 감당해내는 영원한 방랑자이기 때문이리라.

• 괄호 속의 숫자는 김종삼의 시집 『북치는 소년』(서울: 민음사, 1979)의 쪽수를 가리킨다.

3장 눕고, 울고, 웃는 '풀'의 내력
-김수영의 〈풀〉에 대한 신학적 풀이

한 흑백사진의 인상

1974년 초판을 찍어낸 김수영의 시선집 『거대한 뿌리』(민음사)는 40년이나 되는 이력을 과시라도 하듯, 폐허의 빛을 발한다. 햇볕에 그을려 누렇다 못해 컴컴한 종이와 아무렇게나 뜯어져 나간 겉표지, 안팎으로 우중충한 시집은 반 토막이 난 띠지를 갈피에 간직하고 있다. 굳이 내버리지 않은 것은 그 안에 아주 시인스럽고 60년대 풍으로 고색창연한 김수영의 흑백사진이 담겨 있기 때문이었다. 고개를 약간 숙인 이 사진 한 장은, 시인이 헤쳐온 시대와 세상이 얼마나 각박하고 고되었으며, 그가 얼마나 치열하게 역사의 심장부를 관통해왔는지 절절한 침묵으로 증언하며 강렬한 인상으로 다가온다. 아무렇게나 방치해놓은 까만 머리털과 깊게 새겨진 이마의 주름 두세 줄에 거친 세월의 흔적이 박혀 있다. 진한 눈썹 밑으로 크고 둥근 시인의 두 눈은 퀭하니 우수를 머금고, 그러나 아직 펄펄 살아서 뭔가 노려보는 기세다. 굳게 다문 입술 위 아래로 깎지 않은 수염은 입가의 주름과 함께 그가 온몸으로 버텨온 궁핍한 시대와 자학적 냉소의 풍경을 드러내주는 듯하다. 이다지도, 그의 면상은 강렬하지 않은 지체가 없다.

이런 치열한 초상은 에누리 없이 그의 시 세계였고, 그가 살아온 삶의 내력이었다. 일제 치하에 유년기를 보낸 그는 모국어보다 일본어를 먼저 익혀야 했고, 그런 상실의 아픔이 채 달래지기도 전에 그는 사상의 혼돈과 동족상쟁의 피비린내를 감당해야 했다. 그가 포로수용소에서 풀려나 양계장에서 어설픈 닭 농사를 짓거나 색주가에 몸을 피신했던 시절에도 혁명은 어김없이 찾아와 아픈 그의 몸을 더 아프게 짓눌렀다. 그의 저 흑백사진 우편에는 "아픈 몸이/ 아프지 않을 때까지 가자"라는 시구가 세로로 붙어 있지만, 그에게 아프지 않을 때가 얼마나 있었을지 의문이다. 그는 그렇게 "온갖 식구와 온갖 친구와" 함께 아프지 않은 그 세상을 향해 가고 싶었건만, 자유를 향한 갈증이 심할수록 그의 시는 점점 더 난해하게 뒤틀렸고, 그 와중에 식구와 친구마저 그를 외면했다. 아니, 그가 외면을 자초했다고 말하는 것이 더 맞을지 모르겠다. 그가 〈거대한 뿌리〉라는 시의 첫대목에서 "아직도 앉는 법을 모른다"(225)라고 고백했듯이, 그는 엉거주춤 의혹 어린 시선으로 이 수상한 세상을 보고 또 봤다. "시여, 침을 뱉으라!"라고 절규하며, 어수선한 시절의 질고를 향해 부대끼고 또 부대꼈다. 자유에 섞여 있는 "피의 냄새"(147)를 맡으며 그는 술과 언어의 사이에서, 분노와 절망의 틈새로, 꾸역꾸역 피 묻은 언어를 토해냈다. 그렇게 시인의 깡마른 초상의 침울함은 그의 삶이었고, 그의 시가 자생하는 시대정신의 토양이었다.

한국 현대시에 가장 큰 영향을 끼친 시인 김수영은 그렇게 60년대적 풍경의 대명사로 지금까지 현존한다. 아무리 70년대의 색 바랜 시집이 세월에 풍화되어갈지라도 저 사진 속에 박힌 시인의 인상은 퇴색할 줄 모른다. 하나의 인상이 삶과 운명의 무게로 내려앉는 경우도 드물련만, 김수영에게는 이런 규정이 찬사도 비난도 아닐 테다. 그는 꿈의 자유, 자유의 꿈을 향해 그런 운명의 무게로 평생 질주해나갔다. 그러니 그의 시 세계를 일관되게 관통하는 주제는 꿈이 있는 자유 또는 자유를 갈구하는 꿈이라고 하겠다. 김현이 『金洙暎詩選 거대한 뿌리』(1974)의 해설에서 지적한 대로, 그는 "자유를 시적·정치적 이상으로 생각하고, 그것의 실현을 불가능케 하는 여건들에 대해 노래한다." 물론 그 노래의 형식은 대체로 싸움이고 절규였지만, 때로 소시민적 연민과 탄식의 포즈로 그는 웅크리기도 하였다.

그가 1968년 6월 18일 버스에 치여 이튿날 숨졌을 때, 그의 47세 향년이 걸어온 삶은 그렇게 거칠고 음습했다. 시대의 무게에 짓눌려 언어를 비틀고 힘겹게 호흡을 고르며 발악하지 않았다면, 그의 깡마른 몰골조차 건사하지 못한 채 새하얗게 형해화되지 않았을까 싶다. 그런 그가 만년에 예언이라도 하듯 꽃과 풀을 노래하였다. 특히, 풀을 노래한 시 〈풀〉은 한 조사에 의하면 우리나라 국정교과서에서 가장 많이 게재된 작품으로[1] 수많은 해설과 논란을 낳았다. 이제 각설하고 그 시가 만들어낸 지형으로 스며들어갈 차례다. 이 작은 시의 민첩한 말들이 낳은 많은 둔탁한 해석적 언어들을 죄다 요리하기는 어렵겠지만 큼직한 뼈대라도 추려 해석의 숲을 통과해보기로 하자. 그 끄트머리에 붙여둘 내 나름의 '신학적 풀이'는 물론 대수롭지 않은 돌연변이가 되겠지만, 어지러운 산문의 곡예에 무거운 한 무더기 잡념을 보태기보다 김수영의 풀처럼 가

---

1. 이남호, "교과서에 실린 문학작품을 어떻게 가르칠 것인가", 「현대문학」 531(1999/3), 282에
   의하면 이 작품은 이 글이 쓰인 당대 시점의 국내 7종의 문학 교과서에 실려 있다.

볍게 미끄러졌으면 좋겠다.

〈풀〉이 만든 해석의 숲

시인 김수영은 그가 죽기 얼마 전 마지막 유작이라도 남기듯, 〈풀〉이라
는 제목 아래 이렇게 썼다.

풀이 눕는다
비를 몰아오는 동풍에 나부껴
풀은 눕고
드디어 울었다
날이 흐려서 더 울다가
다시 누웠다

풀이 눕는다
바람보다도 더 빨리 눕는다
바람보다도 더 빨리 울고
바람보다 먼저 일어난다

날이 흐리고 풀이 눕는다
발목까지
발밑까지 눕는다
바람보다 늦게 누워도
바람보다 먼저 일어나고

바람보다 늦게 울어도

바람보다 먼저 웃는다

날이 흐리고 풀뿌리가 눕는다(297)

매끄러운 리듬이 반복되면서 바람처럼 경쾌하게 흐르는 이 단문의
시는 김수영의 최후 걸작으로, 물론 교과서의 전파력도 작용했겠지만,
수많은 주목을 받아왔다. 김현의 표현에 의하면 이 작품은 얼핏 보아 "가
장 비김수영적인 작품인데도, 가장 널리 알려진 김수영의 작품이다."[2]
김수영 개인의 시적 계보란 견지에서 이 시는 그의 후기 시에 드러나
는 독특성과 관련하여 많은 평자들의 시선을 끌어왔다. 물론 그 분기점
을 이루는 극적인 계기는 시인이 체험한 4.19혁명이었다. 이런 맥락에서
김명인은 그의 시적 궤적이 "4.19 직후의 잠깐을 제외하면 '비역사'에서
'초역사'로 이어"지는 특징을 드러내는 것으로 보고, 유성호는 "삶의 생
태학보다는 비극적 실존에 대한 집착으로 자기의식의 재구축 과정을 밟
아나간" 궤적을 포착한다.[3]

그런가 하면 임홍배는 그의 후기 시에 드러난 난해성에 주목하면서
거기에 "주조음으로 깔려 있는 특유의 자기의식은 현실과 시적 자아의
관계를 새롭게 정립하려는 치열한 몸부림의 징후"라고 해석한다. 따라서
그는 "현실에 대한 문제 제기와 시에 대한 질문이 대등한 비중을 갖는
후기의 '난해시'야말로 오히려 '삶의 생태학'에 충실하려는 시적 탐구의

---

2. 김현, "김수영에 대한 두 개의 글"의 두 번째 꼭지인 "웃음의 체험", 『책읽기의 괴로움/살아
   있는 시들: 김현문학전집 5』(서울: 문학과지성사, 1992), 47.
3. 여기서 인용된 촌평은 임홍배, "시와 혁명: 김수영 후기 시의 '난해성' 문제", 『창작과비평』
   122(2003, 겨울), 277-278에서 재인용함.

소산"이라고 본다. 그의 시가 참여시를 지향하면서도 "이념의 증거로 읽히기를 완강히 거부하는 성향을 보이"는 것도 이와 관련된다.[4] 백낙청의 지적대로, 그에게 참여시라는 것은 "행동의 도구로서의 시"라기보다 "행동의 시"였기 때문이다.[5] 김수영의 대표작 〈풀〉이 그의 시 세계, 특히 후반기의 시들에 대한 이러한 전반적 평가에 포괄되는 것은 물론이다.

3편의 〈꽃잎〉 연작과 〈풀〉로 대표되는 그의 후기 시는 상호 연속적인 관계 속에 리듬의 차별성이란 견지에서도 주목을 받아왔다. 즉, 그것이 이전의 김수영 작품과는 달리 새로운 면모를 보여주었다는 것이다. 황동규의 관찰에 의하면 이전의 반복적 리듬은 단순히 강조를 위한 것이었지만, 후기 시의 작품들, 특히 〈꽃잎〉과 〈풀〉은 상호 연속성을 띤 관계로 엮어져 그 리듬이 "주술적인 효과"를 겨냥하고 있다. 그러나 그 반복 리듬은 김종윤의 통찰대로 정형화된 반복 리듬은 아니며, "다양한 변주를 포함한 반복의 율동"이다.[6] 박수연은 이러한 반복의 리듬이 덜 강렬한 〈꽃잎3〉을 평자들이 상대적으로 소외시킨 점에 착안하여 이 시가 "〈꽃잎1〉, 〈꽃잎2〉에 대한 정리이자 〈풀〉로 나아가게 되는 김수영 말기 시의 아름다운 다리"라고 상찬한다.[7] 이 작품에는 '타자와의 사랑'이라는 김수영의 후기 주제를 온몸으로 육화시켜나간 흔적이 엿보이는데, 박수연이 생각하기에 〈풀〉을 향한 그 '다리'는 "끊임없이 소란을 떨어대며 타자에게 몸을 갖다 대고 얽혀드는 민중", "몸을 막 갖다대고 얽혀드는 소란의 과정에 있기 때문에 아직 완성되지 않고 결정되지 않은 민중"으

---

4. 임홍배, 앞의 글, 278.
5. 같은 글, 같은 쪽.
6. 박수연, "〈꽃잎〉, 언어적 구심력과 사회적 구심력", 「문학과사회」 48(1999, 겨울), 1709.
7. 같은 글, 1721.

로 뻗어 있다.[8] 다만 〈풀〉에서는 그 소란스러운 얽힘이 〈꽃잎3〉보다 정제되어 나타나고 있을 따름이라는 것이다.

한편, 이 시의 대표적인 이미지 '풀'과 '바람'이 무엇을 비유한 것인지에 대해서도 많은 논란이 있었다. 교과서와 그 참고서에서 이구동성으로 지적하는 이 작품 감상의 요체는 이 시를 현실참여적인 시로 간주하고 풀을 억압받는 민중으로, 바람을 그 민중을 억압하는 외세나 독재체제로 해석하는 것이다. 이처럼 풀과 바람의 대립을 민중주의적 관점에서 파악한 것은 풀의 이미지에 달라붙은 강력한 의미의 자장이 개입한 선입견의 산물이다. 그만큼 풀 또는 풀잎의 이미지는 한국 현대시에서 매우 강력한 상징적 매개로 다양한 변용의 과정을 거쳐왔다. 그 풀잎의 이미지 전승사를 최하림은 다음과 같이 명쾌하게 요약한 바 있다.

> 풀잎이란 한국 현대 시문학사에서 다양한 방법과 탐구를 통하여 획득한 이미지의 하나로서, 그것은 우리들의 삶 자체와 항상 연관을 가진다. 김수영은 그것을 대지에 뿌리를 내리고 있으면서 바람보다 먼저 눕고 먼저 일어나는, 그 자신의 본질 속에 운동성을 내포한 존재로서 파악하였고, 황동규는 뿌리 뽑혀진 존재로서 인식하였으며, 오규원은 말을 만드는 것으로서, 이성부와 이시영은 저항하는 민중상으로 이해하였으며, 정현종이 주목하고 있는 것은 어둠 속에 자신을 열어놓고 흔들리고 있는 풀잎의 부드러운 힘 그것이다.[9]

이 요약문에서 보듯, 최하림은 김수영의 〈풀〉을 이성부와 이시영의

---

8. 같은 글, 1722.
9. 김현, 앞의 글, 48에서 재인용.

시적 맥락에서 이해하는 것에 찬성하지 않는다. 이러한 입장은 황동규의 견해와도 통하는데, 그 역시 풀을 민중의 상징으로, 바람을 외세의 상징 따위로 해석하는 것에 이의를 제기하였기 때문이다. 황동규에 의하면, 김수영의 풀에 대한 민중주의적 해석은 "비를 몰아오는 바람을 풀이 싫어할 리가 없다는 생물생태학적인 반론"에 봉착한다.[10] 그리고 바람보다 풀이 동작을 더 '빨리' '먼저' 한다고 해서 그것이 민중에 대한 별스런 찬사가 되지도 못한다. 이러한 이분법적인 해석에서 벗어나 황동규는 이 시가 "움직일 수 없는 풀의 움직임이 움직임의 동력이 되는 바람보다 더 앞선다는 모순율이 모순으로 느껴지지 않게 되는 상태에 이르는 과정을 보여줌으로써, 생의 깊이와 관련된 어떤 감동을 맛보게" 한다고 주장한다.[11] 이 점에서 풀은 삶에 대한 여러 양태의 해석을 가능케 하는 역동적인 '상징 동력'이라 할 수 있다.

이러한 해석사적 요약과 함께 김현은 김수영의 〈풀〉이 "바람/풀의 명사적 대립보다는 넓은 의미의 동사적 움직임이 강조된 시"라고 전제하면서, 이 작품을 구문과 리듬, 나아가 의미론적 차원에서 분석하였다.[12] 그렇지만 그는 '눕는다/일어선다', '운다/웃는다'의 동사적 대립마저 뛰어넘는 곳에 이 시 해석의 실마리가 있다고 본다. 이와 관련하여 그가 특히 주목한 것은, "발목까지/ 발밑까지 눕는다"라는 시구인데, 이로부터 그는 "풀이 눕는 것을 풀 속에 서서 느끼는 사람이 시 속에 있다는 사실"을 포착해낸다. 이 사실을 해석의 열쇠로 삼아 이 작품의 핵심으로 치고 들어

---

10. 같은 글, 48.
11. 같은 글, 48.
12. 이 시에 대한 김현의 분석과 해석은 김현, 앞의 글, 47-53에 실려 있다. 아래의 인용문들은 이 글에서 가져온 것이다.

가면, "풀의 눕고 옮을 풀의 일어남과 웃음으로 인식하고, 날이 흐리고 풀이 누워도 울지 않을 수 있게 된, 풀밭에 서 있는 사람의 체험"이 잠복해 있다. 그 증거로 김현은 〈꽃잎3〉에서 풀의 아우성을 웃음으로 제시하고 있는 점과 〈거짓말의 여운 속에서〉에서 풀이 시멘트 가죽을 뚫고 일어나는 순간, 시인의 집과 정신이 들렸다 놓인다는 진술을 든다. 그렇게 요동치는 "그의 정신 편력의 한 극점"이 〈풀〉에 드러나 있다는 것이다.

그러나 김현이 운운한 발목, 발밑에 대하여 이남호는 그 "발이 풀을 관찰하고 있는 화자의 발인지 아니면 풀의 발인지 분명하지 않"다고 지적함으로써 상기 해석에 은근히 이의를 제기한다.[13] 그는 풀과 바람의 대립에 대한 민중주의적 이분법의 해석에는 반대하면서도, 그 풀의 이미지에 억압받는 민중의 이미지가 실려 있다는 점은 부인하지 않는다. 다만 그가 강조하는 것은, 시련과 좌절에 시달리면서도 굴하지 않는 풀의 끊임없는 생명력이다. 그의 해석에 의하면 바람과의 부대낌에서 풀의 눕고 일어서는 동작과 울고 웃는 동작은 시인의 독창적인 관찰과 환각 체험에 의한 감각적 진실을 우려낸 결과다. 즉, 바람 부는 풀밭의 모습은 바람이 먼저 불고 이어 풀이 흔들리는 것 같이 보이기도 하지만, 또한 바람이 아직 불지 않는데 풀이 먼저 흔들리는 것 같을 때도 있다. 또 일어서는 것도 바람이 먼저인 듯 보이기도 하지만 풀이 먼저인 것처럼 보이기도 한다. 풀이 울고 웃는 모습도 마찬가지다. 풀이 웃는다는 것은 바람이 다 지난 후 부드럽게 살랑거리는 것으로 이해된다.

이러한 표현들은 과학적 상식과 무관하지만, 이남호의 해석적 프리즘 속에 "시인의 독창적인 관찰이 발견한 감각적 진실"로 평가된다.[14] 이

---

13. 이남호, 앞의 글, 291-292.
14. 같은 글, 292.

러한 역동적인 모습의 풀은 "시련의 상황 속에서 좌절하는 듯하지만 늘 끈질긴 생명력으로 상황을 견뎌내고 오히려 압도"하는 삶의 표상이다.[15] 그 풀의 이미지가 민중의 알레고리로 읽힐 때, 그는 이 풀의 양태가 이상화된 민중상을 빗겨가는 것으로 파악한다. 이를테면, 민중은 억압하기도 전에 먼저 비굴해지기도 하고 먼저 겁먹기도 하며 허약하기도 한 모순되고 복잡한 욕망의 존재다. 그렇지만 그 민중은 부분적으로 넘어지고 좌절할지라도 역사의 장구한 시간대에서 보면 면면한 생명을 이어가며 때로 억압 세력을 압도하는 힘을 보여준다. 이처럼 김수영의 〈풀〉은 그로써 표상되는 민중을 무조건 미화하기보다 부정적 속성까지 포용하면서 긍정한다는 점에서 일반적 민중시와 구별되는 특징이 있다.

논어의 공자가 〈풀〉과 만날 때

김수영의 〈풀〉에 대한 해석에서 경전이 그 원천 자료로 개입한 것은 성민엽의 회고에 의하면 정재서가 처음이다. 중문학자인 정재서는 역시 중문학자이자 문학비평가인 성민엽과의 개인적인 대화에서, 문학비평가들의 직무유기를 질책하면서 김수영의 〈풀〉이 『논어』의 〈안연顔淵편〉에 나오는 구절(12:19)을 토대로 각색했음을 지적한 바 있다. 이 대화 이후 정재서는 "동양적인 것의 슬픔"(「상상」 1994, 가을호)이란 비평 에세이에서 예의 논어 텍스트와 김수영의 이 작품에 대한 상호텍스트 관계를 다음과 같이 해명했다. "유교 이데올로기상의 군자-소인의 지배구조를 바람과 풀의 하향적 관계로 비유한 것을 김수영은 이 시대의 상황논리에 의

---

15. 같은 글, 293.

해 정반대의 정치적 알레고리를 이루어냈던 것이다."[16] 정재서가 포착한 논어의 해당 텍스트는 다음과 같다.

계강자가 공자께 정사를 물으며 말하였다. "만일 무도한 자를 죽여서 도가 있는 데로 나아가게 하면 어떻습니까?" 공자께서 대답하셨다. "그대가 정사를 함에 어찌 죽음을 쓰겠는가? 그대가 선하고자 하면 백성들이 선해지는 것이다. 군자의 덕은 바람이요, 소인의 덕은 풀이다. 풀에 바람이 가해지면 풀은 반드시 눕는다"季康子問政於孔子曰, 如殺無道, 以就有道, 如何, 孔子對曰, 子爲政, 焉用殺, 子欲善, 以民善矣, 君子之德風, 小人之德草, 草上之風, 必偃.

공자의 이 어록에서 바람과 풀의 이미지는 군자와 소인에 명확하게 대비된다. 군자가 죽음과 같은 무도한 억압으로 정사를 행할 수 없고 다만 덕이 그 요체라는 것이다. 그것은 마치 바람처럼 자연스럽게 불어와 풀을 눕히는 것처럼 소인의 덕을 압도한다. 풀과 바람은 이처럼 수직적 위계와 존재론적 등급이 확연한 종속의 관계를 이룬다. 그러나 김수영은 이러한 전통적 유교주의적 질서와 그것을 정당화하는 풀과 바람의 비유를 정반대로 뒤집어 소인으로 치부되는 백성이 풀처럼 바람과 부대끼면서 먼저 웃고 먼저 일어나는 강인한 저항정신을 발산하고 있음을 보여주고자 했다는 것이다. 이러한 해석의 프리즘을 통해 볼 때 비록 풀은 바람 앞에서 연약하지만 불굴의 생명력을 간직하고 있는 민중의 표상이라 할 수 있다. 그의 이러한 해석은 풀이 지배세력 내지 외세의 억압에 대하여 끊임없이 저항하고 투쟁하는 민중의 이미지라는 종전의 해석들을 전

---

16. 정재서의 글과 그것에 잇대어진 성민엽의 해석은 그의 다음 글, "김수영의 〈풀〉과 『논어』", 「현대문학」 533(1999/5), 66-79에서 인용 또는 재인용한 것이다.

제한 것이다. 이런 유의 민중주의적 해석의 약점에 대해서는 앞서 언급한 대로 적잖은 평자들이 지적한 바 있다. 문제는 이 시가 상호텍스트성 intertextuality의 견지에서 공자의 논어와 얼마나 밀접한 연관성을 갖느냐 하는 점이다. 일단 이미지 상으로만 보자면 김수영의 〈풀〉에서 풀과 바람의 알레고리가 소인/백성과 군자의 관계를 역전시킨 것이라는 주장에 공감되는 부분과 설득력이 떨어지는 부분이 겹친다. 공감되는 부분은 풀과 바람의 이미지가 대립적인 이미지로 제시된다는 점이고, 설득력이 떨어지는 부분은 군자가 과연 소인/백성을 억압하는 자인가라는 의문과 상관된다. 아울러, 공자가 논어에서 설명하는 소인/백성 대 군자의 관계가 김수영이 〈풀〉에서 언급하는 먼저 눕고 울고 웃는 풀과 바람의 관계로 심화되지 않는다는 점도 양자의 자료비평적 상관성을 검증하는 데 불리하게 작용한다. 또한 성민엽의 지적처럼, 공자에게 '풀'은 수동적이고 종속적인 존재인 데 비해 김수영의 '풀'은 자연현상의 질서를 일탈함으로써 바람과 지배/종속의 일방적인 관계를 벗어난다는 점도 서로 다르다.

한편, 이와 같은 텍스트 내적인 연관성과 별도로 과연 김수영이 논어의 텍스트나 공자의 사상 세계와 얼마나 밀착되어 있었는가 하는 질문이 떠오르는데, 이 점에서는 정재서의 주장이 힘을 받을 만한 증거가 탐지된다. 논어의 공자와 김수영의 시 쓰기가 무관치 않았다는 주장은 그의 시 가운데 난해한 초기작으로 많이 거론되는 작품인 〈孔子의 生活難〉에 간접적으로 투영된다.

꽃이 열매의 上部에 피었을 때
너는 줄넘기 作亂을 한다

나는 發散한 形象을 求하였으나
그것은 作戰 같은 것이기에 어려웁다

국수-伊太利語로는 마카로니라고
먹기 쉬운 것은 나의 反亂性일까

동무여 이제 나는 바로 보마
事物의 事物의 生理와
事物의 水量과 限度와
事物의 愚昧와 事物의 明晳性을

그리고 나는 죽을 것이다(17)

이 시의 문맥적 소통은 버겁고 그 틈새로 빚어 나오는 의미나 메시
지는 매우 난해하다. "꽃이 열매의 上部에 피었을 때" 네가 "줄넘기 作亂"
을 하는 이유가 무엇인지, 내가 구했다는 "發散한 形象"은 무엇을 가리키
는지, 국수가 먹기 쉽다는 말은 평이한 진술이지만, "먹기 쉬운 것은 나
의 反亂性"이라는 표현은 무엇을 함축하는지, 국수가 나의 반란성을 증
명해주는 사물이라는 것인지 등등의 의문 앞에 해석의 촉수는 좌충우돌
하면서 비틀거리기 십상이다. 무엇보다 심각한 소통의 장애를 경험하는
부분은 각 연과 연 사이의 흐름과 연계인데, 특히 1-3연과 4-5연 사이의
상관관계가 모호하다. 그렇지만 이 시의 핵심 메시지가 응집되어 있는 4
연의 의미는 비교적 확연하다. 그것은 사물의 생리, 수량, 한도, 우매성과
명석성을 모두 똑바로 보겠다는 강렬한 의지와 그 의지의 실현만으로도

여한 없이 죽을 수 있다는 5연의 초탈한 자세다. 공자의 논어와 이 시가 만나는 대목은 바로 이 지점이다. 즉, 『논어』의 〈이인里仁편〉에 "아침에 도를 들으면 저녁에 죽어도 좋다"朝聞道 夕死可矣라는 공자의 어록이 죽음에 임하는 시인의 자세와 통한다고 볼 수 있다. 그러나 사물을 속속들이 철저하게 파악하고 죽는 것이 말처럼 쉽지는 않다. 시인은 비록 담담히 "나는 죽을 것이다"라고 말하지만 공자처럼 죽기가 그리 쉽지 않다는 성찰적 자의식이 '공자의 생활난'이라는 제목을 붙인 배경이었을 것이다.

성민엽은 정재서의 주장을 분석하고 평가하면서 다음 세 가지의 경우를 가정하면서 추론해나간다. 1) 김수영이 『논어』의 해당 구절을 알고 있었고 그것을 패러디하려는 의도를 가지고 〈풀〉을 썼다. 2) 그가 『논어』의 그 구절을 알고 있었지만 의식적으로 그 앎과 풀은 아무런 상관이 없다. 다만 무의식적인 영향관계는 가능하다. 3) 그가 『논어』의 그 구절을 알지 못했고, 따라서 양자 사이의 유사한 측면은 우연의 일치다.[17] 성민엽은 이 가운데 두 번째와 세 번째의 가능성에 힘을 실어준다. 요컨대, 김수영의 〈풀〉과 『논어』의 해당 구절은 서로 직접적이고 의식적인 관련은 없었고, 다만 무의식적이고 간접적이거나 우연적인 상호텍스트성은 존중해야 한다는 입장이다. 그는 황동규 등의 해석을 제시하면서 정재서가 민중주의적 독법에 의지하여 풀과 바람의 이미지를 해석하는 점을 비판한다. 이런 관점에서 앞서 예시한 대로, 공자의 풀/바람 알레고리와 김수영의 동 이미지 적용이 상이한 점을 최대한 부각시킨다.

한편 성민엽은 시 내부의 텍스트 해석과 관련하여 1연이 1행만 빼고 모두 과거시제로 쓰이고, 2연과 3연이 모두 현재시제라는 점에 주목한

---

17. 성민엽, 앞의 글, 68.

다. 여기서 1연의 진술이 객관적 사실이라면 2연의 진술은 주관적 상상/연상이다. 그 사이에 '돌연한 비약'이 자리한다. 그런가 하면, 3연은 바람보다 더 늦게 눕고 늦게 운다는 2연의 상상의 시간을 뒤집으며 풀이 바람보다 먼저 일어나고 먼저 웃는 것이 분명한 진실이라고 인식하는 '인식의 시간'에 해당한다. 성민엽의 논지를 다시 정리하자면, 1연은 '눕는다'와 '운다'는 풀의 부정적인 가치에 초점을 맞추고 있고, 2연은 상상의 차원에서 그 부정성을 뒤집고 동작의 선후에 따른 행위의 주체성을 문제시한다. 3연에서도 그 부정성의 탈색은 지속되지만 '일어난다'와 '웃는다'는 풀의 긍정성이 개입된다. 그러나 이러한 상상은 현실과 부합되지 않기에 제동이 걸려 잠시 중단되고, 그 순간 시적 화자는 현실로 돌아와 자신의 발목까지, 발밑까지 눕는 풀을 바라본다. 마침내 화자는 그 풀이 바람보다 늦게 눕고 늦게 우는 풀이지만 일어나는 것과 웃는 것은 바람보다 먼저 한다는 인식에 도달하는데, 바로 거기에 시적 메시지의 핵심이 담겨 있다.

성민엽이 통찰한 이 시의 비밀은, 김현의 지적대로 '울음=웃음'의 통찰을 가능케 하는 인식에 있으며, 그것이 바람과 풀의 마찰음이 울음소리 같지만 동시에 웃음으로 들릴 수 있는 주관적 체험에 근거한다는 것이다. 그러나 그는 이 시가 "날이 흐리고 풀뿌리가 누워도 울지 않을 수 있게 된" 사람의 웃음 체험이라는 김현의 논평을 일부 수정하여, 그 웃음 대신 '지극한 슬픔'을 강조한다. 풀뿌리가 누울 지경이라면, 땅속까지 눕는 뿌리 뽑힘의 위기에 봉착했다는 것인데, 이렇게 심각하게 고조된 생존의 위기에서 '눕는다=일어난다', '운다=웃는다'의 등식은 성립되기 어렵기 때문이다. 이러한 해석과 논증의 과정에서 더욱 도드라지는 점은, 이 시가 공자가 풀과 바람의 이미지로 보여준 지배자/피지배자의 정치적 알레고리를 넘어 생의 깊이라는 지평으로 나아갔다는 것이다.

야훼의 바람, 풀과 꽃의 인생

앞서 제시한 〈풀〉에 얽힌 해석의 숲은 그 자체로 하나의 거대한 풍경을
이룬다. 해석의 시비를 떠나 진정성의 측면에서 그 숲을 구성하는 모든
나무들은 제각각 흥미롭고 아름답다. 다만 내가 이 대목에서 시도하려는
작업은 그 숲의 나무들을 깡그리 베어 넘어뜨리기보다 그 모퉁이에 조
그만 나무 한 그루를 더 심는 것이다. 이 시의 배경과 원천 자료로 정재
서가 포착한 『논어』의 공자가 가능하다면, 성서 또한 가능하지 않을까,
또 그리스도교 신학이 이 시의 구조적 난해함을 해소하는 하나의 돌파구
가 될 수 있지 않을까 하는 생각을 나는 오래전에 품은 적이 있다.[18] 이
러한 생각은 풀과 꽃과 바람의 이미지가 구약성서에서 긴밀하게 연계되
는 점에 주목한 결과다. 특히, 김수영의 시 쓰기가 그 끝 무렵에 단순히
풀과 바람의 대립뿐 아니라, 그 직전 단계에 쓰인 연작 〈꽃〉의 연속선상
에서 꽃과 풀과 바람의 삼각관계로 전개되었다는 사실이 더욱 내 흥미를
끌었다. 이 또한 텍스트 상호관련성 intertextuality의 적용과 신학적 해석의

---

18. 김수영이 성서와 그리스도교에 보인 관심은 미미하다. 물론 그것은 특정 종교를 신봉하는
    차원이 아니라 자유의 꿈을 억누르는 부조리한 체계의 압력을 표상하는 맥락, 궁극적 존재
    자를 표상하는 수사, 또는 삶의 근원적 불가해성을 끈질기게 물고 늘어지는 탐구와 싸움의
    방법적 전략에서였다. 그래서 성속이 같다는 원효대사의 말을 중얼거리듯(292-294), 그는
    미미하게나마 지속적으로 성서와 그리스도교의 용어를 일부 수사적인 목적으로 차용한다.
    예컨대, '천당'(33), '예수 크리스트'(35), '신'(39, 61, 66, 110, 112, 161, 256), '하느님'(39),
    '신밖에는 아무도 손을 대어서는 안 되는 책'(61), '기도'(61, 105), '예언자'(73), '노쇠한 선
    교사'(101), '영교일'(靈交日)(101), '목사'(125), '성당'(208), '속죄'와 '축복'(218), '거룩한
    산'(276) 등등.

심화라는 견지에서 충분히 모험해볼 만한 시도가 아닌가 한다. 먼저 관련된 성서 구절을 인용하기로 하자.

이사야 40장 6-8절
말하는 자의 소리여 이르되, "외치라" 대답하되, "내가 무엇이라 외치리이까?" 하니, 이르되 "모든 육체는 풀이요 그의 모든 아름다움은 들의 꽃과 같으니 풀은 마르고 꽃이 시듦은 야훼의 '바람'이 그 위에 붊이라. 이 백성은 실로 풀이로다. 풀은 마르고 꽃은 시드나 우리 하나님의 말씀은 영원히 서리라" 하라.

시편 90편 3-7절
주께서 사람을 티끌로 돌아가게 하시고 말씀하시기를 "너희 인생들은 돌아가라" 하셨사오니 주의 목전에는 천 년이 지나간 어제 같으며 밤의 한순간 같을 뿐임이니이다. 주께서 그들을 홍수처럼 쓸어가시나이다. 그들은 잠깐 자는 것 같으며 아침에 돋는 풀 같으니이다. 풀은 아침에 꽃이 피어 자라다가 저녁에는 시들어 마르나이다. 우리는 주의 노에 소멸되며 주의 분내심에 놀라나이다.

전자는 바빌론 포로기를 마감하고 해방의 복음을 선포하는 제2이사야서의 첫 예언이고, 후자는 전통적으로 모세의 기도로 알려진 시편이다. 여기에서뿐 아니라 시편의 상당수 구절들은 풀을 인간의 표상으로 빗대어 언급한다. 물론 전자의 경우처럼 풀이 좁게는 이스라엘 백성을 가리키지만, 후자의 경우처럼 넓게는 인생들 전체를 지칭하기도 한다. 그 풀은 본문에서 보듯, 하찮고 덧없는 인생, 한시적인 존재, 티끌로 돌아갈 수밖에 없는 연약한 인생을 나타낸다. 그런가 하면 꽃은 그 인생의 아름다움, 곧 자신의 근원적인 존재성을 망각한 채 뽐내며 추구하는 온갖 화려한 영광을 암시한다. 여기서 내가 '바람'으로 번역한 히브리어 '루아흐'*ruah*는 '입김' '기운' 등으로 번역되기도 하는데, 창조주로서 하나님이 행사하는 활동 에너지 일반을 나타낸다. 그것이 희랍어 '프뉴마' *pneuma*로 번역될 때 보통 '영'(또는 '성령')으로 풀이되는 이 단어는 신약성서의 요한복음에서 '바람'과 동의어로 사용된다. 그밖에 시편과 이사야서의 다른 예문들에서 사용되는 풀의 이미지는 강인하고 발랄하며 왕성한 생명력(시 72:16; 92:7; 사 44:4)과 동시에 하찮고 연약하며 처량한 인간(시 72:6; 102:4; 사 37:27; 51:12)의 실존적 이중성을 함축하고 있다. 앞의 예문에서는 전자보다 후자의 의미가 부각되어 있지만, 그 풀과 같은 인생들이 풀의 종말을 망각한 채 기세등등하고 오만한 도전을 곧잘 감행한다는 함의도 전제로 깔려 있는 듯하다.

성서의 이 구절들에 비추어볼 때, 김수영의 〈풀〉이 취하는 눕고 일어서는 동작이나 울고 웃는 표정들은 저러한 인간의 이중적 실존 앞에 끈질기게 탄식하며 탐문하는 시편 기자의 신학적 자세를 발전, 심화시킨 것으로 풀이된다. 그 자세의 가장 치열한 언어적 표현이 시편 기자에 의해 지속적이고 일관되게 '어찌하여?'와 '언제까지?'라는 도전적인 질문으로 나타나고 있다면, 그 질문의 가장 낮은 밑바닥에 쟁쟁거리는 신학적 논제는 말도 많고 탈도 많은 '신정론'*theodicy*이다. 이러한 관점에서 다시 한 번 김수영의 풀을 읽어보자.

풀이 눕는다
비를 몰아오는 동풍에 나부껴

풀은 눕고
드디어 울었다
날이 흐려서 더 울다가
다시 누웠다

풀이 눕는다
바람보다도 더 빨리 눕는다
바람보다도 더 빨리 울고
바람보다 먼저 일어난다

날이 흐리고 풀이 눕는다
발목까지
발밑까지 눕는다
바람보다 늦게 누워도
바람보다 먼저 일어나고
바람보다 늦게 울어도
바람보다 먼저 웃는다
날이 흐리고 풀뿌리가 눕는다(297)

1연에서 풀과 바람, 비의 관계는 하늘과 땅, 위와 아래의 관계, 곧 내리면 젖고 불어오면 누울 수밖에 없는 관계다. "풀은 눕고/ 드디어 울었다"라는 시적 진술에서 그 '드디어'는 인생과 바람(야훼의 영) 사이의 실존적 관계, 즉 시간과 영원, 소멸과 불멸의 대립항을 깨달은 최초의 시점을 상기시킨다. 그것은 신학적으로 창조와 타락 이후 지속된 근본적인 인간 조건*humana condicio*이다. 여기서 '누웠다'는 풀의 동작은 인생이라면 누구나 경험하는 좌절의 첫 징후를 나타낸다. 그것은 태초의 인간 아담처럼 곧 흙으로 만들어져 땅*adamah*에 살다가 결국 티끌로 돌아갈 수밖에 없는 가난한 존재성에 대한 통렬한 자각의 경험이고, 이러한 인식에 '드디어' 다다른 상황에서 애통하며 울지 않을 수 없는 처연함의 경험이다. 그 인생의 가난한 존재성을 둘러싸고 있는 삶의 환경은 예나 지금이나 어지간히 뒤틀리고 복잡하며 파란만장하다. 그것이 바로 "날이 흐려서"의 함의다. 그래서 더 울었다는 것이다. 1연 4행의 울음과 누움이 예의 좌절과 애통의 실존적 자각에 따른 것이라면, 이어지는 5행에서의 울음과 '다시' 누움은 대책을 모르는 체념과 도피의 반응이라고 할 수 있다.

좌절과 애통에서 체념과 도피에 이르는 생의 반복된 동작은 2연에서 하나님 야훼의 영 앞에 부복하고 알아서 기는 길들여진 삶을 부조한다. 그것은 창조주 앞에 두렵고 떨리는 마음으로 눈치껏 처신하는 피조물의 굴종 어린 자세로 나타난다. 그 자세는 곧 바람보다 빨리 눕고 빨리 울며, 바람보다 먼저 일어나는 풀의 동작을 통해 표상된다. 이는 이 땅을 제압하는 신의 강림과 이 세상의 인생들을 평정하는 그 영/바람의 도래를 미리 눈치 채고 좌절과 도피의 반복적 학습이 길러낸 기계적인 신앙의 태도다. 기계적이지만, 한 발짝 빠른 동작으로 인간 세계와 자연을 향한 신적 징조와 징후에 민감하게 반응할 만큼 그 태도는 자동화된 기계 장치보다 잽싼 순발력을 과시한다. 이러한 태도를 노예근성으로 길들여진 영혼의 자동화된 신앙이라고 말할 수 있을까.

이러한 상투화된 신앙의 자세는 온갖 바람스런 징후들에 놀란 토끼 눈으로 경기 어린 반응을 보인다. 이런 동작을 보이는 풀은 연약하다 못해 누추하고 남루하며, 겸비하다 못해 지나치게 소심하고 비겁하다. 이러한 신앙은 아무리 열심을 내고 잘 포장해도 종교적 위선이나 도덕주의적 강박의 틀을 벗어나지 못한다. 그래서 울어야 할지 웃어야 할지 확실하지 않은 상태에서도 바람보다 "더 빨리" 우는 억지스러운 쇼를 하고야 마는 것이다. 신적인 바람의 도래 결과 칭찬과 선물을 얻을지, 혹은 징책과 징벌을 받을지, 명확히 모르는 상태에서 지레 겁을 먹고 먼저 우는 격이다. 마치 과거에 혹독한 외상을 겪은 어린아이가 조금 침침한 분위기에도 제풀에 놀라 먼저 울어버리는 것과 마찬가지 경우다.

풀의 신학, 바람에 어긋나는

물론 저러한 날쌘 동작이 이 세상을 향한 신의 진노를 구조적으로 누그러뜨리거나 해소할 수 있는 것은 아니며, 이 땅의 인생들을 향한 야훼 하나님의 강한 바람을 근본적으로 회피할 수 있는 것도 아니다. 그래서 3연 1행에서 보듯, 여전히 "날이 흐리고 풀이 눕는다." 외려 그 눕는 정도가 전보다 더 심각하게 악화된 단계다. 즉, 그 삶의 환경이 더욱 열악해져 때로 풀과 같은 인생은 "발목까지/ 발밑까지 눕는다." 그러나 그 밑바닥의 체험 속에 시인은 이른바 통속적 운명론과 결정론의 사상적 족쇄를 벗어나 바람의 도래에 엇박자로 길항한다. 그리하여 바람 같은 신의 존재 앞에서도 주체적으로 반응하며 때로 저항할 수 있는 맷집을 갖게 된다. 3연에서 이어지는 풀의 동작에 대한 진술, 즉 "바람보다 늦게 누워도/ 바람보다 먼저 일어나고/ 바람보다 늦게 울어도/ 바람보다 먼저 웃는다"라는 진술이야말로 이러한 신학적 전언을 핵심적으로 응축하는 해석의 요처다.

3연 4-7행의 단계에서 시적 화자는 더 이상 바람 또는 초월적 권능

자의 눈치를 보지 않는다. 그것을 중심으로 선회하는 규격화된 종교적·도덕적 체계에 더 이상 휘둘리지도 않는다. 그러니 극적인 '드디어'도 없이, 바람의 운행과 무관하게, 제 맘대로 눕고 울고 웃을 수 있다. 더 이상 길들여진 모습이 보이지 않는다. 바야흐로 삶의 주체성과 자율성이 탄생하는 순간이다. 그것은 하나님의 바람을 무시하거나 배격하려는 만용과 거리가 멀다. 다만 그것은 풀과 관련된 바람의 존재 의미를 담대하게 묻고, 불가해한 생의 곤경과 악의 존재에 대하여 하나님께 탐문하며 한눈 팔 수 있게 된 성숙한 삶의 여유다. 바람보다 더 빨리 누울 수 있지만 이 풀은 이제 바람보다 더 늦게 누울 수도 있다. 마찬가지로 바람보다 늦게 누웠으면 그의 권능 아래 떨며 바람의 거동을 살피면서 느지막하게 일어나는 게 겸비한 처신 같고 당연한 신앙적 지혜 같지만, 이 풀은 이제 아무렇지도 않은 양 바람보다 빨리 일어난다.

울음과 웃음도 마찬가지다. 야훼의 바람은 이 세상을 향하여 울고 웃는 인격적 존재다. 울음은 탄식과 비통의 감정을 내포하고 있고 웃음은 희락과 평강의 내면을 머금고 있다. 야훼의 신적인 바람이나 혹은 그것을 모사한 이 세상의 권능자들이 특정한 종류의 바람을 일으키며 울음의 감정을 흩뿌려도 이제 성숙한 풀은 천천히 그 울음의 배경과 의미를 파악한 연후에 늦게 울어도 무방하다. 기쁨의 비를 간직한 웃음으로 초월적 권능의 세력(거기에는 김수영이 치열하게 경험한 역사와 혁명 같은 것도 포함될 수 있을까?)이 뭔가 계시하려고 할 때 그것에 순종하는 마음으로 '친히 나타나 명령하시면 따르오리다!'라는 식으로 다 알면서도 모른 척 할 필요가 없다. 익히 아는 대로 먼저 웃어도 아무런 부담이 없기 때문이다. 이 시의 화자는 한때 신 앞에서 두려워 떨고 기계적으로 신앙하였다. 타율적인 자세로 눕고 일어나며 울고 웃었다. 그러던 그에게 그러한 자율성의 인식은 의도적으로 바람의 동선과 길항하는 엇박자의 동작을 풀의 이미지에 부여하여 자유의 춤을 추게 한다. 그 자유를 누리며 "죽음을 잊어버린 영혼과 육체"(97)가 신이 벌여놓은 장난(61)에 편승하여 논다. 이러한 자세는 "아까와는 다른 시간"(277)을 추구하며 "거룩한 우연"(277)을 즐기는 허허로운 삶의 방식이다.

물론 그렇다고 그 존재의 위상, 즉 인간의 실존적 여건이 예전과 획기적으로 달라지는 것은 아니다. 좋아진 측면도 있겠지만 객관적 환경이란 차원에서 더 나빠질 수도 있다. 이런 성숙한 자율성이 미숙한 타율성을 극복한 상태로 늘 지속되는 것도 아니다. 차라리 그것들이 뒤범벅되어 바람에 변화무쌍하게 응답하는 것이 더 풀다운 삶의 현실에 가깝다. 어쨌거나 좋아지든 나빠지든, 그 자유의 춤을 다 춘 뒤에는 예외 없이 죽음이 대기하고 있다. 어떤 삶이라도 그것이 신령한 바람이 아니라 소멸로 치닫는 풀의 존재성을 띠는 한, 풀과 그 풀의 영롱한 빛인 꽃까지도 결국 흐린 날의 낭패를 피해갈 수 없다.[19] 그 흐린 날의 정점에 뿌리째 눕는 곤경을 피할 도리가 없는 것이다. 즉 땅 속의 무덤에 누워야 하는 이러한 종말의 불가예측성이 마지막 행에 "날이 흐리고 풀뿌리가 눕는다"라는 아찔한 진술을 낳은 셈이다.

이렇듯 전통적 신학의 체계나 결정론과 운명론에서의 자기 해방이 반드시 생의 뿌리를 튼튼하게 만들지는 않는다. 반대로 그 뿌리는 생이

---

19. 앞서 인용한 이사야서와 시편의 성서 구절에서 연동된 풀-꽃-바람의 이미지는 김수영의 다른 시 〈꽃잎3〉에서 웃음을 매개로 모두 등장한다. "너무 진리가 어처구니없이 간단해서 웃는/ 실낱같은 여름바람의 아우성이여/ 실낱같은 여름풀의 아우성이여/ 너무 쉬운 하얀 풀의 아우성이여"(279). 그러니까 바람에 대한 꽃과 풀의 반응은, 웃음이든 울음이든, 아니면 굼뜨거나 잽싼 누움과 일어섬의 동작이든, 그 모두가 혼재하면서 그 모두에 초연한 '아우성'이다.

무덤에 눕는 자세로 비극적인 종말과 함께 미리 뽑힐 수 있다. 누구는 좀더 빨리 누구는 좀더 늦게, 부분적으로는 알 수 있게, 그러나 궁극적으로는 알 수 없는 묘연한 이유로, 이 땅의 풀들은 바람에 앞서거니 뒤서거니 눕고 울고 웃으면서 시들고 소멸해간다. 그러므로(그렇지만/그럼에도 불구하고) 그 모든 생의 내용에 대한 질문의 자유, '어찌하여?'와 '언제까지?'에 대한 그 끈질긴 탐구의 열정, 신의 존재와 그 공의로움의 여부에 대한 신정론적 항변을 대가로 우리는 야훼의 영, 그 바람의 눈치를 보지 않고 담대하게 그 동선과 길항하는 풀의 창조적 존재성을 획득하게 된 것이다.

우리는 누구나 바람 아래 존재하는 풀이며, 그 바람과 함께 눕고 울고 웃으며 풀처럼 산다. 한때 '드디어'의 첫 경험이 우리를 비루한 존재로 자각하게 만들었지만, 그 비루함까지 껴안고 사랑할 수 있을 때 우리는 더 이상 바람의 동선을 두려워하지 않으리라. 저 하늘을 향한 움직임의 강도와 속도를 의식하지 않고서도 마냥 천진하고 태평하게 살 수 있으리라. 이 땅의 깊은 속으로 뿌리째 누워 하강 초월할 수 있을 때, 우리는 자꾸 다가오는 흐린 날의 바람과 비의 압박에도 불구하고, 자유의 꿈, 꿈의 자유를 결코 포기하지 않으리라. 그러한 견결한 삶의 자세야말로 시인이 온몸으로 밀어붙인 시의 꽃, 시라는 꽃이 아니었을까. 그리하여 그가 땅바닥에 뿌리까지 누워 피를 흘리며 쓰러져가는 마지막 순간에도, 그의 머릿속에는 바람을 괘념치 않고 눕고 일어서며 울고 웃는 풀의 자식들로 가득하지 않았을까. 그것이 바로 바람 잘 날 없는 이 세상의 눈치 빠른 족속들을 향해 천천히, 또박또박, 악랄하게 침을 뱉은 그의 시가 아니었을까.

• 〈풀〉을 비롯하여 이 글에서 사용된 김수영의 시들은 『金洙全集 1: 詩』(민음사, 1981)에서 가져온 것으로 괄호 안의 숫자는 이 시집의 쪽수다.

4장 사람으로 공부하는 하느님

-마종기의 〈하느님 공부〉에 기대어

삶 공부로서의 하느님 공부

1

오늘의 공부는 공중에 나는 새를 보라.

공부는 공중에 나는 새를 쏘는 총

공중에 나는 새를 쏘는 사람의 마음,

그 사람 마음에 일고지는 몇 代의 그림자.

이제 눈물은 무섭지 않아.

한번 끓고 난 물은 탄력이 없어.

비단같이 얇게 하늘거리는 땅 위에서

生水 같은 사람이 되고 싶어서.

2
필연성이 없는 소리의 연속은
音樂이 아니지.
필연성이 없는 동작의 연속은
춤이 아니지.
필연성이 없는 하루하루 살이는
사람이 아니지.
그러니까 나는 사람이 아니지.

하느님은 대개 마음이 가난한 자에게만 보인다고 하고.(44~45)

마종기는 이민자로 오래 살아오면서 그의 부르주아적 붙박이 삶을 부지런히 반성하며 유랑을 꿈꾸는 변두리 시인이다. 그러나 그의 일상적 삶이 내포한 지리적 변두리성은 그의 시를 변두리적 가치로 하찮게 전락시키지 않는다. 시인들이 생래적으로 붙박이 삶을 거부하는 유랑과 배회의 스타일에 익숙한 체질이라고 보면, 그는 오히려 시와 시인 세계의 중심에서 그간 자신의 삶을 진지하게 투여해온 이력의 소유자라 할 수 있다. 그는 무엇보다 공부하는 시인이다. 그의 시집을 두루 살펴보면 그의 공부가 책읽기를 통한 시 공부, 역사 공부, 혹은 예술 세계로의 경도를 통한 예술 공부에 국한되는 것은 아닌 듯하다. 그의 공부는 이런 것들을 포괄하면서 이것들 이외의 일상적 삶의 현장에서 나름대로 관찰하고 느끼고 생각하는 모든 것들을 통해 '사는 것' 자체로 초점이 모아진다. 위에 예시한 시 또한 '하느님 공부'라는 제목을 달고 있지만 결국 그것이 인생을 공부하는 방편이거나 그 결과로서 제시된 시적 자아의 내면 풍경과 다름없음을 보여준다.

시인은 위의 시 1부 1연에서 "오늘의 공부"거리를 제시한다. 독자의 눈이 1행에 머물 때 그 공부거리는 "공중에 나는 새를 보라"는 예수의 한 말씀이 암시하는 모종의 신학적 메시지인 양 생각하기 쉽다. 그러나 시인은 그 말씀의 본래적 맥락을 깨고 새로운 시적 맥락 속에 그 경구의 의미를 풀어나간다. 이 예수의 말씀은 마태복음 6장 26절을 그 출전으로 하는 이른바 산상수훈의 일부다. 거기서 예수는 "들에 핀 백합화를 보라" (마 6:28)는 말씀과 함께 무엇을 먹을까, 무엇을 입을까 염려하는 자들의 조바심과 창조주에 대한 불신을 비판하고, 피조 세계를 향한 하나님의 풍요한 신적 섭리와 이에 대한 신뢰의 회복을 역설한다. 그 맥락에서 "공중 나는 새"나 "들에 핀 백합화"는 먹고 입는 일상적 필요에 대해 전혀 걱정 없이 하나님의 질서 속에 넉넉히 자급자족하는 존재의 표상으로, 그렇지 못한 인간의 모습을 역으로 조명하는 유비적 메타포들이다. 특히, 아무런 염려 없이 "공중에 나는 새"는 한없이 자유로운 생명을 떠올리게 한다. 장애물 없이 활짝 열린 공간이 자유스러운 느낌을 주듯이 그곳에서 생동하는 날갯짓으로 가고자 하는 모든 곳을 날아다니는 모습 또한 자유스럽게 비친다. 게다가 먹고 입는 일상적 필요에 대한 걱정이 없는 금상첨화의 생명성이라니….

그런데 시인은 "공중에 나는 새"를 공부의 화두로 삼으면서 그 호사한 자유의 '공중'과 거침없이 비상하는 '새'의 날갯짓에 머물지 않는다. 그것은 공중과 새, 새의 낢에 대한 상투적인 이미지일 뿐이다. 시인은 "공중에 나는 새"를 언급하면서 예수의 전통적 이해에 굳이 군더더기로 사족을 붙이길 단호히 거절한다. 내가 '단호히'라고 말하는 것은, 시인의 이어지는 말이 놀라울 정도로 의외의 도발적 사색에 기초하고 있기 때문이다. 2행에서 시인의 시선은 "공중에 나는 새"에서 그 "새를 쏘는 총"으로 하강한다. 이로써 "오늘의 공부는"에 이어지는 2행의 첫마디 "공부는"은 시인이 하려는 "오늘의 공부"가 '오늘만의 공부'가 아님을 알 수 있다. 그 공부는 벼락치기 공부나 단박에 결실을 노리는 한시적인 쪽집게 과외공부 같은 것이 아니다. 그것은 살아 있는 한 끊임없이 되풀이되어야 할 현재진행형의 공부이니, 그 공부의 일자를 표시한 '오늘'은 말하자면 '영원한 현재'로서의 오늘에 해당한다.

그 지속적인 시점으로서의 '오늘'에 시인이 추구하는 공부가 느닷없이 "공중에 나는 새"에서 그 "새를 쏘는 총"으로 급전한 내력을 짚어보는 것은 비록 난감한 일이지만, 그것을 속속들이 파악하지는 못하더라도 그 시선의 이동 방향에 대한 이유를 찾아내기가 그리 버거운 것은 아니다. 시인이 아마도 알고 있었을 "공중에 나는 새를 보라"는 예수의 말씀이 자리한 본래 맥락은 여기서 주저 없이 비틀어진다. 시인의 상상력은 "공중에 나는 새"가 예수의 해석처럼 먹고 마시는 일의 염려와 전혀 무관한 마냥 태평하고 자유스러운 피조물이 아니라는 쪽으로 뻗친다. 오히려 새의 일상적 현실은 먹고 마시는 본능적 일과에 온종일 매진해야 할 정도로 일상의 버거운 틀에 매여 있다. 쉬지 않고 먹이를 찾아다니지 않으면 자신과 새끼들의 생존을 보장할 수 없다. 더구나 약육강식의 먹이사슬 속에서 먹이를 찾아다니는 그들의 공중비행은 늘 조바심 나는 모험이 아닐 수 없다.

그 가운데 가장 가공할 만한 목숨의 덫은 2행에서 "총"으로 비유된 인간의 위협이다. 예수는 인간더러 "공중에 나는 새"를 보고 배우라고 하지만, 시인이 볼 때 새는 그 인간, 곧 인간의 총으로 인해 늘 불안하기 짝이 없다. 그러나 그것은 엄연한 이 땅의 현실이다. 시인은 그것을 '공부'

한다. 공중에 나는 새를 보다가, 그것만을 보는 데 그치지 않고 그 새를 쏘는 인간의 총을 직시하면서….

"공중에 나는 새"와 그 새를 쏘는 지상의 총을 함께 보는 시인은 3행에서 한 발 더 연상의 촉수를 뻗쳐 새를 쏘는 총을 잡은 "사람의 마음"까지 내다본다. 엄격히 말해 공중에 나는 새를 쏘는 것은 총이라는 단순한 사물이 아니다. 당연히 그것은 총을 잡은 사람이고, 하고많은 것 가운데 공중에 나는 새를 향해 총구를 겨누게 된 사람의 의도, 곧 그 마음이다. 그 마음은 심리적으로 새를 잡아 내 것으로 만들고자 하는 인간의 소유욕, 정복욕으로부터 새고기를 먹고 싶어하는 인간의 식욕, 그것을 잡아다 팔아 돈 몇 푼을 얻고자 하는 물욕에 이르기까지 다양한 스펙트럼의 개연성을 포괄하거니와, 시인은 여기서 그러한 내용물로 가득 찬 수평적 차원의 마음에 집착하지 않는다. 그 대신 시인이 4행에서 포착하는 것은 그 마음의 역사성 또는 유전성이다. 그리하여 시인은 3행을 "사람의 마음"으로 마치지 않고 쉼표(,)로 연계시켜 그 마음의 내력을 거슬러 올라 "그 사람 마음에 일고지는 몇 代의 그림자"까지 그 공부의 대상에 포함시킨다.

새를 겨냥하는 총구에 담긴 인간의 마음이 식욕이든 물욕이든, 아니면 소유욕이든 정복욕이든지를 막론하고, 그 욕망은 갑자기 생긴 게 아니다. 그것은 모방되거나 전승된 욕망이다. '몇 代'라는 표현에서 나는 사람의 마음, 곧 인간의 심성이란 것도 집안의 내력을 담고 유전되는 요소라는 데 생각이 미치고, '그림자'라는 어휘 속에서는 그 마음이 한 집안의 정신사적 유산에 따라 상당한 영향을 주고받는 성질의 마음이란 함의를 읽어낸다. 공중에 나는 새가 자연이라면 사람의 마음은 인공이다. 그러므로 예수가 "공중에 나는 새를 보라"고 공부의 화두를 던지고 메시지를 설파했을 적에 자연과 인공의 차이에는 둔감한 측면이 없지 않았을 것이다. 그 차이는 물론 날아가는 새도 쏴 맞추는 총이 그때는 없었고 지금은 있다는 식으로 간단하게 해명될 수 없다.

이 시대의 인간은 단순히 먹고 마시는 일로만 만족할 수 없다. 예수 또한 적시한 대로, 사람이 빵으로만 살 수 없기 때문이다. 예수의 선의를 충분히 감안해서 하나님이 공중에 나는 새와 인간들에게 먹고 마실 것을 넉넉히 베풀어주는 관후한 섭리를 수용하더라도, 그 과정이 천연덕스럽게 공중에 활보하는 새를 인간이 총으로 쏴 죽여 먹을 것으로 취하는 사연을 담고 있는 한, 공중에 나는 새를 보는 인간의 눈과 그 눈길의 속내에 시인의 마음이 염려나 고민 없이 마냥 태평할 수만은 없다는 것이다. 그것은 자기 자신을 위해 예비된 먹을 것과 마실 것이 없을까 봐 하는 염려나 고민이 아니라, 그것이 자신에게 제공되는 과정, 그 교착된 질서로 인해 생기는 또 다른 차원의 정신적 부담이다. 그것은 일용할 양식을 걱정하는 차원의 부담에 비해 격이 떨어지거나 본질적으로 수준이 낮은 부담은 아니다. 그 부담은 몇 대에 걸쳐 전승된 역사적·유전적 영향까지 소급해 생각해야 할 정도이니 결코 가볍거나 사소한 부담도 아니다. 더구나 다른 생명을 죽이지 않으면 내가 먹을 수 없는 그 욕망의 심연에 얽힌 부담에 있어서랴.

이제 무섭지 않은 눈물

2연에서 시인이 갑자기 "이제 눈물은 무섭지 않아"라고 말한 것은 정말로 갑작스럽다. 왜 갑자기 '눈물'이고, 왜 또 그 눈물이 무섭지 않다는 것일까. 아니, 도대체 '눈물이 무섭지 않다'는 진술의 속뜻은 무얼까. 나아가 이 눈물로 시작되는 2연은 '공중에 나는 새'를 통한 공부로 운을 뗀 1연과 어떻게 연계되는 것일까. 2연의 2행을 보니 그 눈물은 "한번 끓고 난"고로 "탄력이 없"는 물로 변용된다. 다시 말해 한 번 끓고 난 물은 더 이상 땅속에서 싱싱하게 솟구쳐 나오는 생수가 아니다. 이로써 눈물과 생수는 대립되며, 시인은 눈물에 절은 사람이 되기보다 3-4행을 보니, "비단같이 얇게 하늘거리는 땅 위에서/ 생수 같은 사람이 되고 싶어"한다. 생수 같은 사람은 2연의 맥락에 꿰맞춰 해석해보면 눈물을 무서워하는 사람이다.

그런데 시인은 "이제"—이 '이제'는 현재의 시점을 말하는 '지금'의 함의보다는 과거와의 단절과 새로운 결단을 암시하는 의지의 표현으로 울린다—그 눈물을 더 이상 무서워하지 않는단다. 왜 그럴까. 그것은 눈물이 한 번 끓고 난 물이기에 탄력이 없기 때문이다. 이 대목에서 나는 눈물을 곧 끓는 물과 같이 요동치는 정열과 소모적 낭만—왜냐하면 물은 끓으면서 기화되어 물로서의 정체성을 소멸시키므로—의 메타포로 읽는다. 다시 말해 한 번 끓어 탄력이 없어진 물로서의 눈물은, 한 시절 청춘을 불태우며 정열로 들끓던 과거, 아니 꼭 과거의 시점에 매이지 않더라도 현재의 상황에서 늘 노출되는 연약한 실존의 단면을 암시한다. 그에 비해 생수는 그런 과거나 연약한 현재의 실존을 잊고 다시 시작하고자 하는 희망적 대안으로 제시된다. 그래서 시인은 눈물에 대한 무서움을 떨쳐내고 생수 같은 사람이 되고 싶어한다.

이 시 주변의 시들을 읽어보면, 시인에게 물과 눈물의 이미지는 비교적 자주 사용되면서 동시에 다채롭게 변주되는 이미지임을 알 수 있다.

넘치고 빛나던 강물은 병들고

길고 긴 해가 지날 적마다

우리를 흥분시키던 물은 말라들어(39)

라는 시구를 보면 시인에게 물은 오염되고 말라붙은 오늘날의 강물인
것 같기도 하고,

보이고 또 끝없이 보이는 실속 없는 물,

그 물 속에 환히 밀어 넣어야겠지.(52)

라는 곳에서 그 물은 시인이 죽어 수장되고 싶은 한없이 투명한 한국의
바닷물인 것처럼 보인다. 그러나 시인이 사용하는 물의 이미지는 그러한
물질로서의 물에 머물지 않고,

[……] 지나간 것은

흐르는 물 같은 것이니까. 물소리의

목을 핥아 주고 싶다.(38)

내 고통의 대부분은

그 쓸쓸한 물이다.

[……]

순결의 물을 두손에 받들고

다가오던 발소리의 떨림.

[……]

떨지 않는 물은 단지

젖어 있는

무게에 지나지 않는다.(35)

한 이십 년 물 위에 기름처럼 살다 보면

어지러워진다. 기름처럼 가벼워진다.(69)

같은 데서 엿보이듯, 지난 추억 속에 자리한 여성성의 표상이나 고통의
와중에서 자신을 정화하던 순결한 종교성의 상징, 또 부유하는 일상성의
표식으로 변신하기도 한다. 물론 "천년짜리 莊子의 물이 내 옆으로 흘러
가네"(59)에서처럼 그 물이 남을 의식하거나 경계하면서 자신을 지키고
보호하는 장치인 '눈총'과 '엽총'과 대립되면서 상황에 얽매이지 않은 채
자유자재로 편하게 흐르는 도가적 이상으로 묘사될 때도 있다. 이에 더
불어, 그가 이해하는 눈물도 "흙먼지에 얼굴 덮인 竹槍의 눈물"(23)과 같
은 역사적 눈물과, "밤에는 단순한 물기가 되어 베개를 적시는 구름"(72)
이 가리키듯 외로운 이방인의 삶을 감싸는 쓸쓸한 실존의 눈물로 갈라
진다. 그런데 그가 〈기도〉라는 제목의 시에서,

하느님,

나를 이유 없이 울게 하소서.

눈물 속에서

당신을 보게 하시고

눈물 속에서

사람을 만나게 하시고

죽어서는

그들의 눈물로 지내게 하소서.(76)

라고 기도하는 걸 보면, 눈물은 무서움이나 쓸쓸함의 부정적 가치를 떠나 하느님을 보게 하고 사람을 만나게 하는 촉매제일 뿐 아니라, 죽어서도 불멸하는 영생의 가치로 승화될 만한 그 무엇이 된다. 그러면 시인이 무서워하지 않는다고 말한 눈물은 그저 눈물에 대한 무서움을 극복해서 눈물과 무관하게 되었다는 뜻이라기보다 그 눈물에 익숙해져서 그것을 나의 일부로 받아들여 자연스럽게 살아갈 수 있으리라는 뜻이 아닐까.

그러나 그 눈물은 하늘의 이상적인 그림을 좇으며 들끓다 가라앉은 정열의 후유증이나 값싼 감상의 소용돌이에서 생긴 소모적 분비물처럼 생명의 탄력성을 상실한 밍밍한 물이어서는 안 된다. 그것은 충분히 땅에 내려와 흐르는 생수여야 한다. 그 땅은 비록 우리가 몸담고 살아가는 현실의 터전으로서의 대지이지만 하늘의 꿈과 온전한 아름다움을 향한 갈망을 포기한 속된 공간과 구별된다. 그 구별은 "비단같이 얇게 하늘거리는"이라는 수식 문구에서 암시된다. 이를테면, '비단' 이미지가 풍기는 호사스러움과 '얇게'라는 부사가 주는 가볍게 공중으로 날고 싶은 욕망, 그리고 '하늘거리는'이라는 동사가 끼치는 어감상의 하늘 연상 효과로써 암시가 성립된다. 요컨대 시인이 생수가 되어 다른 시에서 시인이 표현한 것과는 정반대로, 떨리면서 흐르고 싶은 이 땅의 질서는 1연에서 "공중에 나는 새"로 표상된 하늘의 질서만큼 소중한 희구의 대상이다.

그 하늘의 질서와 땅의 질서는 무관하지 않다. 1연에서 시인이 공중에 나는 새-그 새를 쏘는 총-그 총을 쏘는 사람의 마음-그 마음에 일고 지는 몇 대의 그림자로 연상해온 대로, 새와 인간 사이에는 단순한 먹이

사슬의 연관을 넘어 깨달음의 유기적 연쇄 고리가 존재한다. 인간의 총에 맞아 떨어지는 새를 보고 혹자는 울며 안쓰러운 눈물을 흘릴 수 있다. 좌절된 이상적 삶의 현실을 놓고 깨어진 낭만의 쪽박을 탄식하며 역시 아쉬움의 눈물을 흩뿌릴 수 있다. 그러나 그 감상적인 동정의 눈물, 회환의 눈물이 현실을 바꾸거나 예방할 수 있는 것은 아니다. 그 눈물은 이미 한 번 오지게 들끓어 탄력이 빠진 물이기 때문이다.

그 눈물은 그리하여 "우리들이 온몸으로 젖"(42)어 있게 하지 못한다. 다시 말해, 생수처럼 줄기차게 겸허하게 낮은 곳으로 흐르지 못하는 물은 이 땅의 삶을 향해 새와 인간과 총에 얽힌 필연적인 연관성에 대한 현실 감각도, 총체적 깨달음의 안목도 제공하지 못한다. 더구나 그 눈물로써 죽어 하느님과 사람의 눈물이 될 수도 없는 노릇이다. 말의 진정한 의미에서 눈물은 한 번 들끓어 탄력을 잃고 맹하게 식어버릴 물이 아니라 필경 떨리는 생명의 율동을 늘 간직한 생수일 터이기 때문이다. 공중에 나는 새는 이따금 인간의 총에 맞아 추락하더라도 그 아름다운 "자유의 모진 아우성"으로, 그 부지런한 "물 같은 목소리"로, "그저 기미만 보고도/ 우리들의 게으름을 일깨워주는"(42, 43) 생수와 같은 존재다. 그런데 시인은 하늘 아닌 땅에 사는 인간으로서, 또한 그 새처럼 의연히 그 생수와 같은 존재가 되고 싶은 것이다. 이로써 하늘의 질서와 땅의 질서가 만나고 새와 인간이 생수와 같은 존재성에 근거하여 하나가 되는 세계를 시인은 지속적으로 꿈꾸는 것이다. 아니, 그는 그 꿈과 바람을 하느님의 뜻과 연계시켜 꾸준히 '공부'하고자 하는 것이다. 공중에 나는 새로부터 촉발된 시인의 하느님 공부는 그러나 여기서 멈추지 않는다.

생수 같은 가난, 가난 같은 생수

시인은 왜 생수 같은 사람이 되고 싶어하는 것일까. 그것은 예의 시 1부에서 일단 탄력 없는 물인 눈물의 세계, 즉 공중의 새를 향한 시선에 머무는 자기 폐쇄적인 열정과 이상의 세계를 떠나 그 대안으로서 지상적 현실에 삼투하고자 하는 시인의 바람과 접맥되어 있다. 하지만 2부에서 그 생수 같은 사람이 되고자 하는 바람은 필연성이 없는 일상적 삶에 대한 반성에 기초하고 있음이 드러난다. 그는 그 깨달음에 논리적 설득력을 부여하기 위해 소리-음악, 동작-춤의 상관성을 차례로 예시한다. 지당한 얘기지만, 모든 소리의 연속이 자동적으로 음악을 이루는 것이 아니고, 모든 몸동작의 연속이 춤이 되는 것도 아니다. 음악과 춤은 소리와 소리, 동작과 동작이 나름의 조화와 균형으로 짜여 전일적 구조와 형식을 갖추어 표현될 때 비로소 예술 작품으로서의 음악이 되고 춤이 된다. 시인은 이와 같이 소리와 소리를 매개하고 동작과 동작을 접속시키는 일련의 짜임새와 그 구조를 '필연성'으로 파악한다. 그것은 우발적으로 이어지는 소리와 동작, 별 의식적 각성 없이 튀어나오는 객기나 열정의 대척점에 위치한다.

하여 시인은 "필연성이 없는 소리의 연속은/ 음악이 아니지./ 필연성이 없는 동작의 연속은/ 춤이 아니지"라는 인식의 지평 끄트머리에 "필연성이 없는 하루하루 살이는/ 사람이 아니지"라는 깨달음에 도달한다. '반드시 그럴 수밖에 없는 성질'로서 필연성은 무반성적으로 이끌려가는 일상적 삶의 타성과 정반대의 성향이다. 그것은 단순히 기질이나 천성의 문제가 아니다. 거기에는 왜 나의 이 순간 삶이 이렇게 굴러가야 하는지, 과연 나의 하루하루가 이렇게 살아질 수밖에 없는 것인지, 그렇다면 무슨 명분과 실존적 근거 하에 그렇다는 것인지에 대한 의식적 자각이 요청된다. 그렇지 못한 채 하루하루 우발적으로, 타성적으로, 살아가는 사람살이는 사람이 아니다! 단순히 삶 또는 살이[=생활?]가 아닌 게 아니라 '사람'이 아니라니? 그러면 사람다운 사람이란 도대체 어떤 사람이란 말인가. 그것은 현재의 맥락에서 삶의 필연적인 명분과 이에 대한 섬세한 자의식을 가지고 사는 생수 같은 사람이다. 생수의 이미지에 기대고 보니, 시인이 강조하는 필연성 있는 사람살이는 우연성이나 우발성에는 대립할지언정 자연성과 어긋나는 것은 아닌 듯하다. 오히려 자연성의 극치가 필연성이고, 필연성의 총화는 자연성을 띤다는 것이다. 자연성이 우연성이나 우발성이 아닌 필연성과 통한다는 말은 일반적 통념에 거스르는 주장 같지만, 자연성과 필연성 사이에 시인의 하느님 공부가 끼어들어 있음을 감안한다면, 그것은 신학적으로 일리 있는 주장이다. 하느님이 개입하는 하늘과 땅의 질서 가운데 우연히 자연스러운 것은 아무것도 없기 때문이다.

그러한 이해의 틀에서 보면 모든 자연성은 신의 은총과 섭리라는 필연적인 지향점과 접맥되기 십상이다. 필연성을 배제하고 우발적인 시각으로 자연을 볼 때, 가령 공중에 나는 새를 보면서 할 수 있는 하느님 공부는 고작 새의 자유스러움을 찬미하는 데 머무는 교과서적인 수준이다. 그러나 필연성이 개입할 때 그 새는 총, 인간, 마음, 그 마음의 전승사라는 필연적 연결 고리를 포괄하여 복잡다기한 의문과 성찰을 유발한다. 그 의문의 장벽을 뚫고 성찰의 관문을 통과하여 생수와 같은 사람이 되어가는 여정이란 하느님 공부의 궁극에 다름 아니다. 그러나 시인은 그 궁극의 지점에서 가득 찬 사람으로 관조하지 않고 궁극 이전의 단계에서 자신을 채찍질한다.

그래서였을까. 시인이 2부 2연 마지막 행에서 내뱉는 말은 자기 전복적이다. "필연성이 없는 하루하루 살이는 사람이 아니"라는 깨우침의 말미에서 그는 통렬하게 자기가 그런 사람살이를 해오지 못한 처지를 꿰뚫어 적시하면서 "그러니까 나는 사람이 아니지"라고 태연히 말한다. (그런데 그 태연스런 듯한 어조 속에는 얼마나 아픈 회한과 다짐이 담겨 있는 것이랴!) 역설적으로 이 담담한 고백적 진술은 시적 화자가 사람이 되고 싶어하는, 그것도 생수같이 근사한 사람이 되고 싶어하는 간절한 희망을 전하고 있다. "나는 사람이 아니지"라는 깨달음에 도달한 사람은 그러니까 사람다운 사람으로 하루하루의 살이를 꾸려갈 수 있는 가능성을 가장 농후하게 가지고 있는 사람이다. 그 사람은 이어지는 결론구에서 "마음이 가난한 사람"이고 그런 사람만이 하느님을 볼 수 있다는 공부의 결론에 다다른다.

"공중에 나는 새를 보라"는 성서 구절이 이 시의 머리에 예수의 말씀에 기댄 공부의 화두를 제공해주었다면, "마음이 가난한 자"에 대한 언급은 또 다른 예수의 말씀으로 이 시의 말미에 붙어 시인의 하느님 공부에 출구를 제시해준다. 이 유명한 구절은 산상수훈의 첫 대목을 장식하는 구절로 마태복음 5장 3절에 나온다. "심령이 가난한 자는 복이 있나니 천국이 그들의 것임이요." '심령'을 '마음'과 대동소이하게 보더라도, 이 구절은 시인이 언급한 인용구와 뒷부분이 어긋난다. 마음이 가난한 자가 누리리라고 선포된 복은 하느님을 보는 것이 아니라 하늘나라(또는 하느님 나라), 곧 천국의 선사다. 하느님을 보는 것을 복의 내용으로 삼는 사람은, 몇 절 뒤에 나오는 "마음이 청결한 자는 복이 있나니 그들이 하나님을 볼 것임이요"(마 5:8)라는 구절에서 확인되듯, 마음이 청결한 자다. 나는 여기서 시인이 성서의 구절을 부정확하게 인용하여 하느님 공부의 방향이 잘못되었다고 탓하려는 게 아니다. 오히려 그 창조적 오독 혹은 의도적 교착에 내포된 속사정을 잠시 주관적인 독법으로서나마 헤아려 보고자 하는 것이다.

사실, 마음이 가난하다는 것은 선민적 삶의 특권적 표식이 아니다. 그것은 유한한 존재로서의 인간이 흙에서 와서 흙으로 돌아가야 한다는 실존적 운명에 눈을 뜨기만 하더라도 알아챌 수 있는 보편적 인간 실존의 조건humana condicio이다. 그런데 굳이 그런 사람을 변별하여 복이 있다고, 천국이 그들의 것이라고 선포한 까닭이 무엇인가. 인정하든 인정하지 않든, 모두가 가난한, 가난할 수밖에 없는 존재라고 한다면, 모든 인간이 복된 존재로 천국의 상속자여야 하지 않겠는가. 그렇다면 얼마나 이 세상이 달라지랴마는 이 세상에 자신의 가난한 존재성을 뼛속 깊이 새기며 사는 자는 많지 않다. 오히려 현실은 그와 반대로 이 세상의 사람들은 제 잘난 맛에 산다고 하지 않던가. 그렇지 않은 경우라 해도, 상당수 사람들은 자신의 존재 여건에 대한 치열한 고뇌와 철저한 반성조차 없이 그럭저럭 잔재미를 누리며 살고 있지 않은가.

그러니 산상에서 예수의 입술이 내뱉은 첫마디 설교가 '가난한 자'의 복에 관한 것이 될 충분한 내력이 있었던 셈이다. 가난한 자로서의 자의식을 가지고 자기 주제 파악을 할 때 그 실존의 적나라한 내막을 꿰뚫어보고 애통할 수 있을 테고(마 5:4), 남에게 온유할 수 있겠고(마 5:5), 의에 주리고 목마르며(마 5:6) 긍휼을 베푸는 자도 되고(마 5:7), 마음이 청결한 자가 되어 하나님을 볼 수도 있게 되고(마 5:8), 화평을 일구면서 살며(마 5:9) 의를 위하여 핍박을 흔쾌히 감수할 수도 있을 터(마 5:10)이니 말이다. "하느님은 대개 마음이 가난한 자에게 보인다고 하고"에서 시인은, 그러므로 하느님 공부의 기본 자격으로 가난한 마음을 상정하고, 그 공부의 귀결을 단순히 교과서적인 차원에서 지상의 현실과 동떨어진 채 하늘의 세계를 떠올려주는 천국이나 신국으로 잡지 않고 '하나님을 본다'는, 좀더 포괄적이고 평이한 표현으로 대체한 것이다. 하나님을 보는 것은 공중에 나는 새뿐 아니라 이 땅에서 그 새를 쏘는 총과 사람의 마음과 그 마음의 전승 내력 속에서도 가능한 공부의 내용이다.

시인의 용도

그런데 시인의 섬세한 직관은 "하느님은 마음이 가난한 자에게 보인다"고 단정적으로 말하지 않는다. 이 문장에 시인은 '대개'라는 부사와 '~고 하고'라는 인용의 틀을 덧보탠다. 이로써 시적 화자는 가난한 자에게 반드시 언제나 보이고 또 보여야 된다는 교리적 강변을 비켜서는 동시에 하느님 공부가 반드시 그러한 단선 논리에 의해 규정될 수 없다는 암묵적 전제를 깔고 있다. 아울러, 시인은 그것을 남들이 말하는 상식적 어투로 치환하여 에둘러 표현함으로써 아직 자신의 공부가 그 말씀의 속뜻을 통달한 경지라는 투의 가난하지 못한 마음의 혐의에서 비켜선다.

마종기의 다른 시편들에 비추어보건대, 시인의 가난한 마음은 시인으로서의 소명의식(그는 정작 가난한 마음을 추구하는 시인답게 '소명' 대신 '용도'라고 겸손하게 표현하고 있지만)과 밀접한 연관이 있다. 시인은 호소와 청원의 대상으로 하느님을 부르지만 자신의 이해관계에 따라 파당성을 띠고 제시되는 이 땅의 제반 하느님관을 뛰어넘고자 한다. 그때 시인의 가난한 마음은 자폐적 겸비의 회로를 벗어나 이웃의 고통을 감싸 안는 자기 초월과 극복의 자리로 돌변한다.

하느님, 내가 고통스럽다는 말 못 하게 하세요.
어두운 골방에 앉아 하루종일 봉투 만들고
라면으로 끼니를 잇는 노파를 아신다면,
하느님, 내가 외롭단 말 못 하게 하세요.
쉽게는 서울 남쪽 변두리를 걸어서
신흥 1동, 2동 언덕배기 하꼬방을 보세요.
골목길 돌아서며 피 토하는 소년을 아신다면
엄마를 기다리는 영양실조도 있었어요.

하느님, 내가 사랑이란 말 못 하게 하세요.
당신의 아들이 아직 人子로 살아 있을 적에도
먼지 쓴 信者의 회초리가 드세기도 하더니
세계의 곳곳에는 그 사랑의 신자들 가득하고
신자에게 맞아 죽은 신자들의 屍身,
내 나라를 사랑해서 딴 나라를 찍고
하느님 영광을 찬송하는 소리 들어 보세요.
고통도, 사랑도, 말 못 하는
섭섭한 이 시대 시인의 용도는 무엇입니까.(34)

시인은 예의 가난한 마음을 반성의 자리로 삼아 자신의 고통, 외로
움, 즐겨 쓰는 사랑이란 말 따위를 쓰기가 거북하여 시인으로서 자신의
처지를 일러 "고통도, 사랑도, 말 못 하는/ 섭섭한 이 시대의 시인"이라
고 말한다. 그가 자신의 고통스러움을 하느님 앞에 내놓기가 송구한 까
닭은 "어두운 골방에 앉아 하루종일 봉투 만들고/ 라면으로 끼니를 잇는

노파" 때문이다. 라면처럼 간단한 일용할 양식을 얻기 위해 자신의 하루 종일을 바쳐야 하는 노파 앞에 자신의 고통은 사치스럽게 느껴지는 것이다. 또한 그가 자신의 외로움을 토로하길 하느님 앞에 불편하게 생각하는 이유는, "서울 남쪽 변두리" "언덕배기 하꼬방"에 사는 소년, 밖으로 나가 "엄마를 기다리"다 지쳐 "골목길을 돌아서며 피 토하는" "영양실조"에 걸린 바로 그 불우한 소년 때문이다. 그런 소년의 존재를 알면서도 자신의 외로움을 하느님 앞에 읊어댄다는 것은 시인의 양심에 낯뜨거운 일이다.

사랑은 신앙인들이 한결같이 좋아하고 시인 또한 외면할 수 없는 말이지만, 사랑의 인자 예수 당시로부터 내내 그 사랑의 신자들이 신자에게 맞아 죽는 세상, 내 나라와 딴 나라로 갈라져 서로 적대시하는 세상, 그러면서도 천연덕스럽게 하느님 영광을 찬송하는 소리가 울려 퍼지는 이 시대에 어쩐지 사랑을 노래하기가 어설프고 구차하다. 그래서 시인은 사랑을 말하지 못하게, 자신의 고통과 외로움을 호소하지 못하게 해달라고 하느님 앞에 기도하는 것이다. 이와 같은 부조리와 불의는 서울 남쪽 변두리에 국한되지 않고 전 세계의 폭압적 현장으로 확대된다. 그래서 동 제목의 또 다른 시(33)에서 그 영양실조의 불우한 소년은 "이디오피아에서, 소말리아에서/ 중앙아프리카에서/ 굶고 굶어서 가죽만 거칠어진/ 수백 수천의 어린이"와 "캄보디아에서, 베트남에서/ 오늘은 해골을 굴리고 놀고/ 내일은 정글 진흙탕 속에 죽는 어린이"로 변용되고 "엘살바돌에서, 니카라과에서/ 중앙아메리카에서, 남아메리카에서" "이란에서, 이라크에서, 이스라엘에서/ 레바논에서, 시베리아 벌판에서/ 세계의 방방곡곡에서" 서로 죽고 죽이는 아비규환의 현장으로 확대된다.

그런데 시인은 자신의 고통과 외로움의 체험을 자양분 삼아 사랑을 노래하는 본분을 위탁받은 자다. 그리하여 시인은 다른 시인들이 용감한 투쟁의 노래를 부르고 비감한 위로의 노래를 부르더라도 "내게 직접 그 고통이 올 때까지는" 기다리며 "유혹에 빠지지 말라고 하신 하느님"의 전언대로 인내하는 듯하다. 그러나 그 기다림과 인내, 험한 세파에 허덕이며 남들의 고통스러운 현실에 뛰어드는 것을 '유혹'으로 간주하는 태연한 인식이 이 세상의 외로움과 고통, 거짓사랑을 줄이거나 제거하지 못한다. 이에 따라 시인은 여전히 자신의 고통의 때를 기다리면서 고통도, 사랑도, 말 못 하지만 그것이 시인의 용도 폐기를 증명하는 듯하여 이 시대를 향하여 섭섭한 마음을 내비친다. 그것은 이 암울한 시대, 부조리한 세상이 자신을 이렇게도 저렇게도 하지 못하게 만드는 딜레마에서 생기는 섭섭함인데, 그 와중에 시인은 시인으로서 자신의 용도는 무엇이냐고 되풀이하여 묻고 있다. 하느님을 믿는 신자들이 아무리 늘어나고 사랑이 하느님의 이름으로 아무리 자주 선포되어도, 이 세상살이의 고통과 외로움은 없어질 줄을 모른다. 시인은 이 세상의 역사 현장에서 벌어지는 감동적인 투쟁과 위로의 노래를 접하며 그것에 마음이 동하기도 하지만, 그것은 시인 자신의 고통에 근거한 것이 아니라 한갓 유혹의 미끼에 지나지 않는다.

그렇다면 하느님이 단지 유혹이 아닌 자리에서 자신의 고통과 외로움, 진정한 사랑을 노래하도록 쓸모 있는 자리로 시인으로서 지닌 그의 사명을 밝히는 방식은 무엇인가. 그의 고통과 외로움, 사랑은 참혹한 이 세상의 현실 속에 용도를 확보할 수 있을까. 그리하여 시인으로서의 몫이 구체적인 용도 속에 창출될 수 있단 말인가. 지속되는 질문에도 하느님은 묵묵부답, 그저 질문을 듣고 침묵할 따름이다. 옛날 옛적의 교과서적인 대답의 상투성 속에 갇힌 하느님이란 기실 시인에게 섭섭하며 답답하기까지 한 존재이지만, 그래도 그는 하느님 부르길 포기하지 않는다. 하느님의 단 한 가지 답변이 주어질 경우 그의 질문은 막히고 그의 질문이 막히는 자리에서 그의 시 쓰기도 폐기될 수밖에 없기 때문이다. 시인이 돌에 맞아 죽은 교회사 초기 순교자의 믿음을 미리부터 꽉 찬 만선滿船의 돌로 비유하면서 정작 자신은 "원색의 고깔 쓰고 덩기춤도 추고/ 異教徒의 몸에 입도 맞추"면서 "피라미 몇 마리 떠운" "오후의 船尾"에 빗대어 "신비주의자가 될 [수]밖에 없"(14)는 존재로 규정하는 것은, 그의 신앙적 좌표와 신학적 색채를 가늠케 하는 대목이다. 그도 그럴 것이 그의 실존적 고통이 "수시로 마른 빵을 씹는 流浪民의 꿈,/ 해결할 수 없는 겨울 밤의 목마름"(60), 끊임없이 솟구치고 떨면서 흐르는 생수를 갈망하는 그 목마름에 기초하기 때문이다.

아무튼 시인은 자신의 고통을 '쓸쓸한 물'로 볼 줄 알고 그로써 '순결의 물'을 삼을 줄 아는 자답게 가난한 마음의 자리에서 공중에 나는 새를 보면서 '생수'와 같은 사람을 꿈꾼다. 그것이 그의 하느님 공부의 요체다. '믿습니다'를 연발하는 사람들은 많지만 자기 고통의 진면목을 파악하고자 애쓰면서 그것을 재료 삼아 하느님을 공부하고자 하는 사람이 얼마나 적은 시대에 나는 살고 있는가. 하느님을 공부하는 숱한 토론과 질의응답의 자리에도 불구하고, 그 공부 가운데 자신의 가난한 존재성을 철저히 간파하여 생수와 같은 사람이 되고 싶어하는 사람들은 얼마나 드문가. 눈물과 감동의 외관으로 넘치는 종교적 신앙의 세계에서조차 그것은 얼마나 투명한 삶의 진정성을 띠고 있는가. 개중에 한시적인 열정으로 들끓다가 탄력을 잃어버린 채 관성에 따라 흘리는 눈물이 왜 없겠는가. 늘 새롭게 되는 길을 포기하고 그 탄력 없는 물의 세계에 침잠하는 것은 그러나 얼마나 하느님 공부에 치명적인 장애물일 터인가.

• 괄호 안의 숫자는 마종기의 시집 『모여서 사는 것이 어디 갈대들뿐이랴』(서울: 문학과지성
사, 1986)의 쪽수를 표기한 것이다.

4장_ 사람으로 공부하는 하느님(마종기) *99*

5장 '중심'의 괴로움과 '틈'의 구원
-김지하의 시적 공간들과 신학적 장소화

신학적 개념으로서의 '장소'

장소는 하이데거의 말을 빌면, "인간 실존이 외부와 맺는 유대를 드러내
는 동시에 인간의 자유와 실재성의 깊이를 확인하는 방식으로 인간을
위치시킨다."[1] 이 점에서 장소는 단순히 지리적 관심의 대상을 뛰어넘어
인간의 제반 삶과 그 의식에 관여하는 현상학적 사건의 자리가 된다. 일
찍이 장소에 대한 인문 지리학적 관심을 현상학과의 연계선상에서 통찰
한 렐프는 인간의 모든 유의미한 행동의 바탕에 장소가 있으며, 그것이
사물이 위치한 '어디'의 공간 개념을 뛰어넘는 사건적 개념임을 밝혀냈
다.[2] 이를테면 장소place는 공간space이지만 공간 이상이고, 위치location이
지만 위치 이상의 무엇이다. 렐프에 의하면 공간을 느끼고 경험하는 것

---

1. 에드워드 렐프/ 김덕현·김현주·심승희 옮김, 『장소와 장소상실』(서울: 논형, 2005), 25 재
   인용.
2. 앞의 책, 같은 쪽.

은 장소감을 통해서다.[3] 공간은 형태가 없기에 감각적 인지나 묘사와 분석의 실체가 되지 못하는 반면 그것이 우리의 느낌과 앎, 설명의 대상으로 들어오기 위해서는 항상 특정한 장소감이나 장소 개념을 통해 주어지는 맥락이 필요하다.

렐프는 오늘날 장소 상실로 인한 장소감의 부재가 점점 퍼져가는 현상을 진단하면서 장소의 정체성 문제를 제기한 중요한 인문지리학자다. 근대 이후 장소에 대한 인문학적 탐구는 그밖에도 바슐라르와 레비나스 등을 통해 그들 철학의 부차적인 관심에서 간헐적으로 이루어졌다. 일찍이 바슐라르는 그의 명저 『공간의 시학』에서 인간의 거주 공간인 집과 그로부터 파생되는 각종 공간 이미지(지하실, 지붕, 다락방, 서랍, 상자, 장롱, 새집, 조개껍데기, 구석 등)의 세계를 인간의 기억과 경험이 삼투하는 특정한 장소감각으로 묘파한 바 있다.[4] 그는 이러한 장소들이 어떻게 공간의 안과 밖을 소통, 연계시키고 인간의 삶에 내밀한 무한의 의식을 심어주는지 분석하였다. 그런가 하면 레비나스는 주체의 자리 잡기 과정에서 장소가 익명의 '어딘가'*quelque part*가 아니라, 하나의 '기반'과 '조건'으로 작용하는 특정한 경험의 전제임을 적시하였다.[5] 또 근대의 도시 현상에서 모더니티의 단서들을 추적한 인문사회학자 게오르그 짐멜은 도시라는 특수한 공간이 어떻게 인간의 정신적 삶을 독특한 스타일로 유형화

---

3. '장소감'(sense of place)은 렐프에 의하면, "방향 감각 같은 단순한 인지에서부터, 다양한 장소의 정체성에 공감하는 능력, 인간의 실존과 개인적 정체성의 초석으로서 장소와 심오한 연관을 맺는 것에 이르기까지" 폭넓게 정의된다. 렐프, 앞의 책(2005), 145. 그 장소감에서 삶의 진정성이 빠지고 비진정성이 돌올할 때, 무장소성이 생겨난다.
4. 가스통 바슐라르/ 곽광수 옮김, 『공간의 시학』(서울: 동문선, 2003) 참조.
5. 에마뉘엘 레비나스/ 서동욱 옮김, 『존재에서 존재자로』(서울: 민음사, 2001), 116 참조.

시키면서 장소화 또는 탈장소화시키는지 역동적으로 관찰하였다.[6]

　나는 이 글에서 근대 이후 인문학적 관심사로 부각되어온 장소의 개념을 신학적 맥락에 접속시켜 그것이 어떻게 신학적 사유의 증진에 기여할 수 있는지 탐험해보고자 한다. 논의를 추상적 관념의 범주에서 맴돌지 않게 하기 위해, 그리고 신학의 인문학적 지평 융합과 그 역사적 현장감을 높이기 위해 나는 김지하의 시 텍스트를 논의의 전거로 채택하고자 한다. 따라서 이 글은 한편으로 김지하의 시적 공간에 담지된 장소 상실과 장소감의 내력을 고찰하는 동시에 그로부터 유출되는 논지의 여운을 장소의 신학적 개념화란 견지에서 증폭시킴으로 어떻게 장소 개념이 신학적 통찰의 대상으로 자리매김될 수 있는지 살피는 작업이 될 것이다. 나아가 그 통찰과 안목이 이 땅의 교회와 신학함의 현장에 어떻게 접맥될 수 있는지 그 가능성을 타진해보고자 한다. 그 결과 장소가 상실된 획일적 공간 안에서 바람과 같은 영의 에너지를 저당 잡힌 채 전시적 행사나 패턴화된 관례적 의식으로 되풀이되는 신앙의 부영양화를 제어하고, 새로운 대안 장소를 개척해나가는 계기가 될 수 있기를 기대해본다.

역사의 '중심'에서 출구 찾기

시인 김지하가 지난 수십 년간 역사의 중심에서 운동가로 사상가로 활동해온 이력은 굳이 지적하지 않아도 분명한 주지의 사실이다. 특히 민주화운동 과정에서 그의 고난은 한 시대의 징조인 양 많은 주목을 받아왔지만, 그에 대한 역사적 평가와 정치 외교적 상찬의 수사를 벗겨보면,

---

6. 게오르그 짐멜/ 김덕영·윤미애 옮김, 『짐멜의 모더니티 읽기』(서울: 새물결, 2005), 35-53 참조.

무엇보다 그는 시인으로서 자신의 '장소'에 골몰해온 사람이었다. 줄잡아 30년을 상회하는 그의 시력을 관통하는 일관된 모티프로 자신의 정신세계와 연동된 특정 장소에 대한 경험과 그로 인한 반복적 회고의 패턴이 탐지된다. 그것은 한편으로 벽으로 막힌 감옥의 체험과 상실한 자신의 장소로서의 '빈집'에 대한 회억으로 표출되는가 하면, 그의 역사의식을 반영하는 '검은 산'의 이미지와 '하얀 방'의 주술적 환영으로 드러나기도 한다.

'철창'의 체험과 '빈집'의 회상

시인이 한일협정반대시위를 필두로 박정희 군사독재체제와의 싸움에서 옥살이와 고문을 겪으며 고난당한 사실은 역사의 영광이었을지 모르나 당사자인 그 자신에게는 필경 지옥 같은 경험이었을 것이다. 특히, 감옥이란 공간은 그에게 끊임없는 환상과 환청의 장소로 되풀이된다. 그것은 가령,

저 어둠 속에서
누가 나를 부른다
건너편 獄舍 철창 너머에 녹슬은
시뻘건 어둠
어둠 속에 웅크린 부릅뜬 두 눈
아 저 침묵이 부른다
가래 끓는 숨소리가 나를 부른다(1:28)

에서처럼, 감옥의 철창으로 그가 체험한 침묵의 소리는 고통당하는 동지

들과 고통의 코이노니아를 가능케 하는 회억의 매개로 작용한다.[7] 이 시에는 "녹슬은 시뻘건 어둠"이나 "가래 끓는 숨소리" 등의 시어로 미루어, 장기 복역하는 사상범의 흔적을 헤집고 있는 것처럼 보인다. 그러나 어쨌건 그에게 벽으로 가로막힌 감옥의 체험은 그의 청춘이 가장 치열하게 투신한 역사의 중심을 표상하는 동시에 우리 역사의 가장 모순된 현실을 온몸으로 경험하는 싸움의 현장이자 자기 갱신의 장소가 된다. 특히, 고립된 공간에서 그가 민감해지는 감각은 청각이다. 그는 침묵 속에서도 소리를 듣듯, 일상적으로 여러 자잘한 소리들에 민감하게 반응한다. "밤은 소리들의 나라"(1:34)라는 인식 가운데, 그는 꿈인 듯 생시인 듯, 아마도 고문으로 "찢어진 육신의 모든 외침"뿐 아니라, "아득한 아이들의 노랫소리" "외치는 아낙들의 목쉰 생활의 소리"를 취침나팔소리의 연장선상에서 듣는다(1:30). 그것은 그러나 듣기에 편하고 좋은 소리가 아니라 "온몸을 찢어 가르고" "미쳐 죽도록 피 끓이라고" 들리는 소리다 (1:30-31).

김 시인이 감옥의 열악한 공간에서 떠올리며 강화하고 심화한 것은 주로 죽음의 욕망과 물이나 바람과 같은, 특히 새와 같은 몸짓으로 비상하고자 하는 자유를 향한 갈망이다. 물론 이 두 가지 욕망은 서로 얽혀 있다. 죽음이야말로 궁극적인 자유에의 출구였을 테니 말이다. 그리하여 그는 죽음스런 자신의 철창을 매개로 다른 죽음들을 불러오며 그것들과 시로써 만나는 장소를 확보한다. 그것은 때로 조선시대로 거슬러 올라가기도 하지만 일제강점기와 해방 전후의 열악한 근현대사에서 고통스럽

---

7. 김지하의 초기 시선집 『타는 목마름으로』에는 이러한 감옥의 체험을 반영하는 시들이 많이 나온다. 몇 편을 예로 들어보면, 〈어둠 속에서〉, 〈나팔소리〉, 〈여름 감방에서〉, 〈밤나라〉, 〈西大門 101번지〉, 〈첫 미소〉 등이 있다.

게 죽어간 숨겨진 익명의 죽음들을 발굴해내는 경우가 더 잦다. 그가 새를 비롯하여 바람과 물 같은 표상들로써 자유를 꿈꾸는 것은 자유롭지 못한 생명의 해방을 위한 공감각적 연대의식의 발로다. 그리하여 그는 새를 꿈꾸는 자리에서 "기름투성이 공장바닥 거적대기에/ 멍청히 남은 갓스물"(1:17) 노동자의 죽음을 본다. 그 죽음과 자유의 변증법적 상상력은 시인으로 하여금 철창 안의 막힌 장소를 바깥의 열린 거리로 소통시키는 맥점이다. 그리하여 "묶인 이 가슴"을 "저 청청한 하늘"로 이끌던 새의 아득함은 이제 철창 안의 시인을 싸움과 죽음이 벌어지는 거리로 인도한다(1:56-57). 물론 그 거리는 아직 소통의 광장도 대화의 장소도 아니다. 반대로 "못 믿을 거리" "돌이 자라는 거리, 영원히/ 움직이지 않는 핏발 선 네 뜬눈의 거리" "장갑을 끼지 않고는/ 손조차도 아예 못 잡을 거리" "메마른 십일월의 거리" "침묵의 거리"(1:20-21)이지만, 그 거리의 존재만으로도 철창 안의 공간은 활달한 생명의 장소감을 얻기에 충분하다.

김지하의 철창 체험은 이후 그의 삶을 공간이 좁아지며 억눌러오는 듯한 환각 증상에 시달리게 만들었지만, 창살 틈에 피어나는 새싹의 온기를 완상하며 생명의 기적에 눈뜨게 했음도 사실이다. 그 생명은 근대의 욕망이 숙지거나 어설픈 곳, 억압과 싸움이 그친 채 고요한 텅 빈 공간의 장소화를 요청했으려니와, 김지하에게 그 출구는 '빈방'의 이미지로 집약되어 나타난다. 그 장소는 대개 변두리의 한적한 공간을 장소화한 시골스럽고 후미진 '~리'의 형태로 김지하의 시에서 종종 등장한다. 가령 용당리, 산정리, 한탄리, 수유리, 악박골, 무실리, 해창 포구 등의 한적한 전근대적 공간이나 그의 고향인 해남과 인근의 진도, 그가 품은 사상의 인문지리적 태반이었던 지리산과 치악산 등의 공간이 그 예들이다. 이러한 공간은 자연에 가까운 자연친화적 공간일 뿐 아니라, 시인의 응어리진 삶이 풀어지고 억압된 생명이 화순한 온기를 회복하며 성찰의 여백을 확보하는 이른바 장소화된 공간인 셈이다. 그 공간이 하나의 이미지로 응결될 때 시인의 삶은 '빈집'이라는 수일한 장소로 성육된다. 그것은 역사의 중심에서 허덕이며 씩씩거리던 시인이 퇴거하는 치유의 공간, 중심의 괴로움이 잠시 진정하며 새로운 에너지로 충전받는 도피성과 같은 장소다.

시인이 〈빈집〉이라는 제목의 작품에서,

달빛 고일 때
새푸르른 답싸리
무성한 저 빈 집 가득히 달빛 고일 때(1:120)

라고 쓸 때, 독자들이 연상하는 것은 그 '답싸리' 무성한 빈 집에 감도는 고요한 달빛의 적막과 그 빛 아래 조명되는 퇴락한 전근대의 공간이다. 그러나 이 빈 집의 공간이 공간으로 머물지 않고 하나의 장소로 거듭나는 것은, 시인의 눈에 포착된 사람의 흔적 때문이다. 그는 생뚱맞게도 "낫 가는 사람/ 숨죽여 흐느끼며 낫 가는 사람/ 대처로 떠나갔다 숨어 들어와 마지막/ 한 벌 흰 옷으로 갈아입고 난 사람"(1:120-121)이다. 이 사람은 뭔가 결의에 찬 비장한 이미지를 풍기며 시인의 자화상을 조형하는 듯하다. 그 자화상에는 싸움판에서 한바탕 뒹굴다가 최후의 결전을 앞두고, 혹은 마지막 복수의 결기를 돋우며 에너지를 낫날에 집중하는 살기 어린 풍경이 피어오른다. 근대의 정탐은 아직 이 외떨어진 빈 집에까지 미치지 못한 듯하다. 설사 달빛 아래 그 낫 갈기가 내성의 칼날을 벼르는 상징적 행동이라 할지라도, 이 빈집의 귀기 어린 풍경이 근대로부터 소외된 자로서의 장소감을 잃는 것은 아니다. 그것은 시인이 겪은 역사의 중심축이 변두리로 내밀리면서 만난 근대 바깥의 장소이거나 근대를 향해 싸우던 장소다. 이 빈집의 이미지는 다른 시에서 전봉준의 생가 이미지와 겹쳐지면서, 지난한 싸움의 여정을 거쳐 "무쇠솥다리"의 "세 발 달린 집"으로 심화된다.[8] 그 오래된 집의 이미지는 시인이 꿈속에서 볼 정도로 질기고 집요한데, 그만큼 역사의 중심에서 겪은 그의 괴로움이 깊고 그로부터 벗어나 새로운 생명 길을 내고자 하는 열망이 크다는 증거다. 이와 같이 김지하에게 원형적 장소감을 제공하는 집의 이미지는 이후 고대의 전통문화와 사상을 율려와 생명사상으로 육화시키는 표상적 매개로 작용한다. 그것은 곧 시인의 상상 속에 하나의 공동체적 집의 공간이다. 이에 따라 우주는 막연한 추상적 공간이 아닌 일상의 체험적 장소로 구체화되는데, 이로써 시인의 '빈집'은 역사의 장소상실을 우주적 장소감의 회복으로 달래려는 의도를 은연중 내비친다.

'검은 산'의 역사와 '하얀 방'의 주술

김지하의 『검은 산 하얀 방』은 매우 독특한 시집이다. 그것은 그의 여타 시집에 나오는 유려한 수사가 극도로 절제된 상태에서, 마치 죽은 자의 혼령에 접신한 듯한 엑스터시의 상태에서 구술한 언어들을 받아 적은 시들로 알려져 있다. '검은 산'은 삼척 두타산 무릉계곡에서 있었던 환청

---

8. "내가 가끔/ 꿈에 보는 집이 하나 있는데// 세 칸짜리 초가집/ 빈 초가집// 댓돌에 피 고이고 부엌엔/ 식칼 떨어진// 그 집에/ 내가 사는 꿈이 하나 있는데// 뒷곁에 우엉은/ 키 넘게 자라고 거기/ 거적에 싸인 시체가 하나// 아득한 곳에서 천둥소리 울려오는/ 잿빛 꿈 속의 내 집/ 옛 고부군에 있었다는/ 고즈넉한/ 그 집"으로 시작된 〈逆旅〉라는 제목의 이 시는 마지막 연에 이르러 "옛 마을의 희미한 실핏줄/ 핏줄을 찾아 벗이여/ 다리를 놓자 살 속으로/ 큰 산이 쿵쿵 울릴 때까지/ 다리를 놓아/ 무쇠솥다리/ 집을 짓자/ 세 발 달린 집"으로 끝내면서 역사의 혼이 깃든 집을 오늘날의 튼실한 집짓기를 위한 원형적 장소로 자리매김하고 있다. 김지하, 『모란 위 四更: 김지하 시전집(1986-1992)』(서울: 솔출판사, 1993), 301-302.

체험의 산물이다(4:313-320). 이 계곡에는 임진왜란 때 수천수만의 화살이 강물에 떠내려왔다고 해서 '화살내'라는 곳과, 그때 죽은 사람들의 피가 고여 만들어진 '피쏘'라는 웅덩이도 있다고 한다. 그런가 하면 이 일대는 6.25전쟁 때 한 날 한 시에 수천 명의 연약한 생명들이 참혹하게 죽어간 역사의 장소이기도 하다. 시인은 이곳을 찾아 듣게 된 환청의 경험 가운데 억울하게 죽어 구천을 떠도는 중음신들의 한을 달래려는 진혼의 심사로 '검은 산' 연작시들을 토해냈다(4:301-302). 그는 이 계곡을 소요하면서 화살내, 피쏘, 쇠부처굴, 호랑바우, 문깐재, 고사목, 두타산, 용추다리, 윗용추, 너럭바위 등지를 대번에 시로 만들어낸다. 그 가운데 시인은 그 일대에서 죽어간 생령들의 흔적을 소리로 듣고, "돌의 신음의 역사"와 "불타 죽은 나무/ 나무의 혼"을 느낀다(4:50-51). 한 시대의 사회전기적 공감을 담아내는 신접한 듯한 시인의 그 느낌은 이 땅의 역사에서 가장 원통하게 죽은 생령들이 망각에서 기억의 역사로 편입되는 계기를 제공하는 동시에 이 무릉계곡 일대를 '검은 산'이라는 명패와 함께 하나의 역사적 장소로 복원시키는 근거가 된다. 이로써 이 일련의 '검은 산' 연작들은 시인이 자연을 매개로 역사를 장소화하는 특징적인 사례를 보여준다.

기실 이 시인의 초기작에서 산은, 치악산이나 지리산과 같이 삶의 흔적을 대변하는 고유명사이거나 "아무도 더는/ 오르지 않는 저 빈 산" "해와 바람이/ 부딪쳐 우는 외로운 벌거숭이 산" "우리가 죽어/ 없어져도 상여로도 떠나지 못할 저 아득한 산"이었다(1:44). 그것은 그러니까 일상이든 역사든, 우리 인간들의 체험이 미치지 못하는 추상화된 공간이었다. 그 안에 품고 있는 '불꽃'의 미래를 알아채지 못하는 잠재적인 공간이었을 뿐, 아직 장소화하지 못한 상태였다. 그것은 이제 '검은 산'이란 이름으로 구체적인 역사의 풍경을 거느리고 그 풍경 안의 생명들을 불러내는 기억의 장소로 각인된다. 개인적인 체험을 매개한 시인의 진혼 시들은 없던 사물에 장소감을 불어넣어 주고, 익명의 자연에 장소적 정체성을 부여해준다. 물론 그 산은 장소감각이 선명하게 부조되는 유채색의 생기 넘치는 산이 아니라 여전히 죽음신들이 신음하며 탄식하는 '검은' 산이다. 그 검은 산을 화사한 신록과 생명의 꽃으로 새롭게 장소화해야 할 주체는 역사 속의 죽은 이들이 아니라 지금 살고 있는 이 땅의 생명들이다.

'검은 산'이 망각의 사건을 기억의 영역으로 편입시키는 역사적 장소화의 표상이라면, '하얀 방'은 전설상의 이야기에 숨은 삶의 애환을 달래는 주술적 장소화의 반영이라 할 수 있다. '하얀 방'은 '백방'百房을 '백방'白房으로 재해석하여 풀어쓴 이미지다. 시인이 채록한 전승에 의하면 해남의 땅끝에 위치한 이곳은 귀양 가는 사람, 피신하여 도주하는 사람, 중국 사신으로 가는 사람, 장사하러 가는 사람 등을 위해 포구 뒷산 백방산 바위에 올라 흰옷에 눈물지으며 합장 기원하거나 설움에 겨워 몸을 던진 전설상의 공간이다. 시인은 그들의 정한에 깊이 공명하면서 백 개의 방이란 그 말의 뜻을 변개하여 백방白房, 곧 '하얀 방'으로 바꾸어 읽는다. 그 하얀 방의 이미지에 시인은 옛날 한 서린 사람들과 자신의 정한을 새기며 "빈 방의 외로움, 한 맺힌 흰 방, 그 스산한 흰 방의 낯설음, 그 눈부신 낯설음의 한없는 지속"이란 함의를 가미함으로써(4:315) 막연한 자연 공간을 실존적 체감의 공간, 주술적 공간으로 장소화한다.

일찍이 시인에게 그 하얀 방은 수감 시절의 고통을 감내하는 가운데 욕망이 풍화함으로써 고통마저 소멸하는 저승의 세계를 투사하였다. 그 돌아올 수 없는 불귀의 세계와 관련하여 시인은,

굽 높은 발자욱소리 밤 새워

천정 위를 거니는 곳

보이지 않는 얼굴들 손들 몸짓들

소리쳐 웃어대는 저 방

저 하얀 방 저 밑 모를 어지러움(1:13-14)

이라고 묘사하였다. 그 한 맺힌 하얀 방은 참혹하게 죽은 이를 위한 '하
얀 연' '하얀 꿈'의 이미지에 기대어 이제 그 한을 푸는 주술적 장소로 변
모하였다. 그리하여 그는 저승의 세계에 침잠한 하얀 방의 공간에 장소
감을 부여하여 그로부터 생명의 빛을 이끌어낸다. "빛은 어디서 오나/ 참
빛은 어디서 오나/ 내가 이렇게 몸부림치며/ 누워 있는 이 흰 방 흰 방으
로부터/ 빛은"(4:66)이라고 화답한다. 그 흰 방은 전설상의 방이지만 동시
에 시인인 내가 누워 있는 방이다. 그런데 시인은 그 방 안에 '몸부림치
며' '누워 있다'고, 얼핏 모순된 진술을 한다. 몸부림치는 것은 고통과 슬
픔에 사무쳐 견딜 길 없는 신체의 반응이다. 반면 누워 있음은 평온한 몸
의 자세를 연상시킨다. 시인은 가만히 누워 백방의 기억들을 조분조분
감상할 만큼 안일하지 않다. 그 하얀 방은 시인의 몸과 함께 하나의 실존
이 되었고 경험의 장소가 되었기 때문이다. 그래서 그는 동시에 몸부림
치며 익명의 그들과 함께 실제로 애통해한다. 그러나 애통하는 자에게
복이 있다고 하지 않던가. 더불어 몸부림치며 누워 있는 그 애통의 공간
은 시인에게 구원의 빛이 스며 나오는 장소로 각인된다.

일상의 '틈'과 새로운 장소감의 탄생

"타는 목마름으로 민주주의여 만세"를 외치던 김지하는 철창 밖으로 나

온 뒤에는 고문과 수감으로 망가진 심신을 다독이느라 정신병원 신세까지 져가며 또 다른 고행의 길을 가야 했다. 그가 역사를 놓은 것도 아니고 세상과의 싸움을 접은 것도 아니지만, 그는 고장 난 몸과 마음을 치유해가면서 역사 속에서 우주를 보고, 우주 속에서 역사를 살피는 일상의 여유를 확보하게 된다. 이는 곧 그의 시적 장소들이 무거운 역사의 중심에서 '철창'과 '검은 방'의 고난을 관통하면서 앞서 개척해온 변두리의 '빈 집'과 '하얀 방'을 발견하게 된 내력과 상관이 있다. 그 '빈 집'과 '하얀 방' 역시 역사의 무게로부터 마냥 자유롭지만은 않지만, 시인은 이로부터 생명의 틈새를 발견하고 그 틈새에서 피어나는 생명의 가련함에 눈뜨게 된다.[9] 이러한 변화는 시인의 장소감이 점점 더 부드러워지고 세밀하게 심화되어갔음을 암시하거니와, 일상이라는 생활 현장의 감각이 그 변화를 추동한 것으로 주목된다.

'틈'의 생명과 구원론

『검은 산 하얀 방』(1986) 이후 김지하는 잇달아 『애린』 1,2권(1986)과 『이 가문 날에 비구름』(1986), 『별 밭을 우러르며』(1989) 등의 시집을 출간한 뒤 1994년 『중심의 괴로움』을 냈다. 이 일련의 시력에서 시인의 최대 발

___

9. 그 생명 발견의 원형적 체험에 대하여 김지하는 이렇게 고백한 바 있다. "[감옥에 갇혀 있던] 그 무렵 철창 아래쪽 콘크리트와 철창 사이 작은 홈 파인 곳에 흙먼지가 쌓이고 거기에 풀씨가 날아와 빗방울을 빨아들여 싹이 돋고 잎이 나는 것을 보았다. 신기했다. 봄날 민들레 꽃씨가 철창 사이로 하얗게 날아들어와 감방 안에 하늘하늘 나는 것도 보았다. 아름다웠다. 운동을 나갔다가 교도소 붉은 담벼락 위에 이름 모를 꽃들이 점점이 피어 작은 꽃망울까지 달고 있는 것도 보았다. 그것을 본 날 감방에 돌아와 얼마나 울었던지. 생명! 이 말 한 마디가 왜 그처럼 신선하고 힘있게 다가왔던지, 무궁광대한 우주에 가득 찬 하나의 큰 생명, 처음도 끝도 없이 물결치는 한 흐름의 생명, 그것 앞에 담과 벽이 있을 리 없고, 죽음과 소멸이 있을 까닭이 없었다"(16). 김지하, 『타는 목마름에서 생명의 바다로』(서울: 동광출판사, 1991), 14-17.

견은 '틈'이라는 생명의 공간이었고, 이에 따라 그가 공들여온 시 세계도 그 틈을 장소화하는 과제와 연계되었다. 시인에게 그 틈의 발견과 장소화는 중심의 괴로움과 그 괴로움의 본질을 간파한 비범한 통찰에서 비롯된다. 시인은 역사의 중심에서 싸워온 삶을 '괴로움'으로 요약하고 중심의 괴로움을 동 제목의 작품에서 "꽃대"에 비유하면서 다음과 같이 묘파하였다.

봄에
가만 보니
꽃대가 흔들린다

흙밑으로부터
밀고 올라오던 치열한
중심의 힘

꽃피어
퍼지려
사방으로 흩어지려

괴롭다
흔들린다

나도 흔들린다

내일

시골 가

가

비우리라 피우리라.(5:51-52)

에너지가 응집된 무게 중심은 분명 힘으로 뒷받침된다. 그것은 "흙밑
으로부터/ 밀고 올라오던 치열한/ 중심의 힘"이다. 그런데 정작 그 힘이
지속되는 비결은 흔들림에 있고 그 흔들림은 흩어짐을 지향한다. 시인은
그 꽃대의 중심처럼 역사의 한복판에서 괴로웠고, 그 중심의 괴로움은 이
제 흔들림과 밀접한 연관이 있음을 발견한다. 꽃대와 더불어 흔들리는 그
흔들림이 흩어짐이라면 꽃의 피움 역시 자신의 비움과 다르지 않다. 그
흩어짐과 비움은 괴로운 도시의 중심을 벗어나 변두리 시골에서야 비로
소 '장소'를 얻어 가능해질 터이다. 그래서 시인은 "시골 가/ 가/ 비우리
라 피우리라"는 결의를 내비친다. 시인의 이러한 통찰은 그의 뛰어난 초
기 작품 〈騎馬像〉에서 이미 씨앗이 뿌려진 바 있다. "살아있는 힘의 동결/
살아있는 민중의 거센 힘의/ 동결 전진하는 싸움의 동결/ 빛나는 근육의
파도와/ 쏟아져 흐르는 땀의 눈부심과/ 외침과 쇳소리들의 동결"은 분명
집중된 힘의 표상이지만, 그것은 본질상 "꽉 찬 不在"이며, 무엇보다 "[그]
동결은 나이를/ 먹는다 기마상이 금이 가듯이/ 동결은 늙어 어린이/처럼
부드러워진다/ 다시 움직이려 한다"(1:54-55). 동결이 꽉 찬 부재의 흔들
림 속에 부드러워지는 비법은 곧 고착된 것이 이완되면서 틈을 만들기 때
문이다. 그러니 틈이야말로 생명을 화육시키는 생성의 공간이며, 그 공간
의 아름다움을 보게 하는 안팎의 시좌로서의 장소다.[10]

---

10. 이와 관련하여 김지하는 한 대담에서 틈을, "모든 것[을] 무너뜨리지만, 또한 창조와 가능성의
    공간"으로 정의한 바 있다. 김지하, 『님: 요즘 세상에 대하여』(서울: 솔출판사, 1995), 11-15.

김지하는 '틈'이라는 제목의 시를 몇 편 썼고, '틈'의 생명론적 의미에 대하여 직접 대담을 나누기도 하였다. 우선 시작품에 나타난 틈의 세계를 취재해보면, "좁은 빈틈에서 폭풍이 터져나오는 것"에서처럼, 보이지 않는 그 작은 틈은 큰 자연현상의 발원지로, "작은 풀씨 속에 초원이 자라는 것"의 이치와 일맥상통한다(2:18). 그것은 '움직이는 無'처럼 결핍과 부재를 둥근 충만으로 채우는 생명 화육의 기본 원리다. 틈의 이치에 눈뜬 생명은 딱딱하고 크고 각이 진 사물보다 둥글고 작고 부드러운 것에 이끌린다. 그리하여 시인은 〈결핍〉이란 제목의 시에서 동그라미를 자꾸 그리는 자기 무의식에 깃든 구원의 욕망을 틈의 이치에 투과시켜본다. 그는 "무엇이든 가볍고 밝고 작고 해맑은" 것에 관심을 보이는데 이를테면, "공, 풍선, 비눗방울, 능금, 은행, 귤, 수국, 함박, 수박, 참외, 솜사탕, 뭉게구름, 고양이 허리, 애기 턱, 아가씨들 엉덩이, 하얀 옛 항아리, 그저 둥근 원" "네 작고 보드라운 젖가슴"에 눈길이 끌린다(2:41). 그 틈은 이제 멀리 변두리 시골로 가 따로 흔들리고 흩어지지 않아도 도심의 아파트 단지에서도 발견되는 존재의 본질이다. 사람이 곧 틈이라는 다음의 시적 선언은 장소와 결부된 존재의 체험적 본질을 간파한 시인의 당연한 발견에 다름 아니다. "아파트 사이사이/ 빈틈으로/ 꽃샘 분다// 아파트 속마다/ 사람 몸 속에/ 꽃눈 튼다// 갇힌 삶에도/ 봄 오는 것은/ 빈틈 때문// 사람은/ 틈// 새일은 늘/ 틈에서 벌어진다"(5:69). 또 다른 틈의 시 두 편에서도 시인은 세상의 아름다운 것 역시 "이파리 사이사이/ 푸른 하늘// 틈"에 있으며, 그 틈이 곧 세상에 존재하는 아름다운 것임을 인정한다. 그 틈새로 보면 "미소"에도 "그늘"이 있고 "아픔에도 웃는 얼굴"이 보인다(6:117). "내 몸에/ 열리는 숱한 틈" "틈마다 영그는 웃음소리"(6:118)는 삶이 결국 그 틈으로 구원받을 수 있음을 시사하며, "사랑은/ 틈// 내 안에 벌어지는/ 꽃이파리 하나// 햇살 비쳐들고/ 바람 불어오고// 벌이 오고 또 나비가 오고… // 아아/ 너로 하여/ 나// 우주에 살고"(6:119-120). 같은 시구를 보면 생명의 모든 틈은 또한 사랑의 본질이며 그 사랑을 매개로 우주의 연대와 소통을 가능케 하는 생명의 근본 원리로 보인다.

그 틈의 덕성은 틈을 지닌 사람과 사랑이 뻗어가는 원근의 동선에서 생명 부재의 텅 빈 공간을 충일한 생명의 장소로 화육시킨다. 좌우로 치우지지 않은 채 곧게 제 길을 가는 자에게 그 길을 벗어나 삶의 장소로 발걸음을 돌리게 하는 매개체도 곧 틈일 것이다. 그리하여 시인은 그 틈의 욕망을 좇아 이렇게 고백한다. "길에서/ 조금/ 벗어나고 싶다// 가득 찬 길/ 뻔한 길/ 화살 같은 길// 길가/ 가로수 그늘/ 찻집이나 골목 어디// 서성이고 싶다/ 더듬어/ 낯선 집 찾아가고 싶다"(6:119). 장소를 찾아가는 이러한 섭동의 모션이 시인의 무의식을 다독일 때 틈의 여유는 달빛 아래 낫을 가는 사람의 '빈 집'과 한 서린 별리와 애통의 '하얀 방'을 '빈 방'이라는 새로운 장소 이미지로 교접시켜 텅 빈 부재의 공간조차 우주와 죽음 앞에서 담담하게 만들어준다. "아내는 나가고/ 없고// 빈 방에/ 가을 가득하다// 하늘 푸르고 햇빛 희고// 어디서/ 사람소리 들리다/ 사라진다// 오후에 빈 가슴에/ 우주 들었으니// 밤에/ 죽어도 좋으리// 죽어/ 먼 강물 위에/ 쪼각달 뜨리"(4:93-95). 이 도저한 삶의 자세는 삶의 바깥이 아닌 내부에서 그 내부 속으로 초월하며 구원을 추구하는 방식을 닮았다. 그 안으로의 내부 초월과 구원을 뒷받침하는 틈의 이치는 완결체로 인식된 전통적 신 이해와 딱딱한 위엄의 대명사인 교회까지 헐렁하게 만든다.

자연화한 교회와 우주적 신론

김지하는 그가 실존적으로 절박하던 시절 가톨릭교회에서 영세를 받았지만 가톨릭이란 제도에 얽매이지 않았다. 이후 그의 사상은 한때 진지하게 몰두한 동학과 증산교를 거쳐 원불교, 불교, 풍수지리설, 단학 등을 섭렵하면서 뭇 종교들을 사상의 틀 안에서 통섭하는 행보를 보여주었다. 그에게 "우주는/ 신의 몸"이며 사람들의 죄는 "삼라만상을/ 사랑하지 않은 죄"이고, 그 죄를 씻는 용서와 축복의 방식은 "사랑을 넘어 차라리/ 이젠 미물조차 공경"하는 것이다(6:90). 그런 그에게 제도권 종교와 교회, 성당, 절 따위는 "새벽 네 시/ 귀신 드는 시간/ 더운 이마에 떨어지는/ 물방울 같은 서늘한 물방울 같은/ 종소리 하나"의 의미에도 못 미친다(3:41). 그리하여 그가 제도권 종교의 숭배대상을 언급할 때는, '금관의 예수' 이미지로 대표되듯, 비판적 결기나 풍자적 냉소의 어조를 머금는다. 그가 보기에 그런 것들은 생명의 우주적 해방보다는 교리적 쇄말화를 부추기는 것으로 여겨지기 때문이리라. 그러나 그가 틈의 이치를 터득한 이후 생명구원에 희망을 벼를 때, 그의 신론은 극진한 공경의 자세로 우주의 생명들을 향해 넓어지고 깊어지며, 그의 교회론 역시 신학의 가장 위대한 잠언인 자연의 풍치를 좇아 우주의 표정을 닮아간다.[11]

그의 자연신학이 잘 표현된 다음의 시 〈새 교회〉에서 김지하의 시적

---

11. 교회 역시 하나의 장소로서 집의 표상이라는 점에서 김지하의 교회론은 곧 우주론과 밀접히 연계되어 있다. 그에게 "집은 사람과 사람, 사람과 자연생명이 서로 일치하고 서로 유통하여 함께 사는 우주, 본디 서로 '옮겨 살 수 없는' 한울이다"(77). 아울러 그는 오늘날 아파트 문화를 비판하면서 전통 가옥의 구조에서 "중심적 전체로서 활동하는 無"를 보며, 그 집의 활동 가운데 인간과 자연생명이 기화신령으로 유통하는 모습을 통찰하기도 하였다(81). 이처럼 우주의 근본 원리가 집(/교회)의 구조적 비밀 속에 고스란히 스며 있다. 김지하, "집", 『옹치격: 김지하 산문집』(서울: 솔출판사, 1993), 75-84.

공간은 다시금 새로운 형태의 교회로 장소화되는 경지를 보여준다.

풀잎들 신음하고
흙과 물 외치는 날
나
오랜만에
교회에 간다
산 위에 선 교회
벽만 있는 교회
지붕 없는 교회

해와 달과 별들이
나와 함께 기도하고
혜성이 와 머물고
은하수와 성운들 너머
먼 우주가 내려와 춤추고

여자들이 벌거벗고
웃는다
흰 수건 흔들며 노래한다

유혹인가

나의

새로운 교회

풀잎의 흙과 물의 교회

새 예수회 교회

꿈인가(5:72-73)

지금까지 교회는 인간에 의한 인간만을 위한 교회였다. 그러나 시인
은 이제 우주만물이 지붕 없이 열린 하늘을 향해 예배하는 교회를 꿈꾼
다. 우주가 내려와 춤추는 경지의 자연화한 교회는 타락 이전의 상태에
서 부끄러움도 없이 "여자들이 벌거벗고" 웃으며 "흰 수건 흔들며 노래"
해도 아무렇지 않은 교회다. 물론 시인은 "유혹인가"라고 자문하고 있지
만 그 유혹의 가능성이 죄악으로 실현될 기미는 보이지 않는다. 그것은
"풀잎의 흙과 물의 교회"로서 이 땅에 환경오염과 생태파괴로 신음하는
풀과 흙과 물의 건강을 회복하는 데 복음의 관심이 미치는 장소를 지향
한다. 비록 "나의 새로운 교회" 수준에 머물고 있지만 그 사적인 공간은
'우리의 교회'로서 공적인 장소로 진화해야 할 미래를 내다보고 있는 듯
하다.

　이 교회를 항간의 인공적인 전원교회와 구별하여 우주적 생태교회라
부를 수 있고, 자연화한 원시교회라 칭할 수도 있겠지만, 중요한 것은 그
교회가 열린 장소로서의 지향점을 갖고 있다는 점이다. 고착된 예전과
정형화한 제의가 교회의 삶을 반복적으로 양식화하며 그 내부의 생명을
압도할 때, 지붕을 걷어낸 채 인위적 매개 없이 열린 하늘을 향해 자연만
물과 더불어 나누는 우주적 기도와 춤으로서의 예배, 벌거벗은 웃음과

노래로서의 찬미가 절실해지며 비로소 동시대의 신학적 의미를 얻는다. 시인은 "사랑이여/ 탄생의 미묘한 때를/ 알려다오"(5:18)라고 간청한 바 있지만, 그 사랑은 결국 개체 생명으로서 자신의 경계를 허물고("저녁 몸 속에/ 새파란 별이 뜬다/ 회음부에 뜬다") 내부의 벽을 박차고 나가("내가 타죽 은/ 나무가 내 속에 자란다") 우주가 되어 우주를 사는 길이다. 그것을 시인 은 '부활'이라 칭하고 있다(5:19).

무장소성과 장소성의 신학적 문제

이상에서 살핀 대로 김지하의 초기 작품에 나타난 시적 공간은 '거리'- '철창'을 순환하는 고난 어린 역사적 경험과 '새'(바람, 물)-'빈 집'을 오가 는 실존적 해방의 갈망을 중심축으로 자기 삶의 공간을 장소화해나간 것으로 파악된다. 이후 80년대 중반에는 그 역사 체험이 죽은 생명의 가 련함을 진혼하는 '검은 산'과 '하얀 방'의 또 다른 공간 메타포로 전이되 어 나타나더니, 그렇게 확산·심화된 생명에의 통찰은 마침내 '틈'의 장 소화라는 새로운 시학적 경지를 개척해나간 것으로 보인다. 시인은 그 '시학적 경지'를 신학적 지경으로 변용할 만한 단서를 흘리기도 했는데, 그것은 그의 우주적 신론과 교회론의 내용으로 육화되어 나타났다. 이처 럼 김지하의 시들은 역사와 우주를 삼투시키고, 기존의 근대 공간을 해 체하며 상실한 장소들을 되살려내는 방향으로 이른바 역사적 삶의 '무 장소성'placelessness을 극복해나간 것으로 분석된다. 이러한 흐름은 곧 틈 의 발견에 따른 새로운 '장소성'placeness의 창조라는 과제로 연동되거니 와, 그 틈의 생명론은 끊임없이 구축되고 해체·재구성·확산되어간 신성 한 공간의 장소성 문제와 관련하여 신학적 탐구를 요한다.

신성한 공간의 해체와 무장소성

신학에서 '장소'의 문제는 엘리아데의 신화종교학이 설파한 '신성한 공간' 담론에서 별 진척 없이 머뭇거리고 있다.[12] 분명 신성한 공간은 신성한 시간과 함께 종교의 신화적 피안성을 확립해주었지만, 그것이 역사와 함께 어떻게 변이되어나갔으며, 그 공간성이 인간의 삶과 버무려져 어떻게 장소화되어갔는지, 또 그 신학적 함의는 무엇인지까지는 통찰하지 못하였다. 그러나 김지하의 시적 공간들에 내재된 장소화의 씨름들은 단순히 개인사적 체험의 수준을 넘어 근현대사가 상실해온 삶의 근본 가치를 재발견하려는 노력의 방식으로 의미심장하다. 이러한 노력은 우리 근현대사의 생명공간이 전통적 장소의 파괴와 함께 가치의 단절과 혼돈을 겪어왔다는 진단의 연장선상에서도 시사적이다. 기실 이런 신성한 공간의 해체와 변천에 따른 무장소성의 문제는 신학의 태초부터 존재했다.

창세기에 기록된 태초의 중앙은 에덴의 공간으로 표상된다. 창조주 하나님과 태초의 인간들이 아무런 장벽 없이 어울려 소통하며, 아무런 결핍 없이 최대한의 향유와 최소한의 금기로 살던 그 공간은 끊임없는 생명에의 위협에 시달려온 인류의 원시적 꿈이 서린 이상향의 장소였다 (창 2:4-17). 그러나 최대한의 향유에도 욕심이 채워지지 않아 최소한의 금기를 범한 인류의 조상은 실낙원의 퇴출과 함께 곧 화염검에 의해 출입을 차단당하는 비극을 겪는다. 하나님에 의해 선사된 하나의 이상화된 장소를 상실하면서 인간들이 만든 또 다른 중앙 장소는 바벨이라는 거

---

12. 공간의 신성함에 대한 엘리아데의 종교신화학적 논의는 주로 '성'과 '속'의 이항대립 구조 내에서 이루어졌다. 그에 따르면 신성한 공간과 시간은 태초의 시공간을 재현하는 기능을 수행하며 이와 함께 오늘날 사람들이 역사 가운데 형성해온 대표적인 존재 양식, 또는 생존 양식으로 규정된다. M. 엘리아데/이은봉 옮김, 『성과 속』(서울: 한길사, 1998) 참조.

대한 축조물로 형상화되었다. 그러나 그 중심은 물산과 권력의 집결지로서 자신의 집중된 욕망에 눌린 상태에서 내부적 괴로움을 모른 채 흔들리며 흩어질 줄을 몰랐기에 하나님께 불순한 대상으로 비쳤고(창 11:6), 이내 언어가 뒤섞여 억지로 흩어져야 하는 신세가 되었다. 에덴이라는 장소가 하나님의 선물로 주어졌다면 바벨이라는 공간은 인간의 탐욕이 빚어낸 중앙집권적 문화의 장소를 대표할 만하다.

이후 노아의 방주와 같이 밀폐된 공간이 한시적으로 장소화되기도 했지만, 하나님의 신성한 현존과 그것을 숭앙하는 인간의 종교적 욕망이 제의적 규범을 매개로 장소화된 대표적인 사례는 아마도 광야의 성막과 예루살렘의 성전일 것이다. 물론 지역별로 산당들이 흩어져 존재했지만, 그 장소들은 우상숭배와 음행의 혐의로 인해 밀폐된 공간의 사유화·섹트화 경향을 부추기면서 소통 지향적 장소로서의 자리매김에 크게 성공하지 못한 것으로 판단된다. 광야의 성막은 비록 이동하는 길 위의 여정에서 한시적으로 머무는 공간이었지만, 공간 외부의 환경에 좌우되지 않고 하나님의 인도하심에 따라 흔들리며 흩어지면서 그 내부의 체제를 견고한 상징으로 구축한 이 공간은 이스라엘 역사에서 제의적 활동이 가장 건강하게 작동한 장소로 꼽을 만하다. 팔레스타인의 정착생활이 왕국 체제로 확립되면서 세워진 예루살렘 성전은 한때 솔로몬의 위업과 함께 칭송과 경탄의 대상이었다. 하지만 그 또한 종교와 사상의 타자를 갖지 못한 폐쇄적 중앙의 반복적 현시일 뿐, 이 성전 시대에 활동한 상당수의 예언자들은 그 성전 예배 전통의 퇴락에 대한 비판과 함께 이전의 광야 시대 장막을 외려 이상적인 장소로 추억하곤 하였다. 이후 예루살렘의 멸망과 바빌론 포로의 귀환 사건, 마카비 혁명과 헤롯 대왕의 중수 공사 등을 거치는 동안 예루살렘의 성전이 위기와 희망의 쌍곡선을 타면서 유일무이한 중앙 장소로서의 위상을 인정받기 위한 노력이 있었다. 그러나 그와 다른 계통에서 바빌론 포로기 이후 회당 체제의 형성과 그리스도교 선교활동에 따라 세워진 가정교회의 전통이 수립되었거니와, 이는 디아스포라 시대의 무장소성을 극복하는 장소화의 대안으로 일정 부분 기여한 것으로 평가된다.

신약시대 이후 특기할 만한 점은 예수의 하나님 나라 운동과 그 제자들의 선교 활동에서 그들의 일상적 삶을 규정한 기동력은 점차 중앙을 해체하고 새로운 중앙을 개척해나가는 길 위의 장소들을 양산했다는 것이다. 이러한 중앙의 지방화와 지방의 새로운 중앙화라는 연속적 패턴의 작용은, 이전의 광야 시대에 나타난 장막 공간의 장소화를 부분적으로 모방하면서 '땅끝'을 향한 정처 없는 여정과 돌발적인 탈주의 동선을 통해 익명의 부재 공간을 장소화해나가는 구조적 동력이 되었다. 가정교회의 원시적 장소 이후 카타콤이라는 지하 공간이 일시적으로 장소화되는 계기가 있었지만, 이후 서구 그리스도교의 발전과 교권 체제의 확립은 특정한 형식과 신학적 상징을 내포한 건축물로서의 교회 장소를 양산해냈다. 그것은 시대에 따라 바실리카, 고딕, 로마네스크, 바로크, 로코코 등의 각종 '양식'의 전성기를 거쳐 갔다. 그 양식의 근대성이 무르익을 무렵 이 땅에 이식된 그 양식과 정신은 교회의 명패를 달면서 우리 주변에 서서히 그리스도교의 장소들을 산출해내기 시작했다. 그것은 밤마다 붉은 십자가 조명을 질릴 정도로 볼 수 있게 된 일견 부흥의 결실이었지만, 획일화된 산업 시대의 공간 개념이 교회의 장소들을 점령한 무장소성의 전시물이기도 했다. 그 교회들이 단지 콘크리트 건축물의 수준을 넘어 과연 우리네 역사 체험과 실존적 자의식이 깊이 스민 장소감을 확보할 수 있을지 자문해보면 냉큼 긍정적인 대답이 나오지 않는다.

앞서 김지하 시인이 온몸으로 시대의 중심부를 관통해나간 과정에서 나타난 역사의 치열한 흔적도, 실존의 진지한 기미도 거세당한 채, 자본과 인력의 양적 수준에 비례하는 자의적 권위의 공간으로 제 존재 의미를 시위할 때, 오늘날 교회공간은 시대적 의미를 체화한 장소로서의 신학적 위상을 획득하기에는 역부족이다. 일찍이 렐프가 우려한 대로 효율성을 우선시하는 자본과 기술, 그것을 매개로 획일화된 시스템을 운영하는 중앙정부권력과 거대기업, 매스미디어, 대중문화 등은 오늘날 장소의 디즈니화와 박물관화를 부추기는 주범이다.[13] 이러한 요소들은 진정성을 결여한 상품화된 가짜 장소들을 양산함으로써 무장소성을 증폭시킨다. 오늘날 우리 교회는 이러한 자본제적 체제 안에 이미 충분히 편입하여 세속화된 상태다. 그렇다면 그 교회들이 어떻게 장소의 진정한 정체성을 확립하고 무개념의 공간들 틈새로 인간의 구체적인 생활세계가 숨 쉬게 할 수 있을까. 그렇게 무의미한 공간 속으로 알차게 삼투하여 이 시대의 대안 가치가 유의미하게 생동하는 장소성을 과연 어떻게 회복할 수 있을까. 이러한 문제의식이 장소 개념의 신학화 작업을 정당화한다.

장소의 정체성 회복을 위한 탐색

장소의 정체성을 회복하기 위해서는 우리네 삶이 거주하는 공간의 비진정성과 무장소성에 대한 비판적 안목이 필수적이다. 그 공간은 대체로 삶의 성찰을 북돋고 추억을 각인시키기보다 정형화된 틀에 따라 인간을 규격화하는 억압의 공간이다. 김지하 식으로 다시 말해, 그 공간은 역사의 현장에서 내밀린 철창이나 거리도 없고, 그렇다고 빈 집의 도피처도

---

13. 에드워드 렐프, 『장소와 장소상실』(2005), 197-245 참조.

제공하지 못하는 건조하고 밋밋한 공간이다. 그 공간은 이 땅의 비극적인 역사 공간 속에 죽어간 생령들의 흔적과 기미를 파악하고 더불어 소통하며 진혼하는 '검은 산'과 '하얀 방'의 장소가 용납되지 않는 공간이다. 다시 말하면, 오늘날 교회 공간의 장소화 경향은 우리 사회의 자본 집중성과 기술 지향성에 무기력하게 끌려가면서 '더 크게'와 '더 많이'에 '더 비싸게'의 경쟁을 추가함으로써 기실 진정한 장소성을 박탈하고 있다는 것이다. 특정한 인물과 특정한 공간으로 집중하는 중앙의 비대화는 끊임없이 흔들리며 흩어버리는 괴로운 중심의 틈새를 발견하지 못하기 때문이다.

그렇다면 이 시대에 우리가 신앙 공간의 장소적 정체성을 회복하기 위해 추구해야 할 방안은 명확하다. 그것은 곧 진정한 장소감과 장소성의 핵심이 획일화에 저항하는 틈의 작용에 있다는 점을 인정하는 데서부터 시작해야 한다. 이를테면 중심의 괴로움은 흔들리며 흩어버리는 생명의 작용을 통해 즐거움이 될 수 있다는 역설을 수용하고 이를 생활화해야 하는 것이다. 그것은 곧 익명의 공간, 소외된 변두리의 공간, 문명의 억압 아래 노출된 연약한 자연을 재발견하여 장소화하며, 우주적 어울림의 향연을 배설하는 극진한 공경의 신앙문화를 활성화함으로써 가능해질 터이다. 좀더 구체적으로 말하자면, 생명의 틈이 우리 신앙과 생활의 통풍구로 활달하게 작동하면서 나와 타자 사이의 대화를 촉매하며 상호 이해와 공명을 실현하는 장소가 필요하다. 곧 익명의 다중들 사이에 실명의 인격체들이 서로를 표현하며 영접하는 장소, 서로의 차이가 진보의 틈으로 기여하면서 밀실의 안락한 위로와 광장의 뜨거운 운동을 두루 포용하는 열린 생명 공간으로서의 장소, 바로 그런 장소 정체성이 우리 교회와 교인들의 삶의 자리로 스며들어야 한다는 것이다.

이러한 관점에서 장소 개념의 신학화는 필연적으로 교회의 생태적 관심을 제고하는 방향으로 논점을 확산시킨다. 앞서 분석한 김지하의 시 〈새 교회〉에서 하나님은 익명의 존재자로 전제될 뿐 이 교회의 표면에 등장하여 군림하거나 명령하지 않는다. 예수 그리스도 역시 특정한 교리적 체계의 옹호자로 교회의 경계를 세우거나 예전적 숭배를 압박하지 않는다. 어찌 보면 텅 빈 교회 같은 이 교회는 산 위에 위치한 미완성의 교회다. 벽만 있고 지붕이 아직 없기 때문에 건축 도상의 미완성 교회라는 말이 아니다. 전후의 맥락을 살펴보면 그 없는 지붕은 '아직' 없는 것일 수도 있지만, 필요가 없기 때문에 '이미' 없는 것이기도 하다. 그 없는 지붕으로 교회 안의 사람들은 하늘의 징조를 볼 수 있고, 그 징조의 매개가 되는 하늘의 일월성신들과 함께 기도할 수 있다. 뿐 아니라 불길하다는 혜성들과 함께 머물며, 은하수와 성운들 너머 먼 우주가 내려와 춤추는 이 공간은, 교회가 장소로서 얼마나 창대하고 심오한 신앙세계를 담보할 수 있는지 그 가능성의 극점을 보여주는 듯하다. 그 교회는 물론 교회로서의 장소성을 확립하기 위한 최소한의 경계가 필요할 것이다. 그래서 벽이 있고, 벽이 있으니 기둥이 있을 테고, 그 기둥을 받칠 수 있는 대지의 토대가 튼튼해야 한다. 그러나 그 경계가 풀잎과 흙과 물로 표상되는 자연을 배타하는 경계가 아님은 시인이 꿈꾸는 교회가 "풀잎의 흙과 물의 교회"이기 때문이다. 이 시구는 단순히 자연스러운 생태교회란 표상에 머물지 않고 그 교회의 구체적인 건축 재료까지 암시한다. 풀잎과 흙이 만나고 그것을 물로 버무려 섞으면 영락없이 황토벽돌 같은 것이 나온다. 그것은 이즈음 한구석에서 유행하는 황토집 짓기의 차원에서 구상된 생태교회의 한 사례일 수 있다. 그러나 더 중요한 것은 대안건축의 생태적 접목과 교회 건축에의 적용보다 그러한 노력에 담긴 장소화의 열망이다.

우주와의 일체적 연대와 소통이 가능해지는 그 장소는 거대한 우주 공간의 추상에 사로잡힌 막막한 상상의 대상이 아니다. 여인들이 벌거벗고 웃을 수 있거나 흰 수건을 흔들며 노래 부를 수 있는 곳은 다름 아닌 일상의 거주 공간이다. 그 거주 공간이 우주적 어우러짐과 생태적 환경에 밀착되어 교회라는 이름으로 다시 태어날 때, 거기서 우리는 새로운 장소의 탄생을 예감할 수 있다. 그 장소는 단 한 군데의 중앙화된 장소가 사방으로 비산하면서 만들어놓은 지엽화된 장소들이 발전과 퇴락을 거듭한 연후 근현대 이후 파놓은 획일화된 자본제적 장소들, 상품화된 비진정성의 장소들을 해체하고 장소 상실의 경험을 넘어서게 한다. 나아가 그 장소는 공간의 틈과 생명의 틈을 우주적으로 회통시키며 일상적 거주 공간 내에 안착시키는 자리에 '새로운 교회'라는 평범한 이름을 달고 등장한다. 그 교회는 오염된 자연 생명을 씻겨주고 그와 한 몸이 되어 일상적 거주와 우주적 예배가 우리의 극진한 생활세계 안에 친밀하게 어우러지는 장소다.

미래 장소의 신학화를 위하여

게오르그 짐멜은 근대화된 대도시의 거주민들이 보여주는 사회심리적인 행태를 예리하게 분석하여 외적으로 서로 속내를 감추는 그들의 일상에 내재하는 냉담함, 상호 적대감, 반감, 반발심의 속성을 통찰하였다. 그의 주장에 따르면 그 내부의 반감 어린 속내를 철저히 감추는 위장의 태도는 개인들에게 일정한 방식으로 나름의 자유를 보장해주면서 동시에 자신의 개체화에 위기를 느낀 개인들 사이에 자신의 존재를 부각시키고자 개성을 극단적으로 과장하는 기묘한 행태가 양산된다.[14] 나아가 그는 그 자유의 혜택을 공유하는 소규모 집단들끼리 내부의 결속력을 강화하면서 그것에 이질적인 낯선 집단이나 이웃집단에는 배타적이고 폐쇄적인 적대감을 공공연히 시위한다고 보았다.[15] 짐멜의 이러한 통찰은 익명화된 대도시의 공간이 반감의 상호작용을 통해 어떻게 소통적 공간의 장소화를 위협하고 주체적 삶의 자리를 박탈함으로써 왜곡된 사회심리를 유발하는지 잘 예시해준다. 이는 다시 김지하 식으로 번역하면, 생명의 틈새와 변두리 장소를 확보하지 못한 채 흔들림과 흩어짐도 없이 욕망이 중앙화된 결과다. 공간의 타자성에 미치지 못하는 근현대 도시의 생활세계에서 자본과 인간 사이의 소외뿐 아니라 인간 집단들끼리의 '소내' 현상이 심각한 문제로 부각되기에 이른 것이다. 이러한 통찰을 신학적으로 전유하면, 중앙의 공간을 우상화한 교회 권력이 어떻게 인간의 삶에서 장소의 진정성을 박탈해왔는가라는 문제와 교접된다.

사도행전의 아레오바고 설교(행 17:22-31)에서 바울은 하나님의 본질과 공간의 관계에 대해 언급하면서 다음과 같이 말한 바 있다. "우주와 그 가운데 있는 만물을 지으신 하나님께서는 천지의 주재시니 손으로 지은 전에 계시지 아니하시고 또 무엇이 부족한 것처럼 사람의 손으로 섬김을 받으시는 것이 아니니 이는 만민에게 생명과 호흡과 만물을 친히 주시는 이심이라"(행 17:24-25). 이 설교의 소신대로 바울은 끊임없이 움직이는 길 위에 자신의 신앙고백을 정초하였다. 그가 선교의 현장을 누비며 "회당에서는 유대인과 경건한 사람들과 또 장터에서는 날마다 만나는 사람들과 변론하"는 것을 기본 패턴으로 삼았지만(행 17:17), 바울

---

14. 게오르그 짐멜, 『짐멜의 모더니티 읽기』(2005), 35-53 참조.
15. 앞의 책, 44.

이 특정한 공간을 지속적인 삶의 공간으로 장소화하거나 그곳에 '영원'의 이름을 부여하며 중앙화한 적은 없다. 대신 그는 두란노나 드로아의 다락방을 가르침의 장소로 삼아 밤새워 가르쳤고(행 19:9; 20:6-9), 강가에서 강론하거나(행 16:13) 오래 신앙의 의리를 나눈 이들과 밀레도 섬의 한 장소에서 이별의 예를 갖추며 석별의 정을 나누었다(행 20:15-38).

그런가 하면 예수 역시 한때 예루살렘의 성전과 회당에 들어간 일이 있었지만 제의적 동참보다는 가르침에 초점이 있었을 뿐(눅 19:47; 20:1; 21:37; 막 1:21, 39; 6:2), 그것에 유달리 신학적 장소성을 부여하지는 않았다. 성전이 기도하는 집으로서의 본래 기능을 망각하고 강도의 소굴로 전락한 타락상도 한몫 했겠지만(막 11:17), 예수는 그 성전이 돌 위에 돌 하나 남기지 않고 허물어져 버릴 종말론적 미래를 꿰뚫고 있었던 것이다. 이는 솔로몬이 누린 모든 영화를 들에 핀 꽃 한 송이의 아름다움만도 못하게 여긴(마 6:29) 예수의 가치관과 심미안에 비추어 당연한 통찰이었다. 이러한 기준은 회당체제에 대한 그의 반응에서도 여실히 드러난다. 그는 가버나움의 회당 모임에서 자신의 메시아 됨을 공표하는 나름의 의식을 취했지만, 안식일마다 회당예배에 꼬박 참석함으로써 경건한 언약백성의 도리를 시위하는 '범생이'와는 거리가 멀었던 것 같다. 도리어 안식일에 밀밭 길을 거닐다가 그의 제자들이 곡식 이삭을 훑어먹은 것을 빌미로 공격의 대상이 되거나 병자를 치유한 일로 구설수에 오르기도 하였다. 이러한 예수의 행태는 전통적으로 고착되어온 신성한 공간의 중앙화 내지 사이비 장소화가 곧 인간적 탐욕을 매개로 하나님의 우상화를 초래할 위험에 대한 의식적 반작용의 결과였으리라 추론된다. 이에 대한 예수의 새로운 장소화 노력은 그가 고요한 시간에 찾은 공간이 호젓한 광야나 산 같은 장소(막 1:35; 6:36)였다는 데서 확인된다. 그 적막한 광야스러운 공간이 실명을 얻은 유일한 예로 우리는 예수의 죽음에 얽힌 치열한 자화상을 남긴 '겟세마네'를 꼽을 수 있다(막 14:32-42). 겟세마네의 장소 신학적 유산은 별도의 탐구를 요할 만큼 매우 중요한 대안적 장소화의 사례라 할 만하다.

그리스도교의 역사적 기원과 연관된 장소화의 사례가 이럴진대, 김지하가 중심의 괴로움에 시달리다가 그 본질을 흔들림과 흩어짐에서 찾고 역사와 실존, 일상과 우주의 틈새에서 생명의 장소성에 천착해온 결과 제출한 소박하지만 의미심장한 '새 교회' 상은 미래 장소의 신학화란 견지에서 소중한 암시를 던진다. 그것은 자본제적 일상에 길들여진 우리 자신의 삶과 교회의 체계를 어떻게 대중매체의 억압적 영향 아래 양산되는 각종 사이비 장소들의 무장소성에서 해방시키고, 우리 삶의 진정성이 각인된 개방과 소통의 장소적 정체성을 회복시켜나가느냐 하는 신학적 과제와 연동되기 때문이다.

우리는 흔히 교회는 본질상 건물이 아니라 사람이며, 그 사람들이 모여 이루는 코이노니아의 관계가 교회의 핵심 정체성을 특징짓는다고 말한다. 그 말은 액면 그대로 옳다. 그러나 그 옳은 말의 옳은 가치를 실현하기란 워낙 어려워서 여전히 우리는 건물 밖에서 교회를 상정하기 어색해하고 그런 교회를 꿈꾸길 민망해한다. 교회를 우주와 엮어 말하는 게 성경과 무관한 이야기 같고, 생태적 삶의 틈에서 교회의 대안적 장소화를 논하는 것이 복음의 본령과 거리가 먼 엉뚱한 주장처럼 들린다. 우리는 이렇게 태초의 장소로부터 멀리 떠나온 나그네 생명들이다. 그 나그네 생명들이 주체 없는 익명의 공간을 전전하면서 뜨내기로 비루먹다가 자신의 강고한 신념과 함께 화석화되지 않기 위해서라도 일상적 삶의 진정성을 가진 틈의 장소화가 절실하고 중앙의 변두리화가 긴요하다.

무소부재하신 하나님이 정녕 무소부재하도록 배려하기 위해서라도, 교회와 그리스도인, 나아가 신학의 장소상실과 무장소성을 넘어 새로운 장소화의 미래가 간절하지 않을 수 없다.

• 이 글에서 인용한 텍스트의 출처는 다음과 같다. 괄호 안의 첫째 숫자는 아래 시집의 번호이며, 둘째 숫자는 그 시집의 쪽수다.

1. 김지하, 『타는 목마름으로』(서울: 창작과비평사, 1982)
2. ____, 『애린』1(서울: 실천문학사, 1986).
3. ____, 『애린』2(서울: 실천문학사, 1986).
4. ____, 『모란 위 四更: 김지하 시전집(1986-1992)』(서울: 솔출판사, 1993).
5. ____, 『중심의 괴로움』(서울: 솔출판사, 1994).
6. ____, 『花開』(서울: 실천문학사, 2002).

6장 목련, 또는 '돌아감'의 여정
-김지하의 〈회귀〉 읽기

아련한 목련의 추억

봄의 전령 목련을 떠올리면 내 유년의 뜨락에는 희미하게 피아노 소리가 들린다. 그 소리의 틈새로 환상처럼 비치는 그림 속에는 어느 인상주의풍의 양옥집 담장이 등장하고, 뽀얀 단발머리 소녀가 피아노 치는 풍경이 저절로 피어오른다. 코흘리개의 칠칠한 내가 범접 못할 그 담장 너머는 영 딴판의 세계처럼 늘 정갈하고 고상하게 내 유년의 꿈에 동경의 나래를 달아주었다. 그 날갯짓이 코앞에 아른거리는 봄철, 그 담장 안으로는 꼭 미칠 듯이 목련꽃이 뽀얗게 피어 황홀한 빛을 뿜어대곤 했다. 비루한 일상과 거친 현실에서 도피할 인공낙원으로 가령 '본드' 따위의 화학적 황홀경이 허락되지 않는 시점에서, 나는 차라리 그 목련이 내 삶의 전부이길 내심 은근히 갈망했는지 모른다. 가끔 잠옷 바람으로 아침나절 얼굴을 내밀던 그 소녀의 목소리가 언제부턴가 기억나지 않는다. 대신 쓸쓸한 새벽공기를 헤치며 그 빈 공간에 메아리치던 소리는 가녀린 피아노 소리였고, 그 소리를 감싸던 뿌연 시간의 아우라는 응당 목련의 뽀얀 우윳빛이었다.

　그 뒤로 내 턱에 제법 까만 수염이 자라고, 계절이 수십 차례 바뀌었지만, 목련의 존재방식은 별로 퇴색하지 않은 듯했다. 잎사귀가 나오기 전에 먼저 잽싸게 하얗게 피어올라 자신의 추한 꼴을 보이지 않고 그 꽃은 주저함 없이 제 목을 꺾었다. 오로지 제 존재의 죽음을 딛고서야 푸릇한 이파리의 융기를 허락하는 이 꽃은 언제나 세속 너머의 사랑처럼 고결해보였다. 표표히 낙하하는 그 흰빛의 그늘 아래, 헤픈 청춘의 방황을 거치면서 나는 베르테르의 편지를 읽는 폼을 잡아보기도 했고, 지금 생각하면 촌스럽기만 한 엄정행의 "오, 오, 내 사랑 목련화야~"를 고래고래 불러대기도 했으렷다. 지금 봄이 오는 거리에서 곰곰이 생각해보니 목련의 화사한 이미지 뒤에 숨은 슬픈 잔상은 그 생성과 소멸의 주기와 함께 세월의 매듭을 단숨에 보여주는 적나라한 생명의 표정에 기인하는 듯했다. 나는 내 유년의 뜨락으로 소급되는 목련의 이미지에서 생의 미련에 몸 사리며 지분거리는 대신 짧고 단아한 아름다움을 새기는 명징한 소멸의 방식을 배웠고, 뽀얀 단색의 빛으로 뿜어내는 생명의 분위기 속으로 황홀하게 탐닉하며 빠져들었다. 보랏빛 목련도 더러 눈에 띄지만, 내게 목련이 늘 순백으로 떠오르는 데는 이와 같은 추억의 뒤안길이 숨어 있다.

　목련은 본질상 하늘을 지향하는 꽃이다. 그것은 문자 그대로 나무木에 피는 연꽃蓮이다. 수련은 진창의 물속에 뿌리를 내리고 고결하게 피어나는 망각한 불성의 표상으로 거론되지만, 목련은 나무 위에서 얼굴을 위로 솟구쳐 본향을 잃은 인간의 꿈을 뒤채며 설레게 하는 꽃이다. 그 설렘이 종교가 되면 그 꿈은 불멸하는 영혼의 환생을 낳고, 그 설렘이 문학이 되면 그 꿈은 짧은 눈부심 가운데 오롯하게 빛나는 기다림의 자세가 된다. 나는 늘 이 목련을 멀리서 사랑해왔지만, 김지하의 목련 시 한 편을 오래 읽고 되새기면서 조금씩 목련에게 다가갈 수 있는 숫기를 얻게 되었다. 그것은 70년대 이후 줄곧 시대와 불화하면서 격한 싸움을 감당해온 '대빡' 시인 김지하의 뒤늦은 각성이 선사한 은총의 햇살 같았다. 나는 이제 목련에서 피아노 소리에 묻혀오는 뽀얀 소녀의 아련한 잔상만을 느끼지 않는다. 거기에는 치열한 생의 종착점에서 다시 원점으로 돌아가는 무수한 군상들의 지친 표정과 그 너머로 가물가물 피어오르는 영혼들의 눈부신 희망 같은 것이 있다. 그 영혼의 형이상학에서 상상력이 육체를 얻을 즈음, 시인의 목련은 〈회귀〉라는 이름으로 이 땅에 태어났다.

'대빡' 시인의 담담한 노래

김지하라는 이름 석 자는 내 대학시절 참 부담스러운 대상이었다. 무슨 뒤풀이 자리에서 부르는 노래에는 '김지하가 대빡'이라는 가사가 꼭 끼어들었다. 80년대 초엽, 그는 그렇게 노랫말에 붙어 6.25전쟁 때 빨치산의 우상 이현상처럼 전설적인 존재로 대학가에 회자되고 있었다. 그 내력을 잘 알지도 못한 채 나는 그 '대빡' 김지하 시인을 멀리서 외경스럽게 기억하게 되었다. 그 뒤로 그의 시집을 읽으면서 나는 그를 남도의 황톳길과 쇠사슬의 형극을 온몸으로 뚫고 걸어간 투쟁적인 시인으로 발견했다. 그의 시들은 곧잘 노래가 되었고, 그 노래들은 시정잡배의 허접한 육자배기 어투에서 고상한 발라드 리듬과 장엄한 클래식의 아우라를 죄다 섭렵하는 도통한 세계 같았다. 그러나 투쟁과 수감생활의 고난 가운데 그의 몸과 정신은 무참하게 무너져 내렸고, 그 뒤에 그는 생명의 기적을 체화하는 사상가 행세를 해왔다. 물론 그것이 실속 없이 겉폼 잡는 엉터리 행세는 아니었지만, 그럼에도 불구하고 그는 영락없는 시인이었다.

그 뒤로 병든 몸으로 방황하던 세월 속에 토해낸 성찰의 시들은 그에게 달라붙은 '대빡' 이미지의 선입견을 넘어 그를 한 사람의 정직한 시인으로 보게 해주었다. 그는 기어코 연약한 인간이었고, 고통에 치여 신음하는 생명이었던 것이다. 그가 80년대 후반부터 생산해낸 많은 성찰의 시들은 역사를 일상과 만나게 하였고, 그 일상을 우주와 소통하게 하였다. 그 변신을 추동한 일련의 문학적 궤도에서 그의 시들은 더러 우리 시대의 가장 민감한 문화가 되었고, 더러 진보적인 사상의 옷을 입기도 했다. 나는 그가 70년대 토해낸 비장한 절규의 시들을 사랑한다. 그 황토 빛깔과 함께 나는 또한 "민주주의여, 만세!"를 외치던 그 목청의 순결함을 존중한다. 다른 한편으로, 나는 그의 시 가운데 도통한 듯한 사상의 냄새를 풍기는 시들을 약간 못마땅해하지만, 그래도 그가 목련을 노래한 시 한 편만은 오래두고 애송할 만큼 즐길 줄 알게 되었다. 그러나 그 즐김의 촉수는 단지 내 유년의 추억에 연계된 표피적 쾌락에의 탐닉으로 머물지 않고, 앞서 언급한 '영혼의 형이상학'을 향해 달음질친다. 그것은 내가 누릴 수 없는 세계를 잠시 맛보여주는 향유의 매개다. 그것이 바로 여기 코앞에, 〈회귀〉라는 제목의 단아한 시 한 편 가운데 펼쳐진다.

목련은 피어
흰빛만 하늘로 외롭게 오르고
바람에 찢겨 한 잎씩
꽃은 돌아

흙으로 가데

가데
젊은 날
빛을 뿜던 친구들 모두
짧은 눈부심 뒤에 남기고
이리로 혹은 저리로
아메리카로 혹은 유럽으로
하나 둘씩 혹은 감옥으로 혹은 저승으로

가데
검은 등걸 속
애틋했던 그리움 움트던
겨울날 그리움만 남기고
무성한 잎새 시절
기인 긴 기다림만 남기고

봄날은 가데
목련은 피어
흰빛만 하늘로 외롭게 오르고
바람에 찢겨 한 잎씩
꽃은 돌아
흙으로 가데

가데

젊은 날

빛을 뿜던

아 저 모든 꽃들 가데.(67-68)

　모두 5연으로 짜인 이 시는 다양한 관점에서 역동적으로 분석될 수 있다. 전체적인 구성의 측면에서 보면 이 시의 1연은 주제의 도입부라 할 수 있고, 2-3연은 전개부에 해당한다. 1연에 제시된 자연의 생성과 소멸 모티프는 2연에서 역사로 혹은 그 너머 '저승'으로 전개되다가 3연에서는 그리움과 기다림이란 보편적 정서 속으로 추상된다. 잇달아 나오는 4-5연은 종결부라고 할 수 있는데, 4연은 1연의 되먹임이고 5연은 2연의 되먹임과 변용을 축약하면서 단숨에 짧고 극적인 피날레로 치닫는다. 리듬은 2박자를 기본으로 하면서 3박자와 4박자의 변용을 통해 시의 탄력을 더해준다. 이 시에 작용하는 리듬의 관점에서 특히 주목할 만한 요소는 '가데'라는 어휘의 반복이다. 모두 7번 반복되는 이 서술형동사는 이 시의 리듬을 선도하며 비틀거리는 시의 박자에 균형을 잡아주는 역할을 한다. 1연의 마지막 행에서 처음 출현한 이 동사는 2-5연의 시적 흐름에 연거푸 되풀이되면서 이 시의 주된 정조를 되먹여준다. 그것은 통상적으로 사용되는 '가네'라는 말과 비교하여 그 어투가 다소 무겁게 가라앉는다. 목련 꽃잎의 추락과 소멸, 그와 함께 모두 흙으로 돌아가야 하는 생명의 행로와 저승의 분위기에 썩 어울리는 울울하고 씁쓸한 정조가 이 '가데'라는 단어 하나로 수렴되는 것이다.

　이 시가 유난히 외롭게 느껴지는 것은 물론 목련의 꽃잎이 떨어져 흙으로 돌아가는 생명의 덧없음에도 기인하지만, 그 소멸의 흔적처럼 하늘로 남기는 흰빛의 외로움 탓이 크다. 그 빛조차 부재하는 소멸인즉 외롭기보다 무섭거나 덤덤할 터이기 때문이다. 그 소멸의 한가운데 발생하는 '찢김', 즉 '분리'의 미래가 막막한 기다림과 그리움으로 이어지는 것도 또 다른 방향에서 그 외로움을 부추기는 데 한몫 거든다. 그것은 '나'와 타자의 이별뿐 아니라 '나'의 내부에서 생기는 생명의 균열로 말미암는 현상으로, 그 과정에서 목련의 외로움은 즉각 시인의 외로움으로 전이된다. 그러나 그 외로움은 '가데'의 그 소슬한 '감'이 기실 '돌아감'이라는 어렴풋한 깨달음 앞에 달랠 길을 얻는다. 그래서 목련꽃의 짧은 일생이 회귀의 의미를 낳고, 그 회귀의 여로에서 시인의 탄식도 모종의 여운을 낳는다. 바로 그 여운 덕분에, 이 시에서 시인이 내뱉은 기다림이나 그리움의 정서는 상투적 감상의 폐쇄적 울타리를 비껴가면서 저 하늘을 향한 외로운 흰빛의 고결한 지평으로 신선하게 열려 있다.

승천하는 흰빛, 돌아가는 꽃잎

1연에서 시인은 목련에서 피어나는 꽃을 생성과 소멸의 전 과정에 걸쳐 간결하게 묘파한다. 4행의 짧은 행간에서 시인은 그 틈새로 외롭게 빛나는 흰빛까지 볼 정도로 시적 요약의 경제를 발휘한다.

목련은 피어
흰빛만 하늘로 외롭게 오르고
바람에 찢겨 한 잎씩
꽃은 돌아
흙으로 가데

목련이 꽃을 피워내기까지 준비기간이 없지 않으련만, 여기서 겨우 내내 견뎌온 그 시간은 잘려나가고, 꽃봉오리의 발끈하는 예비동작도 감추어져 있다. 그 모든 과정이 생략되고 튀어나온 장면은 꽃의 절정이다. 화사하게 만개한 목련꽃이 하늘을 향해 입술을 열 때, 시인은 하늘로 외롭게 오르는 흰빛을 본다.

그러나 그 절정의 승천 동선 아래로는 바람에 찢겨 흙으로 떨어지는 꽃잎이 있다. 이 지상의 낙하 동선과 예의 승천 동선이 바로 목련의 형이상학적 본질이다. 햇살을 받아 환하게 빛나는 꽃잎은 여리고 따스하기 그지없는데, 바람은 차고 거칠다. 그 이질성이 꽃들에 균열을 내고, 기어이 꽃잎을 땅위로 떨어트린다. 시인은 그것을 꽃이 돌아 흙으로 간다고 표현한다. 본래 '꽃은 흙으로 돌아가네'라고 쓸 문장에서 '돌아가네'를 분절하여 '꽃은 돌아 흙으로 가네'라고 비틀어 쓴 것은, 리듬에 천재적인 이 시인의 감각을 반영하면서 동시에 돌아가는 모습을 갈라지는 말의 배치로 절묘하게 보여준 셈이다. "너는 흙이니 흙으로 돌아갈지어다" (창 3:19)라는 창세기의 명언을 배경에 깔고 있는 이 시구의 전언은 득죄한 인생만이 흙으로 돌아갈 운명이 아니라, 목련을 비롯한 이 세상의 모든 물상들이 동일한 회귀의 궤적을 밟을 수밖에 없음을 보여준다. 목련의 꽃을 피운 온갖 양분들과 요소들도 땅에서 왔을 터이다. 그러나 뿌리의 빨판을 통해 물관과 체관을 거쳤을 그 무기물들이 꽃을 빚어낸 이 생성의 기적도 잠시 잠깐, 결국 그것은 다시 회귀의 여정 앞에 찢겨나갈 수밖에 없다. 목련을 매개로 한 자연과 인생에 대한 이러한 관조적 통찰은 이어지는 2연에서 시인의 역사적 경험으로 확산된다.

가네

젊은 날

빛을 뿜던 친구들 모두

짧은 눈부심 뒤에 남기고

이리로 혹은 저리로

아메리카로 혹은 유럽으로

하나 둘씩 혹은 감옥으로 혹은 저승으로

1연에서 드러난 승천하는 흰빛과 추락하는 꽃잎의 대립은, 2연에서 투쟁하는 역사의 무대에서 젊음을 바쳐 역사에 헌신한 친구들의 눈부신 '빛'과 그 이후에 뿔뿔이 사방으로 흩어진 그들의 그늘진 후일담 사이로 증폭된다. 사실이 그랬다. 시인은 60년대 후반부터 청춘을 바쳐 역사의 선봉에서 그가 선한 명분으로 여긴 것들을 목표로 투쟁해왔다. 그의 주변에는 그만큼 유명해지지 않았지만 꽤 많은 익명의 친구들이 함께 피 흘리며 싸웠다. 그런데 그 투쟁의 한가운데 솟구친 역사의 빛, 그 순정한 청춘의 빛은 "짧은 눈부심만 뒤에 남기고" 시간에 떠밀려갈 수밖에 없었다. 그들은 제 인생의 남은 과제를 쫓아 뿔뿔이 흩어졌고, 서로 갈라졌다. 일부는 "아메리카로 혹은 유럽으로" 유학을 떠나거나 이민자로 망명했을 것이다. 또 다른 일부는 그 운동과 싸움을 전문적 업으로 삼아 버티다가 "하나 둘씩" 서서히 "감옥으로" 가버렸다. 아니, 그들은 자발적으로 감옥으로 간 것이 아니라 대부분 체포되어 억지로 수감되었을 것이다. 영어囹圄의 몸으로 고초를 겪거나 고문을 당한 뒤로 후유증에 시달리다가 이승을 하직하여 "저승으로" 떠난 자들도 있다.

그들의 흩어진 동선은 제각각 다르지만, 모두 공히 이 땅으로 돌아간 목련의 찢긴 꽃잎을 닮았다. 그것은 늙음의 덫이고 사라짐의 길이다.

그것은, 1행에서 오연히 선포한 "가데"라는 첫 탄성에 함축되었듯, 곧 긴 돌아감의 행적이다. 그 긴 여정의 한가운데 "짧은 눈부심"이 자리한다. 각자의 개인성에 함몰하기 이전에 모두 함께 '우리'가 되어 빛나던 그 순간들이 누구한테나 다 있다. 시인처럼 역사의 현장을 배후에 깔지 않더라도, 범상한 지상의 인간 치고 쨍하던 눈부신 생명의 한순간조차 없을 자가 있겠는가. 시인은 그 짧은 한순간이 그리워, 혹여 그 순간이 또 돌아오지 않을까 궁리하며, 돌아가는 그 행로의 한구석에서 외로운 포즈로 회상하고 있다. 목련에서 발원한 시인의 상상력은 이제 자신의 생이 남긴 가장 눈부신 빛의 순간을 역사 속에 추억하면서 인간의 회귀적 여로를 짚어보게 된 것이다. 그 가운데 시인은 그 눈부심의 순간이 바로 목련이 소멸하며 남기는 승천하는 빛의 자취를 닮았다고 생각하는 듯하다. 그래서 비록 명시하지는 않았지만 시인은 그 친구들 또한 흩어져 사라진 것이 아니라, 회귀의 동선을 밟아 다시 돌아가듯 언젠가 다시 이 땅에 돌아오리라는 바람을 은연중 내비치고 있다.

돌아감의 저편, 기다림의 이편

그러나 돌아감의 대상은 이미 저편에 있고, 돌아옴을 기다리는 현재와 미래의 주체는 이편에 있다. 그 상호 부재의 균열이 그리움을 낳는다. 아니, 시인의 말마따나 그리움을 남긴다.

> 가데
> 검은 등걸 속
> 애틋했던 그리움 움트던

겨울날 그리움만 남기고

무성한 잎새 시절

기인 긴 기다림만 남기고

　3연은 시인의 그리움이 너무 간절했음인지, 시행이 뒤섞이고 리듬이 엇갈리며 흔들리는 마음을 부조한다. 2행의 "애틋했던 그리움 움트던"은 이어지는 3행의 "겨울날"에 걸리기도 하지만, 동시에 앞의 1행 "검은 등걸 속"에 걸어 읽는 것이 자연스럽다. 마찬가지로 "겨울날"에 쉼표 없이 이어진 4행의 "그리움만 남기고"는 6행의 "기인 긴 기다림만 남기고"와 맞물려 5행의 "무성한 잎새 시절"에 조응한다. 이 모든 말들을 조합하여 다시 재구성하면 이 시구의 내용과 흐름은 이렇다. 목련이 피어나길 고대하며 기다리던 애틋한 그리움은, 겨우 내내 그 꽃봉오리가 움트던 동선과 맞물려 나무의 검은 등걸 속에 깊어만 갔다. 그 뒤로 봄의 한 시절 눈부신 빛을 남기고 피어나 찢겨 떨어진 꽃잎 이후에 목련나무의 이파리가 무성해지는 시절, 그 스러져간 목련의 흰빛은 또 다시 긴 세월을 돌아 회귀해야 할 기다림의 여정에서 새로운 그리움을 남긴다.

　이 순환의 여정이 단절되어 있지 않고 연결되어 있음을 보여주기라도 하듯이, 시인은 마땅히 끊어 읽어야 할 "겨울날/ 그리움만 남기고"를 쉼표 없이 붙여 읽게 배열함으로써 꽃이 피길 기다려온 겨우 내내 움트던 그리움과 목련이 지고 나무 이파리가 나면서 남겨진 그리움을 한 덩어리의 같은 그리움으로 파악하게 한다. 움튼 것은 움튼 것이고 남긴 것은 남긴 것이지만, 그 그리움과 기다림에도 불구하고, 돌이킬 수 없는 것은 돌이킬 수 없고, 돌아갈 수밖에 없는 길 역시 돌아갈 수밖에 없다. 그 '돌아감'은 정녕 '돌아옴'이 될 수 있을 것인가. 시인은 첫줄에 단도직입하여 '가데'라는 짧은 한마디를 새겨둠으로써, 생명이 불가피하게 돌이 킬 수 없는 돌아감의 여정에 있음을 스스로 직시하지만, 돌아옴은 그 긴 기다림과 그리움의 심연에 묻어둘 뿐이다.

"검은 등걸"은 불타서 검게 그을리거나 오랜 세월 마모되어 칙칙해진 나무 밑둥을 가리킨다. 그것은 죽은 나무를 연상시켜주거니와, 얼핏 더 이상 꽃피울 수 없는 불모의 생명체처럼 비친다. 그런데 불구로 남은 나무의 그 깊은 속이야말로 애틋한 그리움이 움트는 생명의 산실이었다. 그 나뭇등걸의 검은색은 곧 머지않아 하늘로 승천할 생명의 혼불이 남겨 줄 "흰빛"의 전주였던 셈이다. 꽃이 진 뒤에 뒷북을 치며 피어나는 목련 의 푸른 잎사귀들도 마찬가지다. "무성한 잎새 시절"을 지나며 누가 이미 져버린 꽃 이파리를 연상하겠는가. 그것은 조락의 계절을 맞아 곧 열매 로 영글어가거나 왕성한 신진대사로 나무의 몸집을 부풀려줄 조짐이 아 니겠는가. 그러나 시인은 그 "무성한 잎새 시절"로부터 성장의 외화^{外華}를 외면하고 결실의 풍요조차 건너뛴 채, 다시 에둘러 기나긴 기다림의 여 정을 내다본다. 내게는 그 논리적 비약이 상승을 향한 정신적 도약으로 보인다. 그런 압축과 생략을 과감하게 무릅쓰고, 날렵한 도약의 동선으로 종횡무진 치고 나가는 시인의 정제된 말은 과연 시인답지 않은가.

아, 하는 탄식이 끝난 뒤

목련이 스러져가면서 남기는 그리움은 긴 기다림 끝에 검은 등걸의 컴 컴한 나무의 깊은 속 가운데 그리움을 다시 움트게 한다? 그렇다면, 다 시 또 그 그리움을 움트게 하는 것은 지상으로 떨어져 썩어간 철지난 꽃 잎일까. 아니면, 스러져가면서 하늘로 승천한 흰빛의 잔상일까. 이 물음은 2연의 친구들에게도 적용될 수 있다. 그 친구들의 떠나감을 돌아옴으로 바꾸는 것은 젊은 시절 뿜어낸 그 "짧은 눈부심"의 순간일까. 아니면 감옥에 갇힌 몸이나 저승으로 돌아간 혼령일까. 혹, 환생의 교리와 아주 무관하게, 그냥 그 몸의 이별 자체는 아닐까.

이러한 물음은 워낙 근원적이라서 딱 부러지게 답변할 수 없지만, 분명한 것은 이 땅에 생명의 명패를 달고 태어난 뭇 존재들마다 무엇인가를 남긴다는 것이다. 그것의 매개가 흙으로 돌아가는 꽃잎이든 하늘로 오르는 흰빛이든, 생명 있는 것들이 사라질 때는 살아남은 자의 가슴에 그리움이란 것을 남긴다. 아울러, 후생을 기약하는 삶의 채무인 양 혹은 투자인 양, 그리움의 건너편에 기인 긴 기다림이란 걸 남긴다. 역설적으로 그 기다림과 그리움이야말로 돌아감을 가능케 하는 육체 있는 생명의 본능적 에너지다. 그 에너지가 발동하는 따스한 봄철, 주변이 환하게 피어오르면 돌아간 그 흰빛이 돌아오고 있노라고 생각할 노릇이다. 그래서 시인은 이 절정의 시구에서 서술형 끝말을 '남긴다'라고 쓰지 않고 그 뒤에 마침표도 찍지 않는다. 그는 그냥 "남기고"라고 두 번 쓴다. 그렇게 그는 목련이 남긴 "흰빛"의 여운을 간직하고 싶어하고, 또 젊은 시절 함께 투쟁하던 친구들의 "짧은 눈부심"에 들려 있는 듯하다. 그러나 그 눈부심을 뒤로하고 시인에게 끝끝내 남는 것은 결국 '가데'라는 투박한 한마디에 담긴 돌아감의 천명이다. 그 깨우침이 1연의 시구를 4연에서 되풀이하게 만든다.

봄날은 가데
목련은 피어
흰빛만 하늘로 외롭게 오르고

바람에 찢겨 한 잎씩

꽃은 돌아

흙으로 가데

1연의 반복구인 이 4연에 이르러 "가데"의 주체는 봄날로 설정된다. 3연에서 그리움만 남기고, 긴 기다림만 남기고 떠나간 주인공 역시 목련과 함께 피어나는 이 봄날이었음이 이 대목에서 분명해진다. 물론 이 "가데"라는 말 속에는 그렇게 설정한 주체의 주체로 시적 자아의 시선이 깃들어 있다. 꽃이 돌아가는 회귀의 동선은 결국 그 꽃을 피워 돌려보내는 봄날의 돌아감과 맞물려 있는 것이다. 가장 화창하게 피어나야 할 생명의 계절 봄철에 일찌감치 그 여정을 접고 돌아가야 한다. 그로 인한 슬픔은 봄날 역시 다가오는 여름에 떠밀려가지 않을 수 없는 이치로 인해 적절히 제어되고 있다.

가데

젊은 날

빛을 뿜던

아 저 모든 꽃들 가데.

마침내 마침표를 찍는 이 작품의 꼬리에서 우리는 1-4연까지 진행되어온 '가데' 노래의 요약을 본다. 시인이 이 시에서 돌아감, 곧 '회귀'를 노래했고 제목 역시 '회귀'로 잡았듯, 이 시의 형식적 구조 역시 회귀로 수렴된다. 이 짧은 4행의 시구에서 시인의 말은 1연의 목련 이미지와 3연의 친구들 모티프를 뭉뚱그려 한 몸으로 압축한다. 아니, 단순히 압축할 뿐 아니라 더 작은 이 글의 몸속에 확장의 포물선을 그린다. 목련을 "저 모든 꽃들"로 부풀려 그 이미지를 증폭시키는 것이 확연한 증좌다. 제대로 요약한다면 "젊은 날/ 빛을 뿜던" 다음에는 응당 '친구들'이 나와야 하는데, 시인은 거기서 말을 줄이고 다시 1, 4연의 목련을 발판 삼아 "모든 꽃들"로 직행한다.

그 생략된 말들 사이로 쉼표도 없이 '아'라는 감탄사가 자리 잡고 있다. 그것은 이를테면 3연의 그리움과 기다림을 요약하는 외마디의 탄식이다. 눈부시게 피어나 난분분 흩날리는 목련의 자태 위에 실존의 무게를 얹어 '아'라고 탄식할 줄 아는 자는 우리네 생이 결국은 돌아감의 여정에 머물러 있음을 눈치 챈 사람이다. 문제는 그 탄식이 끝난 뒤다. 그렇게 모든 꽃들이 돌아갔다면, 그렇게 흰빛이 하늘로 올랐다면, 또 그렇게 이 땅의 인생들이 돌아가는 것이라면, 돌아옴을 향한 기다림은 그저 막연한 희원의 표상일 따름인가. 혹 그 돌아감과 돌아옴의 이정표에는 무슨 비밀스러운 사연이 담겨 있는 것은 아닐까. 이 대목에서 우리는 이 작품이 문학을 넘어 종교로 가는 틈새를 제공하고 있음을 간파하게 된다.

회귀와 환생의 여로

시인의 이 작품에서 목련 이미지를 통해 제시된 돌아가는 여정은 필연적이고 불가피한 생명의 선택이다. 아니, 그것은 선택하지 않아도 찾아오고 밀려가는 그런 외곬의 길이다. 그 회귀의 탈주선은 목련을 흰빛과 꽃잎으로 가르는데, 전자를 영원한 영혼으로, 후자를 유한한 육신으로 대체하면 이미지는 곧 신학의 세계로 변환된다.

실제로 돌아감과 돌아옴의 세계를 가장 집요하게 추구하고 그 영적인 함의를 묵상한 쪽은 종교와 신학이었다. 그중에서 존재를 가시적인 물질적 형체와 불멸하는 영혼으로 대별하고, 전자의 소멸에 대립되는 후자의 영원불멸성을 밀도 있게 체계화시킨 고대의 대표적인 학인은 플라톤이었다. 그는 영혼선재설과 영혼불멸설을 두 기둥으로 삼아 환생과 윤회의 이론을 본격적으로 확립시킨 선구자다. 물론 이 교설은 그 이전에도 피타고라스, 오르페우스 제의, 이집트 종교 등의 전통에서 탐지되며, 심지어 신석기 시대까지 소급되는 장구하고 광범위한 이력을 지니고 있다. 플라톤은 그 모든 선행 요소들을 확충하고 심오하게 재구성하여 지상의 생명이 죽고 육신은 소멸하지만 영혼은 천상의 본향으로 회귀하여 정화의 과정을 겪은 뒤 이 땅에 새로운 육신을 입어 다시 태어난다는 환생의 믿음을 설파하였다. 이는 불교를 비롯한 동양종교에서 말하는 환생과 윤회에 비해 좀더 낙관적이다. 서구의 환생 담론은, 해탈하지 못하는 자들이 궤적을 끊임없이 돌고 돈다는 식의 불교적 비관주의와 달리 그 과정을 통한 영혼의 진화를 말하기 때문이다.

플라톤의 영혼 이해와 환생 이론은 훗날 유대교와 그리스도교의 인간 이해와 내세관에도 일정한 영향을 끼치면서 변용, 발전해나간 것으로 보인다. 가령, 세례 요한이 환생한 엘리야의 현신이라는 유의 믿음이나, 요한복음에 나타난 중생의 개념, 나면서부터 맹인 된 자의 죄업에 대한 제자들의 탐문 등에는 환생론적 담론이 당시 항간에 널리 유포되면서 일정한 변용 과정을 통해 남긴 사상의 흔적이 탐지된다. 영혼의 선재성과 그 불멸성이 가장 극적으로 적용된 경우는 물론 요한복음의 그리스도론이다. 그 신학적 패턴에 따르면 예수는 돌아가기 위해 이 땅에 오셨고, 태어나기 전에 이미 선재하셨다. 그를 따르는 부활의 생명들 역시 자신들이 기원한 본향으로 돌아가야 할 존재들로 이해된다. 그 미래의 순탄한 회귀를 위해 바울은 죽은 생명의 영혼이 벌거벗지 않은 상태로 유지될 수 있도록 몸이 신령하게 변화되는 사후세계의 그림을 그린 바 있다.

어쨌거나 김지하의 〈회귀〉는 이처럼 오래된 인류의 꿈을 하늘로 오르는 외로운 목련의 흰빛과 짧은 눈부심을 남긴 친구들의 회억 속에, 아마도 무의식적으로 심어둔 것이리라. 그는 그런데 플라톤과 달리 영혼만 돌아가는 것이 아니라, 또 창세기의 전언대로 인간만이 돌아가는 것이 아니라, 그저 물질일 뿐인 꽃잎도 흙으로 돌아간다고 말한다. 돌아감은 곧 죽음을 전제한다. 구약성서의 표현대로 죽은 자들은 조상들에게로 돌아가는 것이고, 삶의 물질성을 감안한다면 뭇 인생은 동시에 흙으로 돌아가는 것이다. 그러므로 목련의 눈부신 아름다움, 그 빛의 아름다움 앞에서 죽음을 보는 것은, 유별나고 특이할망정 결코 무리한 시각은 아니다. 그 죽음은 찢김이고 돌아감이지만, 결국 돌아옴의 미래를 기약할 수 있기 때문이다. 그것은 미지의 세계, 비밀의 미래에 속한 종말론적 전망이고 구원론적 믿음의 내용일 테지만, 시인의 통찰에 의하면 날마다 때마다 감지할 수 있는 체험적 진실이기도 하다.

〈회귀〉라는 작품이 나오는 시집에 실린 〈목련〉이라는 제목의 시 한 편에서도 목련은 역시나 눈부신 꽃이다. 그 눈부심은 그러나 여전히 시커먼 나무등걸과 죽음을 동반한다.

눈을 뜨면 시커먼 나무등걸
죽음 함께 눈 감으면
눈부신 목련
내 몸 어딘가에서 아련히
새살 돋아 오는 아픔

눈부신 눈부신 저 목련.(85)

시인이 눈 뜬 채 시커먼 나무등걸의 암울함을 보는 현실은 눈 한 번 감으면 눈부신 목련으로 환생한다. 죽음과 다시 삶(또는 거듭남)은 눈 한 번 감고 뜨는 찰나의 틈새로 오고가는 변화의 사건이다. 기나긴 기다림이나 그리움 역시 지나고 나면 잠깐의 여정이다. 시인의 환영 속에 떠오른 눈부신 목련의 환생이 마냥 환상적이지 않은 것은, 그 목련의 이미지가 "내 몸 어딘가에서 아련히/ 새살 돋아 오는 아픔"을 동반하기 때문이다. 그 아픔과 목련의 눈부신 빛은 늘 함께 머문다. 죽은 살을 도려내는 아픔 속에서만 새살이 돋아날 수 있기 때문이다. 이 지점에서 시인이 〈회귀〉에서 따로 묘파한 목련의 흰빛과 친구들의 짧은 눈부심은 회귀와 환생의 신학적 상상력 속에 웅숭깊게 만난다. 그 가운데 덩달아, 우주의 삼라만상에 순환하는 자연생명의 행로와 인간문명을 주축으로 하는 역사의 여정 또한 삼투된다. 생명의 돌고 도는 이치 가운데 그것은 애당초 둘이 아니라 하나였고 지금도 여전히 하나다. 그 하나 됨을 선사하는 하나님의 빛은 아름답다. 아름답고 환한 그 빛이여! 아, 목련의 짧은 눈부심이여, 내 속에 오래 머물라!

• 이 글에서 인용한 시 텍스트는 김지하 시집 『별밭을 우러르며』(서울: 동광출판사, 1989)에서 가져온 것으로 괄호 안의 숫자는 이 시집의 쪽수다.

제2부

치열한 대결,
거룩한 세속

7장 불멸에 이르는 불면
-오규원과 남진우의 '불면' 시

잠 못 이루는 밤의 기억

그래, 그런 밤이 있었고, 지금도 있다. 까만 밤을 까만 눈동자로 지키며 애태우거나 하염없는 고독의 압박에 한없이 존재의 바닥으로 침전하던 시절이 있었다. 그때마다 그 불면의 한복판으로 불안한 명상의 시간들이 흘러가곤 하였다. 이루지 못한 간절한 욕망의 날갯죽지를 파닥이며 전전반측 뒤척이다 안고 일어서기를 반복하던 근심의 동선들, 불확실한 내일의 도래를 수상하게 지켜보려 시퍼런 어둑새벽의 거리로 고개를 내밀며 회복기의 환자처럼 파리한 낯빛으로 두리번거리던 너와 나의 슬픈 자화상이 그려질 듯도 하다. 이렇게 잠 못 이루는 밤의 시간들은 그 기억의 각질을 뚫고 현재진행형의 의식 속에 현전한다. 일상적 삶의 모서리로 틈입하는 피로와 수면의 뒤편에 거의 불가항력적으로 예기치 못하는 순간이 명멸한다. 그 가운데 말똥말똥한 의식으로 불면의 시간도 번성한다. 그렇게 존재가 새롭게 태어나기까지 불면은 그 위치를 조율하면서 새로이 자리 잡게 하는 작용을 일삼는다. 물론 하루의 생체 에너지가 휴면에 들 만큼 충분히 소진되지 않아서 저절로 깨어 있는 몸의 불면이 있다. 그러나 밤이라는 공허한 시간에 쟁쟁거리는 소음이 정신을 깨어 있게 하고, 그 깨어 있음으로 무엇인가를 억누르고자 할 때, 불면은 정신의 고통이고 존재의 부정이다.

철학자 레비나스가 불면을 "침입해 들어오는, 피할 수 없는 존재의 익명적 소음을 분쇄하지 못하는 불가능성"이라고 규정하였을 때, 그 상태는 대상이 없고 주체도 없으며, 주체가 부정의 한복판에서 새롭게 자리 잡기 위한 의식의 무의식적 작용이다.[1] 이런 불면에는 차라리 이유가 없고, 이처럼 별 이유 없는 불면은 우리를 더욱 수면의 망각과 멀어지게 한다. 이런 막막한 시간 속에 다시 레비나스의 표현처럼, "그 어떤 것도 우리를 깨우지 않고 깨어 있어야 할 아무런 이유가 없는데도 우리는 깨어 있다."[2] 하루가 정돈되지 않고, 자기가 제대로 정립되지 않은 존재의 한복판에서, 아니 그 위태로운 벼랑에서 불면을 매개로 우리는 존재에 얽매여 있음을 깨닫는다.

신체의 징후는 물론 그것과 연동된 시대의 징조에 민감하고 그것을 정련된 언어로 조탁함으로써 고통스러운 불면의 깨어 있음에 익숙한 시인들은 꽤 많은 편이다. 어느 날 오후 예기치 않은 불면과 같이 낮잠을 두 차례나 자고 난 깨어남의 순간, 나는 '문득'의 예감으로 오규원과 남진우를 불러낸다. 그들은 불면을 시로 노래하지만 그 노래들은 노래의 흥겨움을 상실한, 아니 최대한 억제한 야간 묵시록의 어조를 띠고 있다. 스스로 왜 잠 못 이루는지 그 야행성 버릇의 구조를 늘 궁금해오던 터에

---

1. 에마뉘엘 레비나스/ 서동욱 옮김, 『존재에서 존재자로』(서울: 민음사, 2001), 108-112 참조.
2. 앞의 책, 108 참조.

나는 그들의 잠 못 이루는 시간의 내밀한 사연에 잠시 손가락을 들이밀어본다. 그 불면의 익명적 소음이 그들의 존재를 어떻게 정립시켜나가는지 살피면서 불멸에 이르는 불면의 미덕까지 내다본다면 또 한 가닥 숨겨진 존재의 비의를 탐침하는 계기가 될 수 있으리라.

문득, 잘못 살고 있다는 느낌

시인 오규원은 호리호리한 미루나무 같은 인상에 메마른 유머 같은 시를 쓰다 2007년 2월 초 영원한 휴면 상태에 들고 말았다. 칙칙한 수사 없이 그의 몸매처럼 가냘픈 미라 같은 시로 병든 세상을 견디다가 마침내 그 세상을 넘어간 것이다. 습기 없는 그의 시들이 80년대 전후 한 시대의 귀퉁이를 받쳐줄 수 있었던 것은 산업개발과 상업주의의 현란한 질주에 존재와 의식, 언어와 무의식의 세계를 탐구한 진지한 시업의 장인정신에 힘입은 바 크다. 그의 의식은 시대의 첨단에 부대끼며 무수히 깨어 있길 갈구했던 것 같다. 그만큼 불면의 밤도 숱하게 이어졌으리라.

> 잠자는 일만큼 쉬운 일도 없는 것을, 그 일도 제대로 할 수 없어 두 눈을 멀뚱멀뚱 뜨고 있는
> 밤 1시와 2시의 틈 사이로
> 밤 1시와 2시의 空想의 틈 사이로
> 문득 내가 잘못 살고 있다는 느낌, 그 느낌이
> 내 머리에 찬물을 한 바가지 퍼붓는다.
>
> 할말 없어 돌아누워 두 눈을 멀뚱하고 있으면,

내 젖은 몸을 안고

이왕 잘못 살았으면 계속 잘못 사는 방법도 방법이라고

악마 같은 밤이 나를 속인다.(1:18)

어떤 이들에게 잠자는 일은 정말 쉬운 일이다. 내 친구 중에도 눈만 붙이면 1분이 채 되지 않아 즉각 드르렁거리며 코를 고는 녀석이 있는데, 내내 신기하다는 생각에 내가 잠 못 이룬 밤과 낮이 얼마나 잦았던가. 그런데 그 쉬운 일조차, 아마 그것을 '일'이라고 생각해서 그런지, 제대로 할 수 없는 사람이 있다. 새벽 1시와 2시 사이의 깊은 밤에 두 눈을 멀뚱히 뜨고 있는 이 시 속의 '나'가 그런 사람이다. 시인의 분신인 듯한 그 '나'는 지금 눈을 뜬 채 밤의 한복판에 누워 있다. 그는 밤 1시와 2시 사이에 주로 불면을 의식적으로 또는 의도적으로 경험하는 듯하다. 더 늦게 잠들지 못하는 자들에게 이 정도 시간대면 그냥 몰두하는 일의 분요함 탓이라고 봐줄 만도 하지만, 그는 별로 하는 일 없이 그냥 잠자는 일조차 제대로 하지 못한 채, 그 시간을 흘려보내고 있는 것이다. 그 틈 사이로 비집고 들어오는 것은 '공상'이다. 텅 빈 생각이니 그 생각조차 알맹이 없이 막연하리라. 끼어들 생각조차 없는 그 텅 빈 생각의 틈바구니로 느낌이 끼어든다. 그것은 "문득 내가 잘못 살고 있다는 느낌"이다. 여기서 '문득'은 그 느낌이 떠오른 예기치 않은 순간이지만, 그 순간의 우발성까지 내포하고 있다. 생각이 빈자리에 느낌이 그 생각을 깨우며 잘못 살고 있다고 경고 신호를 보낸다. 그것은 생각의 장소인 머리에 그 생각 없음을 질타하며 몽롱한 정신을 일깨우는 찬물 한 바가지의 이미지로 현시된다. 생각은 언어의 코드를 물고 펼쳐지기 마련이다.

그런데 잘못 살고 있다는 느낌의 찬물 한 바가지가 별 효력이 없었는지 그 생각의 숙주인 언어/말은 여전히 침묵한 채 다만 몸의 각도를 비틀어 돌아눕는 정도의 반응을 야기한다. 그러나 그뿐, 그의 동작은 여전히 멀뚱거리는 두 눈의 건조한 동작 이외에 별 감각적 반응을 보이지 않는다. 그 불면의 시간은 이내 밤에 포위당한 채 시인은 그 밤이 자신의 젖은 몸을 안고 있다고 느낀다. 왜 몸이 젖었는지 그 이유를 뚜렷하게 알 수 없지만, 그를 감싸는 밤의 습도가 연상된다. 김현은 이 시에 대한 정밀한 분석에서 젖은 몸의 관능성과 말뚱말뚱한 건조한 눈을 대립시키면서 그것이 "대립-화해-대립의 한없는 자기 증식의 모습"을 보여주는 구도로 파악한 바 있다.[3] 그리하여 악마 같은 밤은 젖은 몸을 감싸 안으며 '나'를 속이고 말뚱말뚱한 '나'의 두 눈은 그 속이는 밤과 함께 그 밤에 안긴 '나'를 응시하고 있는 셈이다. 여기서 흥미로운 것은, 밤이 젖은 내 몸을 안은 채 속인다고 본 점과 그 속임의 내용이 "이왕 잘못 살았으면 계속 잘못 사는 방법도 방법"이라는 점이다. 이 유머러스한 밤의 속삭임은 체념의 심리를 대변하면서 근심 어린 불면의 시간을 존재 밖의 태평스러운 관성으로 수락하도록 부추긴다.

밤은 어두컴컴한 공간과 함께 시비와 곡직을 감추며 진실과 거짓의 경계조차 허무는 정신의 무정부 상태를 표상한다. 따라서 그 공간 안에 젖은 몸, 곧 본능에 따른 육체적 삶을 맡기는 것만으로도 기만의 상태로 진입하게 된다. 물론 시인은 잘못 사는 삶과 잘 사는 삶이 구체적으로 무엇이며, 또 그 기준과 방법이란 게 무엇인지 언급하지 않는다. 김현이 다른 시들을 통해 찾아낸 암시는, 잘못 사는 삶은 제도화된 현실이 보기 요구하는 일정한 시각 내에서 사실을 사실대로 보지 못하게 하는 현실, 즉

---

3. 김현, "깨어 있음의 의미", 『전체에 대한 통찰』(서울: 도서출판 나남, 1990), 160-161.

시인의 표현대로 '등기된 현실' 속의 삶이다. 반면 제대로 잘 사는 삶은 시인으로서 마땅히 보아야 하는 등기 안 된 현실, 즉 '환상국의 현실'이다.[4] 그러나 위의 시에서 그러한 구별은 나타나지 않는다. 다만 그것을 전제하고 말똥말똥한 눈으로 악마 같은 밤에 안기는 젖은 몸을 응시할 뿐이다. 그 응시의 시선 덕분에 밤의 속임은 속임으로 드러나고 '나'는 은근히 성찰의 계기를 얻는다. 그렇다면 그 성찰의 시선이 곧 잘못 사는 삶의 대안을 찾아 나설 수 있는 출발점이 될 수 있지 않을까.

나보다 먼저 잠드는 잠

위의 시에서 오규원의 불면은 악마 같은 밤과 젖은 몸과 말똥말똥한 두 눈 사이를 선회하면서 묘한 긴장 구도를 만들며 깨어 있음의 상태를 강조하지만 타자의 존재가 개입하지는 않았다. 잠 못 드는 상태에 대한 고통 역시 표출되지 않았다. 그것은 '나'의 성찰적 응시 안에 바울이 말한 "하나님의 뜻대로 하는 근심"의 긍정적 가능성을 내포한 건강한 불면의 세계에 근접한 것이라고 볼 수도 있다. 시인은 그러나 아래의 또 다른 불면 시에서 잠들지 못하는 상태의 극단이 잠의 욕망을 분열시킴에 따라 그 결과 잠든 타자와의 관계 속에 깃드는 불면의 또 다른 생산성을 조형한다.

　　잠이 오지 않는 밤이 잦다.
　　오늘도 감기지 않는 내 눈을 기다리다

---

4. 앞의 글, 161 참조.

잠이 혼자 먼저 잠들고, 잠의 옷도, 잠의 신발도

잠의 門牌도 잠들고

나는 남아서 혼자 먼저 잠든 잠을

내려다본다.

지친 잠은 내 옆에 쓰러지자마자 몸을 웅크리고

가느다랗게 코를 곤다.

나의 잠은 어디 있는가.

나의 잠은 방문까지는 왔다가 되돌아가는지

방 밖에서는 가끔

모래알 허물어지는 소리만 보내온다.

남들이 詩를 쓸 때 나도 詩를 쓴다는 일은

아무래도 민망한 일이라고

나의 시는 조그만 충격에도 다른 소리를 내고

잠이 오지 않는다. 오지 않는 나의 잠을

누가 대신 자는가.

남의 잠은 잠의 평화이고

나의 잠은 잠의 죽음이라고

남의 잠은 잠의 꿈이고

나의 잠은 잠의 현실이라고

나의 잠은 나를 위해

꺼이꺼이 울면서 어디로 갔는가.(1:74-75)

시인의 시 쓰기가 불면을 자초한 것인지 불면 때문에 시 쓰기를 늦은 밤에 하게 된 것인지 불분명하지만, 시인에게 불면과 시 쓰기는 밀접하게 뒤얽혀 있다. 그 뒤얽힘은 일단 화순하지 못한 듯싶다. 잠들기를 고대하는 욕망의 긴 기다림에 응하지 않고 '나'의 두 눈은 오늘도 감기지 않고 있기 때문이다. 잠의 욕망과 성찰의 두 눈 사이에 벌어진 틈은 이렇게 나와 잠의 균열을 유발한다. 보통명사인 '잠'은 의인화되어 잠들지 못하는(않는?) '나'를 외면하고 먼저 잠들어버리게 된 것이다. 그래서 잠의 옷과 잠의 신발과 잠의 문패가 잠들어도 '나'는 잠들지 못한 채 '혼자' 잠든 그 잠을 내려다볼 뿐이다. 이 표현은 김현의 추리대로, 대문 단속을 하고 신발 정리를 한 뒤 옷을 벗고 잠들 준비를 해도 나는 잠들지 못하고 있다는 의미의 굴절처럼 울린다.[5] 아울러, 그 '혼자'는 시인의 화자인 '나'에도 걸리지만, 먼저 잠든 잠에도 걸려, 서로 개별자가 되어 '나'와 잠이 겉도는 구도를 보여준다.

2연의 첫마디에 "지친 잠은 내 옆에 쓰러지자마자 몸을 웅크리고/ 가느다랗게 코를 곤다"라는 시구는 이 잠이 시인의 측근인 타인의 잠일 수 있는 가능성을 암시한다. 그 타인은 아마 밖에서 일하는 아내인 듯, 이내 옆에 지친 듯 쓰러지고 쓰러지자마자 코를 골며 잠들 정도로 피로가 넘쳐난다. 그러나 시인인 '나'는 집 안에서 신체 에너지의 별 소모 없이 지내다가 옆에 쓰러지는 잠의 동태를 살피면서 "나의 잠은 어디 있는가"를 묻는다. 그 잠은 실종된 사람처럼 행방을 알 수 없고, 남들이 고요히 잠든 시각 가끔 방 밖에서 "모래알 허물어지는 소리만 보내온다." 그 소리는 매우 세미한 소리이고, 사람들이 모두 잠든 적막한 시간에 환청처럼

---

5. 김현, 앞의 글, 163 참조.

들리는 소리일 테다.

그것은 혹 몸 바깥을 떠도는 영혼의 소리 같은 것이 아닐까. 고대인들의 신학적 상상력에 따르면 잠은 영혼이 육체를 빠져나간 채 몸 밖의 세상을 떠도는 것이었다. 이러한 상상력을 조금이라고 공유했다면, 그가 잃어버린 잠의 행방은 시 쓰기의 주체를 올곧게 세우는 혼령의 실종과 접맥된 비판적 자의식을 불러낸 것이라 볼 수도 있겠다. 그도 그럴 것이 그는 잠을 놓친 채 시를 쓰고 있고, 남들이 시를 쓸 때 자신도 시를 쓰는 것을 민망한 일로 인식하고 있기 때문이다. 바로 그 민망함이 그의 시를 타성적인 모방의 시에서 벗어나게 하려는 안간힘을 부여해준다. 여기에 힘을 실어주는 것은 자신의 시 쓰기에 영향을 미치는 "조그만 충격"이고 그 결과 그의 시는 "다른 소리"를 낸다. 그 소리는 앞에서 언급된 "모래알 허물어지는 소리"인데, 그 미세한 소리는 잠과 함께 빠져나간 영혼을 매개로 시인의 의식(또는 무의식) 속에 접속되는 것처럼 보인다. 잠이 잠시 되돌아오는 기미를 그 세미한 소리로 보내올 때, 그 "조그만 충격"은 영혼 없이 남을 따라 쓰는 시를 비틀어 비로소 "다른 소리"를 낼 수 있게 하는 것이다.

두 눈을 뜨고 몰두하는 시 쓰기를 기다리다 지쳐 먼저 잠 속으로 떠나간 '나'의 잠은 잠의 죽음, 곧 잠의 부재다. 그것은 잠과 함께 날아가는 꿈속으로의 피정과 다른 잠의 현실, 곧 영혼을 놓치지 않으려는 의지의 세계다. 그러나 그렇다고 잠의 안식이 무용하거나 무익한 것은 아니다. 그것은 내가 자지 못하면 남이라도 잘 자서 취해야 할 신체 리듬의 갱신과 존재 회생을 위한 또 다른 관문이다. 따라서 내가 자지 못하는 잠을 그 누가 대신 자면서 시인은 거기에 잠의 평화와 잠의 꿈이 깃들길 소망한다. 시인은 그들의 그런 잠을 파수하기 위해서라도 깨어 있는 잠의 현실과 잠의 죽음을 과감히 선택한다. 그것은 안식 없는 피로한 선택이고, 그래서 불면은 대단한 고통일 수 있다. 그러나 그 선택이 그를 깨어 있는 시인, 곧 예언자적 정신으로 머물게 한다. 그것이 '나'를 위해 떠난 잠의 비밀이고, 그 잠이 "꺼이꺼이 울면서 어디로 갔는가"라는 마지막 탄식에 담긴 의미다. 그러니 그 울음은 다분히 이중적인 함의를 내포한 울음이다. 그것이 '나'를 떠나기 괴로운 잠의 고통스러운 실존의 울음이면서 남이 누리는 잠의 평화와 꿈을 위해 '나'의 잠을 그 잠의 부재로 만들 수밖에 없는 사명을 띤 파수꾼의 울음이기 때문이다.

밤을 지키는 인광의 눈동자

문학평론가이기도 한 남진우는 1996년 『죽은 자를 위한 기도』라는 제목의 두 번째 시집을 상자하였다. 제목처럼 죽은 자를 위한 진혼곡의 어조가 이 시집에 종횡무진 넘쳐난다. 시인은 묵시록적 문체를 휘두르며 이 땅에 죽어간 혼령들이 떠도는 음습한 밤의 시간을 주된 시적 배경으로 다루고 있다. 그 배경에 떠오르는 사자들의 풍경은 섬뜩한 공포와 함께 죽음에 의미를 부여하고자 하는 간곡한 몸부림으로 찾아온다. 그의 그런 상상력에 기대면, 가령 밤하늘에 뜨는 달조차 "둥근 유골단지가 떠 있다"(2:13)라는 식으로 묘사되고, 비나 눈이 내리는 날 밤이면 창가에 선 '나'에게 매일같이 "익사체가 떠내려"(2:14)오며, "누군가 창문 저편에서 나를 지켜보고 있"(2:15)는 환상을 볼 정도다. 이러한 종말론적 묵시의 환상 속에 가장 안온해야 할 잠조차 내장이 뒤집어지는 격렬한 몸의 분열상으로 조명된다.

잠이 들면

내 몸 속의 온갖 내장들이 빠져나와

허공을 둥둥 떠다닌다

뇌와 간과 허파 심장과 쓸개 기다란 창자가

모락모락 김을 내며

형광등 아래를 한없이 부유한다

심심하면 잠자는 내 목을 휘감아 조르기도 하고

유리창에 제 모습을 비춰보기도 하다가

사방 연속무늬로 번져나가는

천장과 벽을 일순간 피로 물들이기도 한다

악몽 속의 온갖 모습을 춤추며 일렁거리다가

내장은 새벽이 되기 전 간신히 제자리로 돌아온다

잠속에서야 비로소 가벼워지는

내 몸뚱어리(2:49)

이 창자의 반란이 단순히 화자의 일시적 복통을 가리키는 것 같지 않
다. 그것은 시인의 상상 속에 지속되는 종말론적 몸의 풍경이 압축된 이
미지처럼 보인다. 그래서 가장 편해야 할 잠 속에 내장은 몸(영혼이 아니
라)을 이탈하여 제멋대로 부유하며 제 숙주의 목을 조를 정도로 자기 파
멸적이다. 따라서 잠 속에서 비로소 얻는 그 가벼움은 평온함과 거리가
먼 혼돈의 무정부상태다. 새벽이 돼서야 내장이 되돌아오니 차라리 잠들
지 않고 깨어 있음만 못할 정도다. 그래서 잠을 노래한 시인은 또한 불면
을 노래할 수밖에 없다. 그러나 종말론적 묵시의 휘장 아래 불면이라고
태평의 왕국처럼 온전할 리 없다.

밤마다 내 몸은 새까맣게 타들어간다
숯덩어리가 된 채 누워 꿈꾸는 나

검은 뼈무더기 사이 덜그럭거리는 바람은
심장이 있던 자리에서 사리 몇 개를 집어들고

입 근처에 달라붙은 말들이
그을음을 내며 오래오래 탄다

한 움큼 연기로 화해 허공을 움켜잡은 머리칼들
재가 되어 이리저리 날리는 살의 갈피들

오직 눈동자만 푸른 燐光을 내뿜으며
숯덩이 속에서 밤을 지킨다(2:45)

이 시가 놀라운 것은, 대체로 죽음의 메타포로 잠을 설정하는 것과
달리 이와 정반대되는 불면의 메타포에 의지하고 있기 때문이다. 그리
고 그 죽음은 편안한 죽음, 적절히 준비된 '좋은 죽음'euthanasia이 아니
라, 화장당한 시신의 버림받은 죽음이다. 시인은 화자 '나'의 불면이 밤
마다 반복되는 질고임을 시사한다. 그래서 "밤마다 내 몸은 (화장터에
서 시신이 타버리듯) 새까맣게 타들어간다"라고 고백한다. 그 종말의 상
상 속에 시인은 잠 속에서가 아니라 불면의 갈급함 속에 "숯덩어리가
된 채 누워서" 꿈꾼다. 화장장의 귀기 어린 풍경은 계속 이어지며 불탄
시신의 흔적을 더듬어간다. 그것은 "심장이 있던 자리에서" 건져 올린

"사리 몇 개"로 표상된다. 심장이 생명의 표상이라면 사리는 그것이 정화된 생명의 불멸성을 암시한다. 그밖에 시신이 화장되면서 뿜어 나오는 "그을음"은 "입 근처에 달라붙은 말들"을 연상시켜주고, 굴뚝을 삐져나와 공중에 흩어지는 "한 움큼 연기"는 "허공을 움켜잡은 머리칼들"이라는 뛰어난 이미지로 조탁되며, 이리저리 비산하는 재는 "살의 갈피"로 묘파된다. 이 모든 숯덩이들의 까만 잔해는 그 주변을 덮는 밤의 까만색에 조응하고 있다. 그것은 다시 앞서 시인이 묘사한 밤마다 까맣게 타들어 가서 숯덩어리가 되는 몸에 빗댄 불면의 이미지를 더 쾡하게 만드는 기능을 한다.

그런데 저 무채색의 불면 가운데 유채색의 "푸른 인광"의 빛이 살아남아 까만 숯덩어리 속에서 까만 밤을 지킨단다. 그것은 다름 아닌 눈동자다. 오규원의 눈동자가 젖은 밤을 응시하는 말똥말똥한 눈동자, 잘못 살고 있다는 느낌으로 찬물을 퍼붓는 각성의 눈동자였다면, 남진우의 눈동자는 푸른 인광을 발하며 어두운 밤을 지키는 눈동자, 불면의 묵시적 징후를 드러내는 눈동자다. 그 징후는 곧 종말론적 구원의 표상이다. 누구나 죽음 없이 구원받지 못한다. 외려 밤마다 날마다 치열하게 죽어가는 그 죽음의 구체성으로 구원받는다. 오로지 푸른 인광을 내뿜는 눈동자만이 죽음을 인지하지 못하는 육신을 넘어 그 죽음과 함께 영혼의 미래를 예감한다. 불면은 숯덩어리로 화하는 그 죽음의 종말을 끊임없이 의식하게 하는 중요한 매개다. 아니, 바로 그 종말론적 묵시의 눈으로 영원한 잠을 전망케 하는 생명의 출구다. 그래서 불면 안에서 불면을 통찰하는 눈의 빛은 건강한 생명답게 푸른색을 띤다.

불멸을 향한 불면의 틈새

남진우가 조형한 저 죽음의 묵시록은 종말론적 구원의 가능성을 내다보며 불면을 출구로 삼아 마침내 불멸의 희망에 다다른다. 그 마지막에 다다를 생의 심연 가운데 죽음만이 가장 깊고 궁극적이기에 구원을 향한 모든 불면의 정진은 죽음을 향해 그물을 내리는 행위에 비견된다. 그리하여 부활한 예수가 베드로에게 던진 깊은 곳에 그물을 내리라는 전언조차 철저한 죽음과 풍화의 과정을 거친 연후에야 유의미해진다.

> 깊은 밤
> 그물을 내려 마른 뼈를 거두어라
> 하얗게 씻기고 바랜 뼈들이
> 어둠 속에서 서서히 떠오르리라
> 그대의 아버지의 아버지
> 어머니의 어머니의 어머니가 남긴 뼈들이
> 오롯이 빛을 뿜으며 그대 그물에 담기리라
> 사망의 골짜기에 흩어진 저 숱한 뼈들의 외침
> 누군가 간절히 불러주기를 바라는
> 저 마른 뼈들의 하염없는 기다림
> 이제 그대가 그물을 내려 모두 거둬들여야 한다(2:69)

에스겔 골짜기에서 예언자가 본 환상과 깊은 곳에 그물을 내리라는 예수의 메시지가 겹쳐 만들어내는 이 시의 궁극적 지향점은 그렇게 끌어올린 뼈들을 향한 부활의 희망이다. 깊은 곳에 그물을 던져 그물이 찢어질 정도로 많은 물고기를 낚은 베드로와 달리, 이제 그렇게 사람을 낚는 어부가 된 베드로는 그가 건져 올린 사람고기들의 마지막 잔해를 향해 더욱 깊이 그물을 던져야 한다. 그것이 바로 '다시'의 종말론적 함의이자, 되풀이되는 불면이 다다르게 될 영원이라는 불멸의 세계다. "저 마른 뼈들의 하염없는 기다림"은 주야장천 그 세계를 행해 뻗쳐 있다. 그 불멸은 불면의 깊은 밤을 지나 새벽의 빛이 부어지는 순간 명멸하는, 아직 오지 않은 희망의 다른 말일 것이다.

실제로 시인은 〈불멸〉이라는 제목으로 죽음과 같은 불면의 늪을 통과한 존재의 가붓한 해방과 소멸 가운데 불멸의 희망을 노래한다. 좀 길지만 이 시를 인용하면 다음과 같다.

1
나는 기억한다 나의 죽음을……

2
지금
나는 들판 한 가운데 찬 이슬에 덮여 누워 있다
서서히 밝아오는 하늘엔 마악 새순을 내밀기 시작한 구름
죽은 나는 고요히 미소지으며 기다리고 있다

그 누가 찔렀는지 모를 칼날이
내 가슴에 박힌 채 녹스는 동안 내 귀는
들판을 달려가던 먼 천둥 소리로 가득 차고
지난밤 새가 파먹은 눈동자엔 빗물이 고여 빛난다

이제 나에게 주어진 것은 무한한 침묵과 망각의 감미로움

두 팔을 펼치고 누워 있는 내 몸 위로
바람이 집전하는 장례식이 엄숙하게 진행된다
한때 당겨진 활처럼 긴장했던 몸은 이제 느슨하게 풀려
차례차례 대지로 돌아간다 물은 물로 진흙은 진흙으로
오직 내 영혼을 데리고 갈 저 숲의 형제들만
아직 오지 않았다

3
이윽고 내 몸에 깃들인 죄가 다 씻겨나가고 나면
나무 뒤에 다소곳이 숨어 있던 짐승들이
가까이 다가오리라 고개를 숙이고 저들은 곧
내 목과 가슴 팔 다리를 하나씩 문 채 사방으로 달아나리라
피 한 방울 살점 하나 흘리지 않고 갈가리 찢겨 나는 퍼져나가리라

마지막으로 남은 것은
떠오르는 태양을 향해 치켜든 얼굴…… 벌려진 텅 빈 입뿐
죽어 비로소 평안한 나는
입 안에 차오르는 싱그러운 햇살을 힘껏 깨문다(2:80-81)

이 시는 칼날이 가슴에 박힌 채 죽은 '나'의 시신이 방치된 상태에서
"바람이 집전하는 장례식"의 풍경을 보여주고 있다. 시의 모두에 "나는
기억한다 나의 죽음을……"이라고 쓴 걸로 미루어 이 죽음은 과거의 죽

음인데, 죽은 자는 살아 있는 의식으로 그 죽음을 기억의 대상으로 떠올린다. 이를테면 이 시에는 과거화된 현재, 또는 현재화된 과거의 시점뿐 아니라 미래화된 현재와 현재화된 미래의 시점이 중첩되어 있다. 이 모든 시간의 착종을 가능케 하는 것은 묵시적 종말론에 기댄 시인의 신학적 상상력이다. 그 신학의 '신'은 텍스트의 이면에 잠복되어 있다. 그러나 죽은 '나'가 "고요히 미소지으며 기다리고 있"는 모습 하며, 해체되는 자신의 시신에서 감미로움을 느끼는 감각적 반응 등은, 비록 몸에 깃든 죄를 씻는 속죄의 절차를 언급하고 있지만, 그 자체로 죽음 초월적 신성의 세계를 저변에 깔고 있다. 그래서 화자는 죽음 이후에 평안하고 마지막 남은 텅 빈 입으로 그 "안에 차오르는 싱그러운 햇살을 힘껏 깨"물며 환한 부활의 기지개를 펼 조짐을 보인다. 그러나 그 부활 이후의 세계가 교리적 체계에 호응하는 어떤 내세의 파노라마 속에 펼쳐지기보다 외려 "무한한 침묵과 망각" 속에 던져진다. 이는 소멸하는 육체의 견지에서 보면 대지로의 돌아감이지만, 데려갈 영혼을 상정한다는 점에서 불멸의 희망을 전제로 한다. 전자의 관점에서 그것은 분명 덧없는 소멸의 뜻으로 읽히지만 그 소멸은 영혼을 매개로 순환하는 대지의 자연 속에 불멸의 지평을 향해 열려 있다. 싱그러운 햇살이 죽은 자의 입 안에서 깨물리는 이 기묘한 이미지 안에서 더 이상의 컴컴한 밤과 불면의 초조함은 탐지되지 않는다.

수면과 불면의 신학적 향연

신학에 중요한 태반을 제공한 성서에서 잠과 불면은 두루 신학적 성찰의 소재로 유통되고 전승되어왔다. 창세기의 기록대로 하와라는 새 생명을 빚기 위해 하나님이 아담을 수면으로 들게 하였듯(창 2:20-23), 또 시편의 찬양대로 하나님이 사랑하는 자에게 잠을 주시듯(시 127:2), 잠은 존재가 새로운 의식으로 자리 잡아가며 생명을 갱신하는 일상의 중요한 분기점을 이룬다. 반면 불면은 잠의 윤리적 허방을 일깨우는 예언자적 일격으로, 종종 우리네 실존의 불안을 건드리거나 시대의 징조를 계몽하며 예기치 않게 우리 곁으로 밀려온다. 그리하여 이사야서의 파수꾼처럼 아침의 소식을 전하기 위해 밤을 지새우거나(사 20:11-12), 에스더서의 아하수에로 왕처럼 불면의 밤에 우연히 읽은 역대 일기로 숨겨진 진실을 얼떨결에 발견하여 정사를 바로잡기도 한다(에 6:1-14).

그러나 묵시문학과 종말론의 전개과정에서 잠은 죽음과 엇비슷한 무감각과 나태의 대명사인 양 인식되었다. 이는 메타포상으로 잠을 죽음의 사촌으로 인식한 소크라테스 이후의 희랍적 사고와 통한다. 그러나 죽음에 대하여 불멸로 직행한 플라톤 식의 영혼 낙관주의와 달리, 히브리신학은 소멸로서의 죽음이란 괴물과 독하게 싸워야 했다. "사망아 너의 쏘는 것이 어디 있느냐"라는 호세아의 비관적 외침이 바울의 낙관적 외침으로 재구성되기까지 소멸에서 불멸로 건너가는 다리는 꽤 길고 어지러웠다. 가령, 회당장 야이로의 딸이 나이 열두 살에 때 이른 죽음을 당하자 이걸 보고 통곡하며 떠드는 사람들을 향해 예수께서 던진 말씀은 "그 아이는 죽은 것이 아니라 자고 있다"(막 5:39)는 것이었다. 여기서 잠과 죽음은 소크라테스의 경우처럼 천진한 사촌지간이 아니다. 그 둘은 A가 아니라 B라는 식의 논리대로 적대적이고 상반된 관계로 전제된다. 죽음은 그러니까 육체라는 감옥에 갇힌 영혼이 해방되는 열락의 사건이 아니라 부활과 소생으로 넘어서야 할 장애물, 싸워 이겨내야 할 대적이 된다. 그리하여 외관상 유사죽음의 상태에 든 야이로의 딸을 향해 예수께서는 '달리다굼'의 은총을 예비하며 그 죽음조차 평온한 수면의 상태로 파악한 것이다.

이렇듯 약하고 어린 생명의 죽음 속에 꿈꾸는 소생의 잠을 위해, 예수께서는 평소 깨어 있기에 힘썼다. 그는 밤늦도록 기도했고, 새벽 미명에도 일부러 광야의 호젓한 곳을 찾아 기도로 깨어 있고자 했다. 그것은 곧 자발적 불면의 연습을 통해 심령의 불멸에 이르고자 하는 영성의 발현이었으니, '나'의 자발적 불면이 자신의 각성뿐 아니라 타인의 잠에 깃드는 평화를 위한 이타적 고행으로 인식될 법도 하다. 이를테면, 불면은 영적 '깨어 있음'gregorein을 통해 불멸의 희망을 키울 수 있으리라는 것이다. 또한 불면의 깨어 있음이 종말의 묵시적 대망을 위한 견결한 자세로 나타나는가 하면, 겟세마네에서 죽음과 부대낀 예수의 경우에서 볼 수 있듯, 마음에는 원이로되 육신이 약한 처지에서 '깨어 있음'은 묵시주의적 비전이기에 앞서 실존과 생존의 과제로 현전하기도 한다.

이제 레비나스가 간파한 불면의 '익명적 소음'은 각 주체의 명징한 기표로 일상의 존재방식을 추스르며 그 심연의 의미를 되묻는 윤리적 소명으로 거듭나야 한다. 오규원의 잠 못 이루는 말똥말똥한 두 눈이 잘못 살고 있다는 느낌을 전파하며 본능으로 젖은 몸을 응시하듯, 또 밤늦도록 시를 쓰는 '나'를 떠난 잠의 방황으로 남의 잠이 평화와 꿈으로 윤택해지듯, 우리는 불면을 은혜로 영접하며 그 이면에 감추어진 신학의 심연과 윤리적 사명을 되물어야 한다. 혹은, 남진우의 불면이 잠과 함께 컴컴한 묵시의 늪을 건너며 실종된 주검들의 과거를 호명하고 우리 가운데 잠재된 죽음들의 현재와 미래를 진혼하듯, 먼지가 되어버린 죽음의 잔해들을 우리의 종말론적 미래로 선취하며 그 안에 깃들 환한 햇살한 올에 대한 은총의 감수성을 회복해야 한다. 그때 우리는 비로소 시인들의 신학적 상상력과 어우러져 수면 속에서 깨어 있으며, 불면 가운데도 태평할 수 있으리라! 마침내, 너의 잠과 나의 불면이 행복하게 만나고, 그 불면의 신학적 역설은 불멸에 이르는 견고한 희망으로 우뚝 서게 되리라!

• 이 글에서 인용한 텍스트의 출처는 다음과 같다. 괄호 안의 첫째 숫자는 아래 시집의 번호이며, 둘째 숫자는 그 시집의 쪽수다.

1. 오규원, 『王子가 아닌 한 아이에게』(서울: 문학과지성사, 1978).
2. 남진우, 『죽은 자를 위한 기도』(서울: 문학과지성사, 1996).

8장 '하느님'을 꿈꾸는 말들의 풍경
-김정란의 시를 중심으로

믿음과 꿈의 만남

믿음과 꿈은 어떻게 다른 것일까. 물과 기름처럼 다른 것이 아니라면 이 둘은 어떻게 참신하게 다시 만날 수 있을까. 적어도 그리스도교 신앙 세계 안에서 믿음은 소망, 사랑과 더불어 3개의 주요 덕목에 해당된다. 그 중의 제일은 사랑이라고 바울 사도가 말했지만, 그 목록의 첫 번째로 언급된 것이 믿음이다. 굳이 풀어 말하자면, 하나님과 예수 그리스도를 향한 진실한 믿음이 없이는 이어지는 소망과 사랑의 덕목이 진정성을 얻기 힘들다는 이야기가 된다. 그래서 바울은 "사랑으로 역사하는 믿음"(갈 5:6)이라는 조어를 탄생시켰으리라.

　복음서의 예수에 의하면 믿음은 하나님의 존재와 그의 신적인 능력에 대한 전적인 신뢰로서의 의미를 지닌다. 그것은 하나님과 인간 사이에 인격적 대화의 관계를 성립 가능케 하는 기본 전제다. 그 믿음이 바울의 신학적 맥락에서 사용되면서 예수 그리스도에 의한 대속적 구원의 전제 조건인 규범화된 신앙을 일컫는 뜻으로 개념의 변용을 거친다. 한편, "믿음을 바라는 것들의 실상이요 보지 못하는 것들의 증거"(히 11:1)라는 믿음에 대한 유명한 히브리서의 정의는 믿음이 보이지 않는 불확실한 미래 세계를 향해 하나님의 인도하심 하에 꿋꿋이 전진하는 담대함이라는 또 다른 개념의 곁가지를 쳤다. 이러한 믿음의 개념들이 확대·심화함에 따라 믿음은 신앙생활을 위해 요청되는 개인적 신념이나 공동체의 신조, 그것을 뒷받침하는 교리적 체계와 친밀한 소통 관계를 구축하기에 이르렀다.

그러나 믿음의 '표준'과 '정통'을 세우기 위한 신학적 작업과 계보상의 줄 세우기가 왕성해짐에 따라 애당초 신과의 만남과 소통을 전제로 출발한 믿음의 행로에 역사의 흐름을 타면서 적잖이 얼룩이 낀 것도 사실이다. 그 얼룩은 믿음에 꿈을 배제하면서 생긴 것인데, 그 결과의 가장 부정적인 사례는 딱딱한 아집과 순전한 믿음을 뒤섞으며 하나님을 자기 믿음의 포로로 만들어 건강하지 못한 수많은 '내가복음'의 버전들을 만들어내는 경우다. 그런데 꿈은 그 딱딱한 교조적 믿음들을 불편하게 만든다. 꿈은 정형화된 언어를 못 견뎌 하는 무정형의 응축물이며 복잡한 인간 욕망의 발산체다. 꿈은 신념을 공고히 세우기보다 그것을 해체하는 데 이바지한다. 그것은 교리적 믿음처럼 인간을 응결시키고 단합시키는 대신 그 믿음과 그것으로 그렇게 굳어진 인간을 반성케 하는 기제로 작용한다. 그것은 확실한 삶의 정답을 제공하는 대신 불확실하나마 삶의 다채로운 징후를 아름다운 무늬로 피워 올리거나, 의식과 무의식 사이를 곡예하며 삶의 주변 또는 그 이면에서 꿈실거린다. 짧게 요약하자면, 한 비평가의 힘 있는 주장대로, 꿈은 인간을 억압하지 않으며 다만 그 억압에 대해 반성하게 한다. 믿음과 짝을 이루며, 때로 그 믿음과의 대척점에서, 꿈은 믿음의 기원을 보게 하고, 그 믿음의 이물질을 성찰하게 하는 무능력의 능력으로 우리 삶을 전복·정화·재생시키는 것이다.

꿈은 제도화된 종교의 믿음과 달리 갑옷이 없어 이 험한 세상에 노출되기를 꺼린다. 무정형과 무방향의 위태로움, 그것은 꿈의 다른 이름이다. 그 다름의 진폭만큼 꿈은 낯설지만 그러기에 더욱 애착이 가는 욕망의 둥지다. 꿈꾸기로서 신을 부르는 흔하지 않은 시인 하나를 여기에 소개한다. 그는 한국의 시단에서 드물게 '존재'를 화두로 붙들고 시업을 쌓아온 김정란이다. 이 시인은 하나님을 상투적인 믿음의 대상으로 부르길 거부하고 꿈의 대상으로 욕망한다. 그래서 그의 꿈 언저리를 맴도는 하나님 관련 언어는 생뚱한 만큼 참신하고, 위태로운 만큼 도전적이다. (나는 '하나님'으로 쓰지만 시인은 '하느님'이라고 쓴다. 그러나 그 말이 그 말이다.)

'존재'라는 스캔들과 하느님

김정란 시인의 첫 시집 『다시 시작하는 나비』를 읽어보면 그가 '하느님'을 종교적 신앙의 대상이 아닌 인간적 욕망의 대상으로 인식하였음을 알 수 있다. 아니, 그에게 신은 인식 작용의 결과라기보다 꿈의 대상으로 출발한다. 그리고 그 꿈꾸기의 대상으로서 신을 조명하는 일은 그의 시 쓰기의 비밀을 짚어보는 중요한 길목이 된다. 의미심장하게 이 시집의 마지막 편을 장식하는 다음의 시는 그가 신을 어떻게 만나고 있는지 응축시켜 보여준다.

나는 神을 믿지 않는다
나는 神을 꿈꾼다

神은 내게 모랄의 대상이 아니다
그는 내게 욕구의 대상이다

神을 꿈꾸기
나는 詩를 쓰며 욕구로서의 자아를
갈망한다

한 쪽 어깨는 너무나
아래로 기울어져 있고
한 쪽 어깨는 너무나
위로 날아올라가는

나의 詩 쓰기

나는 뒤뚱거리며 그러나 어쨌든
앞으로 나아간다 확실한 것은
아무것도 없다

다만 갈망의 순수함만이
닫혀진 봉인의 비밀처럼
빛나고 있을 뿐

오늘 내가 몇 번이나 존재의 현기증으로
되돌아서는, 이

시의 제목 그대로 그에게 존재는 결핍 그 자체다. 그 결핍은 곧 존재의 어두움이요, 그것이 그로 하여금 충족과 빛의 세계인 신을 바라보게 한다. 그러나 그 신은 완결체가 아니라 시인이 꿈꾸는 도상의 존재이기에 시인은 완결체에 대한 믿음 대신에 무정형의 꿈을 지향한다. 완결체로서의 신에 대한 믿음이 이 세상을 틀짓고 설명하는 모랄의 체계를 낳는다면, 신을 꿈꾸는 욕망은 그 모랄 너머의 존재 자체로 우리를 인도한다. 욕구의 대상으로서 신을 꿈꾸는 것은 이 시인에게 시 쓰기의 형식으로 나타나는데, 그것은 "욕구로서의 자아를/ 갈망"하는 것과 다를 바 없다. 시인이 "존재의 현기증" 속에 시달리면서 그 결핍의 존재를 견디며 사는 것은 그 "갈망의 순수함" 덕분이다. "확실한 것은 아무것도 없"는 존재의 마당에서 그는 다만 "뒤뚱거리며" "앞으로 나아간다." 그 뒤뚱거림의 포즈와 전진의 동작 사이를 장식하는 "그러나"와 "어쨌든"은 존재의 불확실성을 감내하며 그것을 신 꿈꾸기로서의 시 쓰기로 초극하려는 내면의 무의식을 드러낸다.

존재의 결핍을 치열하게 관통하며 시 쓰기로서 신을 꿈꾸고자 하는 시적 자아의 실존이 흥미롭게 표현된 구절은 양쪽 어깨에 대한 묘사다. "한 쪽 어깨가 너무나/ 아래로 기울어져 있"음은 시적 자아가 결핍의 존재성에 깊이 침윤되어 있는 삶의 현실을 암시한다. 반면, 또 다른 "한 쪽 어깨는 너무나 위로 날아올라가는" 모습은 그 결핍의 존재성 속에서 그것을 넘어 신을 꿈꾸는, 역시 과잉된 갈망의 자의식을 대변한다. 그 양 갈래로 쏠린 양쪽 어깨의 "너무나" 기울어진 불균형이 그를 뒤뚱거리게 하며, 그의 시 쓰기를 신을 향한 꿈꾸기로 바꾸어놓는다. 그 꿈이 시인으로 자아에 대한 욕구를 더욱 강렬하게 담금질하는 배경이 될 텐데, 이처럼 뒤뚱거리며 나아가는 그 어깨의 물매는 시인의 시를 "갈망의 순수함" 속에 매달아 "닫혀진 봉인의 비밀처럼" 더욱더 빛나게 하는 비밀이다.

김정란의 시에서 어깨의 이미지는 위의 시집 맨 처음의 시에서도 도드라지게 등장한다. 〈당신의 어깨-詩의 장소〉라는 제목이 붙은 이 시에서 어깨는 꽃과 발자국의 이미지와 결합하여 신神인 동시에 시詩인 당신의 길을 조형한다.

　　당신의 어깨는 좁은 뜨락이다
　　꽃이 피어 있다.(1:11)

에서 어깨 위에 핀 그 꽃은 신의 얼굴, 또는 시의 얼굴 아닐까. 그런데 그 "꽃은 또한 발자국"이란다. 그 "춤추는 발자국의 길"은 "당신의 完結된 어깨의 길"에 잇닿아 있다. 꽃으로서의 얼굴과 길로서의 발자국은 좌우로 뒤뚱거리는 시인의 어깨가 만들어놓은 흔적이다. 그 동작의 치열함으로 인해 "당신은 언제나 아프다"고 말한다. 그 '당신'이 신이든, 그 신을 꿈꾸는 '나', 혹은 '나'의 시이든, 그 어깨로 만들어나가는 길은 그 자체로 완결된 하나의 길이다. 그러나 그 길은 완벽한 길이 아니다. 다만 하나의 어깻짓으로 매듭이 지어진, 그 자체로 돌이킬 수 없는 오롯한 하나의 길일 뿐이다. 그래서 그 길이 하늘에 닿아 있음에도 "어쩌면 쓸쓸하게 하늘에 닿아 있을까"라고 그 쓸쓸함을 호소한다. 존재와 본질이 불화하며 버성기는 한 그 뒤뚱거리는 어깻짓도 꽃과 발자국 사이에서 그런 쓸쓸한 흔적으로 남게 마련이다. 그 쓸쓸한 발자국의 길에 춤이라도 없으면 얼마나 허전하랴. 그래서 그 길은 "춤추는 발자국의 길"이 된다.

꿈꾸는 대상으로서의 신은 찾음의 대상으로 거듭 되뇌어진다. 한 번의 어깻짓으로 개척한 그 "춤추는 발자국의 길"은 또 다른 어깻짓으로 다시 시작한다. 그렇게 다시 시작하는 꿈꾸기의 갈망이 시인에게 '꽃'과 '나비'의 이미지로 조형된다면, 그것을 방해하는 딱딱한 세상, 짜증나는 삶은 '두부'와 '넝마'의 이미지로 표상된다. 그리고 그 존재의 긍정성과 부정성의 균열 속에 시인의 하느님 찾기/시 쓰기는 더욱 강렬하게 불타오른다. 그는 더러 그처럼 뒤뚱거리며 흔들리는 어깻짓이 고달파 흔들리지 않는 환한 명부冥府의 세계를 생각한다.

> 그러나 살아 있는 일이
> 흔들리지 않을 만큼
> 冥府를 생각하는 것은
> 기분좋은 일이다. 햇살로 가득찬 冥府를……(1:23)

그러나 그 기분 좋은 명부의 세계는 잠 속에, 꿈속에서만 일시적으로 느껴질 뿐, 눈을 뜨면 다시 흔들리는 존재의 심연에 방치된다. 그 심연에는 흔들리는 시대의 깜깜한 어둠에 사는 혼들이 벌이는 눈물의 축제가 있다. 그 축제의 자유로움은, "모든 것들의 등뒤로 돌아"서 매복하여 불화하는 이 시대의 누더기와 작별하고 "上界와 下界까지 하루에/ 골백번 드나드는" 발랄한 요정의 삶을 지향한다. 그것은 버겁고("많이 삐거거렸다") 고독하고("저마다 혼자만큼씩 각각") 피곤하지만("지치며") 구체적이고("구체적으로, 삶의 사건과 만났다") 불가피한("할 수 없이") 갈망이다(1:26-27).

그 자유의 축제가 비록 힘들고 고독하지만 불가피한 까닭에 대하여 시인은 "우리는 삼켜졌다./ 인류의, 타락한 종족의 방황이 神을 겨누고 흔들렸다. 도처를 向한 표적"(1:29)이라고, 다소 모호한 시구로 뭉뚱그린다. 이는 창세기의 아담-하와 설화에 근거하여 태초 인류의 타락과 그 이후로 전개된 인간의 비극적 방황의 내력을 담아내고 있다. 그것의 불가항력성과 불가피성은 "우리는 삼켜졌다"라는 단문 속에 요약되어 인간 존재의 태생적 비극성을 부각시킨다. 이와 관련하여 시인은 "태어남과 함께 끝장인 것을 태어남과 더불어/ 타락인 것을 오 맙소사 창조의 신비여"(1:66)라고 탄식한다. 이러한 존재의 비극적 자의식이 시인의 비상 의지와 결부될 때, 그는 하느님께 가고자 하는 열망을 토해내기도 한다.

> 그럴 때 우리는
> 젤리 같은 영혼을 만나게 돼.
> 그것으로 리본이라도 만들어
> 하느님께 가고 싶어. 내 하느님.
> 생일날 아침에.
>
> 우리가 땅을 헤매며 울고 있어.(1:44)

땅을 헤매며 울면서도 가볍게 꿈틀거리며 "젤리 같은 영혼"으로 "리본이라도 만들어" 하느님께 가고 싶은 갈망은 처연한 만큼 간절하다. 시인에게 "젤리 같은 영혼"처럼 보드랍고 매끈거리며 가볍고 탄력적인 물체는, 다른 시(1:48-49)에서 "애벌레의 날개" "봄의 움" "神의 숨결" "솜덩이" "빈 몸들" "깃털들" 등과 같은 다채로운 꿈의 이미지로 변용된다. 그것은 "참을 수 없어 버스럭대던 말[름]들, 말들의 뾰족한 비상"을 매개 삼아 존재의 궁극인 신을 찾아 도약한다. 그에게 이러한 가벼움은 신의 속성이자 신을 찾는 인간의 날개다. 그래서 그는 "가벼운 것들이 우리 곁에 있으니/ 어떻게 태초와 하늘에/ 굶주리지 않을 수 있단 말인가"(1:49)라고 말한다.

시인이 꽃과 나비의 날개와 같은 가벼움을 회복할 때 신을 향한 그의 기도는 자유로운 배반의 언어들로 충만해진다. 보라!

"오 근원이여 우리의 배반을 허락하소서.
오 뭉텅이여 우리가 個體가 됨을 허락하소서."(1:48)

그러니 존재하시거나 마시거나 하는 신이여
내게 자유를 돌려주소서. 내가 내 삶의 양태를 통해
나이게 하소서. 유령이 아니게 하소서, 최소한,
내 안의 잠재의 위대함이여,
나로 하여금 권리인 '나'이게 하소서,

원컨대, 나의 주여,
나에 대한 나의 배반의,
이 긴장의 고삐를 풀어주소서.(1:62-63)

우리에게 가르치소서 우리가 벌레인즉 벌레답게
빌붙게 하소서, 당신의, 온갖 말도 안됨에,
이 존재라는 스캔들에.
......

내가, 살아서, 외로움과, 외로움의 핏물 떨어지는 실체감으로

지금은 당신을 등지나이다, 통촉하소서, 나의 존재여.(1:66-67)

똑같이 주를 부르면서 간구하는 평범한 기도에 익숙한 이들, 특히 그
리스도교 신자들에게 이와 같은 기도의 내용은 당혹스럽거나 난해한 것
으로 튕겨나가기 십상이다. 성서의 인격적 신성에 비추어 시인이 "나의
주"를 부르는 방식은 자유스럽고 분방하기까지 하다. 그 신성의 주인공
은 존재의 "근원"이며, "존재하시거나 마시거나 하는 신"이다. 신은 절대
적인 궁극자로서 존재하든 말든 모든 존재하는 것들의 근원으로 호출되
는 시니피앙이다. 그것은 개체적 생명으로 분화되기 이전의 전체, 곧 "뭉
텅이"다. 타자로서의 신과 개체로서의 자아가 분립되기 이전, 그러니까
신학적으로 표현하여 창조주로서의 신과 피조물로서의 나의 존재가 떨
어져 나가기 이전의 그 안온한 통일적 전체는 오로지 그 전체에 대한 배
반을 통해 자유로운 개체로서의 존재를 가능케 한다. "핏물 떨어지는 실
체감으로" 외로움을 감수한 그 독립 선언을 시인은 "존재라는 스캔들"이
라고 표현한다. "뭉텅이"를 파탈하여 조각으로 떨어져 나가 생동하는 개
체적 존재로서 '나'는 신을 배반하고, 그 신을 배반한 '나'를 또 배반하
는 변증법적 자유의 여정에 들어서게 된다. 그때 그 '나'는 비로소 "유령"
과 구별되며, "내 안의 잠재의 위대함"으로 말미암아, "권리인 나"와 "벌
레" 사이를 오가며 나의 존재성을 구현한다. 그것의 궁극 목표는 내 존재
의 궁극인 절대적 "존재"가 되겠지만, 그 바람은 오로지 꿈의 형식 속에
갈망의 방식으로 감각될 뿐이다. 요컨대, 내 존재의 거듭남을 위해 배반
을 허락하라는 이 맹랑한 간구를 통해 우리는 시인이 '하느님'을 부르고

만나며 이해하는 방식이 전통적인 제의적 관례와 동떨어져 있음을 확인하게 된다. 그 방식은 복잡한 내면의 미로를 더듬어 "말도 안 됨"의 부조리로 가득한 존재의 놀이를 즐기게 하며, 그로부터 분사되는 시니피앙의 무늬를 그 열매로 돌려준다. 그것은 개인이 된 각각의 우리가 "우리의 자리에, 꼭, 우리의 있어야 할 만큼 있을 수 있도록"(1:67) 정착하는, 의외로 소박한 목표를 지향한다.

그런가 하면 시인은 어린애처럼 응석을 부리며 단순하게, 직설적으로 하느님을 찾는다.

> 본질의 가출, 존재의 가출.
> 나는 빈집 앞에서 잉잉 운다…하느님…어디 있는 거야.(1:94)

이러한 어린애의 어리광은 예수 그리스도에게도 적용되어 그는 예수 그리스도를 신앙의 대상이 아닌 주술적 마법의 열쇠로 호출하기도 한다.

> 귀여 문을 열어라 편재하시는 귀여 문을 열어라
> 열려라 콩 참깨 예수 그리스도(1:26)

이와 같은 가벼운 유희적 운신은 존재를 놀이와 등치시킨다. 그리하여 신을 존재의 궁극이라 할 때, 그 궁극적 존재의 무거움은 놀이의 가벼움과 조응한다.

> 나의 달팽이는 알고 있다. 이 삐그덕댐이
> 긍정적 징조라는 것을, 혼, 안개 무리, 또는

언어, 또는 우리가 신이라고 부르는

존재의 궁극에 대한.(1:70)

하느님 아아 이 가벼움을, 나는 울면서 하느님이라고 불러(1:87)

이렇듯, 시인에게 신은 존재의 궁극에 대한 형이상학적 그리움과 놀
이의 현재적 가벼움을 포괄하는 그 무엇이다.

김정란에게 시가 도상에 있듯이(1:36), 그의 신 하느님은 시의 도상에
있다. "딱한 갈증"(1:86)만으로 "존재로의 비약"(1:80)을 꿈꿔온 시인은, 자
의식의 어깨 너머로 빚어진 그 격렬한 언어의 숲을 통과해오면서 울며
하나님을 불러왔지만, 그 싸움을 가볍게 감당할 수만은 없었던지 그 신
의 이미지는 이지러지고 뭉개지고 망신창의 형국을 면할 길 없었다. 존
재라는 질병과 스캔들, 삶이라는 갈증 앞에 그만큼 그는 정직하게 맞서
시와 신을 갈구하는 구도자적 진정성을 확보할 수 있었다고 나는 믿는
다. 80년대 후반 그는 시인으로서 그렇게 시대의 어둠과 부대끼며, 뒤뚱
거리며, 꿈틀거리며, 그 시대의 그리움을 토해낸 것이다.

그런 그가 최근의 시집 『용연향』에 이르러서는 형식과 내용에 예의
를 갖춰 신을 부르는 모습을 보여준다.

하느님 끝까지 가게 하셔요

당신이 우리를 사랑하시듯이

우리가 이 가난한 혀들을 사랑하므로

우리의 천역을 부끄러워 않습니다(2:181)

라고 담담히, 말을 잃어버린 여성들을 대변하는 시인에게서 우리는 존재라는 옷에 여성성의 색상을 입힌 시인의 근황을 엿본다. 이는 여성으로서 그동안 그가 통과해온 신산한 사회 체험이 여성들의 소외된 목소리에 깊이 귀 기울이게 한 내력을 짐작게 한다. 그 와중에 시인이 겪어낸 싸움은 여전히 말과 이미지에 집중된 감각상의 "즉각적인 구원"(2:98)에 머물지만 그 구원의 여운은 그 말의 질긴 물질성과 그 말의 역동적인 생명력 덕분에 오래오래 여성들의 지친 삶의 여백에 메아리치고 있다. 그것은 타자의 존재를 주로 하느님/당신에 국한하거나 자아의 내부에서 발견한 앞의 첫 시집에서 진일보하여 시인이 이제 상처받은 여성이라는 보편적 존재를 타자화하여 존재의 동반자로 끌어안고 있는 증거다. 그것은 주로 말을 잃어버린 여성들에게 입과 혀를 제공하는 노력으로 나타난다. 시인은 그들의 말을 앓으면서 그들을 사랑하는 자신을 사랑하기에 이른다. 그 사랑은 곧 말에 의한, 말을 위한 말의 싸움에 집중되는 바, 시인은 요한계시록의 묵시록적 배경에 비추어 그것을 "용과 싸우는 여자들"(2:185)이라는 다분히 신화적인 이미지 속에 갈무리한다.

가부장주의적 정치권력이 언어를 독점하고 지배와 억압의 담론을 생산하여 존재의 시원을 봉쇄할 때 그 일선에서 가장 큰 피해를 받은 존재는 여성들이었다. 시인은 그들이 채 내뱉지 못한 말들을 대신 떠맡아 짊어져야 했던 사정을 "당나귀 등 위에/ 내 썩은 혀/ 한 짐"(2:11)으로 요약한다. 그가 그 싸움의 연대성을 확보하기까지는, 시인의 통과 제의적 소제목이 제시하듯, 눈물과 아픔 → 치유와 성숙 → 초월적 계시 → 세상 속으로의 귀환과 연대라는 기나긴 여정을 감내해야 했다. 그것은 여전히 어두운 세상에서 폭압적으로 횡행하는 온갖 괴물들과 대항하여 온전히 생동하는 말들의 길을 내고자 하는 존재의 어깻짓이 연속된 형국이다.

그 지난한 여정 가운데 시인은 마침내 자그만 사랑의 힘에 의지하여 부정적 세계관을 단숨에 긍정적인 세계관으로 뒤집는다.

사랑은 없다. 다만 사랑하는 내가 있을 뿐이다.
라고 썼다가
사랑은 있다. 사랑하는 내가 있기 때문이다.
라고 고쳐 쓴다.(2:130)

이렇듯, 사랑의 있음과 없음 사이의 미세한 차이는 사랑하는 나의 존재에 대한 긍정에 힘입어 커다란 차이로 팽창한다. 이러한 따스한 포용과 긍정의 몸짓은 마침내 시인에게 훈훈한 믿음을 선사하기에 이른다. 그 믿음은 그러나,

뜨거운 가슴으로 걷다가
쓰러진 자는
뜨거운 가슴으로
일어설 수 있음을
믿게 하소서(2:201)

에서 보듯, 신에 대한 단순한 신앙 고백적 믿음의 차원을 뛰어넘어 자신의 존재를 벼랑까지 몰고 간 적이 있는 자가 존재의 궁극에서 맛본 극단적인 절망과 첨예한 희망에 대한 소통 지향적 믿음이다.

그 믿음은 존재의 시원을 향해 하느님을 꿈꾸면서 다시 태어난 믿음으로 전통적인 그리스도교의 믿음과 다르다. 전통적인 그리스도교의 믿

음은 예수 그리스도에 대한 교리적 공식의 수용 여부를 조건으로 다분히 마법적인 믿음에 의한 거듭남을 강조한다. 반면 여기서 시인은 그 믿음의 거듭남으로서의 믿음, 그러니까 우리의 믿음이 진정성을 담보한 믿음으로 늘 다시 시작하도록 부추기는 절망과 희망의 존재에 대한 믿음을 위해 기도한다. 이를테면 그 믿음은 꿈을 포기하지 않는 믿음, 화석화된 문자의 포로가 되기보다 꿈의 날개에 의지하여 하느님과 더불어 가볍게, 고요히, 그러나 진지하게 흐르는 믿음이다. 그 믿음을 회복할 때 "뜨거운 가슴"은 절망과 희망 앞에서 두루 천사를 만나 사귀고 신령의 기미를 느끼며 계시를 받는다. 그 계시는 이 세상 속으로의 하강 초월을 통해 세상을 만나지 못하는 남루한 말들, 소외된 말들을 향해 작은 혀를 붙여준다. 그때 생동하는 말들의 반짝임 속에 시인은 즉각적으로 구원을 감각하며, 사랑과 또 그 사랑에 대한 믿음을 회복한다.

꿈을 회복하는 믿음

성서는 꿈꾸는 자들의 역사로 점철되어 있다. 아브라함과 이삭과 야곱으로 이어지는 족장들의 삶의 이력인즉, 약속의 땅과 하늘의 별처럼 수많은 자손들의 꿈이 영글어가는 과정이었다. 그들은 자신의 존재를 영토나 성채가 아닌 시간이란 길 위에 간단없이 흐르는 여행으로 간주했기에 본토와 친지를 떠날 수 있었다. 밤하늘의 달과 별을 쳐다보며 하느님을 꿈꾸는 자만이, 또 그 꿈의 힘으로 자신의 고집과 신념과 이데올로기를 반성할 수 있는 자만이 그 믿음의 순전함을 유지할 수 있다. 그 꿈은 성서의 역사 속에, 때로 꿈쟁이 요셉의 경우처럼 자신의 개인적인 성취와 성공을 향해 지배와 군림의 욕구로 표출되기도 했고, 때로 또 다른 묵

시가 다니엘의 경우처럼 시대의 흐름과 역사의 향방을 노정하는 계시로
나타나기도 했다.

그런가 하면 예수는 가난한 자가 복된 하나님의 나라, 애통하는 자와
의를 향하여 굶주린 자를 위한 천국의 복음으로 그의 꿈을 그의 시대정
신에 부응하여 사회화했다. 바울은 부활한 그리스도 안에 계시된 하나
님의 의를 보았고, 그리스도의 영에 사로잡힌 채 하늘에 올라 "주의 환상
과 계시"를 보았다. 그것은 비록 "말할 수 없는 말"이었으나(고후 12:4), 바
울은 그 꿈의 힘에 기대어 당대의 어느 사도들보다 더 많은 말을 토해냈
다. 그 결과 이방인을 향한 그리스도의 복음은 즉각적인 구원을 욕망하
는 그 시대의 갈증에 대한 시원한 돌파구를 제공할 수 있었다. 그리하여
'태초의 인간'이 좌절한 꿈의 뒤안길에서 새로운 꿈밭을 일군 그들은 바
울의 안내에 따라 '새로운 인간'의 탄생을 꿈꾸었고, 마침내 그 싱그러운
꿈의 집합체로 이 땅의 모든 족속들이 새 하늘과 새 땅의 새 예루살렘
성으로 몰려들어 신의 백성으로 한몸을 이루는 우주적 꿈을 잉태했다.

그 이후로 하나 됨의 종말론적 꿈은 2000년 가까운 역사를 통해 산
산조각이 나면서, 그 백성들은 다시금 개인으로 파편화되어왔다. 이제
그렇게 독립한 개인들마다 그들 속에 "갇혀져 소외된 힘들이 참을 수 없
는 갈증의 힘으로 버석이며 무한의 날개를 단 가슴을 하늘로 쳐올려보
내는 것"(1: 37)을 꿈꾸며 다시 시작하고자 한다. 그 새 출발을 통해 우리
는 존재의 궁극을 그리워하며 존재의 비의를 탐구하는 가운데 배반과
신뢰, 절망과 희망, 비관과 낙관을 존재의 꼭짓점에 동시에 끌어안을 수
있다. 그것이 어우러져 만들어내는 말들의 풍경을 바라보는 꿈의 길은
막무가내 식으로 스스로를 강변하는 믿음의 길보다 더 부드럽고 더 가
벼우며 더 끈질기다. 깨져버릴까 불안해 자기동일성의 '넝마' 속에 부둥

켜안으며 안달복달하는 믿음의 체계는 그 꿈의 발자국, 그 발자국의 꿈 앞에 무기력하다. 김정란 시인의 이미지에 기대어 말하자면, '화장한 두부'에 비해 어깨 위에 흔들리는 꽃은 얼마나 더 싱그럽고 아름다운가. 두부 같은 퍽퍽한 인습에 기댄 믿음, 넝마처럼 남루한 비존재의 기계적인 믿음, 성공주의의 노예로 포획된 주술적인 믿음, 남의 최면에 강박된 타율적인 믿음, 존재의 날렵한 날갯짓, 존재의 궁극을 향해 뒤뚱거리며 춤추는 흥겨운 어깻짓을 잃어버린 채 따개비처럼 땅에 달라붙어 웅크린 자폐적이고 자만적인 믿음, 모름지기 이 모든 믿음은 꿈의 인큐베이터에 들어가 다시 시작하는 존재의 나비가 되어야 하리라.

۞

하느님을 체계적으로 믿기보다 꿈꾸던 시절, 아브라함은 그 꿈의 순정함으로 인해 밤하늘의 별들을 보고 유랑의 길에 들어설 수 있어 행복했다. 그때 그 꿈은 하나님과 인간 사이에 친밀한 '친구'로서의 사귐을 가능케 했고, 그리하여 하나님도 저 높은 하늘 위에서 떠다니기보다 이 땅 위에서 인간과 더불어 보행했다. 그 손자 야곱은 그 신의 사자를 붙들고 씨름하는 결기를 부릴 만큼 꿈을 현실처럼, 현실을 꿈처럼 살았다. 그들의 신화적 꿈이 서린 그 신령한 존재의 저편! 나는 그것이 그립다. 그래서 나는 존재의 이편에서 여전히 분열하는 자아의 욕구와 갈증에 시달리면서 나의 메마른 언어로 그들의 꿈을 꿈꾼다.

• 이 글에서 인용한 텍스트의 출처는 다음과 같다. 괄호 안의 첫째 숫자는 아래 시집의 번호이며, 둘째 숫자는 그 시집의 쪽수다.

1. 김정란, 『다시 시작하는 나비』(서울: 문학과지성사, 1989).
2. _____, 『용연향』(서울: 나남출판, 2001).

9장 똥막대기 성자의 세계

-최승호의 신학적 상상력

밑 빠진 허구렁의 삶

최승호가 그의 시집 『고슴도치의 마을』에서 보여주는 구원의 세계는 평범한 종교인이 추구하는 그것과 비교해 언뜻 평범하지 않은 것처럼 보인다. 그것은 그가 시인으로서 이 세상을 신의 창작품으로 아름답게, 의미 있게 보지 못하는 데서 연유하는 듯하다. 아니, 그라고 왜 이 세상을 그렇게 긍정적으로 보고 거기에 낙관적으로 순응하고 싶지 않으랴. 다만 그의 그러한 바람이 먹혀들기에 이 세상은 너무나 복잡다단한 장애물을 가지고 있는 것이다. 그 장애물을 한마디로 말하기 어렵겠지만, 굳이 표현한다면, 그것은 이 세상에 사는 인간들의 무반성적 동물성으로 요약된다. 그로 하여금 이 세상을 살기에 괴로운 무의미한 세상으로 보게 만드는 것은, 죽음을 향해 달려가는 인간 실존의 적나라한 한계다. 이에 대한 무감각과 무반성이 살벌한 야수성을 낳고, 그것은 결국 시인의 마음을 한없이 참담하고 우울하게 만든다.

그의 이러한 실존 의식은 이 세상의 다양한 풍경들을 통해 구체적으로 드러난다. 가령, 그는 "지하철을 타고 지하상가의 많은 물건들을 방에다 가득 채우는" 여자의 삶을 속으로부터 썩고 곪아 "조금씩 시체를 닮아 가는" "컴컴한 문명 속의 [이] 문둥이 여자"로 묘사한다(14-15). 그런가 하면, 이 세상은 수세식 변기의 이미지처럼 "밑빠진 盧구렁"이며 그 세상을 동물적 본능에 사로잡혀 살아가는 인간들은 그 변기의 똥을 아무런 수치도 없이 넉살좋게 받아먹는 "개들의 시절의 욕심장이 개들"이다(17). 그 세상은 또한 아무리 탐구하고 분석해도 끝이 보이지 않는 모호하고 불가해한 세상이며, 그 가운데 살아가는 일상적인 삶이란 마치 "벗겨도 벗겨도 알 수 없는 양파"와 같다. 이와 같은 세상의 부정성은 특히 세속도시의 풍경에서 잘 조명된다. 그것은, "자라나는 빌딩들의/ 네모난 유리 속에 갇혀/ 네모나는 인간의 네모난 사고방식"(34)이란 표현이 시사하듯, 폐쇄적이고 경직된 삶의 환경에 다름 아니다. 그런 갑갑한 환경을 벗어나고자 시인이 자주 활용하는 통풍구는 죽음이다. 하여 그가 주목하는 것들은 푸른 대나무숲의 "썩은 송장"(36), "하염없는 無知 속에 허우적거리며/ 떠내려가는 사람"(39), "하나의 桶 속에서/ [냉각된 채] 죽어가는 작은 게들"(40), "고철을 향하여 질주하는" "바퀴 달린 기계들"(46), 이미 죽어 '나'의 비굴함을 떠올려주는 "무력하기 짝이 없는 굴비"(50), "피가 뚝뚝 떨어지는 황소의 두개골"(51) 등과 같이 무기력하고 끔찍한 죽음의 이미지들이다.

죽음밖에 희망이 없는 자에게 평화가 있을까. 당연히 없을 것이다. 그래서 그는, 아니 그가 보는 "우리들은 고슴도치의 마을에서/ 온몸에 가시를 키운다"(80). 그 가시는 불신의 세상에서 자신을 방어하거나 남을 해코지하기 위해 찌르는 수단이다. 그러한 공격과 방어가 되풀이되는 긴장으로 이 세상은 충만하지만 아울러 그조차 심드렁해진 채 각자의 실존은 무관심의 늪 속에 한없이 침전한다. 마치 "오징어가 죽든 살든 무심한 바다"(92)처럼 이 세상은 '나'의 삶과 무관하게 굴러가는 냉혹한 무관심의 시공이다. 그 무관심 속에서 심지어 '나'조차 '나'에게 낯선 외계인으로 다가오는 섬뜩한 경험이 생겨난다(97). 그 죽음 같은 삶이 견디기어려워 꿈속으로 도피해보지만, 허망해라, 그 꿈조차 시인에게는 "조금 더 널찍할 뿐인 감옥"에 불과하단다(101).

죽은 뼈들 위에 세워진 신전

이런 세상에서 시인이 삶을 지탱해나가야 할 이유가 있다면 무엇일까. 죽음으로 충만한 세상의 현실을 감내하며 일상적 삶의 연장을 어떤 근거로 변명할 수 있을 것인가. 행여 희망의 출구가 될 수 있을 법한 종교적 신앙의 길이 어떻게 희망의 출구가 될 수 있는가. 과연 시인은 아무리 암울한 세상의 미궁과 절망적인 인간 삶의 실존을 이야기하더라도 희망을 송두리째 포기할 수는 없었던가 보다. 이것이 바로 시인이 자살을 택하지 않고 시 쓰기를 택한 이유의 일부일 것이다. 먼저, 시인은 이 세상의 건조함과 황량함, 끔찍함을 이승과 저승을 오락가락하면서 버티는 듯하다. "마치 이승도 저승도 둘 다/ 마음에 들지 않는 사람처럼" "이승도 저승도 둘 다/ 두려움 없이 맞서고 맞이할 만큼/ 마음이 너그럽게 철들 때까지" 시인은 이 시체의 세상을 견디고자 하는 것이다(12). '죽음에의 의지'가 아무리 막강한 위력을 발휘한다고 하더라도 '삶에의 의지'를 쉽사리 제압하지 못하기 때문이다. 그래서 "죽음에의 의지는 늘/ 큰형님뻘인 삶의 의지가 꾸짖고 달래 주기 바란다"(12). 그 꾸짖음과 달램이 효과를 봐서일까. 시인은 아주 드물게나마 삶에의 희망을 피워 올린다. 가령, 시인은 물벌레의 투명한 몸을 빌려 오히려 몸이 병들었을 때 "天體들의 음악 눈부신 나라"와 "흐르는 바하의 음악 속의 天使들", 그리고 "빛나는 星座와 占星術에 얽힘없이 기운이 나서/ 힘차고 잔잔하게 흘러가는 銀河水의 긴 흐름을" 느끼며 상상한다(105). 또한 시인답게 그는 "하늘에서 새 한 마리 깃들어 지저귀지 않아도" 그 부정적 현실을 무릅쓰고 "잎사귀 달린 詩"와 "과일을 나눠주는 詩", 그리고 "초록과 금빛의 향기를 뿌리는 詩"를 언젠가 쓸 수 있길 고대한다(107).

그러한 막연한 상상과 추상적인 기대에 비해 기존의 제도권 신학과 종교에 대한 시인의 시선은 냉엄한 편이다. 시인은 자신의 무지하고 유한한 존재성으로 인해 비록 "하느님에 대한 調書를 나는 아무래도 못 쓸 것 같다"(18-19)고 고백하지만 그 하느님을 숭배하는 기성의 종교 자체를 순순히 용인하는 것은 아니다. 시인에 의하면, 사람은 누구나 죽음 앞에 평등하다. 시인의 표현을 빌자면, 죽음은 "보름달 뜨는 공동묘지의/ 흰 달빛이 어루만지는/ 절대평등의 코뼈들"(23)을 가능케 한다. 신을 경배하다 죽은 종교인들의 뼈는 그 종교를 더욱 공고히 하는 희생된 죽음을 표상할 뿐, 죽음 자체의 현실을 현실 속에서 바꾸어주지 못한다. "神 앞에 넙죽 엎드렸다 부서진 뼈들", 곧 순전한 종교적 헌신자들이 존재하지만 "한쪽에서 [그 뼈들을] 짓밟고 神殿이 세워"(22)진다고 시인이 담담히 진술하는 까닭이 바로 거기에 있다.

'신-부서진 뼈들-신전'의 상관관계는 같은 시 〈짓밟힌 뼈〉(22-23)에서 '권력-부서진 뼈들-동상'과 '돈-부서진 뼈들-빌딩'의 상관관계와 동형구조를 취한다. 그러니까 권력은 사람을 제물 삼아 권력자의 명예('동상')를 세워나가고 돈이 사람을 수단으로 이용하여 기업체의 건물('빌딩')

을 건설하듯, 신 또한 그 봉헌자들의 희생 위에 자신의 제도적 성채('신전')를 구축해나간다는 것이다. 권력과 돈의 가치와 달리 신은 세속적 가치가 아니라고 항변할 수 있겠지만, 그 신은 인간들이 특정 목적으로 교리화시키고 제도적 체계 속에 유형화한 신이라는 점에서 일맥상통한다. 그리하여 그것들은 인간의 마지막 진실인 죽음조차 있는 그대로 승인하지 못하도록 만드는 장애물로 기능할 뿐이다. 다시 말해, 권력이 "계급이 없는 뼈들"을 훼방하고 돈이 "굴욕 없는 뼈들"을 무색하게 만들 듯이, 종교에서 말하는 신은 "죄의식에 울지 않는 뼈들"의 존재를 불가능하게 만든다. 오히려 그와 반대로 신은 죄의식을 낳고 그 죄의식이 다시 죄를 낳는 가운데 신전체제를 더욱 공고히 하는 오류가 발생한다.

이처럼 종교, 특히 물신화된 그리스도교에 대한 시인의 비판적 시선은 상당히 일관되고 지속적이어서 〈자동판매기〉(24-25)라는 제목이 붙은 시에서 "돈만 넣으면 눈에 불을 켜고 작동하는/ 자동판매기"를 매춘부라 부르고, 곧이어 황금교회를 연상한다. 돈의 권능을 이미 파악하고 있을 "이 자동판매기의 돈을 긁는 포주는" "賣淫의 자동판매기"란다. 매음녀가 "한 컵의 사카린 같은 쾌락을 준다는 전제하에 시인은 "十字架를 세운 자동판매기/ 신의 오렌지 쥬스를 줄 것인가"(25)라고 냉소 어린 의문을 던진다. 경건한 그리스도교인이라면 필시 이 자동판매기-매춘부-교회의 연상을 매우 불경스럽게 보겠지만, 시인의 전복적인 신학적 상상력 속에 현재 이 땅에서 신봉되는 그리스도교의 신은 기계화된 물신이고, 교회는 자본 증식에 혈안이 된 자동화된 교회로 가혹한 비판의 대상이 된다.

그렇다고 시인이 초월적 존재에 대한 믿음을 포기한 것은 아니다. 이를테면 시인은 지명수배자의 붉은 관인이 찍힌 얼굴 벽보를 보면서 문

득 오염되지 않은 자연을 표상하는 듯한 "시냇가"를 떠올리며 그리워한
다. 그 시냇가는 "서로 아무런 해도 끼치지 않고 만나면 하나가 되는 물
의 나라"이며 "의심하면 사라지는 나라, 마음의 나라"(27)다. 이 마음의
천국은 예수께서 하나님의 나라가 여기저기 특정 공간에 있는 것이 아
니라 네 속에(또는 너희들 가운데) 있다고 말했을 때의 그 나라를 연상시
켜준다. 시인의 그 나라는 또한 어린아이처럼 되지 않고 아무도 하나님
의 나라에 들어갈 수 없다고 했을 때의 그 나라처럼 의심하지 않고 어린
아이처럼 순수한 마음으로 맛볼 수 있는 나라를 염두에 두고 있는 듯하
다. 그러나 그 나라는 마음속에서 일시적으로 가능해지는 나라라 그리
워할 수는 있지만 늘 일상 속에 충만한 현실은 아니다. 그래서 그 마음의
나라를 벗어나 마음 바깥을 응시해보면 흉흉하게 날이 저무는 시각 "보
랏빛 어둠 속에/ 肝이 크게 부은/ 인간과 夜叉가 손을 맞잡고/ 서로 얼
굴을 바꾸면서 웃고 있"는 풍경이 다가올 뿐이다(27). 다시 "찌그러진 삶"
의 현실로 복구하게 되는 것이다.

똥막대기: 희한한 성자의 탄생

최승호 시인의 신학적 상상력은 그 마음의 나라가 자폐적인 개인의 신비
주의적 몽상을 위한 자위 공간이 아니라 무수한 익명의 타자를 향해 말
없이 은혜를 실천하는 윤리적 공간으로 변용되어 나타날 때 빛을 발한
다. 이런 측면에서 시인의 문제작으로 꼽을 수 있는 작품이 다음의 〈희한
한 성자〉다.

　　자신은 똥칠이 되어도 아무것도 원하지 않고

아무것도 두려워하지 않는

6尺의 똥막대기

물이 쏟아지지 않는 그 巨貨 빌딩 화장실엔

6尺의 똥막대기 하나가

언제나 벽에 기대어 서서 당황한 사람들을 기다립니다

자신을 아낌없이 사용해주기를 바라면서 기다립니다

줄을 아무리 잡아당겨도

구원은커녕 좀처럼 씻겨내려가지 않는

악마 같은 똥덩어리를 힘껏 떠밀어서

변기의 구멍 깊이 쑤셔넣은 다음

반드시 벽에 다시 세워놓기를 바라면서 기다립니다

더러움 앞에서 쩔쩔매며

꼼짝없이 당하는 억울한 고통을 덜어 주기 위해서

수난당하는 사람들을 위해서

자신은 아무리 똥칠이 되어도 아무것도 원하지 않고

아무것도 두려워하지 않는

6尺의 똥막대기(28)

이 시의 모티프를 제기한 "거화巨貨 빌딩"이 실제로 존재하는지의 여부와 무관하게 건물의 이름 자체가 주는 은유적 함의는 오늘날 물신화된 자본주의 사회를 떠올려주기에 충분하다. 시인이 그 건물의 화장실에 들른 적이 있었던 것일까. 역시 그 개인적 체험 여부와 상관없이 화장실은 거대 자본에 이리저리 기생해서 살아가는 사람들의 배설처를 나타내는 상징으로 읽어도 무리가 없다. 그 화장실의 변기는 배변 후 잡아당길

줄이 있는 점으로 미루어 수세식 변기임이 분명하다. 그러나 그것은 요즘 대중화된 엉덩이를 받쳐주는 좌변기가 아니라 재래식 변소에서 진일보한, 쭈그리고 앉아 변을 보는 변기다. (경험해본 사람은 알겠지만 이 변기는 요즘의 좌변기에 비해 그 안에 배설한 대변을 잘 쓸어내리지 못할 때가 잦은 편이다. 그것은 대변의 응집력과 점도와 일단 관련되겠지만 변기 내부의 각도, 그러니까 평평한 바닥 면과 경사진 바닥 면 사이의 차이와도 무관치 않을 것이다.)

그런데 누가 그곳에 두었을까. 그 화장실 벽에 6척이나 되는 긴 막대기가 기대어 있다. (한 척이 30.3cm이니 6척이면 대략 1미터 82센티미터로 장신의 성인키에 해당되는 길이다.) 그 막대기를 시인은 '똥막대기'로 인지한다. 그것이 똥막대기인 까닭은 수세식 설비가 고장이 났는지 아무리 줄을 잡아당겨도 물이 쏟아지지 않기 때문이다. 그리하여 아마도 그 막대기를 사용하여 누운 똥을 변기 밑구멍으로 밀어 넣도록 배려한 것이리라. 그런데 시인의 비범한 눈은 그 하찮고 더러운 똥막대기를 보면서 그 속에서 성자聖者의 이미지를 읽어낸다. 이내 의인화된 그 똥막대기를 성자로 보는 것은 그것이 "자신은 똥칠이 되어도 아무것도 원하지 않고/ 아무것도 두려워하지 않"을 정도로 이타적이며 의연한 모습을 보여주기 때문이다.

성자답게 그 똥막대기는 변덕을 부리지 않고 항상심을 유지한 채 언제나 거기서 당황하는 사람들을 기다리고 있다. 왜 당황하는가. 그것은 안심하고 똥을 누고 그 똥을 물로 씻어버리려고 줄을 잡아당기는데 물이 쏟아지지 않기 때문이다. 씻겨 내려가지 않은 채 변기에 매달려 있는 똥은, 간단히 보면 그저 몸속에서 벌어진 신진대사의 자연스러운 결과물일 뿐이다. 그런데 똥에 얽힌 사연은 그리 간단치 않다. 그것은 자신의 삶의 한 흔적이지만 동시에 몸속에서 썩을 대로 썩어서 더 이상 썩을 수 없고, 빨릴 대로 빨려 더 이상의 영양분이 없는 불필요한 존재, 그러니까 감추고 싶은 냄새나는 물질이다. 시인은 여기서 그 똥을 "악마 같은 똥덩어리"라고 표현할 정도로 저주스럽게 인식한다. 똥과 무슨 원수질 일이 있기에…. 그 심리적 저변을 추적하건대, 똥은 인생의 여정으로 치자면 죽음과 같이 삶의 마지막 출구다. 죽음은 성서적 기원을 따져보면 애당초 없던 게 갑자기 사탄의 유혹으로 말미암아 생긴 것이다. 그러니 그 악마 같은 죽음이 곧 악마 같은 똥을 불러온 게 아니었을까.

그 똥이 악마 같은 똥이라면 그것을 빨리 해치우는 게 상책이다. 똥이 내 일부라는 불쾌한 사실에 알리바이를 남기지 않기 위해서라도 똥과의 이별은 필연적이다. 그게 아니더라도 심리적으로, 자신이 눈 그 똥을 그대로 그곳에 굳이 내버려두는 일은 내키지 않는 짓이다. 남들이 내 똥으로 인해 얻게 될 불쾌한 심사가 떠오르는 탓이다. 내 몸의 더러운 것을 남이 목격하는 일은 심리적으로 내 속의 어떤 은밀한 것이 내 의도와 달리 남한테 들통나는 것처럼 면구스럽고 당혹스럽게 마련이다. 그것은 단순히 일시적인 불편함이 아니라, 이어지는 구절을 보니, "더러움 앞에서 쩔쩔매며" 전전긍긍하게 만들 정도의 지속적인 감정으로 "꼼짝없이 당하는 억울한 고통"이자 일종의 "수난"이다. 똥의 실존은 곧 생의 실존과 직결된다.

그 실존의 굴레로부터 벗어나는 것이 곧 구원이다. 똥의 억압적 실존이 존재하듯, 똥으로부터의 구원도 엄연히 구원의 자리를 차지한다. 이처럼 구원은 먼 데 있는 것이 아니다. 영혼의 구원과 영생도 구원이지만 일용할 양식을 채워 굶주림을 벗어나는 것도 구원이다. 마찬가지로 똥을 누고 싶은 욕망을 풀어버리거나 누어놓은 그 "악마 같은 똥덩어리"를 얼른 제거하는 것도 구원의 일종이다. 그런데 형이상학적 구원이나 영혼의 구원을 논할 만큼 사람들은 한가하지 않다. 코앞의 똥조차 처리하지 못한 채 당황하고 내심 고통을 겪으며 수난을 당하고 있기 때문이다.

그래서 그 변기를 찾은 사람들의 고통스러운 황당함을 속 시원히 해결해주는 대안으로 성자 똥막대기가 거기 기다리고 있는 것이다. 그는 똥을 씻어버리길 원하는 자들이 "자신을 아낌없이 사용해주길 바라면서" 그곳에 기다리고 있다. 그렇다. 그 똥막대기는 자신의 똥을 어쩔 줄 몰라 당황하는 사람들을 그렇게 묵묵히 기다리고 있다. 그 기다림은 수동적인 관망이나 관조인 듯하지만 거기에 머물지 않는 적극적인 행동으로 비치기도 한다. 그 기다림은 자신이 쓸모 있게 사용되길 기다리면서 사용 후 제자리에 놓아두길 기다린다는 점에서 이중적인 기다림인데, 그는 이 기다림만으로 그 본연의 임무와 기능을 완수한다. 기다림이라는 수동적이면서도 적극적인, 그 묘한 처신의 미덕은 똥막대기가 그 도움으로써 자신의 시혜를 내세우거나 나아가 자신의 존재 의미를 과시하지 않는다는 것이다. 그렇게 남의 더러움을 대신하여 자신의 몸을 던져 똥으로 뒤범벅되더라도 남들에게 아무것도 원하지 않기 때문이다.

그 이타적인 존재의 발현이 똥막대기를 성자답게 만드는 근거다. 아울러 아무리 똥칠을 해도 두려워하지 않는다는 것은 그 똥막대기가 똥과 같이 유한한 삶의 실존으로부터 해방된 성자임을 비유적으로 암시한다. 그렇게 똥막대기가 두려움을 초월할 수 있는 것은 성자가 되기 위한 자의적 고행이라기보다 자신의 존재에 걸맞은 자연스러운 기능적 귀결로 보인다. 똥막대기가 더 이상 더러워질 것도 깨끗해질 가능성도 없는 상태에서 제몫을 감당하고 있기 때문이다. 그는 마치 가장 미천한 상태에서 남들의 고통과 죄악을 뒤집어쓰고 죽어간 종에 관한 이사야의 한 예언 구절을 상기시키는데, 특히 다음의 대목에서 그렇다.

이사야 53장 2-5절

그는 주 앞에서 마치 연한 순과 같이 마른 땅에서 나온 싹과 같이 자라서 그에게는 고운 모양도 없고 훌륭한 풍채도 없으니 우리가 보기에 흠모할 만한 아름다운 모습이 없다. 그는 사람들에게 멸시를 받고 버림을 받고 고통을 많이 겪었다. 그는 언제나 병을 앓고 있었다.…그는 실로 우리가 받아야 할 고통을 대신 받고 우리가 겪어야 할 슬픔을 대신 겪었다. 그러나 우리는 그가 징벌을 받아서 하나님에게 맞으며 고난을 받는다고 생각하였다. 그러나 그가 찔린 것은 우리의 허물 때문이고 그가 상처를 받은 것은 우리의 약함 때문이다. 그가 징계를 받음으로써 우리가 평화를 누리고 그가 매를 맞음으로써 우리의 병이 나았다.

그런데 우리의 성자 똥막대기에게 이러한 고통의 자의식이 있는지 모르겠다. 적어도 외관상으로는 잘 보이지 않는다. 사람들로부터의 멸시나 천대, 징계와 수난에 대한 불우한 자의 자의식도 겉으로 드러나지 않는다. 그 똥막대기는 비록 의인화되어 있긴 하지만, 고통과 수난에 관한 한, 변기에서 똥을 눈 자들이 그 똥을 처리하지 못하는 데서 비롯된 고통과 수난만이 부각되고 있을 뿐이다. 똥막대기가 자신에 대해 가지는 이렇다 할 자의식이 없는 상태에서 그는 그저 기다림만으로, 흔쾌한 자기 투신만으로, 두려움 없고 대가를 바라지 않는 그 똥칠만으로, 자신의 존재 의미를 완성한다. 똥막대기의 이러한 초연한 자세는 자기희생에서 대속적 가치를 우려내어 그것으로 경배의 조건을 삼는 걸 거부할 뿐더러 그 자체를 아예 희생으로 생각하지도 않는 듯한 자세다. 그는 스스로 성자연하지 않으면서도 언제나 그 자리에 없는 듯이 존재함으로 자신의 본분을 다한다. 마치 "있는 것으로부터 이로움을 얻게 되는 이유는 없는 것으로부터 쓰임새^用가 나오기 때문"^{故有之以爲利 無之以爲用}이라는 도덕경의 한 구절대로, 그는 자신의 쓰임새에 무슨 이로움이 있는지조차 알지 못하는, 그야말로 희한한 성자다. 그러한 성자의 이로운 쓰임새는 역설적으로 그 이로움이 이유 없는 것으로부터 생성되는 이로움이기에 그 이로움으로써 남을 억압하지 않는다. 그것은 도덕경의 다른 곳에서 "공을 이루면 몸은 물러나는 것이 하늘의 도이니라"^{功遂身退 天地道}라고 한 경구에 나타난 무위자연의 태도에 합치된다.

공터의 구원론, 바람의 존재론

똥막대기라는 하찮은 사물의 이미지를 통해 제시한 이러한 대안적 구원의 세계는 최승호가 다른 작품 〈공터〉(96)에서 갈파한 빈 공간의 조화에 빗대어볼 만한 동양신학적 상상력을 그 저변에 깔고 있다. 이에 따르면 어떤 희생이나 공로에 대한 인위적 착색과 교리적 해석을 거부하는 대신 이른바 '텅 빈 충만'을 지향한다. 왜냐하면 그러한 것들을 애써 의미화한 결과가 이내 특정 개인의 순수한 체험을 넘어 종교 제도 및 체제로 변질되기 일쑤이기 때문이다. 희생이든 고통이든, 그를 빌미로 한 그 어떤 대가도 없이 감내하며 자족하는 삶의 방식은 없을까. 먼저 〈공터〉를 읽어보자.

아마 무너뜨릴 수 없는 고요가
공터를 지배하는 왕일 것이다
빈 듯하면서도 공터는
늘 무엇인가로 가득차 있다
공터에 자는 바람, 붐비는 바람,

때때로 바람은

솜털에 싸인 풀씨들을 던져

공터에 꽃을 피운다

그들의 늙고 시듦에

공터는 말이 없다

있는 흙을 베풀어 주고

그들이 지나가는 것을 무심히 바라볼 뿐.

밝은 날

공터를 지나가는 도마뱀

스쳐가는 새가 발자국을 남긴다 해도

그렇게 오래 가지는 않을 것이다

하늘의 빗방울에 자리를 바꾸는 모래들,

공터는 흔적을 지우고 있다

아마 흔적을 남기지 않는 고요가

공터를 지배하는 왕일 것이다(96)

세 개의 쉼표와 한 개의 마침표로 직조된 이 서늘하게 아름다운 시편에서 집중적으로 조명되는 이미지는 물론 공터이지만 그 공터의 텅 빈 충만을 밝히기 위해 몇 가지 보조 이미지가 등장한다. 먼저 바람. 이 바람은 공터에 없는 듯하지만("잠자는 바람") 곧 생생한 감각으로 출현하는("봄비는 바람") 생육의 매개체다. 그 바람은 때로 솜털에 감싸인 풀씨들을 공터에 날라다 줌으로써 식물을 싹 틔우고 꽃까지 피워준다. 물론 그 가녀린 생명은 곧 시들고 말라죽을 것이다. 그런데 바람은 그 생성의 공로를 내세워 뽐내지 않고 사멸의 흔적에 안쓰러운 반응을 보이지도 않는다. 천지

불인天地不仁이란 말 그대로 바람은 '불인'하다. 곧 인위적인 조작을 가하지 않고 그저 그렇게 제 몫을 다하며 그 성취를 의식하지 않은 채 거기 무심히 있는 존재, 곧 자연이다. 그렇다고 그 바람이 잔인하다고 말할 수 없는 것은 "솜털에 싸인 풀씨들을 던져 공터에 꽃을 피"우며 "있는 흙을 베풀어 주"는 등 생명 보양에 일조하기 때문이다. 그러나 이로써 바람은 성자연하거나 으스대지 않는다. 그저 말없이 무심하게 바라만 볼 뿐이다.

또 한 가지 공터가 초대한 외부 손님은 빗방울이다. 공터로 지나면서 도마뱀이나 새가 남긴 발자국의 흔적은 그야말로 흔적일 뿐, 오래 지속되지 않는다. 그것은 빗방울이 모래알의 자리를 바꾸면서 그 흔적을 지우기 때문이다. 이처럼 흔적을 지우는 빗방울의 작용은 생명을 생육하다가 곧 소멸로 이끄는 바람의 작용과 맞물려 있는데, 그들은 한결같이 억지로 자신의 뜻을 강요하지 않고 작위적 힘으로 지배하지 않으면서 공터의 생명 질서와 그 풍경을 무리하지 않게 유지한다. 그 풍경 가운데 덩그러니 항존하는 존재, 생명의 소요가 끝난 마지막 순간까지 남는 존재, 시인이 "공터를 지배하는 왕"으로 표현한 그것은 "무너뜨릴 수 없는 고요" "흔적을 남기지 않는 고요"다. 그것은 오래도록 영속하지만 스스로 자신을 앞세워 지배하지 않는 장이부재長而不宰의 존재다. 그 무심한 고요의 이미지는 오직 기다림과 흔쾌한 자기 투신으로써만 자신의 존재 의미를 이루는 똥막대기 성자의 이미지와 상통한다.

이렇듯 흔적을 남기지 않는 공터의 고요, 아낌없이 남의 똥을 변기의 구멍 속으로 쑤셔 넣으면서 구원을 이루는 똥막대기 성자의 세계는 일상적인 삶 가운데 은밀하게 살아가면서 자신의 존재에 자족하고 타자를 두루 이롭게 하되 거기에 얽매이거나 티를 내지 않는 자세를 권유한다. 그것은 소크라테스가 남에게 드러내지 말고 "은밀하게 살라"고 했을 때의 그 자세나, 예수가 제도적 종교의 대안으로 사적인 경건을 강조하면서 기도와 금식, 구제 등의 일에 하나님의 은밀함을 본받아 은밀하게 처신할 것을 주장했을 때의 그 태도에 잇닿아 있다. 시인이 이처럼 흔적을 남기지 않는 고요를 강조하는 것은 아마도 이 땅의 삶이 뭇 생명들의 영주처가 아니라 잠시 잠깐 들렀다 떠나야 하는 한시적 체류지임을 자각한 때문이 아니었을까.

그래서 그는 제목부터 영적인 〈靈谷에서〉라는 작품에서 이 땅을 자신의 영혼이 떠밀려온(어디에서? 하늘로부터?) 유적지流謫地로 인식한다. 그런데 그 유적지의 은은한 고요, 그 유적幽寂에 익숙하지 못했다고 그는 고백한다. 아마 그가 사는 이 땅, 이 사회가 늘 들떠 있고 시끄럽기 때문이었을 것이다. 그래서 그는 아무도 보이지 않는 "눈 쌓인 태백산맥 한 기슭 산간마을"(71) 같이 외진 곳을 즐겨 찾는 것이겠지만, 그곳에도 오래 머물 수 없는 것은 그 또한, "백색의 감옥"이란 표현이 시사하듯, 이 땅의 일부로 자리 잡은 이상 영원한 자유의 전당이 될 수는 없기 때문이다. 그래서 시인은 탈옥자처럼 서둘러 그곳을 떠나버렸다고 한다. 유현한 적막이 가장 영혼의 고향에 가까울까. 그런데 끊임없이 흐르며 움직이지 않는 삶 가운데는 그 적막조차 유현하지 못하고 갑갑한 감옥으로 다가오는 모양이다. 시인의 순례의 발걸음이 공터의 고요처럼 흔적을 남기지 않길 바라지만 그것은 말처럼 이루기가 그리 쉽지는 않은 모양이다. 그래서 그는 오늘도 이렇게 시를 끌쩍거리며 자신의 흔적을 남기고 있는 것일 테다. 그것은 또한 언어를 떠나 살 수 없는 시인의 숙명이 아닐 터인가.

• 이 글에서 인용한 시 텍스트는 최승호의 시집, 『고슴도치의 마을』(서울: 문학과지성사, 1991)에서 가져온 것으로 괄호 안의 숫자는 이 시집의 쪽수를 가리킨다.

10장 독신(瀆神)의 신학적 역설
–이성복과 권혁진의 시를 중심으로

'니체'라는 화두

"신은 죽었다"는 니체F. Nietzsche, 1844-1900의 유명한 선언이 일반 그리스도 인들에게 던지는 파문은 대체로 충격과 경악의 반응으로 나타나기 일쑤 다. 이 반응에는 불멸하는 영원한 신의 존재를 모독한 것으로 불경스럽 게 보는 시각과 더불어, 통상적 무신론의 위협에 대적하여 필사적으로 신성을 옹호하고자 하는 즉각적인 열망이 담겨 있다. 그러나 이러한 반 응은 아무리 잘 봐주어도 그리스도교 쪽에서 꿀리는 형세다. 진정 죽지 않는 불멸의 신이라면, 또 그 신을 든든히 신앙하는 사람이라면, 굳이 호 들갑스러운 변신론적 발언을 유도하거나 그것에 도취하지 않을 터이기 때문이다. 기실 니체의 맹렬한 신성모독적 저항은 상투적인 변신론의 대 척점에서 그가 갑갑해한 그의 시대에 대한 저항이요, 제도권에 사로잡혀 생명력을 잃은 교리적 신학과 이에 기반을 둔 교회의 검열관적 권위에 대한 선전포고였던 것이다.

이렇게 가차 없이 신의 죽음을 선포하고, 반$^\times$그리스도, 반$^\times$바울의 선봉장으로 치열한 독설을 쏟아부은 니체는 오늘날 그리스도인들이 어떻게 대하느냐에 따라 독약도 양약도 될 수 있다고 나는 생각한다. 그의 과격한 발언에 대한 피상적인 반응은 개별 진술에 담긴 메타적 성찰을 결여하고 있을 뿐 아니라, 그의 철학 전반에 걸친 냉철한 분석과 총체적인 해석을 방해한다. 그가 죽었다고 선포한 신의 정체와 그 죽음의 실체를 제대로 파악하기 위해서는, 니체의 당대에 전통적으로 지당하게 간주되어온 가치들이 발원한 자리를 추적하여 그 심층의 잡다한 내막을 해부·전복하는 '계보학'의 방법을 학습해야 한다. 아울러 그로부터 이끌어낸 '노예의 도덕', '권력 의지', '생성', '영원 회귀', '초인', '운명애' 등등의 개념에 대한 심도 깊은 이해가 필요하다. 그 이해의 노력은 망치로 모든 가치들을 두들겨 부수며 온몸으로 철학을 한 니체의 열정에 대한 독자들의 최소한 배려일 터이다.

나는 이 글에서 니체의 철학이나 독신적 언사들의 내막을 따져보려는 것이 아니다. 다만 일종의 화두로서 그의 독신적 발언을 신학 바깥에 내팽개치기보다 신학의 안으로 끌어들여 그 역설적 의미(그런 게 있다면)를 탐색해보려는 것이다. 신의 죽음을 선포한 니체는 이미 죽었지만 니체의 정신을 부활시켜 계승한 오늘날의 니체들이 적지 않은 마당에, 나는 19세기 유럽이 아닌 1980년대 한국을 현장으로 삼아, 그 삶의 자리에서 적잖이 고투하며 니체스럽게 살고자 몸부림쳤던 두 사람의 시인을 주목하고자 한다. 그 하나는 지금도 여전히 왕성하게 활동하는 이성복이고, 다른 한 시인은 시집 한 권을 상자한 이후로 절망에 치여 비명횡사했는지 요즘 보기 어려운 권혁진이다. 내가 뽑은 그들의 두 시집은 모두 독신적 모티프를 공유하면서 신의 언저리를 거칠게 맴돈다. 단순히 장식용

레토릭이든 의도적 패러디이든, 그들이 사용하는 성서적 언어나 그리스도교적 이미지에는 대체로 신을 못 견뎌 하는 경향이 짙다. 신을 향해 지속적으로 빈정거리며 욕하는 그들의 시어들은 왜 그렇게 선택되고 구축된 것일까. 그것이 단지 특정 개인의 비상식적인 병리적 증세라면 문제는 단순하다. 그러나 그것이 매우 오래 묵은 역사적 뿌리를 지닌 신학적 상상력의 소산이라면 여기에는 간단히 무시할 수 없는 역설적 해석의 맥락이 걸쳐져 있다.

'유곽'으로서의 천국: 이성복의 경우

1980년 『뒹구는 돌은 언제 잠 깨는가』라는 시집(이후로는 줄여서 『뒹구는 돌』로 칭함)으로 그야말로 혜성과 같이 출현한 이성복은, 당시 억압적인 시대의 질곡에서 허우적대던 많은 우울한 청춘들에게 절망과 탄식의 표상처럼 다가왔다. 격정 어린 그의 시어들과 그 속에 깃든 도발적인 이미지, 당혹스러운 어법과 생경한 리듬 등으로 그의 첫 시집은 많은 평자들에게 풍성한 해석의 대상이 되었고, 그 해석이 증폭한 이 시집의 파장은 그 이후의 시 쓰기에 만만치 않은 흔적을 남겼다. 그 파장과 흔적의 층층켜켜를 총체적으로 더듬어보는 일은 물론 이 글의 관심사 밖이다. 그 대신 나는 그 파장과 흔적을 가능케 한 이 시집의 상상 세계 한가운데서 시인이 애용한 그리스도교적·성서적 이미지를 집중적으로 조명하고자 한다. 그것은 앞서 화두로 제시한 독신瀆神의 모티프에 대한 신학적 의미화 작업과 맞물려 있다.

　이 시집을 관통하는 이성복의 세계 인식은 "모두 병들었는데 아무도 아프지 않"(1:63)은 모순에 근거한다. 그것은 곧 사람들이 욕망의 진창인 유곽과 같은 이 세상에 도취한 채 희망 없이 살아가는 무감각과 무반성의 현실과 밀접한 관련이 있다. 그리하여 주어진 삶의 현실을 지극히 당연시하는, 그래서 그 당연한 것들 이면의 신비를 보지 못하는, 그러나 정작 그 당연시되는 것들을 괄호 치면 "모든 게 神秘"(1:23)인 세상살이의 풍경을 낯설고도 불편하게 응시한다. 시인의 그 섬세한 응시의 눈길은 가령,

남의 집 꽃밭에 먹은 것을 다 쏟아냈던 날.
내가 부러뜨린 그 약한 꽃들은 어떻게 되었을까.(1:62)

이 조개껍질은 어떻게 山 위로 올라왔을까?(1:65)

라고 일상 속의 사소한 물상들을 향해 신비로움을 투시하며 천진하게 자문하는 방향으로 뻗어간다.

그가 이 세상에서 보고 듣고 느끼고 생각하는 것들은 저러한 밝은 신비로움보다는 어둡고 칙칙한 것들이 훨씬 더 많다. 그와 같이 부정적인 분위기를 연출하는 내면풍경은 상실과 상처, 그로 인한 고통, 그 기억으로 인한 치욕, 그 현실에 무감각한 세상에 대한 절망 따위로 채워져 있다. 〈금촌 가는 길〉, 〈꽃 피는 아버지〉, 〈어떤 싸움의 記錄〉, 〈家族風景〉, 〈모래내·1978〉 등 일련의 작품을 보면 그 절망감이 가족사적 내력에 잇닿아 있는 것처럼 보이고, 〈편지〉, 〈라라를 위하여〉 등의 시에서는 그 상처의 뿌리가 연인과의 찜찜한 이별로 소급되는 것처럼 보이기도 한다. 이 시집에서 이성복의 시적 관심사는 그 원형적 공간에서 발원하여 현재 삶을 짓누르며 그 상처와 치욕을 증폭시키는 온갖 억압적 권위에 대한

해체적 태도로 번지는데, 그 와중에 적잖은 성서적 이미지들을 건드린다. 건드린다? 그렇다. 그는 그것들을 살짝 건드릴 뿐, 그 대상들이나 그것들을 건드리는 행위에 대하여 그리 무겁거나 심오한 의미를 부여하지 않는다. 데카르트 식으로 말하자면 그는 방법적 회의주의 차원에서, 후설 식으로 말하자면 순수 의식을 위한 현상학적 환원의 차원에서, 그는 그것들을 차용하여 그것들 이면의 세계를 비판하고 조롱한다. 그렇다면 '그것들'이란 과연 무엇이겠는가. 예컨대 이런 식이다.

> 엘리, 엘리 죽지 말고 내 목마른 裸身에 못박혀요
> 얼마든지 죽을 수 있어요 몸은 하나지만
> 참한 죽음 하나 당신이 가꾸어 꽃을
> 보여주세요 엘리, 엘리 당신이 昇天하면
> 나는 죽음으로 越境할 뿐 더럽힌 몸으로 죽어서도
> 시집 가는 당신의 딸, 당신의 어머니(1:15)

의미심장한 제목 그대로 시인은 유곽에 정들어 있다. 이른바 '중층결정'overdetermination으로 짜인 꿈의 한 장면처럼 이 시의 혼란스러운 흐름 가운데 2부에서 튀어나온 상기 시구들은 생뚱맞게도 예수의 십자가상 마지막 절규—"엘리, 엘리 라마 사박다니"(막 16:34)—를 부분적으로 패러디한 것이다. 그 절규에서 예수는 구약성서 시편(22:1)의 한 구절을 인용하여 자신이 하나님으로부터 버림받았음을 탄식하는데, 그 가운데 십자가 죽음의 고통이 극적으로 표상된다. 그 장면은 이제 시인의 패러디에 편입되어 유곽의 한 창부가 벌거벗은 몸으로 예수가 부른 그 하나님을 초대하는 형국이다. 그 고통스러운 삶의 기억을 응집한 메타포로서의 유곽과 그것을 표상하는 가상의 창부는 그토록 장중한 예수 수난의 장면을 가볍게 발가벗긴다. 마치 겟세마네에서 예수가 드린 치열한 기도를, "아침부터 내 신발은 술로 가득 차 있었다/ 아버지,/ 가능하면 이 잔을 치워 주소서······"(1:101)에서처럼, 예수가 치워달라는 잔을 신발에 가득 찬 신발 술잔으로 비꼬며 바꿔치기 하듯이 말이다.

"죽지 말고"와 "못박혀요"라는 상반된 어투로 성교의 쾌락과 죽음을 대척적인 관계로 묘파하면서, 시인은 고통스럽게 제 몸으로 죽음과 싸운 예수와 달리, "얼마든지 죽을 수 있"는 여인의 벌거벗은 몸을 제시한다. 그 죽음은 신성의 권능 가운데 '참한 죽음', 곧 창녀의 몸으로 하느님을 선선히 접대하는 도저한 자세일 수 있지만, 그것에 꽃의 초월적 의미를 부여할 수 있는 메타포로서의 죽음이기도 하다. 죽음을 초월하여 승천까지 할 수 있는 신과 달리, 여인은 죽음으로 이승의 경계를 넘을 수 있을 뿐이다. 그렇게 더럽혀진 유곽의 여인들은 그렇지만 더럽혀지고 나서도 시집가는 천연덕스러운 삶의 주인공이다. 놀랍게도 그들은 다름 아닌 신의 딸이요, 어머니란다. 이 패러디에서 고통스럽게 죽어간 십자가상의 예수도, 그 예수가 부른 하나님도 유곽의 객, 아니 단순한 객이라기보다 딸과 어머니의 운명적 인연으로 맺어졌기에 스스럼없이 호명될 수 있는 존재다. 유곽의 여인에게 그 몸을 박아 참한 죽음으로 꽃을 보여달라는 이 능청스럽고도 선정적인 제안이 풍기는 시적인 독신瀆神의 아우라에는 성과 속이 따로 없다. 고귀함과 남루함의 간격이 그야말로 단숨에 '월경' 되는 형국이다.

이처럼 특정한 성서 구절의 기억이 의식에 나타나는 순간의 즉흥적 묘파는 『뒹구는 돌』의 곳곳에 등장한다. 낙타와 바늘구멍이(1:81), 예루살렘과 요단이(1:83), 세대의 오고감을 읊은 전도서의 장중한 예언이

(1:76), 또 하나님의 천지창조와 일곱째 날의 안식이(1:107) 모두 그렇게 본래의 맥락에서 이탈하여 생뚱맞게 변용된다. 그로써 시인은 성스러운 말씀, 행동, 사건, 가치 등을 비틀거나 뒤집어 예기치 않은 낯선 풍경을 보여주고자 한다. 그러한 예들은 이 시집의 군데군데서 일관되게 탐지된다. 보라!

1
나는 퀭한 地下道에서 뜬눈을 세우다가
헛소리하며 찾아오는 東方博士들을
죽일까봐 겁이 난다

이제 집이 없는 사람은 天國에 셋방을 얻어야 하고
사랑받지 못하는 사람은 아직 慾情에 떠는 늙은 子宮으로 돌아가야 하고
忿怒에 떠는 손에 닿으면 문둥이와 앉은뱅이까지 낫는단다, 主여(1:27)

2
내일은
主日이야 그대 아현동 正敎會의 희랍 사제를 기억하는지
내일은
主日이야 하품과 영광을 위해 돼지떼 속으로 다시 들어가진
않을는지 그대 툇마루는 아직 어지럽고 어머니는 老患을
사랑하고
있어 그대 飮料水를 마셔두게 별과 糞尿가 또 한번 그대
彼岸으로

3

우리는, 시멘트 포를 등에 지고 사다리 오르는 여인들을 생각하며 울었다
우는 흉내를 냈다, 우리는 바빌론에 묶여 있는 이스라엘 사람들을 생각하
　며 울었다 우는 척했다(1:39)

〈出埃及〉이란 성서적인 제목이 붙은 시에서 시인은 뜬금없이 예수
의 탄생을 축하하고 경배하러 별을 길잡이 삼아 먼 곳에서 찾아온 마태
복음서의 동방박사를 호출한다. 엉뚱한 맥락으로 호출된 그들은 축하와
경배의 메시지가 아닌 '헛소리'를 내뱉는 자들이고, 시적 화자는 그들을
"죽일까봐 겁이 난다." 그들이 누구기에 그들을 죽이려는 살인 충동이 생
기는 걸까. 이 시구의 앞부분에서 시인은 애인과 함께 술에 만취하여 비
틀거리며 걷는다. 그러다 지하도 바닥에서 애인이 먼저 쓰러져 드러눕는
다. 그곳에서 그 애인과 함께, 애인을 지키며 뜬눈으로 밤을 새울지도 모
르는 상황에서 그들에게 혹 '예수 천당' '불신 지옥'을 외치며 회개하라
고 다가오는 거리의 전도자나 그에 준하는 고압적인 충고자, 혹은 방범
대원이나 경찰의 단속반원이 있을지 모른다. 그들은 결코 달갑지 않은
불청객이다. 동방박사가 환영받은 불청객이라면, 전치된 맥락 속의 그들
은 환영조차 받지 못한다. 그들은 이 취한 연인들의 취함과 그 취함에 담
긴 외로움과 괴로움, 그리움의 사연은 쥐뿔도 모르면서 저만의 사명이나
임무로 무장한 채 적실한 소통의 연계점 없는 '헛소리'를 발하며 다가설
터이기 때문이다. 그들에 대한 경멸은 죽이고 싶을 정도로 화끈하지만
그로 인한 뒷감당이 부담스러워 겁이 난다는 것이다.

그들은 굳이 거리의 동방박사가 없더라도 천국에 셋방 하나는 확보해놓은 듯하다. 그런데 '천국의 셋방'이라니? 이는 천국이 영원하다고 믿는 우리의 통념에 '셋방'이라는 한시적 거주공간을 접속하여 충격을 주는 조어 아닌가. 그나저나, 아뿔싸, 그 천국의 셋방은 늙은 창부의 자궁이 대기하고 있는 유곽과 같다. 천국과 유곽을 겹쳐 상상하면서 시인은 '주여'까지 부르고 문둥이와 앉은뱅이를 고쳐준 예수의 치유 기사까지 떠올리지만, 그 치유의 손길은 자비와 연민의 손길이 아니라 "분노에 떠는 손"이란다. 이 간단없는 의미의 역전과 교착! 그런데 그 분노는 무엇을 겨냥한 분노였을까. 신의 불완전한 창조? 그들을 불쌍하게 방치한 사회의 부조리한 구조? 시인은 거기까지 가지 않고 그저 '주여'라는 호명 또는 탄식과 함께 그의 출애굽 여정을 접는다.

성서적 이미지가 혼란스럽게 교착되기는 두 번째와 세 번째 시에서도 마찬가지다. 인용문 2에서 그리스도교인들이 주일과 더불어 흔히 쓰는 형용사 '거룩한'은 볼품없이 찌그러진다. 주일이면 으레 따라붙는 거룩한 은혜는 사라지고 그 영광은 "하품"과 짝을 이룬다. "돼지떼" 이미지는 예수가 군대귀신을 축출하여 돼지떼 속으로 들어가게 한 기적 이야기(막 5:1-20)에서 빌려온 것이 틀림없다. 그 돼지떼 속으로 더러운 귀신이 들어가듯, 교인들은 주일마다 교회로 들어간다. 그 정신없는 상황의 도착(倒錯)은, "그대 툇마루"를 거쳐 "어머니"를 연상시키고, 툇마루의 '어지러움'은 늙은 어머니의 "노환"을 떠올려준다. 그런데 그 노환을, 마치 주일에 교회 가서 하품하면서 예배의 영광에 동참하는 교인들이 그 돼지떼 속의 공간을 견디듯, 아무렇지도 않은 듯 감내하며 심지어 사랑까지 한단다. 이러한 충격적인 가능성에 대한 무감각과 무성찰은, 시적 화자가 마시길 권유하는 '음료수'에서 '별'이라는 영롱한 이념의 좌표와 '분뇨'라는 비루한 삶의 실존을 동시에 보고, 또 "피안으로 흐르게 하"라고 말하는 해괴한 역설로 이어진다. 피안이면 이 세상의 삶을 초월하는 공간일 텐데, 거기서조차 '별'과 더불어 '분뇨'로 표상되는 비루한 삶에서 자유로울 수 없으리라는 이 상상의 열대!

그리하여 시인에게 가장 성스러운 것들은 위선에 찬 대상으로 비참하게 희화화되거나, 차라리 그것이 인간 욕망의 진창에 치열하게 부응하는 실존임을 투사한다. 3의 지문에서 뜨거운 여름날 건축공사장에서 일하는 여인네들을 보며 시인은 그들을 대뜸 그 옛날 바빌론 포로로 잡혀간 이스라엘 백성과 동일시한다. 이윽고 시인은 그들의 고단한 노역을 떠올리며 운다. 그러나 그는 즉각 그 울음을 반성하면서 그것이 단지 우는 척하는 위선적인 울음의 흉내가 아닐까 생각한다. 그 위선은 종교적 도덕이나 인습에 길들여진 상투적 감정 반응과 관련된 자의식이지만, 이로써 힘들게 노동하는 그 여인들과 그것을 관찰하고 느끼는 자신 사이의 실존적 거리를 메울 수 없다는 점을 아프게 깨닫는 성찰의 공간이 제시된다.

역설적으로 그 성찰의 거리가 확보되었기에 종교의 속죄 기능과 관련해서도 시인은 "지은 죄에서 지을 죄로"(1:20) 끌려가는 대책 없는 인간의 초상을 읽어내고, 성탄절 날 집에 머물며 "하루종일 코만 풀"고 "낮잠을 두 번 잤"(1:74)던 기억을 통해 무료한 일상과 겹쳐지는 성스러운 절기의 의미를 회의한다. 그런가 하면 시인은 "거룩한/ 거룩한 거룩한"(1:77-78)이라고 같은 말을 세 번 연속 중얼거리다가 아무런 수식 없이 "遲延 지루한 사랑"(1:78)이란 말을 곧바로 덧붙임으로써, 거룩함의 완성이 계속 지연되면서 신적인 사랑도 지루하게 되풀이되는 영혼의 권태를 은근히 드러낸다. 그리하여 시인에게 소돔은 심판의 이미지와 동떨어진

채 천연덕스럽게 일상을 구가하는 세속도시의 표상으로 운위되고(1:29),
형을 비롯한 시인의 가족이 하란에서 떠난 가족으로 묘사될 때조차 그
의 가족은 약속의 땅으로 잔뜩 기대감이 부풀기는커녕 "슬픈 노래를" 불
렀거나 "찢긴 와이셔츠처럼 웃고 있었"(1:56)던 것으로 회상된다.

특히, 『뒹구는 돌』의 이성복에게 '유곽'의 등가물로 변용된 '천국'은
묘한 여운을 남기는 이미지다. "天國은 말 속에 갇힘/ 天國의 벽과 자물
쇠는 말 속에 갇힘"(1:84)에서 보듯, 이 땅의 담론으로 운위되는 천국은
말로 떠들기 쉬운, 그러나 그 말의 내용이 모호하고 그 말의 성취를 보기
어려운 대상으로 곧 퇴락한 우리네 실존적 삶의 자리와 다를 바 없다. 그
런 줄도 모르고 사람들은 "天國으로 통하는 차들은 바삐 지나가고"(1:94)
에서처럼, 정신없이 천국이라 말하는 그곳으로 집중해서 바삐, 그러니
까 정신없이, 성찰 없이, 몰려간다. 그런데 기실 따지고 보면, 천국은 "유
곽의 窓이요 뜨물처럼 떠오르는 希望" "늙은 권투 선수"(1:77)에 불과
하다. 이를테면 비루한 삶의 일상이 바로 그 천국의 자리에 다름 아니라는
것인데, 그것은 치욕의 동인인 "밥으로 천국과 유곽과 꿈과 화장실을 만"
(1:93)들기 때문이다. 일용할 양식으로 밥을 먹어 생명을 버텨야 죄도 용
서받고 천국도 맛볼 것 아닌가. 그 진창 속의 천국 또한 성서에서 묘사한
천국처럼 믿음의 산물인 바, 시인은 그렇게 "믿음으로 세운 천국을 믿음
으로 부술 수도 있다"(1:87)고 담대히 선언한다.

그러면 시인은 신성을 모멸함으로써 자신을 학대하는 변태적 기질의
소유자인가. 그리하여 그 기질대로 그는 세상에서 신성한 것으로 여겨지
는 가치들을 때려 부수고 맘껏 조롱하는 것인가. 또 그것이 그의 독신적
표현들의 목표인가. 결국 허무주의자의 자기 파탄이 그가 갈 수밖에 없
는, 가고자 하는 외곬의 길인가. 이성복이 그 이후에 낸 시집을 검토하지

않고서 이러한 물음들에 냉큼 긍정적 결론을 내리는 것은 성급하다. 게다가,『뒹구는 돌』안에서도 그 독신적 언사와 이미지가 견딜 수 없는 무감각과 무성찰의 삶을 겨냥하는 충격 요법의 일환임을 확인할 수 있는 근거는 충분하다. 예컨대,

> 기도의 형식으로 나는 만났다
> 버리고 버림받았다 기도의 형식으로
> 나는 손 잡고 입맞추고 여러 번 죽고 여러 번
> 태어났다(1:89)

에서 보듯, 그는 연거푸 죽고 다시 태어나기 위해, 또 그 과정에서 지속적으로 새로워지기 위해 기도하는 자세를 놓치지 않는다. 그 만만치 않은 자세를 견지하기 때문에 그는 지극히 당연시되는 것들에 대하여 끊임없이 회의하고 뒤집어본다. 나아가 그 낯선 신비를 재발견하고자 말을 쥐어짜고 비틀며 용을 쓴다. 요컨대 그의 독신적 수사들은 언젠가 그의 상처와 치욕, 비루한 삶의 고통을 넘어, 또 그 고통에 대한 무감각과 무성찰을 넘어가길 갈망한다. 설사 그 고통을 질료 삼아 그 고통의 한가운데 영영 머물지라도, 궁극에는 "몸도/ 마음도/ 안 아픈 나라로"(1:109), "죽은 사람도 일어나/ 따뜻한 마음 한 잔/ 권하는 나라로"(1:110) 가고자 그는 그리도 독한 독신의 꿈을 견인하고 있는 것이다.

'징그러운 당신': 권혁진의 경우

별다른 시 투고의 작업 없이 1987년 『프리지아꽃을 들고』라는 제목의

시집을 달랑 출판한 이래로 소식이 뜸한 권혁진은 이성복과 달리 문단의 화려한 조명을 받은 바 없다. 시 세계 또한 두 시집만으로 비교해볼 때, 화려한 이미지와 현란한 리듬, 격렬한 언어의 진창으로 얼룩진 이성복의 첫 시집에 비해 그의 시집은 매우 단출하고 정돈된 문장의 시적 진술을 특징으로 한다. 그의 그런 시적 특징을 쫓아 그의 시 세계는 내향적인 우울함을 기본 정조로 삼고 있다. 왜 우울한가? 그것은 삶의 근원적 절망감과 이에 따른 자학적 세계관에 기인하는 듯하다. 이에 따라 그는 "세상은 한 덩이 무덤"에 불과하고, 그 "큰 무덤 위에/ 우리는 작은 무덤이 되는 것"(2:58)이라고 상상한다.

그 무덤으로서의 세상에서 "사는 일은 얼굴에 똥칠하는 일"(2:21)일 뿐이며, 그래서 그는 "살기 위해 나서는/ 출근길에 난/ 죽음을 생각한다"(2:56)라고 말한다. 유치원 졸업식장에서 꽃을 파는 젊은이가 들고 있는 프리지아꽃을 보면서도 그는 줄곧 죽음을 떠올리며 "살아남기 위해서가 아니라/ 죽음에 임박하기 위해/ 그와 나는 프리지아꽃을/ 들고 있다"(2:56)라고 우울을 내비친다. 이와 같이 도저한 죽음에의 집착은 "하루하루 살아간다고 말하면서/ 하루하루 나는/ 죽어가고 있다"(2:62)라고 계산하는, 세네카가 일찍이 간파한 허무주의적 인생관에 잇닿아 있는 듯하다.

그렇게 무의미한 삶을 고통스럽게 견디면서 시인이 그나마 삶의 의미를 명징하게 조형하고자 애쓰는 모습은 먼저 가학과 피학의 욕구로 표출된다. 그 욕구는 구체적으로 자신의 신체적 고통을 극대화하여 생명의 가장 민감한 성감대를 단번에 느끼고 싶어하거나 다른 생명의 명운을 가르는 결정적 순간에 개입하여 그것을 절단내고 싶어하는 폭력에의 유혹으로 발현된다. 그리하여 그는 "양지에 나와/ 충혈되어 말라/ 죽고 있는" 지렁이에서 토막 나서 끊어진 자신의 힘줄을 보며, 대뜸 그것을 "발밑에 밟아/ 죽인다"(2:11). 그런가 하면 그는 "날이 선 칼로 가슴을/ X 자로 긋고 싶다"라는 자해의 충동에 시달리며, 그렇게 해서 "발딱발딱 피를 쏟는/ 선명한 그것을/ 만지고 싶다"(2:14)라는 기이한 욕망을 드러낸다. 여기서 한 걸음 더 나아가 그는 꺼낸 심장을 또다시 "칼로 베어내 들여다보고 싶다"거나 "피 흐르는 심장을/ 흙 속에 밟아/ 묻고, 얼굴에 두꺼운/ 鐵面을 덮고 싶다"라고 가학적 충동을 한층 더 심화시킨다. 시인은 그로써 "살아 있음"과 "깨어 있음의 의미"(2:15)를 민감하게 의식하며 고양시키고자 하는 것이다. 이 그로테스크한 자기 해부와 해체의 작업은 또다시 인간의 육체를 마르고 말려 '눈' 하나만 달랑 남겨두고 싶은 응축과 응시의 욕구를 낳기도 한다(2:20). 이와 같이 자신의 안과 밖을 향한 폭력적 상상 또는 상상적 폭력을 그는 대수롭지 않은 양 즐길 뿐 아니라, 반 푼어치도 안 되는 '정열'과 '지성'과 '정의'에 비해 "폭력은 언제나 산처럼 위대하다"(2:22)라고 예찬까지 한다. 이렇듯, 도저한 피학과 가학의 폭력적 욕망을 극한대로 밀어붙이는 엽기적 충동으로써나마 시인은 생명의 가열찬 감각, 그 무의미의 의미를 더듬어보고자 하는 것이다.

또 다른 방향에서 권혁진, 혹은 그의 시적 자아는 그런 비극적 생의 자의식 가운데 빨리 자신의 삶을 비워내고 싶어하는 욕망으로 들끓는다. 비워야 할 것이 많지만 그중에서 시인이 가장 절박하게 비워내고 싶어하는 것은 말(언어)이다. 하여 그는 시집의 짧은 서문에서 "말이 곧 죄인 세상에서 무슨 말을 하려는 건지 부끄럽다"고 고백할 정도다. 직접적으로 〈말〉이라는 제목이 붙은 시에서 그는 "더 벗을 수 없는 옷처럼/ 말은 살에 붙은 감옥"이며, "내 앞에서 가장 가까운 철창"(2:23)이라고 뇌까린다. 그런가 하면 말은 또한 "원수/ 원수의 씨"(2:28)이며, 원수가 아닐 때

말은 "환상의 머리결, 아름다운/ 이를 가진 情婦"(2:28)이기도 하다. '감옥'과 '철창'은 구속의 이미지다. 그것은 자신이 내뱉은 말이 기억의 회로를 떠돌며 자의식을 족쇄 채우는 매우 생생한 경험의 발로다. 그래서 말은 크고 작은 숱한 오해와 불화의 단서를 제공하고 각종 후회의 배경이 된다. 또 말은 그로 인한 성찰의 고통을 안겨주기에 죽음만을 향하여 단순히 편하게 살고자 하는 욕망의 관점에서는 그 욕망을 옥죄는 '원수'와 같다. 한 걸음 더 나아가 하나의 말은 또 다른 말의 꼬리를 물고 악순환하면서 원수의 원수, 곧 '원수의 씨'를 낳는 태반이 되기도 한다. 그러나 내뱉은 말들로 인한 후유증의 가시를 의식하지 못할 때, 그래서 그 말들로 다시 유혹하고 예찬하고 노래할 때, 그것은 환상적으로 감촉되는 정부情婦의 머릿결에 비견된다.

시인이 이렇게 골치 아픈 말을 비워내고 싶은 욕망은 꾸역꾸역 음식물로 채우는 "胃를/ 비우고"(2:70) 또 머릿속을 말끔히 비워서 "텅 빈 바가지가/ 되고 싶다"(2:52)라는 무의식적 욕구를 낳는다. 자신의 몸속에 담긴 온갖 잡동사니 노폐물을 죄다 비워내고 싶어하는 욕망은 곧 결벽적인 자의식의 발로로서 누추한 세상과 그 세상에서의 누추한 삶을 감당하면서 겪은 좌절감의 상흔을 암시한다. 그렇게 뒤틀린 자의식의 시선으로 내다보는 세상의 온갖 물상들은 생명력을 상실한 채 메마르거나 썩어 있다. 그 시선은, 썩어 배설물이 된 내장과 시들어 몸 한구석에 붙어 있는 쓸개를 포착하고(2:12), 빠진 머리카락에서 "신경의 썩은 마디들을" 보며(2:13), 한밤의 달을 쳐다보면서도 괴이쩍게 "썩은 복숭아 같은 달"이라고 상상한다(2:19).

이러한 비극적 생의 자의식이 어디서 발원한 것인지 시인은 그것을 면밀하게 추적하여 탐색할 만한 개인사적 삶의 흔적을 제시하지 않는다.

대체로 상처와 절망의 뿌리로 노출되곤 하는 유년기나 청년기의 굴절된 생 체험들이 그의 시에서는 거의 엿보이지 않는다. 그 대신 현재 시점에서 그 자학과 절망의 배경을 이루는 핵심적인 실마리가 있다면, '하느님의 침묵'이라고 할 수 있다. 간단히 말해, 말없이 사는 것이 편한 인간은 너무 말이 많아 고통스러워하고, 말을 많이 해야 할 신은 내내 말없이 침묵하고 있으니 이 전도된 국면이 삶의 근원적 비극이라는 것이다. 시인이 보기에 "언제 어디서나/ 하느님은/ 침묵"하고 있으며, "침묵을 금가게 하는/ 말은 하느님의/ 적"(2:66)이다. 그러면서 그는 이 시의 말미에 "지금, 말 많은 자/ 누구냐"(2:66)라고 대뜸 자문하면서 은근히 자신을 포함한 말 많은 인간들을 겨냥하고 있다.

우리의 삶을 이 땅에 있게 한 원인 제공자로서 하느님은 그 행방이 언제나 묘연하다. 있는지 없는지 늘 가물가물할 따름이다. 그리하여 현실 속에서 그의 지속되는 침묵이 시인을 자학 속에 몸부림치게 만들고, 죽음에 지독하게 집착하게 하는 것이다. 이로부터 하느님이 존재한다면, 아니 존재하지 않는다 할지라도, 생의 근원적 의미를 가능케 하는 토대로서 신을 상정할 수 있지 않을까. 과연 시인은 하느님을 호출하여 그 하느님에 대한 독신적 불경을 무릅쓰는 극한적 표현 속에 일련의 하느님 연작시를 생산해낸다. 그렇다면 여기서 그 하느님은 어떤 분이며, 어떻게 체험되는가.

뱃속에 숨어
꿈틀대는 회충처럼
그대는 허기를 몰고 온다

징그러운

당신(2:29)

소주 마시고 나는

당신을 생각합니다

마신 김에 발가벗고

당신을 생각합니다

내 옆에 또 하나의 발가벗은 몸뚱이

계집을 타고

간음하면서 당신의

영상을 그립니다

당신이 내 아버지인가

이 년이 당신의 딸인가

당신의 손 위에서

숨차게 신음하면서

마지막 순간까지

나는 당신을 잊지 않습니다.(2:30)

내 뒤에서

보이지 않는 하느님

돌아보아도

다시 보이지 않는 하느님

아무데도 없는 나의

하느님

그 하느님이 날마다

무겁게 명치 끝에 매달린다(2:44)

손바닥이 아닌 정수리에

대못을 쳐주오

내 오금과

내 허리에도

대못을 지르고

발가벗겨 긴 창을 찔러

그대의 편이 되게 하소서(2:49)

〈하느님〉 연작시 1에서 하느님은 뱃속에서 기생하며 꿈틀거리는 회충에 빗대어 "허기를 몰고" 오는 "징그러운 당신"이다. 징그럽다는 말의 어감은 회충의 혐오스러운 인상을 나타내기도 하지만, 동시에 창자에 단단히 달라붙어 영양분을 빨아먹는 지독하고 지겨운 존재를 표상하기도 한다. 여기서 중요한 대목은 "허기를 몰고 오는"이라는 시구다. 물론 이 시구의 표면상 그 허기는 회충의 기생으로 인한 결과다. 그런데 여기서 그 회충의 등치 대상인 '징그러운 당신'으로서의 하느님 또한 삶의 허기를 제공하는 장본인이다. '허기'는 우리의 바람과 무관하게 우리의 몸에 깃들듯, 영혼의 허기 또한 늘 우리를 허덕이게 하는 삶의 결핍이다. 그 결핍을 노리며 그것을 채우라고 간단없이 독려하는 듯한 신의 보이지 않는 재촉을 시인은 회충처럼 끈덕지게 인간에게 기생하는 하느님의 이미지 속에 묘파하고 있는 것이다.

그 결핍의 근원이자 그것의 궁극인 하느님은 연작시 2에서 술 취한 채 벌이는 간음의 현장에서 연상된다. 그렇게 연상된 하느님은 그러나 간음죄로 인한 자책과 징벌의 두려움과는 동떨어진 상태에서, 성애의 신음을 타고 화자의 감각과 기억 속에 머물며, "마지막 순간까지" 잊히지 않는 존재다. 그리하여 더불어 뒹구는 발가벗은 계집의 몸은 "하느님의 손"과 동일시되기에 이른다. 그런가 하면 연작시 3에서 하느님은 아무 데도 없으면서 명치 끝에 "날마다", 그러니까 일상적으로 매달리는 영혼의 부담으로 등장하고, 4에서는 예수의 십자가형을 본받아, 정수리에 대못을 쳐달라고 간청할 만큼 그 이상의 극렬한 고통으로 자신의 육체를 몰아세움으로써 고통을 가하는 동시에 고통을 당하는 가학적·피학적 신의 이미지로 자신의 분신을 삼는다. 그렇게 보이지 않는 하느님, 있는 듯 없는 것 같은 하느님을 시인은 가끔 서편 하늘의 석양녘 햇빛 속에서 "무너지는 하느님" "가라앉는 하느님" "숨지는 하느님"(2:39)으로 읽어낸다. 그런가 하면 내리는 빗속에서 "裸身의 세상에 맨발로 오는" "지금은 먼 눈물의 하느님"(2:77)을 발견하기도 한다. 얼핏 범신론적 이미지로 조형된 이 신학적 구축은 그 범신론적 신의 편재를 마냥 경건하게 긍정하고 숭고하게 노래하기보다 과격한 독신적인 이미지로 하느님에게 엉겨 붙음으로써 그의 존재와 의미를 부정적인 관점에서 날카롭게 추궁하고 있다는 점에서 일반적인 범신론의 풍경과는 사뭇 다른 구석이 있다.

그 "눈물의 하느님"이 무너지고 가라앉고 숨지는 하느님으로 묘사되는 것은 그 하느님이 지금 너무 멀리 느껴지기 때문이다. 그렇지만 동시에 그 하느님은 앞서 살핀 대로 몸속의 회충처럼 징그럽도록 떠나지 않는 가까운 존재다. 그러나 시인의 느낌상 가깝든 멀든, 그가 조형하는 하느님 상이 전통적 그리스도교의 신학적 틀에 비추어 매우 이색적이고 파격적인 독신獨神의 아우라를 빚어내고 있음은 분명하다. 그렇다면 시인이 온갖 가학적·자해적 언사로 삶의 헛됨과 절망을 외치는 것은 그 침묵하는 하느님을 향해 뭔가 말 좀 해보라는 몸부림이 아닐까. 마치 바알과 아세라 선지자들이 그들의 신을 향해 불을 내려달라고 제 몸에 칼질을 하며 자해했듯이, 시인은 이교적 습속과 행태로써 생떼를 부리듯 하느님의 옛적 눈물을 지금도 다시 보여주길 갈망하고 있는 것은 아닐까.

그러나 절대 타자로 존재하는 권위적 하느님은 권혁진의 시에 등장하지 않는다. 그의 하느님은 상처와 절망으로 찌든 그의 기억, 죽음만이 해답인 그의 갑갑한 실존의 자리 한가운데서 스치듯 나타나고 나타나자마자 사라지는 바람과 같은 존재다. 굳이 신학사적 전통에 비긴다면, 그의 하느님은 어디에도 있되 어디에도 없는 역설의 신이고, 썩어버릴 육체에 관여하지 않는 초연한 신이며, 불완전한 창조의 신과 이교도를 묵사발로 만들던 잔혹한 폭력의 신을 비판하던 영지주의적 신성의 이미지에 근접한다. 그 설명되지 않는 신인즉 기실 인간의 내면이 피워 올린 욕망의 총화 내지 단면으로서 명멸하는 자아의 투사물로 재해석할 수도 있다. 이러한 맥락에서 보면, 권혁진의 하느님은 결국 자신의 삶을 뒷받침하는 마지막 희망의 보루와 그것의 좌절과 파멸로서의 죽음 사이를 부유하며 고뇌하는 인신人神이다. 그래서 시인은 "살기 위해서라고 말하면서/ 더 빨리 나는 죽어가고 있"듯이, 한편으로 하느님을 부르고 갈망하면서 다른 한편으로는 "밤마다 우주에 별을 닦아 띄우는/ 하느님도 버"(2:62)린다고 감히 쓴다.

상처가 언어를 빌미로 가학과 자해를 낳고 그것이 또 다른 상처를 낳는 순환 과정에서 신/마귀의 틈입은 기실 억압된 자아의 또 다른 변형일 수 있다. 이와 관련하여 롤랑 바르트는 다음과 같이 말한다.

어떤 뚜렷한 힘이 내 언어를 재앙으로 몰고 가 내 스스로를 해치려 한다. 내 담론의 발동 시스템은 추진 장치 없는 바퀴다. 언어는 현실에 대한 어떤 전략적인 생각도 없이 자꾸만 커져 나간다. 나는 내게 상처를 주는 이미지들(질투, 버려짐, 수치심)을 연신 떠올리면서 스스로를 자해하려 하며, 천국에서 추방하려 한다. 이렇게 하여 열려진 상처를, 또 하나의 상처가 내도하여 그것을 잠시 잊게 할 때까지, 다른 이미지들로 양분을 주고 부양한다(롤랑 바르트/김희영 옮김,『사랑의 단상』, 문학과지성사, 1991, 111).

여기서 우리는 권혁진이 그렇게 비워내고자 한 말(언어)의 세계와 하느님의 침묵의 세계로 되돌아온다. 그 간극에서 우리가 마주치는 것은 시적 화자의 간단없는 자학적 제스처이고, 그 이면의 어떤 상처들이다. "우리는 우리 자신의 마귀다"라는 바르트의 언명대로, 시인 권혁진은 그 자신에게 그의 상처와 언어가 빚어낸 그 자신의 하느님이 아니었을까. 그래서 징그러운 삶을 마감하고 후련한 죽음을 맞을 때까지 하느님조차 회충과 같은 "징그러운 당신"으로 모멸적인 이미지로 연상하지 않으면 자신의 치욕적인 삶의 실존을 견딜 수 없어 막막했던 것이 아닐까. 그렇다면 어떤 의미에서 그런 그의 하느님도 구원자라고 볼 수 있지 않을까.

의도적 독신과 탈우상화 전략

독신濱神의 문학적 모티프는 기실 저 시인들을 뛰어넘고 니체를 한참 건너뛰어 사실 성서로까지 소급된다. 욥은 극단적 고통 가운데 자신의 생일을 저주함으로써 "하나님에게 둘러싸여 길이 아득한 사람"(욥 3:23)을 태어나게 한 창조주를 은근히 원망한 바 있다. 예레미야는 "주께서 진실로 이 백성과 예루살렘을 크게 속이셨나이다"(렘 4:10)라고 야훼 신의 말에 일관성이 없음을 따지며 은근히 그를 대형 사기꾼의 이미지로 묘사하기도 했다. 신약성서에서 예수는 당대의 주요 종교지도자들에게 종종 신성모독의 혐의를 받고 그것을 빌미로 공격당했다. "시험에 들게 하지 마소서"라는 그가 가르친 기도에는 은연중 하느님이 인간을 시험에 빠지게 하여 괴롭히는 악의적인 신이 아닌가 하는 의심을 깔고 있다. 또 "엘리 엘리 라마 사박다니"라는, 시편(22:1)을 인용한 예수의 십자가상 절규에는 그의 고통에 침묵하는 신에 대한 절망 어린 탄식이 스며 있다.

얼핏 독신적으로 비칠 만한 이들의 언사가 엄숙한 탄식의 정조를 띠고 있다면, 위의 두 시인들이 내뱉은 독신적 시구들에는 가벼운 냉소와 자조의 아우라가 담겨 있다. 오늘날 영혼의 징후에 민감한 시인들은 성서 시대 이후로 너무도 오랫동안 되풀이되어온, 그리하여 딱딱하고 상투적으로 다가오는 신의 메시지와 그것에 기댄 종교적 권위에 거짓 예의를 바쳐 경의를 표하기가 심히 곤혹스럽다. 그들은 종교적 엄숙주의에 침을 뱉고 비아냥거리고 그것을 비틀지 않고서는 역사와 현실 속에서 덕지덕지 포장되고 치장된 신의 본질조차 볼 수 없으리라는 위기의식에서 나름의 영감을 받는 것이다. 그리하여 그들은 인간의 실존적 비극과 역사의 질곡 가운데 값싼 은총의 상품을 판매하는 종교화한 신의 휘장을 찢고, 냉소와 자학의 수사를 동원하여 '신 너머의 하느님'God beyond god을 부른다. 나아가 그들은 문자 속에 갇힌 화석화된 신을 모욕적으로 묘사하면서 그 신의 권위에 기생하며 인간을 억압하는 가장 오래되고 성스러운 권위에 도전한다. 나는 그 도전이 동반하는 도저한 무모함에도 불구하고 그것이 이 뒤틀린 시대에 여전히 일리 있는 예언적 알리바이로서의 위상을 지닌다고 평가하고 싶다.

그 "징그러운 당신"은 언제쯤 그 징그러운 껍데기를 벗고 저 불신과 독신의 진흙탕을 벗어나 신 안에서 신을 뭉개며 신과 더불어 탄식하는 저 시인들과 화해할 수 있을까. 언제쯤, 어떻게, 인간은 인간과 더불어 순전한 시선으로 교감하며, 냉소 없이, 자학 없이, 독설 없이, 선연히 신을 말하며 예찬할 수 있을까. 그 궁극에 이르는 기나긴 여정의 치열한 진정성을 위해 독신의 신학적 역설도 참으로 역설적이게 희미한 메시아적 희망의 빛을 발한다.

• 이 글에서 인용한 텍스트의 출처는 다음과 같다. 괄호 안의 첫째 숫자는 아래 시집의 번호이며, 둘째 숫자는 그 시집의 쪽수다.

1. 이성복, 『뒹구는 돌은 언제 잠 깨는가』(서울: 문학과지성사, 1980).
2. 권혁진, 『프리지아꽃을 들고』(서울: 문학과지성사, 1987).

11장 '미지'와 '흔적'으로서의 하나님
─이성복의 〈낮은 노래〉 세 편

하릴없이 욕 나오는 밤

오늘 주일예배는 그럭저럭 은혜스러웠다. 내 설교가 그중 가장 위선적이었지만, 자지러질 듯 그 위선의 고비를 넘어서면 꼭 위악이 꼬리를 내밀었다. 집에 돌아와 초저녁까지 낮잠을 잤다. 눈다운 눈이 오랜만에 펑펑 내려 사위를 하얗게 덮은 날이라서 그 따스한 눈 세상의 꿈에 잠겨 푸근해지고 싶었나 보다. 그러나 아침엔 집을 나서면서 아이들이 눈싸움하다가 다치고 징징거리는 예감이 스쳤다. 아니나 다를까. 그 환상 어린 예감이 몇 시간 뒤 현실이 되었다. 그 예감의 잔상 가운데 80년대의 한 모퉁이에서 언젠가 읽은 임철우 소설 〈눈이 오면〉의 결말 부분에 묘사된 아름다운 눈 세상이 어렴풋이 포개졌다. 뒤늦게 내가 무척 좋아하는 김주영의 장편 『홍어』가 남겨준 정갈하고 신비한 눈 풍경도 떠올랐다. 우여곡절의 세상사가 만든 모든 인간의 허물을 덮어주고 이 세상의 모든 경계를 지워주는 아름답고 신비한 그 눈의 이미지…. 고립과 신생의 시간을 선사하는 그 아득한 세상의 저편…. 그것들이 아직도 내 기억 속에 살아 있었던 모양이다.

저녁 먹고 신학교수들이 쓴 논문들을 열두어 편 교정하고 편집하는 일을 계속한다. 거의 마무리되는 나흘째, 아마 수천 군데 손질하였으리라. 지식을 재생산하여 말하기와 글쓰기로 먹고사는 동네 사람들이 왜 이렇게도 글이 방자하고 허술할까. 왜 그렇게 글을 가지런히 공대하지 못하고 엉망진창으로 학대하고 있을까…. 투덜거렸다. 수천 군데 손질하면서 수십 번 투덜거렸으면 그나마 양호하다고 자위해본다. 사랑하는 아이들의 잠자리를 살피고 살포시 그들의 볼과 머리를 쓰다듬어준 뒤, 지친 눈까풀을 달래며 거실의 커튼을 연다. 창밖이 온통 시퍼렇다. 불현듯, 내 귀에 들릴락 말락 세미한 소리로 욕이 튀어나온다. 참 머쓱해지고 밍밍한 순간이다. 특별히 이유도 없다. 내 속에 욕의 귀신들이 몇 마리 사는지, 그들은 이렇게 낮잠 뒤의 침침한 밤, 이 세상으로 뜬금없이 싱거운 욕을 한 접시 건네곤 하는 것이다.

하릴없이 욕 나오는 밤, 그 무의식의 욕망을 뿌리째 건드리다 보면 내 기억의 날개는 대체로 80년대 초입의 이성복을 향해 뻗는다. 마치 60년대 초입 소설계의 김승옥이 그랬듯, 그는 80년대 벽두를 커다란 충격의 언어들로 도배하다시피 하면서 또 다른 '감수성의 혁명'에 기폭제가 되었다. 그가 시대정신을 함양하는 시인으로서 시의 언어를 매개로 저지른 일이었기에 그 충격은 더욱 컸을 것이다. 나는 그의 첫 시집 『뒹구는 돌은 언제 잠 깨는가』를 되풀이해 읽으면서 늘 마음이 아렸고, 이 세상을 향해 까마득해지곤 했다. 뒹구는 돌이 언제 잠 깨는지 아무도 알 길이 없어 답답해졌고, 그것의 불가능한 가능성으로 인해 슬퍼지기도 했다. 그는 무엇보다 이 시집에서 욕스러운 시대의 고통 불감증을 욕스러운 언어를 극단까지 밀어붙이면서 낱낱이 고발했다. 나는 어쩌면 그의 말 한 마디에서 인간의 욕망 깊숙이 똬리를 틀고 있는 무의식 세상의 보편적 단층을 짠하게 맛보았는지 모른다. 그것은 말하기 고역스럽고 결코 말할 수 없는 은밀한 욕망의 자폐성, 세상의 기만성, 시인의 표현대로 "가면 뒤의 얼굴" 역시 "가면"임을 확인하는 참 뜨악한 경험이었다(1:67).

그가 아프지 않은 나라로 가기를 그렇게 환상적으로 꿈꾸었음에도 그의 80년대 시들은 여전히 고름이 칠칠 넘쳐흐르는 세상의 질고와 부패, 절망 이외에 대안이 별로 없는 부조리의 세계로 떠오른다. 그의 시들을 다시 읽는 일은 아물어가는 환부를 다시 긁어 덧나게 하는 무모한 짓처럼 느껴진다. 그러나 어쩌랴. 나는 부인할 수 없으니. 내 속에 사는 몇 마리 욕 귀신들이 그의 시들로부터 감염된 결과임을! 예측할 수 없는 공처럼 튀는 그의 기발한 말들의 풍경과 그 안에 숨어 있는 전복적인 이미지, 권태로운 세계를 견디는 말놀이의 습성, 상처의 내력을 어루만지고 그것을 빌미로 사유의 결을 다듬는 방식, 치열함과 섬세함이 만나고 웅대함과 정밀함이 어우러지는 길…. 이 모든 것들 역시 그의 글을 읽어온 경험에 한 다리 걸치고 있음 또한 사실에서 멀지 않으니, 어찌 내 뜬금없는 욕의 정신사적 배경으로 이성복의 80년대를 내칠 수 있으랴.

독신(瀆神)에서 독실(篤實)로?

나는 몇 년 전 "독신瀆神의 신학적 역설"이란 제목의 비평 에세이로 이성복을 권혁진과 나란히 다루면서 그의 초기 시 세계에 나타나는 독신의 모티프를 집중 조명한 적이 있다. 당시 그 글에서 내가 강조하고자 한 것은, 그의 욕스러운 언어들 심층에 내장되어 있는 초월적 신성을 향한 모

욕적 도발과 냉소적 경멸의 신학적 의미였다. 물론 이때의 '초월적 신성'
이란 신성의 가면에 의탁한 동시대의 죽어버린 신의 현상으로 이미 19
세기의 니체가 그의 당대를 겨냥하여 설파한 메시지였다. 그것은 인간의
제도와 화석화된 습속에 삭혀져 버린 신의 허울을 해체하고자 하는 의욕
의 발로였을 텐데, 시인 이성복에게도 그러한 독신의 역설적 발상은 고
통 불감증의 시대를 깨우는 적실한 과녁이었을 법하다. 가령, 그의 욕스
러운 언어로 포장된 독신의 이미지는 다음과 같이 간접적으로 조형된다.

엘리, 엘리 죽지 말고 내 목마른 裸身에 못박혀요(1:15)

나는 퀭한 지하도에서 뜬눈을 새우다가
헛소리하며 찾아오는 동방박사들을
죽일까봐 겁이 난다(1:27)

내일은
主日이야 하품과 영광을 위해 돼지떼 속으로 다시 들어가진
않을는지(1:37)

성탄절 날 나는 하루종일 코만 풀었다 아무 愛人도
나를 불러주지 않았다(1:74)

天國은 유곽의 窓이요 뜨물처럼 오르는
希望, 希望──늙은 권투 선수(1:77)

거룩한

거룩한 거룩한

遲延 지루한 사랑(1:77-78)

어머니 저는 낙타요 바늘이요 聖者요 聖者의 밥그릇이요(1:81)

天國은 말 속에 갇힘

天國의 벽과 자물쇠는 말 속에 갇힘(1:84)

터져 나오는 욕들을 차갑게, 냉소적으로 순화시켜 빚어낸 이 독신적 시어들은 여기저기에서 파편처럼 떼어내 봐도 시인이 당대의 그리스도교를 어떻게 인식하고, 그 그리스도교에서 선전해댄 신의 세계를 어떻게 통찰했는지 절절이 감지된다. (요즘 이런 그리스도교를 세상은 '개독교'라는 남세스러운 말로 표현한단다.) 그의 독신적 대결의식은, 예수가 십자가에 헛되이 못 박혔다는 어조로 매춘부의 나신을 빌어 빈정대고, 따분하게 헛소리와 하품 나는 메시지로 빤한 메시지를 반복적으로 주입하는 주일과 각종 절기의 풍경에 대한 냉소를 뿜어낸다. 거기에서 선포하는 거룩함은 대책 없이 지연되는 삶의 아노미일 뿐이고, 사랑 역시 지루한 상투적 수사의 되풀이에 지나지 않는다. 천국을 말 속에 갇힌 "유곽의 창"으로 볼 정도면 볼 장 다 본 격이다. 부자가 천국에 들어가는 것이 낙타가 바늘귀 들어가는 것보다 더 어렵다는 예수의 말씀을 패러디하여, 화자는 현실과 동떨어진 그 자발적 가난에의 권고를 "낙타요 바늘이요 성자요 성자의 밥그릇"이라는 한 마디로 무화시켜버린다. 자칭 타칭 예수의 그 말씀을 따르는, 그래서 자발적 가난의 삶을 실천하는 듯 보이는 성자 같은 사람들의 밥그릇조차 정작 가난한 자들이 몸으로 때우면서 제공한 것이라는 식의 쓰디쓴 냉소적 풍자가 거기에 담겨 있다.

저러한 독신적 이미지를 담아내는 말들의 목소리는 카랑카랑하고 날카롭다. 모든 것을 비틀고 옥죄고 패대기쳐야 속이 시원하니, 그가 가소롭게 여긴 인간의 제도와 습속에 갇힌 가짜 신을 넘어 진짜 하나님이 다가온다 해도 그것을 분별할 차분한 마음가짐이 그 목소리에 깃들기란 난망한 일이다. 그런데 이성복의 뒹구는 돌이 마침내 잠을 깨고 눈을 떴는지 그는 꼭 10년이 흐른 시점에서 낮은 목소리의 사랑노래들을 토해내기 시작했다. 1990년에 출간된 그의 세 번째 시집『그 여름의 끝』은 그야말로 쟁쟁한 여름을 보내고 숙성한 계절을 맞은 시인의 겸허한 내성을 담아내고 있다. 여기서 시인은 지난여름의 들뜬 목소리를 낮게 깐다. 가짜 신의 가면들을 질타하던 어지러운 수사들도 부드러운 고백의 시어로 풀어놓으며 잠잠히 노래한다. 모두 병들었지만 아무도 아파하지 않던 시대의 부조리도 잠시 옆에 내려놓는다. 그렇게 그는 욕스러운 언어로 이를 갈던 표정을 바꾸어 단정하고 순한 얼굴이 된다. 그게 원래 그의 모습이었다는 듯, 다소곳한 포즈로 그가 토해낸 낮은 노래들은 마침내 수많은 '당신'을 불러낸다. 그 '당신'의 일부는 시인이 그토록 만나고 싶어한 하나님이었다. 이 세상의 모든 형적에 은밀하게 각인된 미지의 하나님, 신산한 기다림과 함께 그의 삶이 만들어낸 흔적으로서의 하나님이었다. 이때부터 그는 이제 말의 진정한 의미에서 '독신'을 넘어 '독실'해진 것일까.

'미지'라고 불리는 당신

독신의 역설을 넘어 이성복이 10년 만에 당도한 신의 세계는 알 수 없는

'미지'라고 불리는 '당신'의 세계였다. 그 세계는 그에게 더 이상 익명으로 처리된 냉소의 대상이거나 현실 그리스도교가 표상하는 시대정신의 부정적 배경일 수 없었다. 그것은 '당신'이라는 당당한 인격의 모습으로 등장한다. 아니, 그것은 전면으로 '등장'하기보다 뒷면에서 아득한 그리움의 대상으로 가물거린다. 그의 노래가 '낮은' 노래일 수밖에 없는 까닭이 여기에 있다.

> 나의 하나님, 신부인 나의 잠자리는 젖어 있습니다 오, 근원 가까이 흐르는 물, 나의 기다림은 낮게 흘러 두 개의 맑은 호수를 이루었습니다 다만 미지와 미지라고 불리는 당신의 두 눈, 수심 깊이 곱게 씻긴 다갈색 자갈돌을 보기도 하였습니다 나의 하나님, 그러나 나의 기다림은 낮게 흘러 흐려질 것입니다 다만 당신 자신으로서의, 당신의 하나님(2:62)

마침표 없이 다섯 개의 쉼표만으로 잔잔히 이어지는 이 고백적 시의 흐름에서 주목할 만한 해석의 요체는 "나의 하나님"으로 말문을 열었다가 마지막에 "당신의 하나님"으로 끝나는 구조다. 이와 함께 그 하나님을 정의하는 유보적 의미의 부사 "다만"이 두 번 반복되는 언저리도 이 시의 신학적 상상력이 결절하는 지점으로 세밀한 관찰을 요한다. 그런가 하면 화자인 '나'의 은근한 결의를 채색해주는 접속사 "그러나"는 강한 박자로 이 시의 전체 리듬을 조율한다. 도대체 무슨 일이 있었던 것일까. 무슨 사연이 있었기에 "나의 하나님"은 "당신 자신으로서의, 당신의 하나님"이 되어버린 것일까.

이미지와 의미가 상호 연쇄되는 것이라고 할 때, "신부인 나의 잠자리가 젖어 있"다는 고백은 그 앞의 "나의 하나님"이라는 호칭을 다정한 초대가 아니라 애달픈 탄식으로 비치게 한다. 화자가 스스로 '신부'라 칭한 것은 구약성서 아가서의 어법이면서 동시에 그리스도를 신랑으로, 교회와 그 구성원을 신부로 여겨온 신약시대의 은유적 이해와도 통한다. 그런데 가장 달콤하고 아늑해야 할 잠자리가 젖어 있단다. 그 잠자리가 눈물의 자리였기 때문이다. 그 눈물은 이어지는 시구에 비추어보면, 신랑으로 그 자리에 있어야 할 "나의 하나님"이 부재하기 때문이다. 그래서 그 하나님의 부재를 탄식하며 그 자리에 함께하기를 기다려온 그 기다림은 자신의 존재에 궁극적 관심을 부여하는 "근원 가까이 흐르는 물"이 된다. 기다림 속에 흘린 눈물은 겸손하게 이어져("낮게 흘러") "두 개의 맑은 호수"로 승화된다. 말하자면 "나의 하나님"의 부재로 유발된 그의 근원적 기다림과 그 과정에서 흘린 눈물이 영혼의 상징이라는 두 눈을 맑게 정화해온 것이다. 티 없이 맑은 호수 같은 두 눈동자는 그 심연의 깊이로 인해 신성이 깃드는 자리가 된다. "두 개의 맑은 호수"인 나의 두 눈이 '다만'이란 경계선을 넘어 "미지와 미지라고 불리는 당신의 두 눈"으로 둔갑한 내력이 여기에 있다.

내가 젖은 잠자리의 불면을 거쳐 눈물의 연단으로 피워낸 맑은 두 눈동자의 이미지는 그러니까 익숙하던 상투적 수사로서의 "나의 하나님"이 낯선 존재인 미지의 당신을 투영해주는 하나님의 심연에 잇닿아 있음을 표상한다. 그 타자로서의 하나님은 눈물의 흐름 속에 순간적인 흔적처럼 얼핏 모습을 내비치는 미지의 세계 그 자체다. 그러나 그 컴컴한 미지 안에 유폐되지 않고 하나님은 '당신'으로 호출되고 '미지'라고 불린다. 비록 '미지'라고 불릴망정 당신은 내 젖은 잠자리가 만들어낸 맑은 두 개의 호수 같은 존재의 심연과도 깊이 만나서, 그 자리에 나의 두 눈은 곧 당신의 두 눈과 고스란히 겹쳐지기도 한다.

"근원 가까이 흐르는 물"로 낮게 흐른 "나의 기다림"과 그렇게 생긴 "두 개의 맑은 호수", 그리고 미지의 심연 같은 "당신의 두 눈"은 자체 내의 이미지 결합과 연상 가운데 화자로 하여금 "수심 깊이 곱게 씻긴 다갈색 자갈돌"을 찾아내어 그것을 보게 한다. 수심 깊이 꼭꼭 숨어 있는 그 자갈돌을 누가 볼 수 있으랴. 오로지 낯선 심연에 이르기까지, 잠자리의 눈물이 맑은 호수를 이루기까지, 그렇게 오랜 기다림을 통과한 자만이 아닐까. 그 기다림의 방식으로 존재의 근원을 향해 그 자갈돌처럼 공명할 수 있다는 점에서 "미지라고 불리는 당신"의 하나님은 여전히 "나의 하나님"이다. 그러나 그렇게 "나의 하나님"을 한 번 더 부른 뒤 마지막 쉼표 다음에 이어지는 "그러나"는 그 순간의 깨달음을 뒤로하고 다시 "당신의 하나님"으로 헤어지게 하고야 만다. "나의 기다림은 낮게 흘러 흐려질 것입니다"의 반 토막은 앞의 시구를 그대로 되풀이하여 반향하면서 흐린 전망을 내놓는다. 내게 "흐려질 것"이라는 이 말은 그 기다림이 낮게 흘러 퍼지면서 그 열정의 강도가 '희미해질 것이다'라는 울림과 함께, '정신이 흐릿해진다'는 표현처럼, 긴 시간의 흐름으로 인해 기억에서 멀어질 것이라는 울림을 동시에 준다.

그러면 두 번째의 "다만" 직후 제시된 "당신 자신으로서의, 당신의 하나님"이란 무엇을 지칭한 것일까. 그것은 처음에 '자족적인 하나님'이란 의미로 읽혔는데, 자꾸 되새김질해보니까 앞의 "미지라고 불리는 당신"이란 맥락에 걸린다. 한 가지 분명한 점은 그 "당신의 하나님"이 '하나님의 하나님'이란 뜻은 아니라는 것이다. 그보다는 '당신이라는 하나님'의 의미로 더 강하게 울린다. 그렇다고 이 문구가 하나님의 절대 타자성과 무한 초월성을 명토 박아두기 위한 수사 같지도 않다. 외려 그것은 나의 소유와 규정을 벗어나는 하나님의 자율적 존재성과 더불어 그 근원을 향한 기다림 가운데 순간의 징후로 포착되는 "맑은 호수"와 "다갈색 자갈돌"의 세계다. 그 하나님은 나와 당신 사이에서 끊임없이 소통되면서 늘 낯설게 유예되는 존재다. 그것이 바로 나의 하나님이 당신의 하나님을 향해 '무지'가 아니라 '미지'라고 불리는 이유이고, 눈물로 젖은 나의 잠자리가 여전히 근원 가까이 흐르는 까닭이다.

당신의 흔적, 흔적 속의 당신

근원 가까이 흐르는 물처럼 미지의 당신에게로 간다면 그것은 너무 수동적인 자세가 아닐까. 낮게 흐르는 그 기다림조차 내적인 결의와 동력을 수반하지 않으면 미지의 하나님은 끝끝내 미지의 감옥에 유폐된 채 '잠자는 신'으로 전락하지 않을까. 이성복은 〈낮은 노래 2〉에서 그 수동성의 혐의를 벗고자 '물'과 '호수'의 이미지를 '동굴'의 이미지로 바꾸고 수동적으로 흐르기보다 능동적으로 나선다. 감정도 물빛의 담담함을 벗어나 기쁨의 색조를 띤다. 잠잠히 담겨 있는 맑은 호수는 그 채색 덕분에 핏줄로 약동하기 시작한다.

> 나의 하나님, 기쁨의 통로 저편에 계신, 여태까지 나는 막힌 동굴 같은 것이었나 봅니다 봄부터 여름까지 내게서 피어난 것들은 당신의 흔적이었습니다 나의 하나님, 이제 당신에게로 가서 끝없이 빛으로 새어나오는 동굴이 되렵니다 물밀듯이 밀려가는 기쁨의 통로 저편, 나의 하나님, 봄부터 여름까지 막혀 있던 당신의 실핏줄 하나 이제 열립니까(2:63)

하나님은 이 시에서도 '미지'의 존재성으로부터 자유롭지 못하다. 여전히 "나의 하나님"으로 불리지만 그 하나님은 '저편'의 존재이지 '이편'으로 묘사되지 않는다. 그러나 '이편'과 '저편'은 마냥 고립된 관계가 아니다. "여태까지 나는 막힌 동굴 같은 것"이어서 한때 그 둘은 관계랄 것도 없었지만, 때는 바야흐로 봄부터 여름까지의 신진대사를 넘어 성숙의 시점으로 접어들 무렵인가 보다. "막힌 동굴"은 자폐된 밀실, 컴컴한 자궁 같은 이미지다. 그것은 여린 생명이 바깥을 보지 않은 채 안온하게 웅크리고 양육받는 공간이다. 열심히 영양분을 흡수하여 왕성한 생명의 성장이 이루어지는 봄부터 여름까지의 공간이다.

그 성숙 이전의 성장 기간에 피어난 생명의 모습 속에도 당신의 흔적은 여실히 탐지된다. 그 시절 나에게서 피어난 것들이 곧 "당신의 흔적"이라고 말하지 않는가. 당신에게로 가지 않고 나의 밀실에 유폐되어 자신의 욕망에 골몰하던 시점에도 당신의 흔적은 발견된다. 비록 성숙의 가을이 '궁극'의 관심을 대변한다고 해도, 봄부터 여름까지 막힌 동굴로서 추구해온 자기중심적 신진대사 역시 '궁극 이전'의 가치들로 나름대로 유의미하기 때문이다. 신학자 본회퍼의 통찰대로 비록 '궁극적인 것' the ultimate이 궁극적으로 소중하다 할지라도 한 존재의 긴 여정 가운데 '궁극 이전의 것들'the penultimate 역시 나름의 몫이 있는 것이다. 그것은 '흔적'으로서의 몫이라 할 수 있는데, 그 흔적이 당신의 것이라는 점에서 시인의 신학적 안목이 살아 빛을 발한다. 시인은 말하고 싶은 것이다. 당신과 전혀 무관하던 시점에도 나는 당신과 유관한 존재였다고. 자폐적인 시절의 독설과 치기 어린 모습조차 당신의 형상을 지닌 존재로서 당신의 흔적을 담고 있었노라고.

은밀한 자연의 은총이라고 부를 말한 당신의 그 흔적 덕분에 나는 비로소 일방적으로 막힌 동굴에서 쌍방향으로 열린 통로가 된다. "이제 당신에게로 가서 끝없이 빛으로 새어나오는 동굴이 되렵니다"라는 결의에서 '이제'는 희망의 '이제'이자 전환의 '이제'다. 거기에 '회심'의 의미를 부여하는 것은 너무 종교적으로 비치지만 그런 요소가 전혀 없는 것도 아니다. 그것은 하나님에게로 뚫린 소통의 작용으로 가능해진 변화다. 나에게 '동굴'은 여전히 변함없는 내 존재의 현실태다. 동굴은 여전히 컴컴한 공간이지만 그 동굴의 길은 하나님 당신에게로 가는 길로 열려 있다. 당신에게로 '가는' 행위는 "끊임없이 빛으로 새어나오는" 동굴로의 변신을 가능케 한다. 그렇게 저편의 하나님을 발견하고자 스스로 결의하고 길을 만들어가는 자에게 막힌 동굴과 같은 삶의 여정은 빛이 새어나오는 기쁨의 통로가 된다.

이 시에서 놀라운 점은, 그 변화를 시인이 "막혀 있던 당신의 실핏줄 하나 이제 열"리는 사건으로 인식하고 있다는 사실이다. 어떻게 빛이 새어나오는 기쁨의 통로가 된 동굴이 동굴 저편에 있는 하나님의 열리는 실핏줄 하나가 될 수 있단 말인가. 자폐적 존재에서 소통적 존재로의 변모에 하나님이 매우 기뻐한다는 뜻을 과장과 영탄의 수사로 담아냈다고 보기에 이 유기적 동일체 의식은 너무 구체적이다. 자신의 변신에서 하나님의 실핏줄을 살필 만큼 시인의 관찰은 간절하고 세밀하기 때문이다. 시인의 신학적 상상력 이면에 혹 하나님은 초월적 존재이지만 동시에 모든 만물에 깃들어 있다는 '범재신론'panentheism의 흔적이 잠재되어 있는 것은 아닐까. 나아가 그 신은 나의 분신이면서 나의 흔적으로서 존재하는 자기 초월적 '인신'人神의 그림자 같은 것은 아닐까. 그 모든 신학적 가능성의 한가운데 '흔적'으로서의 하나님 상이 있다. 그것이 '흔적'이기에 나도 맘 놓고 말할 수 있고, 그것이 내게서 피어난 것들 안에 만들어 놓은 '당신'의 흔적이기에 동굴인 나의 존재로서도 접근하기에 편하고 즐겁다. 흔적痕迹의 한자어가 암시하듯, 걸어가면서 발뒤꿈치에 생긴 세월의 상처로서 나의 흔적을 볼 수도 있다. 이 흔적의 존재성이야말로 "막힌 동굴"에서 "기쁨의 통로"로 변신하고, 다시 "당신의 실핏줄 하나"로 연쇄하여 봄과 여름의 세월을 탈각시키는 창조의 비밀이다.

당신의 노고가 끝나는 때

저편의 하나님이 이편의 생에 개입하여 막힌 동굴에 트는 실핏줄 하나로 구원의 역사를 이어간다고 할 때, 그 구원은 어떻게 완성되는가. 과연 희미하게 퍼지는 기다림의 세월 너머로 뭔가 화끈한 종말이 오고 새 하늘과 새 땅의 묵시는 이 세상의 대안으로 뚜렷이 구현될 것인가. 당신의 '흔적'이 실체로 확연해지는 그 시점이 정녕 우리에게 구원의 완성이 될 것인가. 일찍이 사도 바울은 그 구원의 완성태를 종말론적 맥락에서 전망하면서 다음과 같이 말한 바 있다. "우리가 지금은 거울로 보는 것 같이 희미하나 그때에는 얼굴과 얼굴을 대하여 볼 것이요 지금은 내가 부분적으로 아나 그때에는 주께서 나를 아신 것 같이 내가 온전히 알리라"(고전 13:12). 아, 그렇다면 청동거울의 희미한 것을 넘어 유리거울의 투명한 세상이 '그때'의 전혀 다른 새로움이고 종말론적 구원의 완성태란 말인가. 그것이 "얼굴과 얼굴을 대하여" 보는 것의 진정한 내용이란 말인가. 주께서 나를 아신 것 같이 온전히 아는 그 앎인즉, 내 실체가 발가벗겨진 모습의 적나라한 표현이란 뜻일까.

시인에게는 그 구원의 고지가 부담스러우려니와, 그곳에 다다르는 높은 음조의 노래 역시 고역스럽다. 우리의 기억이 망각 속에서 나왔듯, 죽음을 건너가는 저편의 세상 역시 온전한 앎의 절대치를 내세워 최고와 최대의 수사로 장식하는 화려한 보석의 천국(요한계시록)이라기보다 여전히 후미진 곳에 깃드는 따스한 한 줄기 빛의 소박한 세계에 가깝지 않을까. 그래서 시인은 자신의 구원을 살뜰히 챙기기에 앞서 당신의 노고를 배려한다. 마치 장성한 아들이 유치한 어린애의 칭얼거림을 넘어 잠잠히 아버지의 노고에 민감하게 반응하듯이 말이다. 그 장성한 아들의 시선에 비친 나의 구원 역시 그런 속 깊은 배려에 어울리는 기꺼운 소멸의 풍경으로 펼쳐진다. 정말 그런지 한번 보라!

> 반다지꽃이라던가, 무어라던가 그런 작은 꽃을 찾아 한 떼의 羚羊들이 달려갔습니다 먹지 못하고, 씹지 못하고 너무 작아서 보이지도 않는 그 꽃이 혹간 그들 눈망울에 어릴 때 나의 하나님, 당신의 노고는 끝나신다지요 모래바람 속 타는 발바닥으로 사막을 건너간 羚羊들이 살가죽 밖으로 뼈를 보일 때 나의 하나님, 당신은 그들 귀에만 들리는 낮은 노래라지요 (2:64)

이 낮은 노래에서 앞서 나온 '호수'와 '동굴'의 이미지는 한 떼의 영양들이 걸어간 사막의 이미지로 변용된다. 높은 오지에 사는 야생의 영양 떼는 "모래바람 속 타는 발바닥으로" 그 사막을 건너간다. 그것은 일견 제 몸을 던지는 무모한 도전 같지만 목숨을 건 열렬한 구도자의 여정이기도 하다. 그렇게 고행 길을 자초하여 달려간 까닭이 작은 꽃을 찾으려는 너무 소박한 것이었기 때문이다. 더구나 그 꽃은 그렇게 유명하거나 대단한 꽃이 아니다. "반다지꽃이라던가, 무어라던가 그런 작은 꽃"은 대수롭지 않은 하찮은 꽃, 별 볼일 없는 꽃이다. 더구나 오지에서 버티며 생존하는 것이 생활의 급선무인 영양에게 그것은 절박하게 필요한 육신의 일용할 양식조차 못된다. 그것은 "먹지 못하고 씹지 못하고 너무 작아서 보이지도 않는" 그런 종류의 사소한 꽃이다. 다시 말해 그 꽃은 식용의 경제적 가치도 없고 관상용의 심미적 가치도 없어 보이는 미미한 생명이다.

그런데 전혀 실용 가치가 없는 그 꽃이 그 영양들의 "눈망울에 어릴 때", 하나님의 노고가 끝이 난단다. 그 노고라는 게 무엇이겠는가. 좁게는 그 영양들, 넓게는 이 땅의 뭇 생명들을 살피며 돌봐오던 섭리의 시간 아니겠는가. 그 섭리의 시간 끝에 종말이 오고 "살가죽 밖으로 뼈를 보"이는 그 종말의 끄트머리에 구원이 임한다. 이렇듯 그 구원은 보이지도 않던 하찮은 꽃이 눈에 보이는 방식으로 우발적 순간에 찾아온다. 그 구원의 내용은 결국 하나님이란 존재의 발견이다. 이 세상의 하찮은 것들에 숨겨진 비의에 눈뜰 때, 그 미지의 당신을 "나의 하나님"으로 부를 수 있을 때, 비로소 구원은 소멸과 함께 완성된다. 그 하나님의 존재를 시인은 시인답게 "그들 귀에만 들리는 낮은 노래"라고 부른다. 영양으로 표상된 그들의 눈이 하나님의 존재를 찾다가 한순간 어룽지는 작은 꽃 한 송이의 흔적 가운데 볼 수 있는 구도자의 눈이듯, 그들의 귀는 목숨을 걸고 사막을 건너 결국 육탈의 뼈가 되는 데서 낮은 노래를 들을 수 있는 유랑자의 귀다.

이 시에서 우리는 하나님을 앞세워 무언가를 이루고자 하는 욕심을 볼 수 없다. 무가치한 것들을 값지고 진귀한 것으로 포장하려는 허영이나 허세와도 거리가 멀다. 시인은 그저 모든 존재에서 하나님의 흔적을 포착하고 구원의 종점을 기다림의 과정, 구도의 결의로 대체한다. 그 흔적의 존재 앞에서 겸허히 자신의 육신에 담긴 모든 욕심을 풍화시키려는 의욕이 생성된다. 영양들의 눈망울에 어리는 작은 꽃의 자취에서 이 세상 생명을 두루 포월하시는 하나님의 노고를 배려하고, 사막을 건너다 죽은 그들의 뼈에서 낮은 노래를 들을 수 있는 신학이 이 땅에 살아 숨쉰 적이 있었던가. 아마 있었을 것이다. 다만 그 신학이 노래가 되기에 이 세상의 장벽이 너무 완고했고, 너무 시끄럽고 높은 소리들이 난무하는 마당에 당신의 그 노래가 너무 낮고 세미하여 들리지 않았을 뿐.

낮은 노래가 고프다

시퍼런 밤이 가고 다시 환한 대낮이 와도 당신의 그 아스라한 흔적은 가실 줄을 모른다. 치욕스러운 언어에 대한 몽상이 뜬금없이 욕의 망령을 불러와 들킬세라 전전긍긍하던 80년대식 추억도 내 몸의 어느 구석에선가 반다지꽃 같은 잔상을 남기고 꿈틀거리고 있을 것이다. 아니, 당신에게로 향한 나의 길은 아직 그 꽃을 보는 영양의 눈망울에 미치지 못한 채, 아직껏 "젖은 잠자리"나 "막힌 동굴"일는지 모른다. 여전히 컴컴한 미지의 나락으로 곧잘 추락하고 당신이 남긴 흔적의 지형도 제대로 판독하지 못하는 상태에서 말이다. 그렇지만 그 흔적이 남아 있는 한, 내 생명도 그 흔적으로서의 하나님, 미지의 하나님과 무관하지 않으리라 믿어본다. 그 믿음은 직관에 가까운 느낌의 응결체이지만 바로 그 자리에서 근원 가까운 물의 흐름도 생겨난다. 시인은 이 일련의 연시를 개장하면서 그 첫머리에,

느낌은 어떻게 오는가
꽃나무에 처음 꽃이 필 때
느낌은 그렇게 오는가

꽃나무에 처음 꽃이 질 때

느낌은 그렇게 지는가

종이 위의 물방울이

한참을 마르지 않다가

물방울 사라진 자리에

얼룩이 지고 비틀려

지워지지 않는 흔적이 있다(2:21)

라고, 릴케의 어조를 빌어 읊조린 바 있다. 그 "지워지지 않는 흔적"은 앞
의 낮은 노래들에 비추어보면 신령하고 은근한 진정성의 다른 말이다.
비록 내 삶의 욕스러운 여정이 피고 지는 생의 운명 앞에 무기력하고, 비
틀린 얼룩의 시간으로 남을지라도 괜찮다. "그것이 지워지지 않는 흔적"
이라면 그 흔적에도 하나님의 영원한 뜻이 혹간이나마 어룽질 터이기
때문이다. 더구나 그 흔적이 하나님의 흔적이라고 할진대, 그렇게 감추
어진 미지의 하나님은 날 보러오라며, 날 잘 섬기라며, 뻔질나게 자신의
'확실한' 미션과 액션을 선전해대는 흔해빠진 신의 모습을 스치듯 넘어
가는 진정한 나의 하나님 아니겠는가. 그 하나님은 동시에 마냥 당신 자
신으로서의 하나님, 결국 당신의 하나님이 아니겠는가.

　　사도행전의 바울은 그 유명한 아레오바고의 연설을 통해 이방 땅의
낯선 비문에 남겨진 '알지 못하는 신'의 흔적을 찾아내어 희랍의 철인들
앞에서 열심히 변증한 바 있다. 그 한 차례의 변증으로 '흔적'이 '실체'로
확연해진 것은 아니었겠지만, 바울의 그 신학적 연금술 덕분으로 그 미
지의 신이 새로운 시대에 새롭게 재탄생한 것만은 분명하다. 이렇듯 신

에게 부여된 '미지'와 '흔적'의 미덕은 이방인과 유대인의 경계를 지우고, 또 문화와 각종 습속의 이름으로 고착된 숱한 인위적 장막을 돌파하면서, 새로운 신학의 가능성을 예비해온 것이다. 일찍이 구약성서의 야곱 역시 꿈의 잔상 가운데 남은 신의 흔적에 예민했고, 마침내 자신의 광야 잠자리를 받쳐준 돌베개로 '신의 집'(벧엘)을 만들었다. 그렇게 일개 부족신이었던 당시의 하나님은 미지의 지평을 향해 꾸준히 나아갔고, 그 흔적의 기미에 민감하게 반응했던 변방의 개척자들은 경이로운 발견의 여정을 지속해갔다. 물론 신학적 상상력이라는 날개가 그 틈새로 명랑하게 파닥거리고 있었을 터였다.

90년대에 생산된 이성복의 낮은 노래로 80년대 그가 통과해온 욕스러운 삶의 여정이 깡그리 소멸되었다고 보기 어렵다. 그것은 그 낮은 노래에 휘감겨 낮은 포복으로 여전히 밑바닥을 기고 있었으리라. 한적한 사막 한 귀퉁이에서 육탈의 뼈로 남기까지 그 구도의 여정은 언제나 미완성으로, 현재진행형으로 지속된다. 다만 치열함과 다소곳함, 쟁쟁함과 겸비함 사이로 오가는 리듬의 조율이 있을 뿐, 하나님을 에두르는 그 느낌의 흔적은 여일하다. 그 느낌의 흔적을 앞세워 이 세상을 두루 조망해보자니 이 세상엔 제각각 확실한 것들로 충만한 듯하다. 진리는 늘 명료하고 하나님을 확실히 보여주겠노라며 곳곳에서 기염을 토한다. 그 보여줌의 방식도 높은 음조로 들뜬 상태에서 쟁쟁거리고, 거기서 들려오는 노래들은 대체로 휘황하게 치장된 삿된 욕망의 노래, 저 높은 곳에 이목을 집중한 높은 노래들 일색이다.

나는 이런 높은 것들의 장벽 아래 납작 엎드린다. 미세하게 진동하는 대지의 생명들에 공명하며 나는 낮은 그들의 숨소리 사이로 들려오는 낮은 노래에 귀 기울여본다. 그 노래의 세계에서 하나님은 여전히 '미지'라고 불리며 미련 없이 '흔적'으로 남는다. 그 하나님의 여백 한 귀퉁이에 하릴없이 세상의 뒷골목을 소요하는 시간, 지친 노동의 틈새로 뜬금없이 욕이 튀어나오는 어두운 시간이 가물거린다. 너도나도 진리라고, 정통이라고 자부하는 세상에서 나는 어쩐지 저 미지의 하나님이 더 미덥다. '이것이야말로 바로 실체!'라고 부르대며 언죽번죽 하나님의 가면을 쓰는 삶의 이편에서, 나는 괜스레 '저편'의 흔적으로 어룽거리는 그 찰나의 계시가 더 살갑다.

- 이 글에서 인용한 텍스트의 출처는 다음과 같다. 괄호 안의 첫째 숫자는 아래 시집의 번호이며, 둘째 숫자는 그 시집의 쪽수다.

  1. 이성복, 『뒹구는 돌은 언제 잠 깨는가』(서울: 문학과지성사, 1980).
  2. _____, 『그 여름의 끝』(서울: 문학과지성사, 1990).

12장 진창이 된 몸/삶의 거룩함

-황지우 시인의 경우

네 갈래로 뻗은 사상의 지형

황지우의 시들은 대체로 잡스럽고 더럽다. 아니, 이렇게 쓰면 시인이 눈을 부라릴지 모르니 조금 고쳐 말하자. 그의 시들은 잡스러운 생각의 얽힘, 곧 잡념의 힘에 많이 의지하고, 그의 시어들이 발원하는 생의 밑바닥에는 더러운 것들이 많이 달라붙어 있다. 그러나 그가 그 더러운 것들을 껴안는 방식이나 이미지화하는 형식까지 더러운 것은 아니다. 외려 그것은 참신하며, 그의 잡념은 심오한 사상과 그리 멀리 떨어져 있지 않다. 이러한 잡스러움과 더러움은 1980년 신춘문예로 데뷔한 이래 모두 여섯 권의 시집을 낸 그의 시들에 산재하는 공통된 요소다. 그런데 내가 보기에 그 잡스러움을 더욱 잡스럽게 하고 그 더러움을 더욱 더럽게 하는 것은, 대략 네 갈래로 정리되는 종교 및 사상의 요소들이다. 그것들은 불교와 그리스도교, 유물론과 미학적 해체주의라고 할 수 있다. 이 네 가지 요소들은 따로따로, 때로는 뒤섞여 그의 삶을 휘감으면서 전후좌우로 요동치고, 그의 시들을 여러 겹으로 포박한 채 그 심층을 관류한다.

　흥미롭게도 그의 이러한 사상적 지형은 다분히 개인사적이고 가족사적인 내력과 연동되어 있다. 불교는 그의 장형이 승려로 출가한 사실에 잇닿아 있으며, 그리스도교는 그를 늘 사무치게 해온, 그래서 그쪽으로의 개종을 한 번 더 고려할 정도로 간절한 홀어머니의 종교적 배경이다. 유물론은 일찌감치 운동권에 투신하여 고난의 진창에서 노동 현장의 밑바닥을 빡빡 기며 살아온 그의 아우에게로 소급되며, 미학적 해체주의는 메를로 퐁티 등의 영향 하에 그가 매달려온 진흙/육체 지향적 미학 공부와 연계된다. 그밖에도 그가 공식적으로 스승이라고 고백한 시인 고은과 비평가 김현 등의 삶과 문학이 끼친 영향도 그의 시 쓰기에 여기저기 흔적으로 탐지된다. 그러나 그의 삶이 그렇듯, 그의 시 세계 또한 이러한 배경과 영향 이상이며, 그 너머에 새로운 길 하나를 개척한 전위적 정신으로 우뚝하다.

　그가 유물론에 기울 때 그의 시에서 얻어맞는 이 자본주의 세상은 온갖 추잡함과 기만의 세상으로 박살날 듯하다. 또 그 유물론이 미학적 해체주의와 만나 그쪽으로 그가 몸을 기댈 때 그의 시들은 과격한 형태 파괴의 실험으로 질주한다. 신문기사와 광고 등을 복사·차용·변개함으로써 시를 만들어내는 그의 기법은 이러한 배경을 반영한다. 대중매체에서 모방된 욕망으로 삶의 환영을 만들어내는 세상이 그는 미덥지 못하다. 그래서 그것들을 거꾸로 뒤집어 보여줌으로써 그는 가짜로 얼룩진 세상의 진실을 그 파괴된 형식의 잔해 속에 온몸을 뒤틀면서 까발리고자 하는 것이다. 온몸을 뒤틀면서? 그렇다. 여기에 그의 시작법에 담긴 일단의 비밀이 있다. 그는 "무릇 문체란 몸으로 꼬리치는 것"(4:92)이라고 말한 바 있다. 그 꼬리치는 문체의 글쓰기에서 황지우의 요설적인 시와 산문을 쫀득거리며 꼬들꼬들하게 만드는 리듬과 어투가 탄생한다. 황지우는 그렇게 요사스럽게 꼬리치면서 독특한 리듬을 만들며 언어에 자기만의 색을 쓸 줄 아는 희귀한 시인이다. 그것이 그의 위대함이며 동시에 하찮음이다. 색즉시공色卽是空이라 하지 않던가.

한편, 그의 요설적 어투가 선적인 초월의 정신과 만날 때 그는 그의 시들과 함께 고요하게 침잠한다. 그는 스스로 유배 떠나듯, 사람들 없는 곳으로, 가령 눈 덮인 산 속으로, 일상과 세상 바깥으로, 언어 바깥으로, 몸 바깥으로 빠져나가려 몸부림친다. 그러나 그는 그 바깥이 곧 자기 내부임을 알아차리고 다시 환속하여 진창의 세상에 몸을 맡긴다. 그의 시들은 선적인 초월의 힘이 파괴적 언어로 표출될 때 더러 이 세상의 완고한 체계를 향해 풍자와 야유, 해학과 골계의 세계를 지향하기도 한다. 그렇다면 그리스도교는? 그리스도교는 그의 잡스럽고 더러운 시들의 틈새로 명멸하듯, 심심풀이 오징어 땅콩처럼 씹히면서 출몰한다. 오지게 씹히는 그 풍자의 한 모퉁이에서 시인이 던지는 질문 속에 선적인 그리스도교의 풍경이 잡혀질 듯도 하다. 나중에 자세히 말하겠지만, 그 풍경은 그러나 전통적 그리스도교의 문법대로 온전히, 깔끔하게 거룩한 것이 아니다. 이를테면 그것은 진창 속의 거룩함 같은 세계다.

그가 "시는 언어가 아니라 시적인 것의 발견에서 출발해야 한다"(2:64)라고 말할 때, 그 "시적인 것"은 바로 "선적인 것"과 통하고, "금방 부서지기 쉬운 질그릇"과 같은 순간적인 '잡념'을 질료로 삼고 있다. 그 잡념 덕분에(때문에?) 그의 '선적인 것'은 '성적인 것'이 되기도 한다. "매혹과 수치심이 함께 있"으므로 시는 그에게 성적이라는 것이다(2:104). 그러나 그의 시적 풍자와 파괴의 정신을 수사적 차원의 위트로 가볍게 취급해서는 안 된다. 그의 극렬한 풍자적 파괴가 전복적인 창조의 힘으로 견인되기까지 그 뒤에는 절망이 있고, 그 절망 뒤에는 열망이 있고, 그 열망 뒤에는 욕망이 있으며, 그것은 결국 생으로부터 오는 것이기 때문이다(2:12). 그의 시에 질료로 쓰이는 것이 '잡념'이라면 '생'은 결국 그의 시에 태반을 제공해온 셈이다. 그에게 그 '생'이란 그리 고상한 것이 못된다. 그것은 고작해야 "끊임없이 부스럭거리는 사고"(4:64)이며 "영원히 되풀이 되는 난장판"(5:112)이다. 그렇게 그는 숱하게 사고 치며, 온몸으로 뒹구는 난장판에서 그 몸이 진창이 되도록 모진 삶을 저질러왔다. 그의 시들은 그 도발적인 삶의 증언이다. 이 글은 그 증언에 대한 증언이 될 모양이다.

몸 바깥으로, 그러나 다시 안으로

황지우에게 삶은 몸의 존재 방식과 긴밀히 연관되어 있다. 그가 몸을 얼마나 전투적인 삶의 현장으로 삼는가 하는 점은 그의 잡다하고 다채로운 신체적 이미지들에 잘 나타나 있다. 내가 조사한 바에 의하면 그가 시를 쓰면서 택한 신체 연관적인 어휘들은 가히 백과사전적인 규모(라고 하면 좀 과장이겠지만), 어쨌든, 몸에 대한 대단한 집착을 보여주기에 족한 정도다. 좀 장황하고 지루하겠지만 여기에 열거해보자면, 흉곽/가슴, 입/입구멍/입술, 발/발등/발목/발가락, 똥구멍, 오줌구멍(그는 구멍에 관심이 많다), 손/손바닥/손톱/손목뎅이, 머리카락, 이빨/송곳니, 치골/치모, 둔부/궁둥이, 눈, 귀, 생식기/성기/자지/좆, 대뇌, 근육, 코/콧구멍/콧등, 광대뼈, 어깨, 각막, 수정체, 망막, 아가리, 대가리/대갈통, 염통, 항문, 내장, 양수막, 오장육부, 골, 해골, 자궁, 무릎, 심장, 내장, 혀, 처녀막, 주둥아리, 뼈다귀, 피부, 젖, 이마…. 그리고 오줌, 똥, 눈꼽, 비듬 따위의 신체 분비물 등등 수두룩하다.

위의 목록에서 대강 눈치 챘겠지만, 그의 몸 언어는 비속하고 자학적인 구석이 있다. 그는 "태어나자마자, 나는/ 부끄러웠다" "내가 싫었다"(3:105)라고 쓴다. 그 자기 혐오는 몸에 대한 혐오로 이어져, 시인은 "아, 몸이 왜 있을까"(1:53)라고 탄식하듯 묻기도 하고, "다시는 살^肉로 태어나지 말자"(1:51)라고 다짐하기도 한다. 그는 몸에서 이루어지는 소화 작용을 굳이 "나의 순대에 밀리고 밀린 똥덩어리"(2:95)라고 표현해야 직성이 풀리고, 귀가하면서 집에 들어가는 동작을 "긴 내장을 기어들어간다/ 내 집으로 들어가는 항문"(3:20)이라고 말해야 마음이 편하며, "양변기에 앉아 똥누는 자들/ 이여, 밀리고 밀린 똥냄새가 맡고 싶구나"(2:100)라고 자본제적 체계에 길들여진 부르주아적 신체를 역겹게 조롱해야 할 만큼 몸에 대한 혐오의 뿌리가 깊다. 그 혐오감은 선적인 직관 속에 자학적인 충동으로 바뀌어 그는 뜬금없이 "송곳으로 내 눈알을 찔러버리고 싶다"(4:87)라고 외치기도 한다. 그 더럽고 가증스러운 몸을 벗어나기 위해 그는 몸뚱이가 빨래가 되어서라도 율도국이라는 이상향으로 떠내려가고 싶어하고(1:38), 벌레가 우글거리는 자신의 "몸을 바꿔버렸으면 털어버렸으면, 환생했으면!"(2:129)이라는 애절한 갈망을 피력하기도 한다. 시인의 몸은 이처럼 "혼수상태"(2:101)에 빠져 있으며, 그것이 그를 그 "꿈도 없고 환한 빛으로 가득한 잠"(2:129), 곧 죽음과 플라톤적 내세에 대한 동경으로 몰고 간다.

황지우에게 죽고 싶은 갈망, 소멸하고 싶은 마음, 이 세상에서 쫄딱 망해 전혀 다른 세상으로 건너가고 싶은 욕망은 치열하고 집요하며 일관되게 나타난다. 그가 육체에 대하여 저토록 혐오적이고 삶에 대하여 자학적인 자세를 갖게 된 것은 일차적으로 그가 몇 차례 시위에 연루되

어 겪어낸 감옥살이와 고문 체험 등과 연관이 있었으리라 추측된다. 그
것은 그에게 깊은 상처와 치욕적인 기억을 남겨, 가령 산 전체를 조망하
면서도 그는 "거적때기에 질질/ 끌려간 자국이 나 있다"(1:39)라고 말한
다. 이렇듯 그가 겪은 신체적 망가짐의 체험은 상처로 얼룩진 이 땅의 역
사에 대한 혐오적인 인식으로 확산되어간다. 아니, 그 둘은 애당초 뒤범
벅되어 있는 것처럼 보인다. 이 지상의 몸을 벗어나 죽고 싶은 갈망과 이
세상에서 사라지고 싶은 욕망은 그에게 죽음에 대한 강한 자의식을 인
각시켰다. 그것이 그 육체와 세상에 대한 그의 부정적 혐오의 원인보다
더 집요하고 치열하다. 이와 같이 몸을 벗어던지고 싶은 육탈의 욕망은
그것이 이루어지는 환상을 만들거나 그 대안적 세상에 대한 전망을 낳
기도 하는데, 이는 그의 데뷔작으로부터 비교적 근래의 작품에 이르기까
지 광범위하게 나타난다.

꽃[=상여꽃] 속이
너무나 환하여 저는 빨리 잠들고 싶었습니다.(1:11)

오 亡國은 아름답습니다(1:13)

傷한 촛불을
들고 그대 이슬 속으로 들어가, 곤히 잠들고 싶다.(1:17)

이 세상 밖 어디론가 날아갔으면.(1:37)

내 친족의 그윽한 살냄새로 가득한 안방, 우리가 함께

순장된

무덤 같다.(2:92)

華嚴의 넓은 세상.

들어가도, 들어가도, 가지고 나올 게 없는

액체의 나라.

나의 汚物을 지우는, 마침내 나를 지우는 바다.(3:64)

어서 그것이 왔으면 좋겠다

미안하지만 후련한 죽음이(4:39)

나도 요단강처럼 멀리 흘러

걸러지고 싶다

집이 棺 속 같다.(4:81)

그러나 이러한 죽음과 소멸의 갈망은 단박에 실현되지 않는다. 시인
은 몸이 망하거나 세상이 망해 이 땅에서 사라지지 않는 한, 죽음과 소멸
에 대해 노래하며 그것을 재료로 시를 쓸 수 있을 뿐, 그 순간은 아직 후
련하게 찾아오지 않는다. 그 육탈의 갈망과 다른 세상에 대한 동경이 아
무리 커져도 자신의 삶을 규정하는 것은 결국 이 땅에 발붙이고 살아가
는 몸이라는 현실로 되돌아온다. 그 둘은 차라리 서로를 증폭시키는 삶
의 엔진, 곧 욕망 기계의 부속품과 같은 존재다. 결국, 삶은 몸살이로서
의 삶이다. 시인의 표현대로, "이 땅에 오려면 몸으로 닻을 내려야 한다"
(1:41). 그래서 죽음에 대한 자의식이 강렬할수록 이 땅의 몸에 대한 집착

도 커진다.

황지우에게 몸/육체는 "잠시 물이 담긴/ 形體일 뿐인 肉體"(4:70), "의심만 가득 찬 이 가죽푸대"(4:104)이며, "점점 진흙에 가까워지는 존재"(5:11)이자 "살찐 소파"(5:49)다. 그것들은 육체의 한시적인 덧없음을 떠올려주는 이미지들로서 "그만 허물어져버리고 싶은 生"(5:83)을 표상한다. 그래서 그는 "목욕탕에서 옷 벗을 때/ 더 벗고 싶은 무언인가가 있"(5:66)는 것처럼 자신의 몸이 거북스럽다. 이러한 거북스러움과 이질성이 몸/육체를 그가 하찮고 혐오스럽게까지 느끼게 만드는 근본적인 원인이다. 그러나 다른 한편으로 그 몸/육체는 곧 생의 숙주로서 더없이 소중한, 소중함까지는 아니라면 불가피한 실존의 현장이다. 그것이 그로 하여금 연민 어린 시선으로 몸을 슬며시 긍정하며 심지어 거기에 매달리게 만든다. "사람이 산다/ 살아 있는 날만/ 그리고 大腦와 性器 사이에 사람들 세상이 있다"(1:107)라고 쓴 그는 "깃들 데라곤 몸뿐"(4:58)이라는 사실을 직시한다. '깃들다'라는 말은 새와 나무를 연상시켜준다. 과연 "새는…/ 영영 빈 몸으로 빈털터리로 빈 몸뚱이 하나로/ 그러나 막강한 풍속을 거슬러갈 줄 안다"(2:162). 나무 역시 "자기 몸으로/ 나무이다/ 자기 온 몸으로 나무는 나무가 된다"(2:81).

그러므로 몸 바깥으로 나가려는 시도는 결국 몸 안으로 되돌아오는 회귀의 동선을 탄다. 죽기 전에는 그럴 수밖에 없다. 마치 멀리 나갔다가 되돌아오는 집처럼 몸 역시 그런 꼴을 닮아 있다. 아무리 정신과 영혼이 몸을 떠나려 발버둥쳐도 잘 떠나지지 않기 때문이리라. 그래서 시인은 '육체가 내 집'이라고 말하는 대신 "집이 내 육체"(4:12)라고 말한다. 이처럼 몸에 대한 살뜰한 인식은 삶에 대한 의욕을 부추기기도 한다. 그러기에 시인은 한시적이지만 바로 그런 이유로 더 아름다울 수 있는 그 몸으로 꾸려가는 삶의 눈부심에 이따금 눈뜨기도 한다. 가령, "한 줌 재가 어찌/ 살아 있는 바이러스만 할까"(4:45)라는 수사적 물음이나 "아직 세상에 있으니 다행이다/ 목숨 있을 때 살아야지"(4:56)라는 독백은 삶에 대한 의욕과 집착을 보여준다. 그런가 하면 "몸 있을 때까지만 세상이므로/ 있을 때/ 이 세상 곳곳/ 逍遙하다 가거라"(4:94)나 "몸이 아직 여기 있어/ 아름다운 요놈의 한세상 알아본다"(5:11) 등의 진술은 유물론에 접맥된 유아론적 세상관과 함께 몸살이로서의 삶에 대한 도저한 애착을 드러낸다. 후반부의 시들로 갈수록 더 뚜렷해지는 이런 긍정적 몸 인식은 지난 세월과 함께 넉넉해진 그의 연륜과 안목의 심화를 반영한다.

'욕망'이라는 낙원 또는 진창에서

황지우 시의 핵심 테마를 이루는 몸/육체의 실존이 그 바깥과 안의 아스라한 긴장 가운데 위태로우나마 균형을 이루는 것은 상당 부분 욕망이란 공통분모가 작용한 때문이다. 삶의 길을 만드는 것은 경전이 아니다. 지나놓고 나면 모든 삶의 길은 욕망이 만들어놓은 길이다(3:13). 그 욕망은 그 주체들 간의 부대낌으로 치욕/굴욕을 부르고, 그것은 응당 지불해야 할 삶의 비용 같은 것이다(4:11). "內航船이 배때기로 긴 자국"(4:11)이 길처럼 남듯, 욕망에 이끌려 가다 보면 그 삶은 길이 되고, 그 길은 결국 거품에 불과하다. 욕망의 관성에 이끌린 그 삶의 길 위에서 "내가 내린 닻"이 "내 덫"(4:11)이라는 사실을 인정할 수밖에 없기 때문이다. 사람은 결국 생리적 욕망이나 동물적 폭력적 욕망은 물론 죽음의 욕망에 이르기까지 욕망의 진창에서 살아가는 존재다. 그 욕망을 진정시키고 제어하며 다른 쪽으로 출구를 열어주는 것 역시 욕망인데, 그중에서 인정욕구가 으뜸이다. 시인의 진술대로 "결국, 사람이란 自己 알아달라는" 것이고, "부부싸움도… 자기 알아달라는 癡情"(4:75)일 뿐이다.

이렇듯 삶의 숙주가 몸/육체라면 몸/육체의 숙주는 욕망이다. 그로 인해 생은 되풀이되며 욕망의 진창에서 굴러가고 있다. 그런데 시인이 그 진창을 벗어나거나 반성하기 위한 기제로 발견, 아니 깨우친 것은 '나는 너'이며 '너는 나'라는 타자와의 소통적 관계다. 그 소통은 우호적 관계의 소통뿐 아니라 적대적 관계에서 가능해지는 욕망론적, 혹은 운명론적 차원의 소통이다. 가령, 시인이 아내에게 너무 벅차 입에 담기조차 버거운 "그 사랑은/ 아픔을 낫게 하기보다는, 정신없이/ 아픔을 함께 앓고 싶어하는 것"(4:47)이라고 말할 때, 그것은 우호적인 사랑의 관계를 전제한다. 거기서 아픔을 매개로 나와 너의 하나 됨이 역설된다. 그런가 하면 "온 몸에 번진 敵意여./ 너를 목 조르려고 올라타서 내려다보면/ 너는 나였다"(3:17)라고 쓸 때, 시인은 죽이고자 하는 적인 '너'를 통해 '나'를 알고, '나' 안의 타자인 '너'의 존재를 실감한다. 이는 김수영 시인이,

우리는 무슨 敵이든 敵을 갖고 있다
적에는 가벼운 敵도 무거운 敵도 없다
지금의 敵이 제일 무거운 것 같고 무서울 것 같지만
이 敵이 없으면 또 다른 敵

-김수영, 〈敵(一)〉 부분, 『金洙暎詩選 거대한 뿌리』
　(민음사, 1974), 121.

이라고 말했을 때의 그 '적'과 달리, 정치적인 대립의 유동적 구도보다

소통의 타자로서 그 욕망론적 성격이 더 강조된 '적'이다. 이처럼 사랑은 '나=너'라는 관계의 실체 속에 "그대 더러운 부분까지 내 것이 되는/ 재앙스런 사랑"(5:39)인 것이다. 황지우가 이러한 사랑을 깨달은 최초의 계기는 아내가 쓴 편지의 한구석에서다. 아내는 일찍이 감옥에서 갖은 고문으로 망신창이가 된 자신을 찾아본 뒤 편지를 한 통 남겼다. 그는 친구에게 보낸 그 편지에서 검정고무신을 신은 채 다리를 절고 있는 남편을 보고 나서 "내 살이 그이의 살이었다"(2:120) "이제/ 한 사람이 아프면 모두 아프다는 것을 알았다"(2:121)라고 썼다.

아내를 통한 이러한 간접 체험과 대타적 각성으로 시인은 망가진 몸의 거룩함과 더러운 삶의 아름다움이라는 역설의 세계로 진입한다. 그것은 진창이 된 세상과 함께 더러워지고 병든 생명과 더불어 아프리라는 극진한 삶의 자세로 드러난다. 거룩함과 속됨의 대립적 관점에서 보면 욕정은 더럽다. 그러나 그 욕정의 "사타구니에서 연꽃처럼 화사하게 피어난 사람의 애벌레"(2:61-62)는 얼마나 기특한 생명인가. 이렇게 보면 거룩함과 속됨은 결국 한몸으로 엉켜 있다. 이런 소통적 관점에서 시인은, "하루 연탄 두 장과 쌀 여섯 홉을 배급받는" 하층 노동자 가족을 "聖母와 聖子와 목수"로 구성된 "聖家族"이라 부른다(3:16). 마치 예수의 목수 됨과 성자로서 그의 신학적 위상이 따로 떨어져 있는 것이 아니라는 투다. 마찬가지 맥락에서 시인이 다른 곳에서 '선녀'라고 부른 그의 아내는 "나의 창녀 김마리아"(3:20)이며, 사제 목에 걸린 안락한 철십자가의 거룩함은 노동자를 학대하고 못 박는 처형 틀의 속됨과 무관하지 않다(3:33). 거미가 치는 거미줄이 '함정'이란 속된 공간 속에 거룩한 신성을 물질화시키고 있다는 인식(3:88)도 동일한 맥락이다.

이와 같은 대립적 가치의 전복과 통합은 아름다움과 추함의 경우에도 고스란히 나타난다. "뱀도 자세히 보면 아름답다"(3:74)거나 "하얀 것은 가장 더럽다"(3:79)라는 진술을 음미해보라. 애인이 자기 앞에서 짬뽕 먹는 것을 보고 아름답다고 느끼면서 동시에 "지금 사발에 든 너의 똥을 본다"라는 그 역전의 발상을 곱씹어보라. "너의 썩을 관에서 송장 메뚜기들이 통통 점프"(3:100)하는 것을 상상하는 시인의 내면을 묵상해보라. 그 가운데 아름다움과 더러움은 따로 존재하지 않는다. 그것은 "쓰레기 같은 삶"을 "쓰레기 속에 버려진 美"(4:67)와 함께 동시에 인식하는 것과 같다. 이처럼 쓰레기 같은 더러움이 삶의 아름다움을 좀먹듯이, "살아 있는 것들의 더러움을 자기 몸으로 거르고 걸러"(4:49) 정결하게 만드는 아름다운 강의 헌신도 있는 법이다.

황지우는 기존 종교에서 변별된 가치로 떠받들어온 전통적 거룩함의 세계와 다른 거룩한 것들의 세계를 발견해냈다. 그에게 거룩함이라는 추상명사는 없다. 다만 거룩한 것들의 나타남이 있을 뿐이다. 그 나타남은 우발적이며 순간적이다. 예컨대, 5월에 광주의 망월동 가는 길, 아카시아 향기 풍기며 다가오는 산 전체에서 시인은 "막 양치질한 딸아이/ 입내 같은" 환후를 느끼며 "신성이 찰나에 임하는"(5:20) 경험을 한다. "꼭 죽음이 아니어도" 시인에게 그 삶의 우발적 순간은 거룩한 순간으로 체험되며, 그 5월은 거룩한 "聖伍月"이 된다. 그 체험을 밀어붙여 시인은 "죽어서 받은 거룩함도 살아 있는 날의 우연성, 덧없음,/ 어처구니없음에 잠깐 일어난 정전기 같다"(5:20)라고 좀더 과감하게 주장한다. 그 거룩한 것들의 순간적인 나타남은 속된 삶의 현장에서 가장 눈물겹고 눈부시게 발현된다. 그것이 바로 거룩한 것들의 삶이 진창이며 동시에 낙원인 까닭이고, 이 고통의 몸/세상을 벗어나고자 몸부림치던 시인이 부득불 "가자, 내 아픈 식구들아!/ 이 진창 속에서, 진창 속의 낙원으로"(3:125)라고 외치게 된 이유다. 그 '진창 속의 낙원'에서 삶은 쓴맛 단맛 다 보고 떠나는 여행(5:38)이며, "살의의 빛, 그 죄마저 부럽고 그립"(5:31)게 되는 역설의 난장이다.

시인은 그 거룩한 것의 나타남을 인간에게만 배타적으로 한정짓지 않는다. 그는 폐기된 냉장고 안에 알을 낳은 새를 보며 "미구에 神이 부화되리라. 문제는 신이 아니라 신성"(5:46)이라고 예언조로 말한다. 마찬가지 맥락에서 그는 나무를 믿고 경배하는 "나무敎"를 선전하고 있는데(5:133, 135) 그것은 나무가 보여준 "뭔가 꾹 참고 있는 자의 표정"이 거룩하게 느껴지기 때문이다(5:148). 아무도 신의 절대치를 말할 수 없고 다만 지상의 생명을 통한 신성의 나타남만이 문제가 된다는 것은 일종의 체험적 범신론의 유형에 속하는 믿음이다. 황지우의 시에서 특이한 것은 그러한 거룩한 신성이 폐허의 자리에서 피어나 폐허를 만들어가며, 특히 망가지고 더러운 몸/삶의 한가운데서 빛을 발한다는 점이다.

그리하여 그가 다다른 결론인즉, "기어가고/ 버림받고 더러운 모든 것들이/ 신성하다"(4:78)라는 것! 신성한 폐허 같은 곳에서 피어나는 어떤 것이다. "해 속의 검은 장수하늘소"를 부르며 "눈먼 것은 성스러운 병이다"(5:12)라고 단언하거나, "끝내 자아를 버리지 못하는 그 고열의/ 신상이 벌겋게 달아올라 신음했으므로/ 내 사랑의 자리는 모두 폐허가 되어 있다"(5:79)라고 중얼거리는 대목에서, 폐허로 남은 사랑에 묻어 있는 거룩함은 신적이기보다 차라리 인간적이다. 이 지극히 인간적인 사랑의 자리에 어울리는 것은 성채처럼 견고하게 붙박여 있는 콘크리트 성전이 아니라 "부우옇게 이동하는 사막신전"(5:78)이다. 이스라엘 백성의 역사에 비추어 그것은 솔로몬이 지은 화려한 성전건물에 앞서 자유롭게 이동했던 광야의 장막성전보다도 더 자유로운 시적인 성전이다. 어쩌면 그것은 21세기 피폐한 도시문명의 콘크리트 벽을 등지고 유목하는 건조한 현대인들의 체질에 더 어울리는 성소일는지 모른다.

불구와 폐허, 혹은 병든 세상과 함께

시인이 아무리 나무와 새의 몸에 깃드는 거룩한 신성을 찬미할지라도 나는 여전히 그가 조형한 폐허의 미학에 끌린다. 그것은 폐허 자체가 아니라 폐허가 되기 직전이나 폐허로 진입하는 생명의 아스라한 떨림과 그 떨림의 여운에서 생기는 매혹이다. 가령,

> 나이든 남자가 혼자 밥 먹을 때
> 울컥, 하고 올라오는 것이 있다
> ......
> 몸에 한세상 떠넣어주는
> 먹는 일의 거룩함이여
> 이 세상 모든 찬밥에 붙은 더운 목숨이여
> 이 세상에서 혼자 밥먹는 자들
> 풀어진 뒷머리를 보라
> 파고다 공원 뒤편 순댓집에서
> 국밥을 숟가락 가득 떠넣으시는 노인의, 쩍 벌린 입이
> 나는 어찌 이리 눈물겨운가(5:30)

라는 시는 어찌도 그리 눈물겨운가. 이 세상 모든 목숨은 찬밥에 붙었어도 "더운 목숨"이지만, 그 찬밥을 혼자 먹기에, 또 밥 먹는 그가 폐허의

이미지를 팍팍 풍기는 노인이기에, 더욱 눈물겹다. 그 식사에 "거룩한 식사"라는 제목을 붙여두었으니, 그 거룩함의 행방과 진로를 미루어 짐작할 수 있다.

그런데 그 찬밥조차 혼자 제대로 먹을 수 없는 목숨은 어떻게 해야 하는가. 그들로 인해, 그들과 함께 깡그리 망가지고 병든 이 세상은 어떻게 감당해야 하는가. 시인이 구체적으로 망가진 몸, 수선된 몸을 찾아 불구적 상상력에 관심을 갖게 된 것은 바로 이 지점에서다. 투쟁과 투옥, 고문으로 망가진 자신의 몸에서 출발한 시인의 육체적 상상력은 광주항쟁에 참여해 만신창이 어육이 된 희생자들의 '거룩한' 몸을 경유하여, 마침내 일상 속에 널브러진 망가진 몸들을 만난다. 그들 중 그가 가장 많이 주목한 장애인은 맹인이다. 그의 관심 속에 포착된 맹인은 "혼자 횡단보도를 건"너거나(3:75) "내 주를 가까이를 부르며" 시인에게 다가오고 (4:78), 알루미늄 지팡이로 더듬으면서 계단을 오르거나 지하철 입구에서 만난 우연히 동행하게 된 맹인(5:15-16)처럼 일상생활에서 가끔 접할 수 있는 장애인이다.

다음으로 그의 주목을 끄는 계통의 장애인은 의수와 의족을 몸에 부착한 부류다. 이들에 대한 그의 관심은 꽤 집요한 구석이 있어 단지 "의수를 외투 속에 꽂"(4:34)은 사람이나 "두 다리가 절단된 사람이/ 뱃가죽에 타이어 조각을 대고/ 이쪽으로 기어서"(4:82) 오는 모습을 바라볼 뿐 아니라, 전남대 대학병원 로타리의 "호남의 수족관"까지 찾아가 거기에 진열된 가짜 몸의 지체들을 유심히 관찰하고 묘사할 정도다(4:112-113). 이러한 불구의 몸에 대한 집착은, 황지우 시인이 자기 몸에 의수족을 댄 것은 아닌지 의심이 들 정도다(실제로 그는 한 시에서 "내 의수가 제록스機에 딱 달라붙어 있었다"[5:109]라고 쓰고 있지만 이는 비유 같다). 그렇지 않다면 혹 그것과 비슷한 인공기관을 몸에 박고 있지 않은가 의심이 갈 정도로 그는 병들고 망가진 몸을 민감하게 의식하고 있다. 그밖에도 시인은 망가진 몸의 산 증거로서, 진흙덩이와 같은 대인동 사창가의 여인(4:84), 성욕을 극복하려는 심사로 오른손의 검지손가락을 불태워 없애버린 수도승(4:88), 중풍 든 유씨(5:23), 구원의 징표인 십자가마저 벗어버린 병든 어머니가 숨긴 똥 묻은 옷 따위(5:34-35, 36)에 시선을 던진다. 이와 같이 망가지고 병든 몸의 이미지는 그것을 매개로 인간의 욕망을 초월하기보다 정공법으로 관통하는 거룩한 욕망을 낳는다. 그 당사자들에 대한 관심은, 가령 그의 선배 시인 고은이 "거지야말로 성자"라고 했을 때의 낭만적 인식과 구별되며, 그의 후배 시인 김기택이 장애인을 형상화하며 우려낸 활달한 초월적 인식도 빗겨간다. 그것은 스스로 불구를 자처하며 그 불구의 몸을 앓는 병든 세상의 한가운데서 샘솟는 이 세상 속으로의 구원 같은 것이다.

이렇게 불구의 몸들과 친화력을 키운 시인은 이제, "아, 아픈 사람만이 實感난다, 사람 같다"(4:112)라고 말할 정도로, 병들고 망가진 몸들이 그의 체질처럼 느껴지는 모양이다. 그리하여 "사람을 만날 때마다/ 나는 다친다"(3:10)라고 고백하던, 상처에 대한 그의 방어적인 태도는, "가자, 저 중심으로, 포로된 삶으로부터 상처의 핵심으로"(3:128)라고 선동할 만큼 전투적인 태도로 변한다. "나는 너다"라는 선언적 명제는 이제 시인의 몸을 움직여 "오지 않는 너를 기다리며 마침내 너에게"(4:15) 감으로써 구체적 삶의 현실이 된다. 그 진창의 세상 속으로, 상처의 핵심으로, 망가지고 더러운 몸으로, 왜 시인은 마침내 가고야 마는가. 그곳에서 뒹굴며 부대끼며 상처주고 상처받을 게 뻔한데, 그는 그렇게 굳이 그곳으로 빠져 들어가 "죄짓지 않으면 알 수 없는가"(4:38).

그것은 앞서 잠깐 언급한 대로 병든 세상으로 가서 병든 세상과 함께 아프기 위해서다. 길게 쓴, 그의 걸작 중 하나인 〈山經〉의 짧은 결론인즉,

그러므로, 길 가는 이들이여
그대 비록 惡을 이기지 못하였으나
藥과 마음을 얻었으면,
아픈 세상으로 가서 아프자(4:29)

라는 것이다. 이 세상 속으로 들어가 이 세상의 아픈 몸들과 함께 아프기! 이는 황지우를 총애한 비평가 김현이 그의 시 세계와 관련하여 지적한 대로 유마적 세계관에 잇닿아 있다. 불교의 욥기라고 할 만한 〈유마경〉에 나오는 주인공 유마힐 거사는 어느 날 병들어 몸져눕게 되었다. 석가세존은 사람을 보내어 병문안을 하게 했는데, 문수보살도 그를 찾아 위문하였다. 여러 좋은 말로 위로하고자 하는 그에게 유마힐 거사는 외려 위로받기를 거절하면서 '세상이 온통 병들었는데, 내가 어찌 그 병든 세상과 함께 아프지 않겠는가'라며 태연하게 반응한다. 그것은 이 세상의 폐허를 미리 본 자로서 자기를 고통의 운명과 비끄러맨 도저한 삶의 자세다. 이러한 삶의 자세는 얼핏 자학적이거나 도착적인 비관주의처럼 비칠 수 있다. 그러나 시인이 유마사상을 통해 직관한 그 비관주의는 이미 자폐의 몸을 벗어난 타자의 세상이다. 아니, 타자와 내가 하나로 엉겨 울고 웃고 앓고 누리는 진창이며 낙원인 세상, 곧 화엄의 우주다.

나는 '악'惡을 이기지 못했다는 시인의 실존적 인간 진단에 전적으로 동의한다. 그가 얻은 마음이 "정들 곳 사람 마음이어서/ 닻이 내려오는 이 진창"(4:85)이라고 말할 때의 그 '마음'이라는 것도 대강 알 수 있겠다.

그러나 그가 얻은 '약'藥의 정체는, 그 '약'이 '악'의 수사적 말놀이가 아니라면, 아무리 생각해도 궁금해지는 미로일 뿐이다. 그러나 그 약의 정체를 온전히 파악했다고 해서, 내가 그 세상의 진창 속으로 들어가 상처의 핵심을 껴안고 진창이 된 몸으로 거룩함을 시위할 수 있을 것인가. 대답이 궁한 만큼 자신이 없다.

'영혼의 드라이클리닝'을 넘어

황지우는 개신교 신자인 어머니를 두고 어려서부터 그 신앙적 분위기에서 자랐을 것이다. (실제로 그는 1974년 입대하여 어유지리교회에서 군종병 노릇까지 했다.) 그러나 머리가 커가면서 그는 아우와 장형을 따라 서서히 유물론으로, 불교 쪽으로 종교와 사상의 지평을 옮겨가지 않았나 싶다. 교조적인 무슨 '주의자'나 명목상으로 특정 제도권 종교의 신자는 아니었겠지만, 이런 동선이 그의 시집을 출판 연대순으로 훑어보면 대략적이나마 감지된다. 어머니의 병고와 죽음에 즈음하여 그를 위해 또 한 번 개종할 의향이 있다고 내비쳤지만(5:35), 뒤늦은 효성에 북받친 염원은 끝내 이루어지지 않았을 것이다. 그에게 굳이 딱지를 붙여준다면, '피크닉주의자'이거나 정처 없는 '여행주의자'가 아닐까 싶다. 그의 그런 눈에 비친 한국의 그리스도교는 근사한 면이 별로 없고 대체로 볼썽사납다. 아마도 병든 세상 속으로 들어가 병든 세상과 함께 아프고자 하는 기본자세가 안 되어 있기 때문일 것이다.

시인은 레바논의 참극을 뉴스로 접하며, 이스라엘의 현재를 있게 한 과거의 주인공들을 현지 피해자의 목소리에 의탁하여 "이 갈갈이 찢어 죽일 아브람, 모세, 다윗, 솔로몬의 새끼들아"(1:59)라고 저주한다. 그들이 신약시대를 예비한 주역들이고, 결국 오늘날 그리스도교의 뿌리를 형성한 인물들이라고 할 때, 팔레스타인의 관점에서 조명한 그들은 그렇게 살인자들의 조상으로 돌변한다. 과연, 그 뿌리 위에 피어난 이 땅의 그리스도교 신앙인즉, 먹고살 만해진 뒤 필요하게 된 의지처, 또는 일주일에 한 번 마음을 깨끗하게 하는 데 도움이 되는 "영혼의 드라이클리닝" 정도로 폄하된다(2:14). 그가 통찰한 한국 그리스도교의 현실은 아직 그동안 안주해온 체계의 내벽을 뚫고 바깥으로 탈주할 형편이 못된다. 그러니, "교회는 자본주의와 성교한다"(2:99)라는, 황지우답게 과격하고 엽기적인 표현이 나오고야 만다. 그렇게 해서 까놓은 알들이 많은데,"그들의 먹이는 불안한 신흥중산층이다"(2:99-100). 다시 말해, 근대화로 축재하여 신분이 상승한 신흥중산층의 불안 심리를 이용하여 교회가 번식하며, 그것은 자본제적 욕망의 연대를 통해 가능해졌다는 진단이리라.

시인은 이런 독한 비판적 관점에서 교회의 풍속도를 몇 가지로 요약해놓는다. 그것은 가령, "하느님도 없는데/ 늙은 할마시들과 가슴에 세상 병든 아낙들이/ 산꼭대기에 올라와 울며불며 새벽기도"(2:116)를 하거나, 서울 고속버스터미널에서 "종말이 가까웠으니 우리 주 예수를 믿고 구원받으라고" 혼자 절박해져서 거지처럼 왈왈대거나(4:64), 상가 3층에서 통성기도를 하며 울부짖지만 막이 부풀대면서 고작 하늘을 칠 뿐인(5:57) 허탈한 풍경 속에 압축된다. 그가 볼 때 그리스도교를 포함하는 종교는 "영안실까지만 갈 뿐"이고, "네가 不在한 歷史"가 기입해준 "영생은 기억"에 불과하다(3:58). 그의 이러한 회의주의와 무신론적 단정은 나이가 들면서 많이 순화된다. 그에게는 여전히 진창이 된 세상 속의 망가진 몸들이 보이고 그들의 삶 가운데 거룩함이 보인다. 물론 영원한 하나님의 잠언이자 가장 큰 구원의 비유인 자연도 그에게 신성이 빛나는 신앙적 공간이다. 그의 몸이 살찐 가죽부대처럼, 뚱뚱한 소파처럼 늙어갈지라도, 아니 외려 바로 그런 낡음으로 인하여, 진창이 된 몸/삶의 거룩함은 더욱 절박한 목마름이 아닐 수 없다. 비록 해학적인 어투를 배후에 깔고 있지만, 햄릿을 빙자하여 어머니의 매장 후에 던진 사소하지만 근원적인 물음들—"아, 죽음 뒤에도 무엇인가가 있다면/ 어떡허지? 이거 정말 큰 문제야" "아, 죽음 뒤에 정말 아무것도 없다면/ 어떡허지? 이거야말로 진짜 큰 문제 아녀?"(5:146)—은 여전히 그에게나 우리 모두에게 유효하다.

이 병든 세상 속으로 들어가 병든 세상과 함께 아프리라는 유마사상은 기실 그리스도교 전통에 없는 것이 아니다. 일찍이 욥은 그의 지독한 고난을 온몸으로 끝까지 감당하였을 뿐 아니라, 그 원인을 끈질기게 물고 늘어지며 싸운 고난신학의 주역이었다. 그에게 원인을 알 수 없는 세상은 단지 병든 세상이 아니라 부조리한 세상이었고, 그 배후의 하나님조차 의심받을 만한 수상한 존재였다. 그런가 하면 제2이사야서는 일련의 '고난받는 종의 노래'를 통해 역사의 질고에 치여 이 세상에서 병들고 상한 사람들과 함께 그 고통을 나누며 그들을 대속하고 구원하는 꿈을 꾸었다. 히브리성서의 많은 예언자들은 그렇게 광야 같은 세상에서 치열하게 부대끼며 함께 울고 웃던 섬김의 종들이었다. 그들은 유마힐 거사보다 한 술 더 떠 병든 몸으로 병상에 누워 병든 세상의 고통을 함께 나누는 데서 그치지 않고, 세상이 겪는 상처의 핵심을 치고 들어가 그것을 자기 몸속에 체현하였다. 개중에는 자기 한 몸을 던져 그의 백성을 징벌하여 죽이고자 한 신의 진노를 막거나(모세) 숯불에 제 입술을 지진 사람도 있었다(이사야). 혹은 인분과 머리털(에스겔), 또는 창녀 같은 아내와의 숱한 재회를 통해(호세아), 그리고 성전 앞에서 오지병을 깨트리는 광기로써(예레미야), 그들은 시대의 뜨거운 상징이 되었다. 그 싸움의 결의가 설사 그들의 몸을 철저히 망가뜨렸을지라도 그들은 병든 세상과 싸워 그것을 치유하려는 노력을 끝내 포기하지 않았다. 그래서 그들은 '세상이 감당치 못하는 자'라는 슬프고도 아름다운 이름을 얻었다.

마침내, 예수는 그 예언자의 정신을 계승하여 십자가에 매달린 제 몸의 상처와 죽음으로써 이 세상의 질고를 극명하게 보여주었다. 그에게 삶은 병든 자들이 몰려들며 아우성치는 진창이었지만, 하나님의 통치가 선포된 곳도 바로 그 진창 속의 낙원이었다. 그곳에서 그는 '세리'와 '창기' 등의 극단적인 '죄인들'과 기탄없이 어울렸으며, '술꾼'과 '먹보'의 오명을 마다치 않았다. 바울 역시 이른바 '고난의 코이노니아'를 통해 예수의 남은 고난을 제 몸에 채우는 방식으로 암흑에 처한 사람들의 고난에 동참하며 세상 구원의 길을 걸었다. 이처럼 구약시대의 많은 종들과 그들을 계승·발전시킨 예수와 바울 등은 이 세상의 병든 환부를 보듬으며 더 낮은 곳으로 내려갔다. 하지만 이후의 그리스도교는 저 높은 곳으로 올라가는 데 여념이 없었다. 황지우 시인이 질타한 "영혼의 드라이클리닝"을 넘어서야 광야의 바람도 느껴지고 구름 속에 깃드는 은총의 햇살과 함께 복음의 뿌리가 보인다. 박제된 구호의 소란스러운 복창이 잠잠해질 때에서야 비로소 폭풍 속에 나타난 하나님의 세미한 음성이 들린다. 풍경이 지워져야 기원이 보인다. 아니, 그 기원조차 지워버려야 새로운 풍경의 역사를 개척해나갈 수 있다.

진창이 된 몸/삶의 아수라 속에 뒹굴던 황지우가 그 몸이 더 이상 가렵지 않은지, 이제는 더 이상 털어버릴 가려운 생이 없는지(5:81), 마지막 시집을 낸 뒤 10년이 다 되도록 시를 써내지 않는다. (혹, 써내지 못하는 거 아녀?) 여전히, 흐린 날을 핑계 삼아 주점에 죽치고 앉아 술타령만 하고 있는 걸까(5:82-85). 예술대학의 총장이란 관료제도에 깔끔하게 순치된 채 살찐 가죽부대 같은 몸으로 저 높은 곳에서 뒹굴며 자본주의와 성교하고 있는 걸까. 정말 그렇다면 그거 참 큰일이다. 그걸 깨버리고 다시 진창의 거룩함으로 내려가지 않으면 그는 영영 시와 절교한 상태로 죽어버리리라. 끙끙거리는 변비의 뒷맛처럼 후련하지도 못한, 마냥 아쉬운 소멸의 생지옥에 빠져 죽도록 신음하리라.(부디 내 저주가 사랑의 축원으로 들리기를!)

• 황지우 시인은 기존의 것들을 편집한 시선집을 빼고 모두 6권의 시집을 냈다. 그중 조각시집인 『저물면서 빛나는 바다』를 제외한 나머지 다섯 권의 시집을 이 글에서 사용했다. 괄호 안에 표기된 앞의 숫자는 아래 시집들의 번호이고 뒤의 숫자는 그 쪽수다.

1. 황지우, 『새들도 세상을 뜨는구나』(서울: 문학과지성사, 1983).
2. ____, 『겨울-나무로부터 봄-나무에로』(서울: 민음사, 1985).
3. ____, 『나는 너다』(서울: 풀빛, 1987).
4. ____, 『게 눈 속의 연꽃』(서울: 문학과지성사, 1990).
5. ____, 『어느 날 나는 흐린 酒店에 앉아 있을 거다』(서울: 문학과지성사, 1998).

제3부

관조의 양상,
성찰의 초상

13장 세 개의 바퀴

-최승호, 류시화, 황동규의 시를 중심으로

바퀴로 읽는 세상

바퀴는 둥근 바퀴다. 둥근 바퀴가 만들어지기까지 각이 진 바퀴가 있었을지 모르겠지만 오늘날 둥글지 않은 사각이나 팔각의 바퀴를 상상하기란 어렵다. 인류 문명의 발달사에서 바퀴의 발명이 지닌 의의는 각별하다. 바퀴가 발명됨에 따라 인간과 물건의 이동 시간이 단축되고 편리가 그만큼 증진되었다. 바퀴의 발명은 각종 수레의 사용으로 이어져 농경 설비 개발에 유익을 주었으며, 전쟁에도 기동력과 순발력을 촉진시켰다. 이렇게 도구화된 바퀴는 다방면에서 보행하는 인간을 바퀴와 함께 굴러가는 인간의 모습으로 진화시켰던 바, 이에 따라 그 바퀴의 구조에서 촉발된 인간의 상상력은 심화되고 더욱 풍요하게 개진될 수 있었다.

가령, 그 상상력의 한 갈래를 타고 미끄러져 보면, 바퀴의 축은 움직이지 않는 중심을 표상한다. 그 중심축에 붙어 있는 살은 중심에 밀착되어 바퀴의 균형을 잡아주며 굴러갈 수 있는 힘을 추동하는 지렛대다. 그

축과 맞물려 굴러가는 바퀴의 맨 바깥 외연은 둥글게 이어져 있는 순환의 상징체다. 구르면서 시간을 타고 흐르며 거리를 단축시키지만, 그 바퀴는 아무리 굴러도 바퀴가 바퀴로 존립하는 한 바퀴 밖으로 튀어나갈 수 없다. 바퀴는 제자리를 지키며 돌면서 제자리로 되돌아가기 때문이다. '다람쥐 쳇바퀴 돌 듯'이라는 문구가 시사하듯, 바퀴는 아무리 돌리고 돌아도 바퀴 바깥이 될 수 없다.

바퀴는 돌면서 그 순환의 질서 속에서 만물을 생성하는 시간의 메타포로 종종 비유되었다. 죽음과 내세에 대한 종교적 탐구는 인간 영혼을 돌고 도는 존재로 파악하여 바퀴의 회전을 빗댄 '윤회'輪廻의 개념을 이끌어내기도 하였다. 순환적 상징으로서 바퀴의 의미가 파생된 것은 바로 이런 상상의 맥락에서다. 시간뿐 아니라, 인간의 영혼도 바퀴처럼 돌면서 순환한다고 본 것이다. 그런가 하면 바퀴의 거침없는 회전을 불교에서는 '법륜'法輪이라는 개념을 통해 조형해보였는데, 부처의 교화와 설법이 바로 그와 같다고 비유하였다. 이 법륜은 사전적 정의대로, "부처의 정법이 외도外道와 사견邪見을 부수고 거침새 없이 나아감을 수레바퀴가 굴러가는 것에 비유한 말"이다.

나는 바퀴 이미지가 이러한 고전적 상상력의 범주로부터 오늘날까지 어떻게 변용해왔는가에 오래전부터 관심이 많았다. 그 관심은 한국 현대시에 나타난 바퀴 이미지의 변용 패턴에 대한 궁금증과 맞물렸고, 그러던 차에 최근 그것을 다룰 만한 자료로 세 편의 바퀴 관련 시를 찾게 되었다. 그것들은 최승호의 〈바퀴〉, 류시화의 〈너무나 큰 바퀴〉, 황동규의 〈나는 바퀴를 보면 굴리고 싶어진다〉이다. 이 글에서 나는 이 세 편의 시를 각각 바퀴 이미지를 중심으로 분석해보고, 그 독특한 상징적 의미를 해석해보고자 한다. 나아가 바퀴 이미지를 야고보서에 나오는 '생성의 바퀴' 개념과 이와 결부된 고대 종교사의 맥락으로 소급시켜 논의의 폭을 확대해볼 것이다. 그 결과, 바퀴에 의한, 바퀴를 통한 신학적 상상력이 증폭되고, 이로써 오늘날 자주 삐걱거리는 우리 삶의 다양한 바퀴들을 제대로 잘 굴려서, 이 세상과 만물이라는 바퀴들을 잘 굴러가게 하는 데 멀리 에둘러 일조할 수 있다면 나는 만족할 수 있을 것이다.

문명과 역사의 바퀴

I

끌려다니는 바퀴들은 어디서 쓰러지는지

코끼리가

象牙의 동굴에서 쓰러지듯

古鐵의 무덤에서 쓰러지는지

삭은 뼈들

녹슨 대포알

녹슨 철모

덜컥거리며 굴러 떨어지는 텅 빈

두개골

성욕 왕성한 흰 벌레들이

죽음을 진행 중인

주검은 자갈치시장보다 더 활기찰 것이다

復活은

무슨 뜻인지

지린내와 쉿내 뜨거운

철뚝길에 철따른 꽃들이 피어 있다

II
석탄차들이 붐비는 광산
육중한 荷重을 짊어진 바퀴들이
굴러간다
끌면 별 수 없이 蒙古로
끌려가는 貢女
끌려가는 예수
채찍 맞는 조랑말
그리고 계엄령 속의 폴란드 광산 노동자들
육중한 荷重을 짊어진 바퀴들이
굴러간다 묵묵히 끌려간다

III
십자가에 못 박힌 예수처럼
퉁겨져나올 수 없는
바퀴들

때리는 망치 소리

IV
바퀴들이 흘리는 것은 피가 아니라
쇳가루

피는

바퀴에 깨어진 인간의 살덩이에서

폭발하는 火山의 불꽃처럼

마그마처럼 터지고 흘러나온다

주황색 디젤기관차

피를 튀기며 달리는 주황색 디젤 기관차

-최승호, 〈바퀴〉 전문

이 시에서 바퀴는 한마디로 문명과 역사의 바퀴를 표상한다. I 연에서 바퀴는 철도 위를 질주하는 기차바퀴로 드러난다. II 연에서는 그 바퀴가 광산의 석탄차를 굴리는 바퀴로 변용되다가 죽기까지 벗어날 수 없는 운명의 족쇄로서 III 연의 바퀴 이미지를 경유한 뒤 다시 IV 연에 이르러 기관차의 바퀴로 되돌아간다.

I 연에서 바퀴는 "끌려다니는 바퀴들"이다. 그것들은 수동적으로 끌려다니다가 쓰러지는 죽음의 표상이다. 그 죽음은 특정 개인이나 개체의 죽음이 아니라, "삭은 뼈들/ 녹슨 대포알/ 녹슨 철모/ ⋯텅 빈 두개골" 등이 포함되는 인간 문명의 죽음을 암시한다. "녹슨 대포알"과 "녹슨 철모"는 공통적으로 전쟁의 흔적을 떠올리게 한다. 그 전쟁과 함께 죽은 사람들의 주검은 "삭은 뼈들"과 녹슨 철모에서 "덜컥거리며 굴러 떨어지는 텅 빈/ 두개골"로 남은, 이미 죽은 지 오래된 시신을 통해 전쟁의 잔혹함을 상기시킨다. 그 죽음은 정적인 과거형이지만, 지금 진행 중인 동적인 현재형의 죽음도 있다. 그것은 "성욕 왕성한 흰 벌레들(구더기떼?-필자 주)이/ 죽음을 진행 중인/ 주검"이다. 이와 같이 부패하는 시체의 이미지

는, 죽음과 함께 진행되는 주검의 해체 과정이 "자갈치시장보다 더 활기찰" 정도로 역동적으로 묘사된다. 이 모든 죽음스러운 이미지들은 줄기차게 끌려다니다가 "古鐵의 무덤"에서 쓰러지는 기차 바퀴들의 이미지에서 연유한 것들이다.

철도와 기차는 이 땅의 근대화를 선도한 대표적인 문명의 기계장치다. 근대문명을 이끌어온 기차의 그 바퀴들은 그러나 이제 고철더미로 분해될 운명에 처했다. 근대와 문명의 결합은 한편으로 "쇳내 뜨거운/철뚝길"과 같이 열렬한 질주의 속도와 생산 에너지를 공급해왔지만, 다른 한편으로는 "지린내"로 표상되는 삶의 악취들로 진동한다. 죽음을 향하여 질주해온 근대문명의 역사는 이처럼 활력과 악취로 뒤엉긴 채 그 바퀴들을 이제 죽음의 고철로 해체할 시점을 맞고 있는 것이다. 그 을씨년스런 풍경을 위로하기라도 하듯, 마치 부활의 희망이라도 되는 양, 철뚝길에는 "철따른 꽃들이 피어 있다."

II연에서 석탄광산의 수레에 달린 바퀴는 "육중한 荷重을 짊어진" 무거운 바퀴들이다. 그 바퀴들의 굴러감은 그것들의 끌려감이다. 아직 그 바퀴들이 I연의 바퀴들처럼 쓰러지지는 않았지만, 끌려가듯 굴러가는 그것들의 움직임은 수동적이고 무기력하다. 그렇게 수동적으로 무기력하게 끌려가는 바퀴의 이미지는, "끌면 별 수 없이 蒙古로/ 끌려가는 貢女" "끌려가는 예수" "채찍 맞는 조랑말" "계엄령 속의 폴란드 광산 노동자들"을 차례로 불러낸다. 이 모든 대상들은 그들의 끌려감이 "별 수 없이" "묵묵히", 즉 불가피하게 체념하면서 끌려가는 것이라는 점에서 무기력한 생을 환기시키지만 동시에 그 이면에 담긴 역사적 고난의 현장을 연상시켜준다.

이러한 연상 과정에서 맨 나중에 나오는 "폴란드 광산 노동자들"은 맨 앞에 놓인 "석탄차들이 붐비는 광산"에 가장 적절하게 어울리는 짝이다. 그들에게 끌려가듯 굴러가는 바퀴는 정치적 압제에 저항하는 민중의 수난을 표상한다. 우리나라 역사에 빗대어 제시된 "별 수 없이 蒙古로/ 끌려가는 貢女"의 이미지는, '환향녀-화냥년'이라는 슬픈 전설이 암시하듯, 민족의 시련 가운데 십자가를 지고 타국에 끌려가 짓밟힌 상태에서 어느 쪽에도 환영받지 못한 소외된 영혼들의 비극적인 표상이다. 그 대리 희생의 이미지는 인류의 죄를 십자가 위에 지고 골고다 언덕으로 끌려가는 예수의 초상으로 응집된다. 그의 발걸음을 재촉했을 로마병정의 채찍은 짐을 지고 "채찍을 맞는 조랑말"의 연상으로 이어져, 고난의 역사가 비단 인간사에만 국한되지 않고 범생명적인 현실임을 시사한다.

II연의 끌려가는 예수는 III연에서 "십자가에 못 박힌 예수"로 한 단계 더 진전한다. 바로 그 사역을 감당하기 위해 이 땅에 오신 예수처럼 특정한 역사의 시점에서 그 역사를 일구며 그 역사를 사는 사람들에게 역사는 불가피한 족쇄다. 그것이 바로 "퉁겨져나올 수 없는/ 바퀴들"로 형상화된 것이다. 우리는 누구나 역사의 수레바퀴에 매여 있는 존재다. 그 바퀴는 굴러갈 때까지 굴러가다가 오로지 죽음과 함께 해체·소멸된다. III연의 마지막 행에 앞줄에서 한 줄 건너뛰고 등장하는 구절 "때리는 망치 소리"는 그 맥락적 함의가 모호하다. 그것은 예수를 십자가에 못 박기 위해 때리는(누가? 무엇이? 불가피한 역사의 바퀴들이!) 망치 소리로 읽힐 수 있다. 동시에 이 구절은 제 몫의 역사적 사명을 다한 그 바퀴를 해체시키기 위해 때리는 망치 소리로 해석할 수도 있다.

이 망치 소리의 이중적 의미는, IV연에서 인류가 건설해온 문명이든, 그 문명으로 채워진 역사의 전개든, 바퀴들의 굴러감·끌려감·쓰러짐이 그 문명과 역사의 마모·소멸과 함께 인간의 상처와 죽음에 기여한다는 또 다른 의미로 확산된다. 바퀴들이 굴러가면서 흘리는 쇳가루는 마모와 소멸의 표상이다. 그것과 더불어 그 바퀴에 깨어진 인간의 살덩이와, 그로부터 "火山의 불꽃처럼" "마그마처럼" 격렬하게 터지고 분출되는 피는 결국 한몸으로 얽힌 공동운명체다. 인간은 인간이 만든 문명의 바퀴, 인간이 개척한 역사의 바퀴에 치여 그 생의 운명을 마감한다. 이러한 공동운명체로서의 진로가 문명과 역사로서의 바퀴 이미지에 결부되어 그 가운데 치여 사라져간 다채로운 개인의 삶으로 변용된 까닭이 여기에 있다. 이 두 양태의 결합은 "피를 튀기며 달리는 주황색 디젤기관차"라는 마지막 행에 극적으로 표출된다. 주황색이라는 기관차의 색깔은 인간의 붉은 피를 튀기며 달린다. 오늘날의 세속사회에서 인간생명과 기계문명은 바퀴가 굴러가면서 마치 한몸으로 엮어져 있는 듯한 환상을 연출하는 것이다.

초월적 섭리의 바퀴

그 언덕 위에 내 집은
서 있다 언덕의 나무들과 새와
그토록 많은 곤충들의 집 위에
내 집은 서 있다 저녁시간이 만드는 한없이
투명한 강 위에 이름붙일 수 없는
그 무엇 위에

나와 오래된 집은 서 있다
얼마만큼의 거리를 갖고 내 집은

저녁에 나무들 사이에서 나를 본다

나는 나무 뒤에 숨어서 내 집을 지켜본다 그것은

아름다운 일이다 아름다워 보일 만큼 거리를 두고

나무들 사이로 서로 바라보는 일

그리고 나는 지붕을 올려다본다 내 집의 지붕과

그곳에서 돌고 있는 바퀴 하나

내 머리 위에 있다 무엇의 바퀴인지는 모르지만

모든 집들 위에 세워진 내 집의

넓은 지붕 위 그것은 그림자처럼 돌고 있다

때로 구름 뒤에 얼굴을 감추기도 한다

그것은 왜 그토록 눈부시고 무슨 밀어올리는

힘이 있어 그것을 모든 지붕에 올라서게 하는가 바퀴는

저의 돌아가는 힘으로 돌들을 강으로 나르고

강을 더 먼 바다로 밀어보낸다

아직 때가 되지는 않았지만 나는

내 집 밑에서 기다리는 곤충들을 위해

손을 흔든다 지는 해를 등지고 서서 그 다음 그들에게

설탕을 던져 준다 날이 어둡기 전에 될수록 많이

눈을 뜨면서 나는

바라보는 법을 배운다

그러나 얼마만큼 거리를 갖고 지붕 위의 바퀴를

숨어 볼 수는 없다 바퀴는 벌써 내 안에 있고

매일 저녁 나는 내 집의 숲과 그 너머 강물들 위로

바퀴의 그림자가 누워 천천히 돌고 있는 것을 본다

그리고 그 밑으로는 기적처럼 구름과 강물과

수많은 곤충들이 어디론가 움직여 가고 있다

땅 속의 감자들처럼 하늘에도 어떤

둥근 뿌리가 있어 안개에 부풀고

저녁별에게로 얼굴을 내어미는 곳 그곳에서

바퀴는 무엇을 노래하는가 내 몸은 가벼워져서

어느날 나도 그곳으로 올라갈 것이지만

매일 저녁 어김없이 나는 내 곤충들을 위해

수백 자루의 설탕이 필요하고 그 곤충들 위에

내 그림자를 길게 드리운다

-류시화, 〈너무나 큰 바퀴〉 전문

1980-82년 사이 『시운동』이라는 무크지의 동인으로 활동한, 당시 안
재찬이라는 이름의 이 시인은 독특한 행갈이와 신비로운 이미지를 시
쓰기의 주특기로 내세워 주목을 받았다. 그는 이후 1983-90년에 이르
기까지 작품 활동을 중단하고 류시화라는 이름으로 주로 명상서적 내는
일에 몰두해왔다. 이러한 출판 활동은 그의 구도자적 삶의 여정과 겹쳐
졌는데, 그 삶의 한 매듭인 양 그동안의 작품을 모아 그는 『그대가 곁에

있어도 나는 그대가 그립다』라는 제목의 시집을 내어 항간의 큰 주목을 받았다. 이 시집은 시집으로서 각별한 판매실적을 거두면서 스테디셀러로 자리매김했지만 정작 비평가에 의한 전문적 평가는 별로 없었고, 그나마 언급될 경우에도 현실 도피적인 시적 명상 수준으로 은근히 폄시되는 경향이 있었다. 이러한 평단의 시큰둥한 반응과 무관하게 그의 이 시집은 구도자의 명상적 도구로서의 시와 언어적 자율성을 고수하는 독립적인 세계로서의 시가 어떻게 변별될 수 있는지, 시로써 추구하는 초월적 신비주의의 세계가 삶의 한가운데서 추구되는 종교적 실천 수행과 어떻게 만날 수 있는지 적잖은 질문을 던진다. 이러한 질문과 관련하여 앞에서 분석 대상으로 제시한 시는 류시화의 시적 지향뿐 아니라 '바퀴' 이미지를 중심으로 삶을 보는 그의 시좌를 드러내주는 문제적인 작품이라 할 만하다.

〈너무나 큰 바퀴〉라는 제목이 붙은 이 시는 이 짧은 지면에서 다루기 버거우리만치 실로 너무나 큰 삶의 세계를 직관적으로 투시한다. 그는 이 시의 1연과 2연에서 바퀴를 말하기 전에 집을 먼저 언급한다. 이 집은 시인이 아들 미륵이와 더불어 살아온 봉원동 산속의 실제 '내 집'을 가리킬 수도 있지만, 단순히 거기에 머물지 않고 은유화된 우주로서의 집으로 그 이미지의 외연이 팽창된다. 우주宇宙의 한자어 모두가 '집'이란 뜻을 지니고 있으니 이처럼 겹으로 짜인 이미지의 사용은 자연스럽게 받아들여진다. 이는 시인이 3연에서, 그 집을 "모든 집들 위에 세워진 내 집"이라고 묘사한 데서도 자연스럽게 확인되는 사실이다. 시의 묘사로만 따라가 보자면, 그 집은 언덕 위에 위치해 있으며 그 "언덕의 나무들과 새와/ 그토록 많은 곤충들의 집 위에"서 있다. 그 집은 앉은 채 위치가 고정된 집이 아니라, 서 있는 동작으로 움직일 준비가 되어 있는, 움직이는 집이다. 그리하여 그 집은 "한없이/ 투명한 강 위에" 서 있을 수도 있으니, 그 집의 토대는 "이름붙일 수 없는/ 그 무엇"으로 불특정하다.

2연에서 그 "오래된 집"과 나는 "얼마만큼의 거리를 갖고" 서로를 바라보는 관계로 묘사된다. 내 집과 나 사이에는 나무들이 있다. 그래서 내 집은 나무들 사이로 나를 보고 나는 나무들 뒤에 숨어서 내 집을 지켜본다. 이러한 상호간 바라보기는 얼핏 나와 우주 사이의 객관적 조망의 거리를 가리키는 것 같다. 물론 그 바라보기는 똑같지 않다. 내 집은 그냥 나를 나무들 사이에서 볼 뿐인데, 나는 내 집을 "나무 뒤에 숨어서" 지켜보기 때문이다. 여기서 그 나무들은 내 집의 입장에서는 바라봄의 장애물이지만 나의 위치에서는 바라보기 위해 필요한 은신처, 익명의 객관적 거리를 위해 필요한 심리적 안돈의 거리다. 그런데 이상하지 않은가. 집은 그 안에 들어가 살아야 할 집인데, 이러한 객관적 조망의 거리를 두고 서로 바라보기만 하면 그 집은 집의 역할을 수행할 수 없지 않을까. 그런데도 그러한 바라보기를 시인은 "아름다운 일"이라고 말한다. 짐작건대, 너무 밀착되어 있으면 아무것도 볼 수 없기 때문일 것이다.

3연에서 시인은 아마도 그 조망의 거리 덕분에 "내 집의 지붕과/ 그곳에서 돌고 있는 바퀴 하나"를 발견한다. 그 바퀴의 정체에 대해 시인은, 그 집의 토대와 관련하여 "이름붙일 수 없는 그 무엇"이라고 불투명하게 언급했듯이, 확실하게 말하기 어렵다. "무엇의 바퀴인지는 모르지만" 그 바퀴는 내 집의 지붕 위에서 "그림자처럼 돌고 있"고, "때로 구름 뒤에 얼굴을 감추기도 한다." 이 바퀴는 그 구도가 구체적으로 잡히지 않는다. 아마 돌면서 그 집처럼 움직이는지, 아니면 그 집이 움직여서 그런지, 그 바퀴는 내 집의 넓은 지붕 위에 있고, 또 그 집을 일정한 거리를 두고 지켜보는 내 머리 위에 돌고 있으며, 구름 뒤에 얼굴을 감추기도 하는 바퀴다. 구름 뒤에 얼굴을 감춘다는 시적 진술을 곱씹어보면 이 바퀴가 태양 이미지의 변용일 것이라는 추측에 다다른다. 과연 이어지는 4연의 초입에 "왜 그토록 눈부시고"라는 구절에 이르면 그것이 태양 이미지로 압축되는 듯한 인상을 받는다. 그런데 이어지는 구절 "무슨 밀어 올리는/ 힘이 있어 그것을 모든 지붕에 올라서게 하는가"에서 '그것'의 정체는 다시 아리송해진다. 이 진술의 산문적 의미는 그 바퀴에게 밀어 올리는 추동력이 있어 그 스스로를 모든 지붕에 올라서도록 한다는 것이다. 스스로를 모든 지붕 위에 올라서도록 하는 바퀴의 힘은, 태양과 연계시켜 이해해보면, 이어지는 구절이 적절히 예시하듯, 태양의 순환 질서에 따라 "돌들을 강으로 나르고/ 강을 더 먼 바다로 밀어보"내는 시간의 운동력과 연계된다. 그러나 시간이 시간을 모든 우주 위에 올라서게 한다는 식의 이해는 어쩐지 어색하다. 여기서 우리는 그 바퀴의 궁극적인 정체가 거시적인 차원의 우주 위에서, 또 미시적인 차원의 내 자아 안에서 그것이 움직이도록 밀어주는 초월적 섭리라는 데 상상력이 미친다.

그리하여 시인은 6연에서 그 바퀴를 집과는 달리 "얼마만큼의 거리를 갖고", 그러니까 객관적인 조망과 분석의 관점에서 "숨어 볼 수는 없다"라고 말한다. 그것은 내가 그것을 객관적으로 인식하기 전에 "벌써 내 안에 있고" 그 바퀴의 그림자가 순환함에 따라, 그 운동력에 실려 "내 집의 숲"뿐 아니라 "구름과 강물과 수많은 곤충들"을 어디론가 움직여가고 있기 때문이다. 7연에서 그 바퀴 이미지는 하늘에 심겨진 상태에서 안개에 부푸는 "둥근 뿌리"의 이미지로 잠시 변용되어 그것이 "저녁별들에게로 얼굴을 내어미는 곳"이라는 환상적인 풍경을 제시한다. 이로부터 내 상상력은 우주만물의 생육 과정과 그것이 저녁별과의 교감 속에 저물어가는 황혼녘의 종말론적 분위기를 예감한다. 마치 감자의 알뿌리가 땅 밖으로 싹을 틔워 그 잎사귀와 꽃을 피워 올리듯이, 우주의 둥근 뿌리는 그 안의 만물을 생육하고 번성케 하다가 종국에 소멸의 길로 인도하는 것이다. 그래서 시인은 자신의 몸이 가벼워져서 어느 날 그곳으로, 그 종말의 세계로 올라가리라고 말한다. 그러나 우주만물을 통할하는 섭리로서의 바퀴는 그 종말을 그저 노래할 뿐이다. 그러나 시인은 아직 그때가 되지 않았다는 것을 안다(5연 1행).

그때가 이르기까지 시인이 매일 반복해서 하는 일은 "내 집 밑에서 기다리는 곤충들"에게 손을 흔들어주고, 설탕을 던져주는 것이다. 시인은 곤충과 인연이 깊다. 아마도 그가 사는 집 근처 숲에서 곤충을 자주 만나고 관찰하는 듯, "내가 사는 집/ 근처의 눈 속에는/ 참 많은 귀뚜라미들이 살고 있"(2:40)다고 말한다. 그 곤충들은 종종 환상적인 아우라를 걸치고 등장하여, 가령 〈옛날의 정원〉이란 시를 보면, 그는 "둥근 나무들과 황금의 벌레들"(2:60)이 있는 숲을 제시하기도 한다. 벌레에 대한 그의 애착은 꽤 커서 "사람들이 방안에 모여 별에 대한 토론을 하고 있을 때" 그는 "문 밖으로 나와서 풀줄기를 흔들며 지나가는/ 벌레 한 마리를 구경"하며, 그 벌레의 눈에 비치는 별들을 볼 정도다(2:66). 그는 풀섶에 웅크리고 있는 죽은 벌레를 통해 자기가 벌레만도 못한 생을 살아왔음을 탄식하기도 하고(2:68), "달팽이의 뿔들"(2:70, 72)이나 집짓는 거미(2:90-91)를 통해 깨우침을 얻기도 한다.

이 벌레, 또는 곤충에게 시인은 설탕을 준다고 말한다. 앞으로도 그들을 위한 "수백 자루의 설탕이 필요하"다고 생각한다. 설탕은 무엇이고, 곤충(/벌레)과의 인연은 또 어떠하기에 이런 일을 시인은 하고자 하는 것일까. 이에 대한 암시는 "그 곤충들 위에/ 내 그림자를 길게 드리운다"라는 마지막 구절에서 슬쩍 드러난다. 앞서 시인은 바퀴의 그림자가 돌면서 움직이는 "구름과 강물과 수많은 곤충들"을 언급한 바 있다. 이제 그 바퀴는 내 안에서도 돌면서 그 그림자로 곤충들에게 설탕을 던지고 있지 않은가. 노래하는 바퀴와 하나가 되기까지, 이 우주의 섭리가 내 생명 본연의 존재 의미를 다 이루기까지, "날이 어둡기 전에 될수록 많이" 설탕을 곤충들에게 던져줘야 하기 때문이다. 설탕은 이 땅의 뭇 생명들이 우주의 음덕으로 생을 영위해나가는 일용할 양식이며 또한 달콤한 향유의 질료다. 그리하여 설탕은 끊임없이 돌고 또 도는 바퀴의 어지럼증을 견디며, 그것과 한몸으로 뒤엉켜 돌기 위해 요청되는 환각의 약재가 아닐까.

이 초월적 섭리로서의 거대한 바퀴 앞에 우리는 앞의 경우처럼 그저 수동적으로 끌려가는 것이 아니라 강물처럼 면면히 흐르면서 자연스럽게 밀려간다. 곤충처럼 가볍게 날아갈 수 있을 때까지, 우리는 설탕을 주면서 우리 생의 저녁을 견디며 깨달음을 예비한다. 그 바퀴의 음덕은 각자 개체적 생의 그림자로 서로를 덮어주고 서로에게 베풀며 또 서로 깊이 배우면서, 하나의 둥근 원융일체의 세계를 꿈꾼다. 둥글게 도는 지붕 위의 바퀴 이미지가 환상적이듯, 그 바퀴와 함께 밀려가면서 꿈꾸는 저 물녘의 세계 또한 환상적으로 아름답지 않은가.

일상적 자각의 바퀴

나는 바퀴를 보면 굴리고 싶어진다
자전거 유모차 리어카아의 바퀴
마차의 바퀴

굴러가는 바퀴도 굴리고 싶어진다
가쁜 언덕길을 오를 때
자동차 바퀴도 굴리고 싶어진다

길 속에 모든 것이 안 보이고
보인다, 망가뜨리고 싶은 어린날도 안 보이고
보이고, 서로 다른 새 떼 지저귀던 앞뒷숲이
보이고 또 안 보인다, 숨찬 공화국이 안 보이고
보인다, 굴리고 싶어진다, 노점에 쌓여 있는 귤,
옹기점에 엎어져 있는 항아리, 둥그렇게 누워 있는 사람들,
모든 것 떨어지기 전에 한 번 나는 길 위로.

  -황동규 〈나는 바퀴를 보면 굴리고 싶어진다〉 전문

앞의 두 시에 비해 황동규의 이 바퀴 시는 그 내용과 구성 면에서 비교적 단순하다. 그러나 이 시의 발화 방식과 메시지조차 단순한 것은 아니다. 오히려 이 시는 읽으면 읽을수록 많은 의문을 제기하며 시적 상상력의 세계로 매우 복잡한 생각의 타래를 물고 들어간다. 내 독법에 따르면 이 시의 비밀을 풀기 위해서는 다음의 몇 가지 질문이 유효할 듯싶다. 첫째, 나는 바퀴를 보면 왜 굴리고 싶어지는가. 둘째, 굴리고 싶어지는 그 바퀴들은 어떤 바퀴들이며, 그것들은 공통적으로 무엇을 표상하는가. 셋째, 바퀴를 보면 굴리고 싶어지는 것은 왜 하필 '나'인가. 넷째, 이러저러한 것들은 왜 보이고 또 동시에 안 보이는가. 다섯째, 바로 그런 사실과 그것들을 굴리고 싶어지는 것 사이에는 어떤 상관관계가 있는가. 이

각각의 질문들은 따로 떨어져 있지 않고 이 시의 긴장 어린 짜임새 속에 뒤얽혀 있다.

시인은 바퀴를 보면 굴리고 싶어진다고 제목과 1연 1행에서 전제 없이 대뜸 말하면서 그 바퀴들의 목록을 열거한다. 자전거 바퀴, 유모차 바퀴, 리어카 바퀴가 예시되고, 뒤이어 마차의 바퀴도 등장한다. 바퀴 수로만 따지면 자전거는 대체로 둘이고, 유모차는 넷이며, 리어카는 다시 둘이다. 바퀴의 크기로 보면, 자전거는 비교적 큰 편이고, 유모차는 비교적 작으며, 리어카는 다시 비교적 큰 편이다. 자전거 바퀴는 사람이 그 위에 타서 페달로 미는 것이고, 유모차 바퀴는 아기를 태워 역시 사람이 손으로 미는 것이며, 리어카 바퀴는 물건을 실어 사람이 끌거나 미는 것이다. 이것과 행갈이 하여 따로 제시한 마차의 바퀴는 말이라는 동물이 끄는 수레바퀴라는 점에서 앞의 바퀴들과 미세하게 구별된다. 4행을 건너뛰어 등장한 자동차 바퀴는, 앞의 바퀴들이 육체적인 에너지를 동원하여 움직이는 바퀴라는 사실과 비교할 때 질적으로 크게 구별된다. 비록 인간이 손발로 조종하지만 그 바퀴를 움직이는 것은 연료를 공급받아 작동되는 기계 엔진이기 때문이다. 이렇듯, 제시된 바퀴의 목록은 다양하고 다양한 만큼 포괄적인 일상사의 범주다.

짐승이 끄는 바퀴든, 사람이 끌거나 미는 바퀴든, 기계 엔진에 추동되어 움직이는 바퀴든, 이 모든 바퀴는 독립적인 개체로 존재하는 바퀴라기보다 유모차, 리어카, 마차, 자동차 등과 같은 제조품의 한 부속으로 끼어 있는 부품에 불과하다. 그 바퀴들과 나 사이의 거리는 물리적으로 그리 먼 것은 아니지만 직접적인 접촉점을 갖는 것도 아니다. 그 바퀴는 거대한 기계장치 같은 집단의 구획화된 생활 반경 속에 마치 하나의 부품처럼 조직화된 일상이 부과하는 삶의 시간표를 그 배후에, 혹은 그 이면에 깔고 있다. 동시에 그 바퀴 이미지는 그와 같은 일상적 삶의 리듬을 타성적으로 쫓아가는 무기력한 습관에 대한 전복적 메타포다. 주체적 자각이 결여된 타율적인 삶, 생동하는 참여가 동결된 채 수동적으로 이끌려가거나 밀려가는 일상…. 그것이 바퀴의 환경이고 규율이라면, 비록 굴러가는 바퀴일지라도 이렇게 '나' 자신이 직접 그 바퀴를 굴리고 싶어지는 것이다.

이 대목에서 떠오르는 것은 바퀴가 놀이의 도구로 유희되던 때가 있었다는 사실이다. 지금도 전주의 전통문화센터 같은 곳에 가면 구경하고 직접 경험해볼 수 있는데, 그 놀이도구는 굴렁쇠다. 그것은 굴렁대로 뒤를 밀어서 노는 아이들의 장난감이다. 여기서 굴렁쇠 같은 바퀴는 놀이하는 인간의 원시적 에너지를 발산하며 또 신명나게 뛰면서 그것을 온몸으로 느끼게 해주는 바퀴다. 바퀴의 존재로서 족한 바퀴, 무슨 차를 위한 부품으로 끼워 맞춰 사용하기 위한 사용가치 또는 교환가치로서의 바퀴가 아니라, 인간의 신체감각과 맞물려 아슬아슬하게 굴러가면서 삶의 일부로 동화된 바퀴, 기우뚱거리며 굴러가다 쓰러지고 다시 굴러가는, 생의 역동적 긴장을 유지한 상태의 싱싱한 바퀴! 시인이 굴리고 싶어하는 바퀴는 바로 이런 성질의 바퀴일 듯싶다.

여기서 시인은 바퀴를 보면 왜 '나' 자신이 굴리고 싶어진다고 말했는지 그 비밀의 한 매듭이 풀린다. 그것은 "굴러가는 바퀴도 굴리고 싶어"지기 때문이다. 이미 굴러가고 있는 바퀴들, 그것들은 나와 직접 상관없이 숨어 있는 바퀴, 전체에 예속된 바퀴, 기계적인 반복의 권태 속에 마모되어가는 건조한 일상의 바퀴일 뿐이다. 나는 그 바퀴를 빼어내기라도 해서 그냥 바퀴로서 내 손을 대고 굴리고 싶어지는 것이다. 그것은 가열찬 삶에의 도전을 암시한다. 그 도전은 자동화된 일상의 밋밋한 리듬에 역행하는 싱싱한 원시적 욕망의 몸짓이다. 가령, "가쁜 언덕길을 오를 때/ 자동차 바퀴도 굴리고 싶어진다"라는 다소 해학적인 구절에서 제 두 다리로 힘든 언덕길을 오르며 숨이 가쁘면서도 달리는 자동차 바퀴를 굴리고 싶은 의욕을 보일 정도로 시인의 그 도전은 팽팽한 탄력을 느끼게 해준다.

2연에서 우리는 그 도전과 의욕이 단순히 시인 자신의 개인적 삶을 일깨우는 도발적 충동이 아님을 알 수 있다. 여기서 시인은 바퀴가 구르는 길에 주목한다. 그 길은 단지 공간 속의 길일뿐 아니라 시간 속의 길이기도 한 모양이다. 그래서 시인은 그 길을 소개하면서 "망가뜨리고 싶은 어린날" "새 떼 지저귀던 앞뒷숲" "숨찬 공화국"을 연이어 언급한다. 그 어떤 길이든, 문제는 그 "길 속에 모든 것이 안 보이고/ 보인다" 또는 "보이고/ 안 보인다"라는 것이다.

왜 그렇게 보이고 또 안 보이는가. 무엇 때문에 안 보이고 또 보이는가. 그것들이 숨었다가 나타나기 때문에 순간적으로 보였다 안 보였다 한다는 것인가. 그래서 헷갈리고 불투명하고 흐릿하다는 것인가. 이 표현은 보는 대상에 대한 이중적 현상을 묘사한 것이라기보다, 문학비평가 김현이 "방법론적 긴장"이라고 지적한 대로, 사물을 보는 긴장 어린 시선을 유지하기 위한 방법적 뒤집기라고 할 수 있다. 그 모든 것은 보기에 따라 보는 관점에 따라, 보일 수도 안 보일 수도 있는 가변적이고 상대적인 것들이다. 다만 중요한 것은 고정된 시선을 벗어나서 어떻게 새롭게 볼 수 있느냐 하는 것이다. 바로 그 역동적 가능성으로 인하여 시인은 "굴리고 싶어진다."

우리는 시인이 왜 어린 날을 망가뜨리고 싶어하는지 모른다.(쓰라리고 아픈 기억 때문이라고 보는 것이 일반적 추측일 터이지만.) 그러나 분명히 알 수 있는 것은, 그 유년을 포함하여 시간과 공간에 펼쳐진 길 속의 모든 것들이 구르는 바퀴의 시선에서 보면, 또 바퀴를 굴리는 '나'의 주체적 시좌에서 보면, 보이고 안 보이는 중첩된 스펙트럼의 모호성과 복잡성을 띤다는 점이다. 또한 역으로, 우리가 보는 것들이 너무 뻔하고 상투적으로 인식되기에 그 고정된 것들의 경직된 틀을 벗어나기 위해서라도 둥글게 굴리고 싶어지는 것이다. 길 속에 보이고 안 보이는 것들이 왜, 어떻게, 바퀴를 보면 굴리고 싶어지는 시인의 욕망과 연계되는지 이 지점에서 적절히 해명된다.

2연에서 "굴리고 싶어진다"라는 시구 앞으로 4토막의 시구를 통해 보이고 안 보이는 대상들이 제시되는데, 그 뒤로는 다시 3토막의 시구를 통해 굴리고 싶어지는 대상이 등장한다. 앞의 네 가지 대상들, 즉 "길 속의 모든 것"과 그것의 부분집합인 듯 여기지는 "망가뜨리고 싶은 어린 날" "서로 다른 새 떼 지저귀던 앞뒷숲" "숨찬 공화국" 등은 시인이 바퀴를 보면 굴리고 싶어지는 원인과 그 결과를 동시에 암시한다. 그 뒤로 등장하는 세 가지의 대상은 시인이 굴리고 싶어하는 대상이 바퀴에서 확대된 둥근 것들로 "노점에 쌓여 있는 귤" "옹기점에 엎어져 있는 항아리" "둥그렇게 누워 있는 사람들"을 포함한다. 그것들은 모두 고정되어 있는 것이지만 둥글다는 점에서 굴리고 싶은 바퀴의 가능태라고 볼 수 있다.

앞에서 분석한 대로, 바퀴를 굴리고 싶어하는 시인의 욕망은 전체의 일개 부품으로 조립된 수동적인 삶의 패턴을 되풀이하는 것, 생명의 탄력성을 상실한 채 고정된 상태로 경직되어 있는 것, 그러한 인식과 감각을 불러일으키는 강요된 시각을 벗어나, 비록 위태롭고 비틀거릴지라도 그 속에 생동하는 긴장을 불러일으키려는 전복적 발상과 결부되어 있음을 알 수 있었다. 그러면 이로써 시인이 전망하는 그 바퀴의 존재 방식은 무엇인가. 나아가 시인은 그것들을 어디로 굴려서 무엇을 얻고자 하는 것일까. 이에 대한 해답은 "모든 것 떨어지기 전에 한 번 날으는 길 위로"라는 2연의 마지막 행에 응축되어 있다. 굴러가는 바퀴의 동선은 떨어지기 전에 한 번 날고자 하는 예행연습이라는 것이다. 예행연습? 아니, 그것은 실전 중의 실전에 가깝다. 비행기가 활주로를 날기 위해 바퀴를 굴리며 질주하는 것과 정반대 방향으로, 모든 것은 떨어지는 추락의 운명 가운데 단 한 번이라도 휘황하게 날고 싶어한다. 오규원의 시구를 빌려 고쳐 말하자면, "나도 가끔은 주목받는 생이고 싶다"라는 것이다. 바로 그 극적인 비상의 길 위로, 살아생전 단 한 번의 몸짓이 될지라도, 애타는 생명의 기운을 모아 모든 바퀴들은 독립해나가야 한다. 자력으로 굴러가지 않는 사물들, 굳어 있는 사람들은 뻣뻣하게 굳은 시체로 땅속에 떨어지기 전에 탱탱한 바퀴가 되어야 한다. 그렇게 싱싱한 바퀴로 굴러가야 한다. 다른 사람 아닌 내가 그렇게 삶의 바퀴를 굴리며 달려야 한다.

'생성의 바퀴'가 되어

문명과 역사의 바퀴든, 초월적 섭리의 바퀴든, 무력한 일상을 깨우는 실존적 자각의 바퀴든, 이 모든 바퀴의 이미지들은 그 종교적 원형과의 상관관계 속에 우리의 신학적 상상력을 증폭시키는 데 일조한다. 유명한 불교의 바퀴 전설에 의하면 한 왕이 궁전의 위층에 가서 성일을 지키기 위해 정결례를 행했더니 천 개의 살과 타이어가 붙은 하늘의 바퀴가 나타났다고 한다. 이에 왕이 정중히 겉옷을 벗고 그 바퀴 위에 물을 뿌린 뒤 앞으로 굴러가길 청하니 그 바퀴가 동쪽으로 굴러가기 시작했다. 이에 왕과 군대가 따라가서 그 지역의 경쟁자들을 제압하고 법을 전했다. 이렇게 한쪽을 평정한 뒤 그 바퀴는 큰 물속으로 들어가 다시 솟구치더니 다시 남쪽과 서쪽과 북쪽을 향해 그런 식으로 경쟁국들을 정복해나갔다. 이러한 전례에 따라 의를 행하는 왕에게 바퀴가 나타난다는 전설인데, 이 바퀴는 수레바퀴가 아니라 땅 위의 모든 곳을 비추는 태양의 둥근 형상을 나타낸다.[1]

이와 같은 법륜의 표상으로서의 바퀴는 이후 '기도의 바퀴' 또는 '행운의 바퀴'로 장식적인 변형을 거치면서 대중종교 속에 파급되었다. 이러한 바퀴 모형은 불교 사원뿐 아니라 브르타뉴 지역의 교회 기둥이나 천정에 매달려 돌면서 종소리를 내는데, 거기에 소원을 빌며 기도를 하면 행운이 따른다는 속설이 생겨났다. 그리하여 그 바퀴는 '바퀴의 성자'라는 칭호를 받기도 했다. 이러한 기복적 목적의 바퀴를 고대 희랍의 문법학자 디오니시우스는 "신전에서 회전하는 바퀴들"로 언급한 바 있다. 플루타르크와 헤론은 이집트 신전에서 그들의 존재를 증언하는데, 플루타르크는 이것을 '인간의 불안정성'을 나타내는 상징으로 해석하였다. 그런가 하면 헤론은 그것을 '정화의 도구'로 보았다.[2]

또 다른 바퀴의 전승은 오르페우스 사상Orphism에서 강조한 탄생과 소멸의 과정을 반복하는 '윤회의 바퀴' 개념으로 소급된다. 이러한 바퀴의 개념은 제우스 신이 익시온을 벌하기 위해 그를 바퀴에 매달아 계속하여 그 위에 태어나게 했다는 전설과 상통한다. 오르페우스 사상의 윤

---

1. 이러한 왕의 대표적인 예로 법륜성왕이란 호칭을 얻은 아소카 왕을 들 수 있다. 이 바퀴 전설 및 불교의 바퀴 관련 자료에 대해서는 다음을 참조하라. James Hastings, ed. *Encyclopaedia of Religion and Ethics* (Edinburgh: T & T Clark, 1981), vol. 12, 736-737.
2. 앞의 책, vol. 10, 213-214 참조.

회 개념에서 그 바퀴는 영혼의 재생에 초점을 맞추는 데 비해, 이 희랍적 이미지를 수용한 전도서의 가령 다음과 같은 구절―"그 바퀴가 물통으로 내리달리기까지"(전 12:6)―에서 그 바퀴는 죽음의 길을 가리킨다. 이 개념은 영혼의 끊임없는 윤회를 가리키는 의미를 탈색하고 다른 방향으로 진화하기도 했는데Pheudo-Phocylides 27, Sybl. 2. 87, 일생의 오르막길과 내리막길을 포괄하는 불안정한 운명의 바퀴 이미지가 그것이다.[3] 이는 앞서 제시된 플루타르크의 해석과 일치한다.

이러한 제반 바퀴 이미지를 종합하여 일반적인 삶의 개념으로 제시한 텍스트가 바로 야고보서 3장 6절에서 언급된 '생성의 바퀴'trochos tēs geneseōs다. 이 본문에 따르면 이 바퀴는 혀와 밀접히 연계되어 등장한다. 혀는 몸의 지체 가운데 '불의의 세계'로서 존재한다. 그 혀는 또한 '생성의 바퀴'를 불사르는 불이다. 지옥불에서 연원하는 그 불로써 '생성의 바퀴'를 불사르며 전체 몸을 오염시키는 주동자인 셈이다. 내 상상력 속에 이러한 야고보서의 진술은, 혀 곧 언어가 그 생성의 바퀴를 불사르며 굴러가게 하는 에너지의 원천이라는 의미로 울린다. 물론 언어생활에 대한 윤리적 성찰을 부각시키기 위해 부정적인 이미지로 채색되었지만, 윤리 이전의 존재 생성과 관련하여 이 구절은 매우 의미심장한 여운을 남긴다. 여기서 '생성의 바퀴'는 오르페우스 사상의 맥락과 달리 영혼을 끊임없이 다시 태어나게 하고 죽게 하는 윤회의 바퀴가 아니다.

디벨리우스의 해석대로 이 바퀴 개념은 삶, 또는 생명 자체를 의미한다.[4] 삶 자체가 굴러가면서 천변만화를 창출하는 생성의 바퀴라는 것이

---

3. Martin Dibelius, *James*, tr. by Heinrich Greevan (Philadelphia: Fortress Press, 1975), 196-198 참조.
4. Dibelius, 앞의 책(1975), 198 참조.

다. 그 과정에 행과 불행이 복잡하게 뒤얽혀 있겠지만 야고보서의 저자는 이로써 필연적인 운명을 암시하는 것 같지 않다. 그것은 자신의 세 치혀로 에너지를 공급하면서 끊임없이 제 삶을 의미화하고, 이로써 생명의 성장과 진보에 기여하는 운동의 바퀴인 것이다. 그것은 넓은 의미에서 황동규가 노래한 언어의 전복적 상상을 통한 일상적 자각의 바퀴와 통한다. 이에 비해 생명의 생성과 소멸을 지속시키는 오르페우스 사상과 불교의 윤회 개념은 류시화가 노래한 초월적 섭리, 그에 따른 필연적 운명으로서의 바퀴 이미지에 접맥되어 있다. 다른 한편으로 땅을 정복하고 법문을 전함으로써 미개한 상태에서 개화한 상태로 변화시킨다는 불교의 법륜 전설에서 조형된 그 바퀴의 개념은 최승호가 부각시킨 문명과 역사의 바퀴 이미지에 근접한다.

우리는 제각각 하나의 바퀴로 거대한 바퀴의 세상에서 살고 있다. 씽씽 굴러가는 바퀴, 삐걱거리는 바퀴, 닳고 닳아 폐기처분될 날이 머지않은 바퀴…. 나는 한동안 굴러가는 바퀴들이 위태롭게 비쳐, 그것들만 보면 멈추고 싶어했었다. 그것들은 대체로 속도에 취해 있었고 굴러가는 순간의 생동감을 느끼지 못한 채 정신없이, 무의미하게 굴러가고 있는 듯했다. 심야산책을 하는 동안 아파트 앞마당에 조용히 멈춰 있는 자동차 바퀴들을 보는 일은 그래서 늘 안도의 경험이었다. 그러나 멈춘 상태로 녹슬어가는 바퀴, 권태롭게 졸고 있는 바퀴, 자기가 둥근 바퀴라는 걸 잊고 있는 듯한 바퀴를 보는 것 또한 괴로운 일이었다. 나는 슬그머니 그 바퀴들을 깨우고 싶어졌다. 그 바퀴에 에너지를 공급하고 싶어졌다. 비틀거리더라도 내 손으로 굴리고 싶어졌다. 내가 그런 바퀴로 돌고 싶었다. 모두가 그런 바퀴가 되어 싱싱하게 돌았으면 싶었다. 그리하여 이제 나는 우주만물을 통할하는 섭리의 바퀴도, 문명과 역사의 바퀴도, 내 거듭난 존재를 자각하는 일상의 팔팔한 순간의 바퀴와 맞물려서 돌고 또 바지런히 굴러가는 환상을 피워 올려본다. 내 가녀린 존재의 바퀴가 이 우주와 역사를 포용하는 생성의 바퀴로 진보하길 꿈꾸면서!

• 이 글에서 인용한 텍스트의 출처는 다음과 같다. 괄호 안의 첫째 숫자는 아래 시집의 번호이며, 둘째 숫자는 그 시집의 쪽수다.

1. 최승호, 〈바퀴〉, 『대설주의보』(서울: 민음사, 1992), 14-16.

2. 류시화, 〈너무나 큰 바퀴〉, 『그대가 곁에 있어도 나는 그대가 그립다』(서울: 푸른숲, 1991), 33-35.

3. 황동규, 〈나는 바퀴를 보면 굴리고 싶어진다〉, 『나는 바퀴를 보면 굴리고 싶어진다』(서울: 문학과지성사, 1991), 28.

14장 '흔들림'과 '흔들리지 않음'의 언저리
-고정희와 임동확의 시 한 편을 중심으로

복잡성과 다층성의 삶

가끔 '소우주'라고 하는 인체의 내부를 생각해본다. 그 안의 각종 장기들과 뼈와 근육들, 그리고 그 틈새로 뻗어 있는 수많은 심줄과 신경계와 모세혈관…. 그 미로를 더듬는 내 상상의 촉수는 이내 뻐근해지고 내 의식은 덩달아 현기증에 비틀거린다. 들어가 구체적으로 감각할 수 없는 자신의 내부 세계가 상상만으로도 한없이 복잡하고 현묘하게 느껴지기 때문이다. 인체는 그나마 수술 칼과 엑스레이, CT와 MRI 촬영 등으로 대강이라도 확인할 길이 있지만, 우리가 '정신'이나 '영혼'이라 부르는 세계는 그조차도 불가능하다. 그것은 마치 임의로 불어대다가 자취를 감추는 바람과 같아서 언어와 몸짓을 통해 잡혀질 듯하다가도 어느새 행방이 묘연해지기 일쑤다. 이처럼 죽을 때까지 알 수 없는 몸의 내부와 그 내부에 어떤 식으로든 연루된 영혼의 세계를 안고(안고? 그냥 그 자체로 한 덩어리가 되어서가 아닐까?) 나는 방만하게도 그 바깥의 인간 사회와 자연,

저 무한한 공간으로 퍼져 있는 대우주를 종종 상상하며 살아간다.

아마 인간의 실존 안팎으로 널브러진 복잡함 탓이겠지만 사람들은 그네들의 삶의 여건과 내용이 복잡하게 느껴질수록 단순함을 갈망하는 듯하다. 그 단순함은 많은 경우 만병통치약과 같은 진리의 품목으로 포장되어 복잡한 세상에 지친 영혼들을 유혹하며 위무한다. 특히, 제도권 내부의 종교적 신앙이 그 단순함의 갈망을 충족시켜주는 선에서 달착지근한 '평안'의 선물로 그 욕구에 현저하게 부응해온 공헌을 부인할 수 없다. 그러나 그렇다고 인간의 몸과 그 바깥의 우주에 담긴 복잡성과 다층성의 현실이 저절로 소거되는 것은 아니다. 하나의 고비를 넘으면 또 하나의 삶의 무게가 오롯하게 우리 앞에 현전하는 것은 바로 그 맹랑한 삶의 복잡성을 시위하는 일상적 증거다.

나는 진리는 단순·명료하다고, 또는 단순·명료해야 한다고 되풀이 말하는 사람들이 불편하다. 그것은 그 복잡성의 삶을 통과하고 다층성의 실존과 진지하게 투쟁해온 연후의 가뿐한 소박함과는 거리가 멀어 보이기 때문이다. 마찬가지로 몇 가지 교리적 정석으로 자신의 실존을 포박한 채 삶의 복잡성과 다층성을 부러 외면해온 그리스도교의 관행이 내게는 별로 미덥지 못하다. 그 자리에 '지금 이대로가 좋아!'를 부르대는 박제된 '평안'과 '기쁨'의 근성도 수상하기는 매한가지다. 그 단순함에는 그러한 정서에 걸맞은 색깔을 가미한 역사도 실존도, 또 그것을 깊이 있게 투과해온 신학적 지성도 없이 샤머니즘의 즉자성만 넘실댄다. 역사가 부여한 체계와 규범의 틀이 아무리 완고하더라도 그것은 틈새로 연결된 복잡성의 '리좀'(구근)을 감당할 길이 없다. 반대로 그 체계의 심층과 그 규범의 외연을 오지게 성찰하지 못하는 정신은 아무리 견고한 신앙의 위력을 찬양하더라도 결코 주체적 삶의 영역에 이르지 못한다. 독하게 회의하는 개인의 결기와 창발적 성찰의 의욕 없이 인습적 욕망과 통속적 구호로 짜인 신앙으로는 예수가 그토록 강조한 해체와 전복의 효율을 맛볼 수 없다.

성서가 매력적인 이유는 그 안에 저러한 삶의 복잡성과 다층성을 오밀조밀 담아내고 있기 때문이다. 진득한 신뢰와 지독한 회의, 감사 어린 찬미와 절망적인 탄식, 변함없는 견고함과 변화무쌍한 연약함이 그곳에 등장하는 인물들과 그들이 만들어간 역사에 고스란히 현상된다. 인간뿐 아니라 교리적으로 절대불변하다는 하나님조차 그 실존 속에 흔들리며 후회하거나 생각을 역전할 정도니, 그렇게 되기까지의 속내는 얼마나 복잡다단할 터인가. 그러한 역설과 아이러니의 공간을 튕겨내지 않는 성서는 기실 소우주 인간의 복잡성과 다층성에 공명하며, 저 대우주의 현묘함을 투시하는 진리스러운 덕성을 함유하고 있다. 나는 이 글에서 성서의 그런 면을 부각시켜 대놓고 다루지는 않겠다. 그 대신 우회적으로 이 땅의 고통스럽고 복잡다단한 삶의 질곡을 정직하게 살아낸 두 시인의 시 한 편씩을 뽑아 삶의 근원에 내재된 반어적 역설, 혹은 역설적 반어의 진실을 어설프게나마 우려내보고자 한다. 그 두 시인은 각각 고정희와 임동확이다. 그리고 그들의 시가 만나 보여준 역설의 주제는 '흔들림'과 '흔들리지 않음'이다. 그들이 생전에 서로 만나 교유했는지는 모르겠지만, 그들은 제각각 한 시대의 복잡한 삶의 지형을 치열하게, 특히 시라는 독창적인 언어와 문법을 통해 살아냈거나 여전히 살아내고 있는 증인들이다.

충분히 흔들려야 사는 영혼

고정희의 연보에 한신대를 졸업한 이력이 담겨 있는 걸 보니 그는 아마

신학도로서의 수련을 거친 듯하다. 그의 생에 걸쳐진 그리스도교의 끈끈한 배경은 그가 네 번째로 낸 시집의 제목이『이 時代의 아벨』인 것만 봐도 대강 짐작할 수 있다. 그 안에 사용된 디아스포라, 철야기도회, 야훼, 시온, 이사야, 예수, 골고다 언덕 등의 어휘는 그러한 짐작을 확신으로 바꾸어주기에 족하다. 그러나 그는 이 땅의 주류 그리스도교가 표방해온 복음의 색깔과 성격, 그 신학적 지향과 많이 다른 모습을 보여준다. 가령, 진리의 빛을 구가하기 좋아하는 그 주류의 흐름에 그는 타박이라도 하듯, "공평하여라 어둠의 진리/ 이 어둠 속에서는/ 흰 것도 검은 것도 없어라"(1:12) 감탄하며 어둠을 예찬한다. 이는 그가 빛을 싫어하기 때문이 아니라, "캄캄한 어둠 속에서/ 당당하게 빛나는 별"(1:14)의 존재 의미를 발견하고 "먹물일수록 찬란한 빛의 임재"(1:15)를 알아차렸기 때문이다. 그러기에 그가 만나고 깨우친 하나님도 "컴컴한 한반도 구석진 창틀마다/ 축축하게 젖어 펄럭이는"(1:16) 하나님이며, 그 하나님의 평강이나 희락보다 오히려 그의 "눈물과 탄식"(1:16)에 마음의 시선이 꽂힌다. 그러한 까닭에 "하느님을 등에 업은 행복주의라는 것이/ 얼마나 맹랑한 도착신앙인가"를 "토악질하듯 음미"(1:17)할 정도로, 그는 구태의연한 이 땅의 자기 봉사적 기복신앙에 구토를 느낀다. 이에 대한 대안으로 그는 제3세계의 후미진 나라를 염두에 두면서 "내 희망의 여린 부분과/ 네 절망의 질긴 부분이/ 톱니바퀴처럼 맞닿"(1:17)는 소통의 세상을 꿈꾼다. 진정한 의미의 하나님 나라는 절망의 타자 없이 자기동일성으로 똘똘 뭉친 희망의 배타성만으로 실현될 수 없다는 것이다.

고정희가 예언자의 어조를 빌어, "음탕한 왕족들로 가득한 소돔과 고모라야/ 너희 식탁과 아벨을 바꿨느냐/ 너희 침상과 아벨을 바꿨느냐/ 너희 교회당과 아벨을 바꿨느냐/ 독야청청 담벼락과 아벨을 바꿨느냐?"

라고 그의 시대와 교회들을 질타할 때, 또 예수의 어투를 흉내내어 "회칠한 무덤들, 이 독사의 무리들아/ 너희 아벨은 어디에 있느냐"라고 일갈할 때, 그의 가슴 한 켠에는 상처의 흔적이 만져진다. 그렇게 아롱지는 상처의 내력에는 80년대 벽두에 남도의 한 도시에서 발생했던 잔인무도한 살육의 역사가 깔려 있다. 그가 같은 시집 안에 '망월리'를 제목으로 내세운 두 편의 시(1:59-60)를 포함시킨 것은 바로 그러한 배경을 반영한다. 이러한 연유로 그의 신학이 투쟁 일변도의 경직된 민중주의 쪽으로 편향되었다고 비판하고픈 생각이 떠오를 수도 있을 것이다. 그러나 서른두 살의 늦가을에 "타는 목젖으로 벌컥벌컥 들이키며" 외롭고 추운 거리를 걸은 상념 속에 토해낸 "하느님도 침묵하신 잘 익은 땅이여"(1:58)라는 시구라든가, 〈사랑을 위한 향두가〉라는 제목의 시에서,

> 하느님이 졸으시는 사이에
> 매혹된 영혼으로 손 잡은 우리
> 떨며, 애타며, 조바심하며
> 간간이 멍에도 된 우리(1:86-87)

라고 읊조리는 대목을 보면, 그의 신학적 지향은 경직되기는커녕 오히려 유머를 허용할 만큼 여유롭다. 성찰의 여유 없이 마냥 투쟁적인 사람들은, 사람들이 손잡고 조바심치며 사랑하는 순간에는 하나님도 졸며 모른 척해주시는 것이 좋겠다는 식의 재치 어린 바람을 담아내기가 쉽지 않다. 이러한 시구들로 인하여 시인의 유장한 탄식과 예언자적 질타의 격한 시어들은 균형을 찾고 성찰의 숨구멍을 확보한다. 그러나 고정희의 사랑은 이러한 유머러스한 공간에서도 해찰을 부리며 어설픈 감상의 낭

만주의로 빠지지 않는다. 그 사랑은 굳이 표현하자면,

깊고 어두운 계곡에
카바이트 불빛 한 점
내 넋으로 흔들리며 우나니
세상 끝날을 예감하며 빛나리니(1:86)

라는 위의 사랑노래 끝 대목이 암시하듯, 흔들리며 우는 종말론적 사랑
이다. 그렇다. 고정희의 시가 만나며 아우르는 영혼들은 대체로 위태로
운 종말의 벼랑에 처한 상한 영혼들이다. 그들 삶의 희망이자 실천방식
으로서의 사랑은 흔들리며 우는 것이다. 그렇게 상처와 흔들림을 버무리
면서 고정희는 다음과 같은 힘찬 절창 한 편을 낳았다.

상한 갈대라도 하늘 아래선
한 계절 넉넉히 흔들리거니
뿌리 깊으면야
밑둥 잘리어도 새 순은 돋거니
충분히 흔들리자 상한 영혼이여
충분히 흔들리며 고통에게로 가자

뿌리 없이 흔들리는 부평초잎이라도
물 고이면 꽃은 피거니
이 세상 어디서나 개울은 흐르고
이 세상 어디서나 등불은 켜지듯

가자 고통이여 살 맞대고 가자

외롭기로 작정하면 어딘들 못 가랴

가기로 목숨 걸면 지는 해가 문제랴

고통과 설움의 땅 훨훨 지나서

뿌리 깊은 벌판에 서자

두 팔로 막아도 바람은 불듯

영원한 눈물이란 없느니라

영원한 비탄이란 없느니라

캄캄한 밤이라도 하늘 아래선

마주잡을 손 하나 오고 있거니(1: 91-92)

이 시의 '상한 갈대' 이미지는 상한 영혼을 표상하기 위한 것이지만 구약성서 이사야서의 다음 구절에 빚지고 있다. "내가 붙드는 나의 종, 내 마음에 기뻐하는 자 곧 내가 택한 사람을 보라. 내가 나의 영을 그에게 주었은즉 그가 이방에 정의를 베풀리라. 그는 외치지 아니하며 목소리를 높이지 아니하며 그 소리를 거리에 들리게 하지 아니하며 상한 갈대를 꺾지 아니하며 꺼져가는 등불을 끄지 아니하고 진실로 공의를 시행할 것이며…"(사 42:1-3). 이른바 '고난 받는 종의 노래' 가운데 한 편을 이루는 이 예언에서 하나님의 영을 받은 이 종은 정의를 행하는 방식으로 상한 갈대를 꺾지 않는 자비심을 발휘한다. 흔히 사랑(자비)과 정의를 대칭적 가치로 보는 입장에서는 이러한 표현이 어색하겠지만, 신학적 관점을 조금 비틀어 다시 보면 그것이 꼭 그렇지 않다. 일각에서는 사랑을 더 위대한 가치로 보고 정의를 그 종속가치로 여기기도 하지만, 예수 그리스도가 하나님의 의의 궁극적 발현체라는 전제하에 의가 최고의 신적 품성으로, 사랑(자비)과 심판이 그 종속적 발현 방식으로 달리 자리매김되기도 하기 때문이다.

이러한 신학적 논쟁은 각설하고 위의 시를 담담히 읽어보면 시인이 주목하는 것은 하나님이 그 상한 갈대를 아주 꺾어버리느냐의 여부도 아니고, 그럴까 봐 조바심치는 갈대 같은 인간의 심리적 반응도 아니다. 시인은 오히려 갈대의 흔들림에 관심을 보인다. 갈대는 제각각 그 가녀린 줄기를 하늘로 길게 뻗고 살지만, 동시에 한 무더기로 모여 모듬살이를 한다. 가끔 강한 바람에 줄기가 꺾이기도 하지만 갈대는 꺾인 채 그 상한 몸으로 바람에 산들거리며 주저함 없이 흔들린다. 꺾인 채 흔들리는 갈대의 존재 방식은 세상살이에 상처 없이 살 수 없는 인간의 실존을 대변한다. 상처받았다 할지라도, 그러나 그렇게 경직된 몸으로 웅크리면 제대로 살 수 없다. 상처받은 채 더 당차게 바람에 몸을 맡기고 흔들려야 죽지 않고 삶답게 살 수 있다. 혹여 더 세찬 바람이 불어 닥쳐 그 몸의 밑동까지 부러져버린다 할지라도 그 뿌리로 다시 살 수 있다는 것이다. 이사야는 상한 갈대를 그 의의 종이 꺾지 않는다고 했지만, 고정희는 한 술 더 떠 꺾으려면 꺾으라는 것이다. 꺾인 채 흔들릴 수 있다는 것이다. 설사 밑동까지 꺾여도 장차 다시 피어오를 '새 순'을 내다보며 뿌리만으로 흔들릴 수 있다는 것! 이 놀라운 부활의 상상력은 일찍이 이사야도 미치지 못한 영역이다.

조심스러운 지적이지만, 이사야보다 고정희가 이 대목에서 인간의 삶이 겪어가는 현실에 가깝다. 하나님을 믿든 안 믿든, 상하고 죽어가는 사람을 죽어라, 죽어라 하며 부채질하고, 또 실제로 그렇게 그 삶의 밑동까지 싹둑 잘라버리는 일이 비일비재하기 때문이다. 그래서 시인은 충분히 흔들리자고, 고통에 치여 수동적으로 당하느니 차라리 고통에게로 가자고 상한 영혼을 청하며 부추긴다. 이때 흔들림의 몸짓은 상한 영혼이 추구해야 할 유일한 존재 방식인 것처럼 보인다. 그것은 시인이 다른 곳에서 "슬픔은 슬픔으로 구원받으리"(1:60)라고 치열하게 말한 것과 통한다. 흔들리지 않으면 인생이 아니다. 흔들리지 않는 척하는 신앙은 진정한 신앙이 아니다. 시인은 상한 갈대의 이미지에 기대어 그렇게 조그맣게, 그러나 뜨거운 목소리로 외친다.

뿌리 깊은 갈대야 그렇게 심지가 견고하여 배 째라고 당차게 흔들리기라도 하지만, 뿌리조차 없는 부평초 잎은 어찌해야 한단 말인가. (부평초는 쉽게 말해 개구리밥인데, 사실 개구리밥에 뿌리가 전혀 없는지는 잘 모르겠다. 현미경으로 자세히 보면 미미하고 여리지만 물에 박힌 뿌리 비슷한 것이 있지 않을까 싶지만, 혹 내 말이 맞더라도 고정희의 이 시적 진술이 어긋난 것은 아니다.) 이 경우에 시인은 뿌리 없이 이파리만으로 물결에 흔들리는 부평초를 본다. 물 있는 곳이라면 물살에 대책 없이 흔들리면서도 그럭저럭 한 시절 살 수 있는 게 부평초 잎이다. 더구나 흐르는 개울물이라면 부평초는 대책 없이 휩쓸려 떠내려갈 공산이 크다. 그런데도 시인은 고인 물에서 꽃까지 피는 부평초 잎을 언급하면서(나는 솔직히 부평초 잎에서 피는 꽃이 어떻게 생긴 꽃인지 본 적이 없다.) 이 세상 그 어디에도 있다는 개울을 말하지 않는가. 고인 물에 바람이 불 때 흔들리는 부평초 잎은 몸 전체를 흔들면서 떠내려가는 개울물과 이미지상으로 서로 조응한다. 이 세상 어디서나 켜진다는 등불은 그 대책 없음을 제어하는 최소한의 지향점이다. 이렇듯, 이 시인의 '질펀한 실존주의'는 이 세상의 어느 곳을 가더라도 살아낼 수 있는 낙관적 신뢰를 내장하고 있다. 바로 그 신뢰를 기반으로 시인은 "가자 고통이여, 살 맞대고 가자"라고 겁 없이 권한다.

그러나 그렇게 흔들리며 고통 어린 삶을 감당하기 위해서는 두 가지 선행 조건이 필요하다. 첫째는 외롭기로 작정하는 것이고, 둘째는 목숨을 거는 것이다. 둘 다 어디 쉬운 일이랴마는 시인은 그 두 가지를 과연 질펀하게 제 실존의 환경으로 수락한 듯 보인다. 비록 시인이 고통과 살까지 맞대는 결기를 부릴지라도 그것을 최종 목표로 삼는 것은 아니다. 고통과 설움은 종말론적 희망의 맞수일 뿐이다. 영원을 품은 자로서 이 땅에 눈물과 비탄은 한시적일 수밖에 없기 때문이다. 그래서 시인은 3연에서 "고통과 설움의 땅 훨훨 지나서/ 뿌리 깊은 벌판에 서자"라고 말한다. 뿌리 깊은 갈대 이미지로 엮인 1연이 뿌리 없는 부평초 잎 이미지의 2연으로 이행하더니 이제 3연은 다시 뿌리 깊은 벌판에 다다른다.

뿌리 깊은 벌판이라…. 내 상상은 역사의 장구한 토대 위에 우뚝한 대지의 현실을 떠올린다. 그곳은 우리 선조들이 인간의 이름으로 문명을 일구며 수천만 년 살아온 삶의 터전이다. 이 세상살이가 변함없이 팍팍하고 시대적 현실이 아무리 각박할지라도 치열하게 흔들리며 부대끼다 보면, 또 그렇게 부대끼면서 흘러가다 보면, 자기가 머문 그 땅이 도피해야 할 구원의 타자가 아니라 구원이 샘솟는 바로 그 현장임을 깨우치게 되는 것이다. 그 깨우침은, 뿌리 깊은 벌판에 서서 캄캄한 하늘 아래 스스로 혼자가 아니라 마주잡을 손 하나 있다는 인간에 대한 깊은 신뢰로부터 생성된다. 시인은 아직 그 손을 마주잡지 못하고 있다. 다만 마주잡을 손 하나 오고 있다는 것을 확신할 따름이다. 그 희망 가운데 시인의 질펀한 실존주의는 영원을 품은 종말론적 하늘의 신앙에 근접하고 있다. 이러한 만남을 위해서라도 시인은 상한 영혼들이 필사적으로 흔들려야 살 것처럼, 흔들리며 고통에게로 가자고, 자꾸만 그 청유형의 권면을 되풀이한다.

흔들리지 않으리라는 결의

고정희가 한때 한신대 졸업생이었다면 임동확은 현재 한신대에서 문예
창작을 강의하는 선생으로 재직 중이다. 고정희가 광주의 비극을 그 바
깥에서 아픈 회억과 슬픈 탄식의 대상으로 떠올렸다면, 임동확은 그 내
부에서 체험한 당사자로서 그것을 살아남은 자의 부끄러운 자의식과 함
께 재구성한다. 그런가 하면 고정희가 비극적 삶의 현장을 보편적 정서
에 녹이면서 흔들림을 대응 방식으로 삼은 것에 비해 임동확은 흔들리
지 않아야 한다는 싸움의 결의로 충만하다. 임동확의 대표시집이라 할
만한『매장시편』은 광주의 그 비극적 싸움을 온몸으로 겪은 경험자의 비
망록으로 읽힌다. 이 시집에서 그 역시 그 사건의 전후 상황, 폭력 행사
자들의 행태, 희생자들의 다양한 면면, 싸움의 현장, 그것을 치러낸 자들
의 내면풍경 등을 치밀한 시적인 묘사로 다루면서 그리스도교 또는 성
서의 이미지를 자주 사용한다. 그 가운데 몇 가지만 대충 뽑아봐도 사람
의 아들, 올리브 잎사귀를 물어오는 평화의 새, 돌무덤의 열림, 아벨의
후예들, 에덴, 요단 강, 물세례와 소금, 그 살과 뼈로 만든 아내, 천국 등
등 그러한 용례는 도처에 현저하게 널려 있다. 그런데 사소한 지적이지
만, 그가 "서른 세 송이의 꽃묶음으로" 올린 기도에 "묵주기도"라는 부제
를 달아놓은 걸로 보면(2:22), 그의 그리스도교적 배경은 개신교보다 가
톨릭 쪽에 접속되어 있었으리라는 추론이 가능하다.[1]

---

1. 임동확 시인은 나와 교신한 짧은 이메일에서 자신의 가계가 실제로 천주교 배경을 지녔으며
스스로도 난 지 사흘 만에 '모이세'라는 세례명으로 영세를 받았다고 했다. 또한 자신의 『매

어쨌든, 그는 80년 5월의 광주를 구체적인 대적들을 지척에 두고 극렬하게 겪어냈다. 그가 대학 2학년생이었을 때 광주는 문명 이전의 야수적 폭력이 난무하는 살육의 도가니, 곧 "짐승의 시간들"(2:57), "모질고 잔인한 악마의 장난 같은 나날"(2:75)로 어지러웠다. 시위 군중들과 거기에 합세한 이웃들의 만세 소리는 "엄청난 균열과 휴화산" "쇳물처럼 쏟아지던 뜨거운 눈물의 용암"(2:46)이었지만, 그들의 참혹한 희생을 조명해보면 그 자리는 "수리 떼가 죽은 고기를 탐하던 곳" "맹수들이 피 맛을 즐기며 날뛰던 곳"(2:47)이기도 하였다. 그때 총칼로 난자하며 날뛰던 대적들은 체제의 안정을 위하여 폭력에 의한 희생제물을 요구하던 논리에 따라 "불의 심장"을 노렸고, 그 와중에 "불을 뿜는 젊고 깨끗한 영혼"(2:52-53)을 불나비처럼 돌진하게 만들었다. 이러한 폭력적 희생의 제의적 맹점을 간파한 시인은 그렇게 희생당한 그들의 젊은 피가 추후 민주화의 숭고한 영령으로 예찬될 때에도 화려한 수사로 장식된 조사와 애도를 흔쾌히 수락할 수 없다. 살아남아 영광스러운 자들의 그것이 "또다시 희생을 강요하며 목울대를 치는"(2:58) 짓거리에 지나지 않음을 잘 알기 때문이다. 그래서 시인은 "객관의 거리를 확보한 자의 기도나/ 너의 교활함과 변신을 변호해 줄 세월과/ 피 묻은 흰 손으로 바치는 꽃 타래를 사절"(2:57)하고 "능숙하고 매끄러운 문장의 조사를 거부"(2:57)할 수밖에 없다.

이러한 난폭한 사건의 순간 하나님은 어디서 무엇을 하고 있었더란 말인가. 구원의 손길은 어디에도 나타나지 않고 하나님은 마냥 침묵했더란 말인가. 시인은 무고하게 죽어간 이들을 살아남은 자로서 죄스럽

___

장시편』이 그리스도교적 상상력으로 광주의 그 사건을 해석해보려는 것이었는데 평자들이 그런 쪽의 관점에 소홀한 것 같다는 진술도 함께했다.

게 추모할망정 하나님의 이름을 빌어 쉽게 그의 뜻을 신비스럽게 포장하거나 그의 섭리를 결정론적으로 정당화하지 않는다. 가해자와 피해자의 관계에 헐렁한 셈법을 동원하여 쉽게 사죄와 용서를 설교하고, 간편한 화해의 미래를 그리지도 않는다. 그렇다고 나치 체제의 유대인 학살을 경험한 엘리 비젤처럼 죽어가는 희생자들과 함께 고난당하는 그리스도의 표상을 신학적 해답으로 명쾌하게 제안하는 것도 아니다. 시인은 다만 아무도 기억해주지 않는 그 구체적인 죽음을 향해 "밝음만큼 더 잔인한 테러의 기억 아래/ 침착하게 순교하는 골목과 양떼의 목초지/ 너를 확인"(2:18)해줄 뿐이다. 고통스러운 죽음의 관문을 통과하기에 앞서 나눈 예수의 마지막 식사처럼, 시인은 "형제들과 나누던 최후의 주먹밥과 물 한 모금"(2:18)을 떠올리며 "저녁때의 다정함과 거짓 평화"(2:18)를 의심한다. 그러니 그가 "때때로 승리에의 환상으로 저질러진/ 무모한 신앙 같은 필연의 세계를 거부한다"(2:19)라고 쓰는 것은 당연하다. "죽음이 두려워 귀를 막고, 죽음의 전선을 넘어서지 못/ 한 채, 비겁하게 물러나 기도나 하며"(2:34) 보낸 시인으로서 이러한 자세는 아마도 스스로 부정하고 싶은 과거 자신의 신앙적 이력이었는지 모른다.

시인은 이 참혹한 역사적 사건을 치른 뒤, "역사의 진보를 무조건 신뢰할 수 없었다"(2:43). "모두들 함부로 영혼을 위탁하지 않았고/ 부활도 화려한 장례식도 믿지 않았다"(2:43). 시인이 그 치유할 수 없는 상처를 안고 이러한 부조리한 피 흘림의 순환적 반복으로 점철된 역사에서 본 것은 물리적 힘을 숭상하는 "물신物神의 늪"(2:42)일 뿐이다. 시인이,

예언과 지식과 사랑마저도
불화살의 과녁이 되어 시커먼 연기로 타올랐다

아무런 기적도 구원도 끝내 일어나지 않았다(2:43)

라고 쓸 때, 그가 겪어낸 절망은 정점으로 치닫는다. 고린도전서 13장에서 사도 바울이 예언과 지식의 한시적 가치에 대비하여 영구적 가치로 제시한 사랑마저도 별 효력 없이 시커먼 연기로 타올랐을 뿐이다. 그 아수라의 현장에서 아무런 기적과 구원이 일어나지 않았다는 이 냉엄한 진술은 시인을 '신학적 회의주의자'의 자리에 서게 한다. 아니, 그것을 차라리 '신학 없는 사실주의'라고 하는 것이 더 옳을지 모르겠다. "골짜기에 핀 백합화와 공중을 나는 새들/ 그리고 집 잃은 아이들이 근심하며 방황하기 시작했다"(2:40)라는 시구를 보면, 그 사실주의는 섬뜩한 실존의 단면을 적나라하게 부각시킨다. 주지하듯, 예수가 근심 없는 삶의 표상으로 예시한 '들에 핀 백합화'와 '공중을 나는 새들'의 이미지는 집 잃은 아이들의 궁색한 이미지와 겹쳐지면서 근심과 방황의 대상으로 돌변한다. 곰곰이 따져보면 과연 또 그렇지 않은가. 백합화는 들판에 천진하게 피어 있기도 하지만 가파른 골짜기에 위태롭게 피어날 수도 있다. 백합화든 공중의 새들이든, 그들의 속내는 그 외관과 달리 생존하기 위한 치열한 신진대사로 몹시 분요할 터이다. 꺾이고 훼손되지 않을까, 더 강한 맹금에 의해 살육되지 않을까, 먹이를 구하지 못한 채 폭서와 혹한 속에 굶어죽지 않을까 하는 불안과 근심이 왜 그들인들 없으랴.

마냥 자유롭고 태평스러워 보이는 그들의 몸짓과 비상조차 기실 근심과 방황 속에 유리하는 미아들의 동선과 다를 바 없다는 식의 통찰은 예사롭지 않게 비친다. 거기에는 화석화된 말씀의 체계를 뒤집고 해체함으로써 그로 말미암는 온갖 간편한 세뇌의 무모함을 까발리는 서슬 푸른 계몽의 힘이 느껴지기 때문이다. 시인이 이렇게 강파르고 다부지게 세상을 대하는 것은 죽어간 광주의 혼령들에 대한 살아남은 자로서의 죄책감 때문이기도 하겠지만, 그들의 희생을 무의미하게 만들려는 온갖 보이지 않는 대적들과 맞서 싸우기 위해 흔들리지 않으려는 이유 때문이기도 하다. 그 흔들림 없는 삶의 결의 속에 그에게는 비록 부끄럽지만 실현되어야 할 언약이 있다. 그 언약인즉, "우리는 만나야 한다/ 만나서 말없이…… 이름 모를 꽃들 사이에 누워야 한다"(2:28)라는 것! 이를테면 오로지 죽음과 더불어 화해할 수 있다는 종말론적 희망이다. 그 희망이 이루어지기까지 시인은 도무지 흔들릴 수 없다. 그래서 연약한 인간일망정 흔들리지 않으리라는 결의와 함께, 보라, 시인은 당차고 아름답게 노래한다.

흔들리지 않으리
스쳐 지나는 바람에도
터져 꽃망울이 맺힐 것 같은
한때의 푸른 상처 속에도
아프게 일어서서 밀려올 것 같은
그리움 잦은 수척한 가슴께
때 아닌 봄비가 마른 나뭇가지를 적시고
멋대로 웃자란 슬픔의 줄기와 합세하는데
흔들리지 않으리
오늘도 우리 일용할 양식을
이 땅에서 거두고 나눠 먹었으므로
셀 수 없는 기다림의 나날 속에서도
우린 아직 사랑하고 있으므로

천근만근 억누르는 그 산 그 하늘 아래

팔만 사천의 고해(苦海) 속에서도

흙 뿌리를 박고 사는 쑥 같은 이웃들

끝내 솟아오르고만 싶은 목숨들 위로

생명의 봄비가 내리는데

흔들리지 않으리

늘 그렇게 꽃이 되고

향기가 될 것 같은 우리들

간절한 소망 위에

수세미 같은 희망 위에

푸르게 싹터 오는 사랑이여 (2:82-83)

흔들리지 말아야 한다는 결심이 이 시의 리듬조차 안정된 흐름을 타게 만들고 있다. 고정희 시인이 흔들림의 필연성을 강조하기 위해 동원한 바람과 고통(상처/팔만사천의 고해)조차 이 시인에게는 흔들리지 말아야 할 조건이 되고 있다. 유장하고 단아하게 흐르는 이 아름다운 시구들 사이에 모두 세 번 박혀 있는 "흔들리지 않으리"라는 결의는 정금석처럼 견고하게 울린다. 그렇게 흔들리지 않아야 할 이유는 명목상 두 가지다. 첫째는 오늘도 일용할 양식을 이 땅에서 거두고 함께 나눠먹었다는 것이다. 그리고 둘째는 사랑, 즉 무겁게 억누르는 산과 하늘 아래 숱한 고난 속에서도 굽힘없이 사는 이웃들을 향한 사랑, 혹은 그들 사이의 사랑이다. 시인에게 일용할 양식은 공유된 생명과 살뜰한 생존의 일상적 조건이다. 예수에게서 발원한 이 개념은 하나님의 은총 어린 선물인 동시에, 그가 제자들과 나눈 마지막 식사에서 보듯, 공동운명체로서 함께 살고 죽어야 할 군센 결의의 표상이다. 시인에게도 "최후의 주먹밥과 물 한 모금"(1:18)으로 변용된 이 일용할 양식의 이미지는, 그것이 '나'와 '너' '그들'의 일용할 양식이 아니고 '우리의' 일용할 양식인 한, 흔들림 없는 싸움을 담보한다. 두 번째 이유로 제시된 사랑은 제의적인 희생의 차원에서 치러진 대속적 사랑이 아니고 구호로 표방된 사랑을 위한 사랑도 아니다. 그것은 기나긴 기다림의 세월을 감내하며 다져진 풀뿌리의 사랑, 시인의 말마따나 "흙 뿌리를 박고 사는 쑥 같은 이웃들"의 사랑이다.

고정희에게 '뿌리'가 흔들림의 배경이었던 데 비해 임동확에게 그 '뿌리'는 흔들리지 말아야 할 이유가 되고 있다. 흔들리는 대신 그들의 목숨은 하늘로 솟아오르고 싶었고, 또 실제로 꽃이 되고자 향기가 되고자 솟아올랐다. 그것이 결국 "푸른 상처"를 낳았고, 그 상처는 그의 수척한 가슴께에 잦은 그리움을 불러일으켰다. 땅에 뿌리를 둔 풀과 나무들이 웃자라듯, 그의 그리움은 슬픔과 함께 부풀어 올랐고, 그 슬픔 위로 하늘에서 봄비가 내린다. 그것은 죽어간 자들에게, 또 남루하게 살아남은 자들에게 생기를 공급하는 "생명의 봄비"다. 그 생명의 봄비는 "수세미 같은 희망"의 이미지를 매개로 아픈 상처를 딛고 다시금 "푸르게 싹터오는 사랑"의 힘을 발견한다. 이 시에서 시인이 독한 회의와 절망 가운데 폐기한 믿음과 소망과 사랑은 다시 힘겹고 눈부시게 부활한다. 봄비를 맞으며 싱그럽게 빛나는 수세미를 본 적이 있는가. 그것을 보고 깊이 느껴본 사람이라면 "수세미 같은 희망"이 어떤 희망이며, 왜 그로부터 "푸르게 싹터오는 사랑"을 확신하게 되는지 알 수 있으리라. 늘 꽃이 되고 향기가 되고자 삶과 죽음의 지평을 향해 온몸으로 끝까지 솟아올라 본 사람이라면 곧장 인정하리라. 어찌하여 우리 생명은 봄비 속에서 상처에 절어온 수척한 가슴께로 사랑을 되살려내는지. "수세미 같은 희망"

이 얼마나 간절하고 눈물겨운 희망인지.

해체와 구축의 신학적 변증법

인간은 규격화된 체계의 틀을 박차고 나가 맘껏 흔들리지 않고서는 하나의 독립적 주체로서 제 존재에 대한 넉넉한 성찰의 여백을 확보할 수 없다. 동시에 인간은 누구나 흔들리지 않는 의지와 결기를 곧추세워야만 삶을 둘러싼 열악한 구조적 환경과 싸워나갈 수 있다. 구태스러운 퇴물들을 해체하지 않고서는 새로운 것들을 온전히 구축할 수 없듯이, 새롭게 세우지 않으면 해체해야 할 아무 근거가 없는 것과 마찬가지 이치다. 조금 어폐가 있는 것 같지만, 굳이 말하자면, 인간은 그 실존의 심연과 면면한 역사의 질곡 속에서 간단없이 흔들리면서 흔들리지 말아야 할 존재다. 흔들림은 자기의 현 상태status quo에 대한 해체를 지향한다. 그러한 흔들림은 대개 자기 의지와 무관하게도 생기고, 일부 문제적 개인의 경우, 그것은 도발적으로 자초되기도 한다. 그런가 하면 흔들리지 않는 자리가 있어야 풍랑에 표류하던 배도 잠시 정박하며 또다시 흔들릴 미래를 예비할 수 있는 법이다.

이렇듯, 신학적 변증법이란 게 가능하다면 그것은 '흔들림'과 '흔들리지 않음'의 관계에도 적용될 수 있다. 가령, 다음의 성서 구절들은 한결같이 견고하고 굳세게 서는 것을 미덕으로 권장하며 흔들리는 것을 부정적으로 본다. "강하고 담대하라. 두려워하지 말며 놀라지 말라"(수 1:9). "네가 만일 나의 목전에서 가증한 것을 버리고 네가 흔들리지 아니하며 진실과 공평과 정의로 여호와의 삶을 두고 맹세하면…"(렘 4:1-2). "너희가 무엇을 보려고 광야에 나갔더냐. 바람에 흔들리는 갈대냐"(마 11:7).

"오직 믿음으로 구하고 조금도 의심하지 말라. 의심하는 자는 마치 바람에 밀려 요동하는 바다 물결 같으니…"(약 1:6). 그러나 이러한 권고와 격려에도 불구하고 성서는 온통 뿌리 뽑힌 디아스포라의 나그네들 천지다. 그들은 성서 곳곳에서, 설사 원하지 않았을지라도 탄식과 애통, 슬픔과 절망, 저주와 절규, 두려움과 분노 속에 흔들리며 끊임없이 풍화되어간 가난한 영혼들의 초상을 보여준다.

그래서 한때의 승리에 의기양양할 새도 없이 40주야를 광야로 줄창 내달리며 로뎀나무 그늘 아래 목숨을 걸고 죽기를 청한 엘리야처럼, 또 말할 수 없는 고통과 슬픔 속에 자신의 현 존재를 저주하며 탄식한 욥과 예레미아처럼, 지난 세월 속 수많은 상한 갈대들이 이미 시인 고정희의 선배격인 셈이다. 아니, 그 질펀한 실존의 수렁에는 선후배의 격세유전도 없이, 고통과 설움의 늪을 건너기 위해 충분히 흔들리며 단독자로서 걸어간 길의 자취만이 오롯하다. 그런가 하면 흔들림 없이 제 생존의 역사적 근거를 물으며 고통 속에서 죽어간 희생자들의 얼을 이어받아 강하고 당차게 우뚝 서야 할 이유도 충분하다. 이방족속에 맥없이 당한 자기 누이동생의 복수를 위해 의로운 열정의 창을 치켜든 비느하스처럼, 죽으면 죽으리라는 각오로 제 한 몸 던져 동족을 위기로부터 건져낸 에스더처럼, 임동확이 전제한 흔들리지 않아야 할 사례들도 적지 않다. 오늘의 일용할 양식을 나누며 굳세게 살아남아 있어야 이 땅의 죄악과 시험에 부대껴 싸우며, 그러한 싸움을 야기하는 불가해한 삶의 심연 속으로 뛰어들어 충분히 흔들릴 수도 있는 것이다.

시인 고정희는 그렇게 상한 갈대처럼 벌판에서 뿌리 깊게 흔들리다가, 혹은 부평초 잎처럼 뿌리 없이 물 위에서 정처 없이 흔들리다가, 비많이 내린 어느 여름날 지리산 뱀사골까지 찾아가 흔들렸다. 그렇게 외롭기로 작정하며 목숨 걸고 흔들린 그는 불어난 계곡물에 휩쓸려 이 땅의 치열한 삶을 단박에 마감해야 했다. 하늘 아래 마주잡을 손 하나 있어 그의 한 많은 영혼을 꼭 잡아주었을까. 시인 임동확은 광주의 그 지옥 속에서 살아남은 자의 죄책감에 상기된 마음으로 여전히 흔들림 없이 "수세미 같은 희망"을 피워 올리고 있을까. 먼저 죽은 자들과 함께 만나 그 이름 모를 꽃들의 주검 사이에 눕고자 하는 언약을 참신하게, "푸르게 싹 터오는 사랑"의 힘으로 갱신하고 있을까. 나는 죽은 자의 저승을 알 수 없듯 산 자의 이승에 남겨진 다짐의 뒤안길도 잘 모르겠다. 다만 시인처럼 치열하게 흔들리면서 어둠의 그늘 아래 휘적거리며 다시 떠나고 싶을 뿐. 함께 생명의 봄비를 맞으며 슬픔과 고통 너머 흔들리지 않는 푸르딩딩한 희망 하나 잘 키워 내 언약의 길잡이로 삼고 싶을 뿐!

• 이 글에서 인용한 텍스트의 출처는 다음과 같다. 괄호 안의 첫째 숫자는 아래 시집의 번호이며, 둘째 숫자는 그 시집의 쪽수다.

1. 고정희, 『이 時代의 아벨』(서울: 문학과지성사, 1983).
2. 임동확, 『매장시편』개정판(서울: 민음사, 2007).

15장 시인 예수의 초상
-정호승의『서울의 예수』읽기

빛바랜 추억의 단장

1986년 5월 4일 나는 우여곡절 끝에 이 땅을 떠나 태평양을 건넜다. "이
민 가는 자를 위하여… 결코 손을 흔들지 않았다"(2:25)라는 정호승 시인
의 시 구절에 스민 씁쓸한 뒷맛을 곱씹으며 나는 어느 날 갑자기, 아니
갑자기라기보다 얼떨결에, 부모님이 오십 즈음에 이민을 떠나 사시던 타
국으로 두렵고 막막한 여정에 올랐다. 떠나기 얼마 전, 같은 교회에 다니
던 한 여대생이 내게 이별의 선물로 준 시집이 정호승의 시선집『서울의
예수』였다. 다소 통통한 얼굴과 몸집에 서글서글한 미소가 매력적이었
던 그녀의 선물을 나는 곱게 모시면서, 더러 읽고 또 음미하면서, 팍팍한
타국에서 11년의 세월을 보냈다. 태평양을 건너가서 모국어가 낯선 땅
의 신산한 세월을 나와 더불어 견디다가 다시 귀국한 이 시집의 종이는
이제 누렇게 색이 바랬고, 표지도 약간 쭈글쭈글해졌다.

마침내 오늘, 나는 담담히 이 빛바랜 추억의 시집을 다시 본격적으

로 들추어본다. 그가 '서울의 예수'를 노래하며 예수를 시인으로, 그것도 "모든 사람을 시인이게 하는 시인으로" 낯설게 묘사했건만, 이 땅의 신학자 그 누구도 그의 그 예수 상(像)을 신학적 담론의 대상으로 진지하게 고려했다는 소식을 아직 듣지 못했다. 아마도 이 시집에 대해서, 이 시집을 쓴 시인에 대해서, 아니 아예 이 땅의 뭇 시인들이 조형하는 시 세계의 신학적 지형에 대해서 신학자들이 무감각하거나 무관심하거나 또는 무지한 소치이리라. 여기서 문화와 신학의 긴밀한 소통 관계를 떠올려본들 무슨 소용이랴. 때늦은 감이 있지만, 오히려 그래서 나는 이 묵은 시집을 다시 읽어본다. 밀린 숙제를 해치우는 심정으로 뜸을 들이며 천천히 그가 보여준 시인 예수의 초상에 시선을 던져본다. 80년대식 감흥이 무작정 80년대식으로 우러나지는 않는다. 구겨버리고 싶은 진저리처지는 추억의 조각들이 욕조의 땟물처럼 둥둥 떠오르기도 한다. 끝없는 애절함과 까닭 모를 각박함, 절망적인 포즈와 슬픔과 탄식의 제스처, 막연한 외로움과 그리움의 정서…. 그와 같은 구질구질한 80년대식 감상의 더께 위로 나는 두리번거리며 잠시 내 몸을 실어본다. 내가 내 추억의 타임머신에 실려 둥둥 흘러간다.

예수가 본 세상의 비극

정호승의 시선집 『서울의 예수』 전반을 압도하는 기본 정서는 슬픔이다. 여기서 그의 대부분 시들은 슬픔, 눈물, 울음이라는 어휘를 빼놓지 않고, 특정 어휘의 과잉이 주는 부담을 무릅쓰면서까지 빈번하게 사용한다. 그도 그럴 것이, 시인에게 이 세상은 슬픔으로 가득 찬 세상이고, 그래서 눈물 흘리며 울 수밖에 없는 비극적인 세상이기 때문이다.

거짓말의 詩를 읽고 겨울밤에는

그 누가 홀로 울 수 있을까(1:11)

같은 시구를 보면 이 세상이 진정한 참회의 눈물도 없이 메마른 슬픔 부재, 울음 부재의 세상 같지만, 그것은 섣부른 예단이다. 시인으로서의 참회의 눈물과 상관없이, 이 세상은 속절없이 슬프고 울음으로 넘쳐난다. "나라에 큰 슬픔이 있었고/ 나에게 눈물이 있었다"(1:15)라고 할 때 그 슬픔과 눈물은 과거의 일 같지만, "봄이 가면 남쪽 나라 눈물꽃 피네"(1:16) "茶山詩集을 읽으며 눈물의 잠이 들었다"(1:17) 같은 구절을 보면 눈물과 슬픔은 시인의 평상시 감수성이 온통 그것으로 채워진 듯한 의문이 들 정도로 넘쳐난다. 그래서 그의 시적 화자들은 말을 해도 울면서 말하고(1:20), "울지 마라 울지 마라"라고 위로하는 중에도 낙태한 '애비'와 '에미'는 울고 또 운다(1:23). 그리하여 시인은 울음과 관련하여, "산다는 것은 남몰래 울어보는 것"(1:32)이라는 보편적 인식에 다다르기도 하고, 사랑하는 그대를 기다리며 "사랑과 어둠의 바닷가에 나가/ 저무는 섬 하나 떠올리며 울"(1:33) 정도로 낭만적 감상의 영역을 아우르기도 한다.

그런데 문득, 그 울음의 이유, 또는 배경이 궁금하다. 단순히 슬퍼서 우는 것이라 해도 그 슬픔의 근원을 형성하는 동인이 있지 않을까. "날마다 위로받지 못하는 자의 눈물이여"(1:25)라는 영탄을 보면, 그 울음은 얼핏 위로받지 못하기 때문인 듯하다. 그러나 다른 한편으로,

죄의 상처를 씻기 위하여 하늘을 보며

눈물을 흘리는 사람이 되기보다

눈물을 기억하는 사람이 되고 싶었다(1:27)

라는 시구에 주목해보면, 눈물이 죄의 상처를 씻는 속죄의 눈물을 넘어 그 눈물에 대한 기억을 희원하는 단계에 미친다. 그렇다면 울음-눈물-슬픔 등의 파토스가 혹 구원론적 맥락을 전제로 한 것은 아닐까. 과연, 시인은 "무릎으로 걸어가는 우리들의 生/ 슬픔에 몸을 섞으러 가자"(1:88)라고 청유함으로써 슬픔이 곧 구원으로 가는 길일 수 있음을 암시한다. 그 구원론적 맥락으로 이어지는 도상에 시인은 울음이 곧 웃음의 이유일 수 있는 한 정황을 제시하기도 한다. "아기들이 울고 싶을 때/ 울지 못하는 일만큼 비참한 일은 없다고/ 오히려 아기가 울 때 웃던 누님"(1:40) 같은 구절이 그런 예다. 울음 또는 슬픔이 구원의 길이 될 수 있다는 역설은, 단순히 눈물을 통한 감성적 고양이나 내면의 정화와 같은 개인적 차원에 머물지 않고 나아가 슬픔의 대속적 기능과 연관된다. 그때 슬픔/울음의 정서는 세상을 구원하는, 혹은 이 세상의 구원을 개척하는 힘으로 변용된다. 보라!

> 이 세상을 위하여 울고 있던 사람들이
> 또 이 세상 어디론가 끌려가는 사람들이
> 굳어버린 파도에 길을 내며 간다(1:82)

"굳어버린 파도"라는 시어는 어딘지 모르게 뻑뻑한, 그래서 처연한 세상의 현실을 염두에 둔 이미지로 떠오른다. 그 세상의 현실은 생동해야 할 파도를 돌처럼 굳게, 딱딱하게 만든다. 그런데 그 와중에도 세상을 위해 우는 사람들이 있으니 바로 그들의 눈물로 세상의 경직됨을 녹이고 푸는 것이다. 굳어버린 파도 같은 세상에 길을 내며 가는 사람들, 그 대가로 무고하게 어디론가 끌려가는 그들의 노고는 마치 제 몸의 진액으로 "모든 슬픔을 꿀로 만든다"(1:78)는 꿀벌의 노동에 비견된다. 이 지점에서 시인은 "나의 눈물도 이제 너의 달디단 꿀"(1:78)이라고 말할 수 있다.

눈물의 이타성, 슬픔의 대속성

눈물이 메마른 세상을 눈물로 치유하는 눈물의 이타성, 그리고 슬픔과 울음의 대속성은 자연스럽게 복음서와 예수의 세계로 연결된다. 아니 역으로, 복음서와 예수의 신학적 세계가 바로 그런 차원의 구원론적 역설을 추동했는지도 모른다. 주지하듯, 예수는 "슬퍼하는 자는 복이 있다. 저희가 위로를 받을 것이다"(마 5:4), "우는 자는 복이 있다. 저희가 웃을 것이다"(눅 6:21)라고 설교했다. 시인은 그 울음과 슬픔을 비극적인 세상 인식의 틀로 삼아 세상을 향해 탄식하고 절망한다. 그의 그 탄식과 절망은 가령,

> 착한 자의 모든 등불은 꺼지고 빛 좋은 개살구는
> 개살구가 아니라(1:17)

는 진술과,

> 사랑에 굶주린 자들은 굶어 죽어 갔으나
> 아무도 사랑의 나라를 그리워하지 않았다(1:41)

라는 진술에 내밀하게 함축되어 있다. 착한 자의 모든 등불이 꺼졌다는

말에는, 이 세상에 더 이상 착하게 살아야 할 의무가 없어지고 착하게 사는 자에 대한 인정과 보답의 희망이 사라져버렸다는 극단적인 절망이 배어난다. (그런데 착하게 산다는 것, 착한 자가 된다는 것은 무엇일까.) 착한 자의 등불을 대신하는 것은 "빛 좋은 개살구"인데, 그것은 대체로 표면의 때깔만 좋아서 아무리 살구라 해도 개살구의 형편을 벗어날 수 없다. 그 별 볼일 없고 실속 없는 개살구의 세상은 사랑에 굶주린 자들을 돌보는 '사랑의 나라'가 될 수 없다. 예수는 의에 굶주린 자의 복을 설파한 적이 있지만, 그 복의 약속대로 그들이 이 땅에서 배부름을 얻는 경우는 희박하다. 아니, 아무도 그 약속에 희망을 걸고 "사랑의 나라를 그리워하지 않"을 정도로 그런 예는 전무하다. 시인은 그런 절망적인 상황을, 예수의 십자가상 탄식적 언사를 패러디하여, 예수의 목소리로 "서울이 잠들기 전에 인간의 꿈이 먼저 잠들어 목이 마르다"(1:45)라고 갈증을 호소한다.

꿈이 죽은 세상의 표상으로 시인이 상정한 공간이 서울이라면 그 서울에서 길어올린 최후의 희망으로 시인이 부활시킨 인물이 예수다. 그 예수는 일련의 예수 시편, 복음 시편을 이루기 전 혹은 그 이후에 여러 익명의 예수로 분신, 개별 작품마다 점점이 산포하여 시적 화자의 목소리를 대변한다. 그러나 그들의 위상이나 역할이란 게 워낙 미미하고 소소하여 그들은 전혀 예수 같지 않다. 그 예수 같지 않은 예수의 이 시대적 현신, 아니 80년대식 분신의 목록을, 좀 지루하지만 굳이 작성하자면, 가령 다음과 같은 자들이다. 죽은 아기, 무우시래기국 같은 아버지, 겨울날 껌팔이소년, 소월로에서 김소월과 만나 논 소년, 소년원의 소년, 죄 없이 갇힌 수인, 늙은 집배원, 야근하는 공단의 결핵 걸린 청년, 임신하여 자살한 처녀, 산동네의 개척교회 전도사, 연탄가스 중독으로 죽은 공단의 미싱사 보조 순이라는 여자, 그녀의 옷장수 어머니, 고향의 농사일에 찌든 늙은 아버지와 어머니, 선천성 무안구 맹아와 그를 입양한 이혼한 누님, 해외 입양 가는 아기들, 요단 강에서 얼어 죽은 아가, 신문팔이 소녀, 맹인학교, 맹인촌 사람들, 구두닦이 소년, 맹인부부가수, 혼혈아, 첫아이를 사산한 여인….

역사적으로 이들은 대체로 70년대 이후 서울을 중심으로 가속화되기 시작한 농축 근대화의 후유증을 떠올리게 하는 군상들이다. 이를테면 집중된 산업 자본의 횡포에 변두리로 떠밀려 소외당한, 가난하고 억눌린 민중의 표상인 셈이다. 한편 성서 신학적으로, 그들은 예수가 애틋한 정으로 관심을 기울인 지극히 작은 자들의 표상이다. 예수가 그의 파송 설교와 한 비유에서 각각,

마태복음 10장 40, 42절
너희를 영접하는 자는 나를 영접하는 것이요 나를 영접하는 자는 나를 보내신 이를 영접하는 것이니라…또 누구든지 제자의 이름으로 이 작은 자 중 하나에게 냉수 한 그릇이라도 주는 자는 내가 진실로 너희에게 이르노니 그 사람이 결단코 상을 잃지 아니하리라

마태복음 28장 40, 44절
너희가 여기 내 형제 중에 지극히 작은 자 하나에게 한 것이 곧 내게 한 것이니라…이 지극히 작은 자 하나에게 하지 아니한 것이 곧 내게 하지 아니한 것이니라

라고 말했을 때, 예수는 그 작은 자들과 동일화된다. 그들은 예수처럼 십자가에 매달리되, 예수와 달리, "날마다 매달렸다 내려"오는 "낯 모르는

사내들이다"(1:15). 또 그들은 예수의 말씀대로, 그러나 거기에 약간의 시적 분위기를 더하여, "눈이 오는 날이면 언제나/ 가난하였으므로 행복"한 "내 집 한칸 없이 살아오신 아버지"로 변용되기도 한다. 그리하여 예수는 자신의 개인성에 속박된 시공간상의 한계를 초월하여 수많은 이 시대의 작은 예수들로 현신한다. 시인은 바로 그 예수 같지 않은 예수를 7,80년대 척박한 근대화의 땅 서울에서 목격하고 그들과 공감하며, 그들의 슬픔과 눈물 속에서 그 시대의 메시지를 보고자 했던 것이다.

그 미미한 익명의 예수들은 가끔 '예수'라는 실명으로 등장하기도 하는데, 그 예수에게는 아내가 있고, 그 아내와 '나'는 함께 여관잠을 자기도 한다(1:36). 창녀임이 분명한 그녀는 잠자리에서 남편 예수의 내밀한 구석까지 까발리면서 "예수는 조루증이 있어요 처음엔 고자인 줄 알았"다고 속삭인다(1:37). 이와 같이 자극적인 예수의 재인간화 시도는 기존의 예수상이 너무 초월적인 신성에 압도되어왔다는 시인 나름의 치열한 신학적 성찰의 결과처럼 보인다. 그런가 하면 〈서울의 예수〉라는 제목이 붙은 비교적 긴 산문시(1:45-47)에서, 예수는 "낚싯대를 드리우고 한강에 앉아 있"으며, "강변에 모닥불을 피워놓고" "젖은 옷을 말리고 있다." 이렇게 부랑자나 걸인의 이미지로 묘파된 이 시의 예수상은 특이하게 아름답다. 그 예수는 "인간이 아름다워지는 것을 보기 위하여" "겨울비에 젖으며 서대문 구치소 담벼락에 기대어 울고 있는" 다소 낭만적인 인간이다. 그의 그 낭만은 그러나 자기의 겉멋에 도취되어 헛폼을 잡는 나르시스적 낭만이 아니다. 그것은, "서울의 빵과 눈물을 생각하며" "홀로 담배를 피우"고 "절망의 끝으로 걸어"가며, 인간의 꿈이 잠들어 거푸 갈증을 느끼는 연민 어린 낭만이자 건강한 공동체적 삶을 지향하는 유토피아적 낭만이다. 그 인간적인 꿈을 상실한 서울의 인간들에게 예수는 술

잔을 들어 건배를 권유하고, "사람의 잔"을 그리워한다. 그는 또 "추억이 아름다운 사람을 만나, 소주잔을 나누며 눈물의 빈대떡을 나눠 먹고 싶다"라는 소박한 희망을 피력하기도 한다. 그 희망의 내용은 "마음의 나라보다 사람의 나라에 살고 싶다"라는 다소 모호한 시구 속에 축약·변용되는데, 그것은 시인이 피상적인 종교 예식과 추상적인 경건의 외양을 싫어하고 구체적인 삶의 현장에서 자연스럽게 우러나는 감성의 진정성에 경도되어 있음을 암시하는 듯하다.

그리하여 시인은, 또한 시인이 형상화한 서울의 예수는 사람들의 마음속에 상투화된 복음의 형식을 비틀고 뒤집어 그 역설적 진실을 부활시키길 꿈꾼다. 그것이 그로서는 잠든 꿈을 깨우는 또 다른 꿈의 형식이었을 법하다. 그 결과 서울의 예수가 토해내는 척박한 거리의 복음은,

> 나를 섬기는 자는 슬프고, 나를 슬퍼하는 자는
> 슬프다. 나를 위하여 기뻐하는 자는 슬프고, 나를
> 위하여 슬퍼하는 자는 더욱 슬프다. 나는 내 이웃
> 을 위하여 괴로와하지 않았고, 가난한 자의 별들
> 을 바라보지 않았나니, 내 이름을 간절히 부르는
> 자들은 불행하고, 내 이름을 간절히 사랑하는 자
> 들은 더욱 불행하다.(1:47)

라는 식으로, 일반적인 신앙 상식을 뒤집는 역설적인 메시지를 동반한다. 이처럼 섬김과 예배의 대상으로 승격된 그리스도 예수가 인간 예수로 복귀하여 자신을 향한 동정과 사랑을 배격하는 것은, 아마도 그것으로 인해 이 시대의 또 다른 예수들이 외면당하며 다시 십자가의 참상을

반복해서 경험하는 부조리 때문인 듯하다. 그 전복적 성찰은 성서적이다. 예수는 대중들의 슬픔과 울음이 자신을 향한 동정적 감상으로 고착되어 그를 섬기는 수단이 되는 것을 단호히 배격했다. 자신의 골고다 죽음의 도상에서 우는 여인들을 향해 예수가 "나를 위해 울지 말고 너희와 너희 자녀들을 위해 울라"(눅 23:28)라고 한 말이 바로 그 증거다. 이 복음서의 구절과 앞의 시구를 겹쳐 읽으면 예수는 충만이 아니라 결핍이다. 그는 놀랍게도 "내 이웃을 위하여 괴로와하지 않았고, 가난한 자의 별들을 바라보지 않았"다고 고백한다. 이렇듯, '서울의 예수'는 탈교리화한, 하여 절대적 신성과 거리가 먼 평범한 인간의 평균치 욕망을 대변한다. 그 '서울의 예수'가 이질적으로 다가온다면, 이는 사람들이 예수가 꾼 꿈의 궁극을 바라보는 대신 그 꿈을 지시하는 손가락에 시선을 고착함으로써 빚어진 불행한 결과일 것이다. 다시 말해, 삶의 복음을 문자적으로 교리화하고, 예수의 역사적 교훈을 탈역사적 예전 형식으로 변질시킨 왜곡의 소산이라는 것이다.

정호승의 서울 예수는 부정적으로 이 땅의 통속적인 그리스도교 신앙을 예수의 꿈을 상실한 진정성 부재의 현실을 들어 비판하지만, 긍정적으로는 절망적 현실의 끄트머리에서 인간이 상실한 본원적 아름다움의 회복을 전망한다. 예수는 이 지점에서 모든 사람의 꿈을 회복시켜주는 선구적인 시인의 상을 획득하기에 이른다.

그는 모든 사람을
시인이게 하는 시인.
사랑하는 자의 노래를 부르는
새벽의 사람.

해 뜨는 곳에서 가장 어두운
고요한 기다림의 아들.

절벽 위에 길을 내어
길을 걸으며
그는 언제나 길 위의 길.
절벽의 길 끝까지 불어오는
사람의 바람.

들풀들이 바람에 흔들리는 것을
용서하는 들녘의 노을 끝
사람의 아름다움을 아름다와하는
아름다움의 깊이.

날마다 사랑의 바닷가를 거닐며
절망의 물고기를 잡아 먹는 그는
이 세상 햇빛이 굳어지기 전에
홀로 켠 인간의 등불.(1:48)

이 단아한 찬미의 시에서 예수는 영락없이 시인으로 거듭난다. 그는
"고요한 기다림의 아들"답게 아직 미완의 종말을 향해 사람에 대한 희망
을 부둥켜안고 있으며, "아름다움의 깊이"를 향해 사람의 가능성을 포기
하지 않는다. "사랑의 바닷가를 거닐며/ 절망의 물고기를 잡아 먹는 그"
의 이미지가 너무 그를 절망스럽게 만들고, "홀로 켠 인간의 등불"이란

이미지가 예수를 너무 비현실적으로 고독하게 치장하는 듯한 과장이 느껴지지 않는 것은 아니지만, 기존 전통의 틀에 속박된 예수를 시인으로 거듭나게 하려는 그 노력의 진정성은 눈물겹도록 절실하게 다가온다.

서울의 빵과 사랑

서울의 예수가 노래한 서울은 빵으로 인한 고통이 충만한 억압적인 삶의 공간이다. 그 빵을 얻기 위해 사람들은 불행을 일상적인 경험으로 수락하며 살아간다. 그 불행이 얼마나 불행스러우면 시인이 "지하철을 타고 가는 눈 오는 밤에/ 불행한 사람들은 언제나 불행하다"(1:59)라고 했을까. 그 사람들은 특정한 부류의 사람들이라기보다 지하철 속의 불특정 다수로, 지하철을 타고 철로의 진동에 "끝없이 흔들리면" 그들도 "말없이" "불빛 따라 흔들"리는 불안한 군상들이다. 그나마 그들처럼 지하철 타고 돌아갈 곳이 있는 자들은 다행이다. 비 내리는 날 밤 "서울역 시계탑 아래에서" "무작정 상경한 소녀는"(1:58) 비에 젖은 채 돌아갈 곳도, 또 앞으로 갈 곳조차 없다. 그래서 "어느 남자의 손에 이끌려 소리 없이 사라지는" 그 풍경은 서울의 음산한 80년대 모습 그대로다. 여기서 "소리 없이"는, 앞의 시에서 좀 어색한 듯 끼어든 "끝없이"와 서울 사람들의 지치고 무기력한 일상을 암시하는 "말없이"에 조응하면서 그들의 서울살이가 슬픔인 이유의 저변을 채우는 문구로 느껴진다. 그래서 시인은 또 다른 곳에서 서울에는 "인간을 가장 슬프게 하는 바람"(1:81)이 분다고 표현한다. 그 바람은 훈훈한 사람들의 바람이 아니라 빵을 위해, 빵으로 인해 통과해야 할 모진 배반의 바람이다.

그러나 시인은 서울에서의 절망적인 삶의 조건으로 빵만을 내세우지

않는다. 가령,

> 노래하리라 비 오는 밤마다
> 목마를 때 언제나 소금을 주고
> 배부를 때 언제나 빵을 주는
> 우리들 서울의 빵과 사랑
> 우리들 서울의 꿈과 눈물(1:56)

이란 시구를 보면, 빵과 사랑은 물질과 정신의 등가물이다. 아울러, 보이는 육체의 분비물인 눈물과 보이지 않는 꿈 또한 서로 소통 가능한 삶의 가치다. 그런데 문제는, 그 꿈과 눈물이 좌절의 그늘에 놓이며, 그 소금과 빵이 욕망을 배반하는 부적절하고 불필요한 선물이라는 점이다. 마찬가지로, "빵이 넉넉할 때 물이 없고/ 물이 넉넉할 때는 빵이 없는"(1:61)이라는 시구에서처럼, 서울에서의 삶은 조화와 균형이 없이 겉도는 결핍의 형태로 지속된다. 그 '샬롬'이 없는 삶을 그나마 버티기 위해 서울의 삶이 준비해야 할 것은, 슬프게도 자신의 술잔을 깨끗이 헹구는 일이다. 술 취하지 않고는 견딜 길 없는 서울의 삶은 "불 꺼진 술집의 술병으로 뒹"(1:61)구는 삶이다. 그처럼 희망 없는 술 취한 일상의 반복은 은연중 평화 없는 서울의 평화를 위한 자조적 넋두리를 담고 있다.

이처럼 위장된 서울의 평화가 가짜 평화인 것은, 이를테면 예수의 꿈이 실현되지 않고 끊임없이 유예되거나 좌절되고 있기 때문이다. "아무도 일곱 번씩 일흔 번을 용서하지 않았다"(1:31)라는 진단이 그 단적인 예다. 그러므로 예수가 진정으로 꿈꾼 "사람의 나라"가 실현되기란 아직 요원하기만 하다. 그 꿈과 현실의 균열과 괴리야말로 시인이 다시금 옛적의 예수가 꾼 꿈에 기대어 오늘날의 희망과 사랑과 용서를 되새김질하는 이유다. 아니, 단순히 되새김질하는 것이 아니라 시인은 그것을 복음화하여 '서울 복음'으로 외치며 노래한다. 그 노래는 그러나 종종 전통적 잠언의 명령형 어투를 모방하면서 맥이 풀린다.

서울의 이름으로 너희에게 평화 있어라.(1:50)
서울의 이름으로 너희는 서로 사랑하라.(1:51)
너희는 너희에게 상처준 자를 용서하라.(1:52)
너희는 너희를 미워하는 자에게 감사하라.(1:52)
너희는 평화가 너희를 다스리게 하라.(1:52)
모든 아름다운 것들을 너희는 사랑하라.(1:52)

이런 시구들에서 정호승의 '서울 예수'가 아직도 관념적이고, 언어적으로 충분히 탈각되지 않은 제도권 종교의 냄새를 풍긴다면 너무 지나친 지적일까. 그가 말하는 평화와 사랑과 용서와 감사에 구체적인 삶의 알맹이가 사장되고, 상처와 미움과 아름다운 것 또한 그 대상이 불투명한 상태에서 그 시적인 메시지 또한 모호할 수밖에 없다. 아울러 그 모든 정서적 내용물이 삶의 현장을 적시하지 않은 상황에서 이런 유의 복음은 무해한 만큼 무기력하다. 요컨대, 그 형식과 내용이 두루 '서울 예수'의 목마름에 수준 미달이라는 것이다.

이렇듯 구체적인 투쟁의 행동이 결여된 그 되새김질과 외침은, 정호승의 민중 지향적 예수상과 예수 지향적 민중들의 모습이 너무 소극적이고 체념적이지 않은가, 그러니까 너무 현실 순응적이고 비전투적이지 않은가 하는 의문을 야기한다. 이는 한쪽에서 사회 변혁과 민주화 운동의 주체 세력으로 평가되어온 당시의 민중들에 대한 온당한 대접이 아니라는 반론이 가능하다. 나아가 그의 예수와 그 예수의 이 시대적 분신들이 그들의 계급의식으로 투철하게 무장되지도 않은 상태에서 어설픈 희망을 읊조리고 있다는 비판도 나올 만하다. 그러나 그 비판과 반론에 대응하기라도 하듯이, 정호승의 예수 시편은 날카로운 기다림의 미학을 낳는다. 그 미학의 정점에 선명하게 부각되는 두 개의 이미지가 있으니 곧 '눈사람'과 '칼'의 이미지다.

눈사람, 즉 눈으로 만든 사람의 이미지는 정호승에게 일관되게 강력한 희망의 메시지를 담아낸다. 먼저 눈사람에 앞서 눈은 시인에게 각별히 애정 어린 주목을 받고 있다. 가령,

눈이 오는 날이면 언제나
가난하였으므로 행복하였다(1:24)

눈조차 오지 않아 쓸쓸한 오늘밤에도
희망을 가진 사람은 불행하고
희망을 가지지 않은 사람들은 더 불행하다.(1:70)

같은 시구들에서 보듯, 눈은 가난하고 불행한 자들에게 현실을 잠시 잊고 행복한 몽상에 잠기도록 달래주는 정서적 위안물이다. 그 밖에 눈을 비롯하여 시인이 사용한 많은 이미지들(예컨대, 개망초꽃, 쑥부쟁이, 아리랑고개, 찔레꽃, 냉이꽃, 오랑캐꽃, 자장면 등)은 한 평자의 논평대로 "민중적 감성의 부드러운 일깨움"(정다비=정과리)에 값하는 측면이 있다. 어쨌든, 시인은 부드러운 눈의 이미지를 사람의 이미지에 결합시켜 '눈사람'이라는

부드럽고도 차가운, 희망적이면서도(눈이 사람이 되었으니까) 아쉬운(오래 가지 않고 녹아버리니까) 이미지를 만들어낸다. 앞서 살핀 대로, 시인에게 사람은 "사람의 나라"에 대한 그의 갈증이 잘 대변하듯 희망의 궁극적 실체다. 그리고 사람의 남루한 현실적 외관을 덮어주는 상징체로서 눈으로 만든 그 사람은, "인간의 희망을 만드는 눈사람"(1:83)이라는 시구가 암시하듯, 희망의 시적 형상물이다. 이 두 희망의 이미지가 중첩되어 만들어낸 눈사람의 이미지에서 우리는 시인의 희망이 겹으로 가중된 상태를 읽어낸다.

눈사람의 적극적 이미지가 빛을 발하는 대목은, 그것이 민중의 절망적 현실을 향해 정면 대결의 의지를 발하는 맥락에서 사용될 때다. 예컨대 시인이,

가라앉을수록 눈사람으로 솟아오르며
이 세상을 위하여 울고 있던 사람들이
또 이 세상 어디론가 끌려가는 겨울밤에
굳어버린 파도에 길을 내며 간다.(1:82)

라고 노래할 때, 눈사람은 겨울밤에 내리는 "눈 맞으며 파도 위를 걸어서" 가는 꿋꿋한 개척자의 초상에 근접한다. 더구나 "굳어버린 파도에 길을 내며" 갈 정도면 눈사람의 투쟁 의지가 얼마나 결연하고 당당한지 미루어 짐작할 만하다.

이런 방향으로 눈사람의 포근함, 부드러움과 대비되는 차가움의 이미지가 심화되면 그로부터 '칼'의 이미지가 생겨난다. 그 제목이 〈눈사람〉인 시를 보면, 시인의 눈사람은 "가슴에 칼을 품은 눈사람"이다.

사람들이 잠든 새벽 거리에
가슴에 칼을 품은 눈사람 하나
그친 눈을 맞으며 서 있읍니다.
품은 칼을 꺼내어 눈에 대고 갈면서
먼 별빛 하나 불러와 칼날에다 새기고
다시 칼을 품으며 울었읍니다.
용기 잃은 사람들의 길을 위하여
모든 인간의 추억을 흔들며 울었읍니다.

눈사람이 흘린 눈물을 보았습니까?
자신의 눈물로 온몸을 녹이며
인간의 희망을 만드는 눈사람을 보았읍니까?
그친 눈을 맞으며 사람들을 찾아가다
가장 먼저 일어난 새벽 어느 인간에게
강간당한 눈사람을 보았읍니까?

사람들이 오가는 눈부신 아침 거리
웬일인지 눈사람 하나 쓰러져 있읍니다.
햇살에 드러난 눈사람의 칼을
사람들은 모두 다 피해서 가고
새벽 별빛 찾아나선 어느 한 소년만이
칼을 집어 품에 넣고 걸어갑니다.
어디선가 눈사람의 봄은 오는데
쓰러진 눈사람의 길 떠납니다.(1:83)

시인의 눈사람은 눈물을 흘리고 "자신의 눈물로 온몸을 녹이"는 자기 연민의 존재다. 그 연민이 여린 서정으로 "인간의 희망"을 만들어낸다. 또 그 눈사람은 "용기 잃은 사람들의 길을 위하여" "그친 눈을 맞으며 사람들을 찾아가다/ 가장 먼저 일어난 새벽 어느 인간에게/ 강간당한" 수난과 핍박의 존재다. 아울러, 그는 "사람들이 오가는 눈부신 아침 거리"에 "쓰러진 눈사람"으로 좌절의 존재다. 그런데 놀랍게도 그 눈사람은, 그 가슴에 품은 칼로 인해 부활한다. 부활? 아니 '부활'이라기보다 그의 칼 같은 생명이 '전승'된다. 그 칼은 일찍이 눈에 대고 갈아 날을 세운 날카로운 칼이고, "별빛을 하나 불러와 칼날에다 새"긴 순정한 이념의 칼이다. 쓰러진 눈사람은, "새벽 별빛을 찾아나선 어느 한 소년"에게 그 칼을 매개로 자신의 생명을 대물림한다. 이러한 수난받는 메시아적 존재로서의 눈사람이 없는 세상에서는 아무리 희망의 전조인 양 많은 눈이 내릴지라도 "어두워서 길을 잃"(1:84)을 뿐이다. 그 상황에서 "어둠 속에 떨며 가는" 맹인부부가수 같은 암담한 사람들이 할 수 있는 것은, "무관심을 사랑하는 노랠 부르"는 체념 어린 탄식과 "눈사람을 기다리는 노랠 부르"(1:84)는 기다림의 희망일 뿐이다. 절망에 익숙해진 자들이 눈사람을 기다리는 일은 요원한 희망으로 인해 아득하면서 동시에 그 희망이 있다는 사실만으로도 행복하다. 사랑 또한 날마다 그리움의 대상이 되다 보면 사랑 자체보다 그 사랑이 오기까지의 기다림이 더 가슴 설레는 즐거움을 유발하는 법이다. 그래서 시인은, "사랑하는 일보다/ 기다리는 일이 더 행복하다"(1:52)라고 말한다.

이 시에서 눈사람이 수난당하는 메시아의 이미지를 걸치고 있다면, 칼은 그 메시아 예수의 예언적 말씀을 육화시킨 이미지다. 예수는 일찍이, 혈통적 연고주의와 폐쇄적 가족주의의 굴레에 얽매여 살던 그 시대의 사람들을 향하여, "내가 세상에 화평을 주러 온 줄로 생각하지 말라. 화평이 아니요 칼을 던지러 왔노라"(마 10:34), "이제는 전대 있는 자는 가질 것이요 배낭도 그리하고 칼 없는 자는 겉옷을 팔아 살지어다"(눅 22:36)라고 선언했다. 여기서 칼에 함축된 의미와 이 선언이 자리한 구체적인 맥락에 대한 좀더 상세한 고려가 필요하겠지만, 예수의 칼과 시인의 칼, 즉 눈사람의 칼은 현실 도피적이거나 안주적인 구태를 타파하려는 도전적인 공격성을 지니고 있다는 점에서 피차 상통한다. 그 칼은, 이를테면 그리스도교의 제도화가 진행되기 이전, 그리스도 신앙의 교리적 틀이 문자적 장벽을 공고히 하여 딱딱해지기 이전, 그 모든 제도적 틀과 장벽을 지양하는 대신 역사적 예수의 유랑적 삶이 담지한 치열했던 투쟁과 해방의 삶을 지향하는 칼처럼 보인다.

가슴에 칼을 품은 눈사람의 이미지는 소극적 기다림의 행복을 과감하게 초극하여 투쟁의 길 위에 서게 하는 용기 있는 결단과 변화의 동력으로 변용된다. 그리하여 시인은 서울을 떠나는 자에게 복을 선포하고, "눈 내리는 서울이 아름답지 않다"(1:60)라고 속삭이는 자에게 새벽의 희망을 기원하며, "나는 그대 가슴 속 칼이 되기를 원하노라"(1:60)라고 선언한다. 눈사람의 희망이 이처럼 날카롭게 뻗어나갈 때 그 희망은 칼의 희망이 되는 것이다. 그 칼의 세계를 통과할 때, 시인은 슬픔도 칼이라는 사실을 깨닫는다. 그는 마침내 "평등과 화해에 대하여 기도하다가/ 슬픔이 눈물이 아니라 칼이라는 것을 알았다"(1:87). 이 새삼스러운 발견 속에, 비록 "슬픔이 눈물이 아니라 칼"이라는 표현이 다소 어색함에도 불구하고, 시인은 감상적인 체념을 넘어 현실과의 치열한 대결을 예고하는 듯하다. 그것은 '서울의 예수'가 걸어간 수난의 역정으로, 곧 현실적 패배의 결과를 무릅쓰는 슬픔의 길이다. 시인은 그 슬픔을 꺼리거나 거부하기보다 이제 그 슬픔과 적극적으로 만나러, "슬픔에 몸을 섞으러" 갈 만큼 담담해져 있다. 시인은 그 겸비한 초월과 치열한 성찰의 삶을 일러 "무릎으로 걸어가는 우리들의 生"(1:88)이라고 표현한 것이리라.

성녀의 빛과 그림자

시인에게 칼을 가슴에 품은 눈사람이 살아남아 있을 때 그 칼은 때로 보편적 성스러움의 심장부까지도 대담하게 내려치는 예리한 메스처럼 느껴진다. 가령, 마더 테레사의 한국 방문에 부쳐 쓴 시에서 그는,

> 찔레꽃이 피던 날 한국을 떠나면서
> 그녀는 가난한 사람의 이름을 부르지 않았다
> 찔레꽃 흰 꽃잎이 봄바람에 흩날려도
> 그녀는 봄날에 홀린
> 한국의 눈물을 흘리지 않았다(1:43)

라고 언급함으로써 강한 비판의 논조를 숨기지 않는다. 금세기의 성녀를 향해 들이댄 이와 같은 눈사람의 칼이 그 이후 세월 따라 녹이 슬면서 무뎌진 탓일까? 16년이 지난 뒤 똑같이 마더 테레사를 노래한 한 편의 시에서, 그는 여든일곱의 생신을 맞은 마더 테레사의 미소를 사진에서 보고 자신의 외할머니의 맑은 미소를 연상하면서 친밀감을 표한다. 이어 그는, "진정한 사랑에는 고통이 따른다는/ 상처 입을 때까지 사랑하는 것을 두려워하지 말라는/ 사랑은 어느 계절에나 열매 맺을 수 있다는/ 그분의 말씀"(4:100)을 떠올릴 정도로 그녀에 대한 지순한 경외감을

드러낸다. 서울 지하철 교대역에서 구걸하는 맹인들을 보면서 그는 갈증에 시달리는 '서울의 예수'를 보기보다 '서울의 성자'를 보고 위안을 얻으며, "그들을 찾아가 큰 위안을 찾으"(4:99)라고 권유한다. 그들은 더 이상 눈사람을 기다리지도 않고, 눈사람이 되지도 않는다. 다만 이미 완성된 "위안의 성자"로 자족할 뿐이다. 눈은 종종 그의 시에 배경을 제공하지만, 그 눈은 좀처럼 사람과 결합하여 눈사람의 이미지로 되살아나지 않는다. 그는 여전히, 그러나 잠시, 칼을 노래하지만 그 칼날은 더 나은 세상의 희망을 위한 공격성을 잃고 그 위를 지나는 개미처럼 스스로 칼날과 동화해가는 둥그런 초월적 원융의 세계를 추구한다. 그 세계 속에서 "우리는 희망 없이도 열심히 살 수 있다"(3:57).

80년대 초 『서울의 예수』에서 줄기차게 희망을 노래하던 이 시인이 '희망 없이'를 말하는 대목에 이르러 우리는 설핏 궁금해지지 않을 수 없다. 물론 그는 여전히 사랑과 슬픔, 쓸쓸함과 그리움, 절망과 희망을 노래하기는 한다. 또한 그 주제들의 다채로운 변주와 예전에 비해 가벼운, 그러니까 덜 구질구질하고 덜 절박한 시적 형상화로써 그는 시 쓰기에 좀더 여유를 확보한 듯하다. "상처는 스승이다"(3:41), "사랑을 위하여/ 사랑을 가르치지 마라"(3:86), "살아간다는 것은 외로움을 견디는 일이다"(4:38) 등과 같은 맥 빠지는 잠언식 어투도 계속된다. 게다가 교회 단체의 무료급식 봉사 현장에서 목격한 오병이어의 아름다움에 대한 긍정적 시선(4:98)과 동시에 "슬프다 구주 오셨네"(3:59) 식으로 그리스도교의 현 세태에 대한 부정적 비틀기도 더러 눈에 띈다. 불교적 명상 세계도 새롭게 포착되는 요소다. 이러한 시적 외연의 확대와 함께, 그는 선악 간의 명징한 이분법적 심판을 유보한 채, "아직 악인의 등불[이] 꺼지지 않고"(1:46) 있음을 표나게 탄식하지 않아도 별 부담을 느끼지 않는다. 그만큼 그는 제 스타일을 유지하며 넓어져 온 셈이다.

그렇지만 초기와 현재의 시 세계에 비치는 전반적 풍경의 색채와 그 풍경의 신학적 메시지에는 상당한 변화와 함께 차이가 노출된다. 무엇이 그런 차이를 만든 것일까. 정호승에게 십여 년의 세월을 거치는 동안 무슨 심경의 변화가 있었던 것일까. 나는 단적으로 그가 '서울의 예수'를 통해 꿈꾼 칼과 눈사람의 거칠고 험한 길을 접어둔 채 평탄한 위안의 종교가 선사하는 초탈한 성자의 세계로 진입한 결과라고 생각한다. 그 변화는 나이의 변화와 맞물려 진행된 시대의 변화에 비추어 어찌 보면 지당한 현상 같다. 그리고 그것을 그의 시 세계가 민중적 세계관에서 벗어나 보다 넓은 대중적 기반을 획득해나간 넉넉한 자기 성장과 성숙의 징표로 볼 수도 있을 것이다. 그것은 갈릴리의 역사적 예수가 이후 2천 년 그리스도교의 역사로 성육해나갔듯, '서울의 예수'가 이 땅의 고난을 짊어지고 가던 민중의 시대로부터 안락한 대중종교의 시대로 진화해온 지난 세월의 흔적을 단편적으로 시사하기도 한다. 그 변화와 변신의 과정에서 사랑의 열정을 다시 불태울 때, 시인은 가령,

사랑하다가 죽어버려라
오죽하면 비로자나불이 손가락에 매달려 앉아 있겠느냐
기다리다가 죽어버려라
오죽하면 아미타불이 모가지를 베어서 베개를 삼겠느냐
새벽이 지나도록
摩旨를 올리는 쇠종 소리는 울리지 않는데
나는 부석사 당간지주 앞에 평생을 앉아
그대에게 밥 한 그릇 올리지 못하고

눈물 속에 절 하나 지었다 부수네

하늘 나는 돌 위에 절 하나 짓네(3:10)

와 같은 힘 있는 절창을 낳기도 한다. 그러나 그는 아직 죽어버리기에 너무 이르지 않은가. 아직 살아갈 날들이 창창한 앞으로의 남은 여정을 외로움의 본성에 절어 보내기보다 나는 그가 젊은 시절 개척한 '서울의 예수'를 참신하게 재발견하는 길을 숙고해보았으면 좋겠다. 물론 그가 사랑의 시인으로 그의 시 세계와 함께 그의 사랑을 우주적으로 확대해가는 것을 타박할 수는 없다. 그러나 그것이 맹목적인 사랑 타령으로 대중의 감상주의를 부추기거나 제도권 종교의 상투적인 가르침을 반복한다면 나는 그가 그의 말마따나 "삶도 없이 죽음에 이를까봐"(3:53) 두렵다. 외려 사랑의 결실에 이르는 지난한 과정을 사랑이란 말 없이도 온몸으로 보여주는 갈증을 택하는 것이 어떨까. 그것이 그가 시인으로 부활시켜 그를 시인 되게 한 시인 예수의 유산을 헛되이 하지 않는 정당한 길일 것이다.

🔥

무뎌진 것은 정호승의 칼날만이 아니다. 1982년 대학에 입학한 뒤 지금까지 20여 년 동안 내 의식의 칼날 또한 서서히 무뎌져 왔다. 녹아버린 것도 그의 눈사람뿐이 아니다. 언젠가 폭설이 내렸을 때 무주의 어느 호젓한 골짜기에서 내 자식들과 더불어 두터운 눈길 위에 뒹굴며 큼직한 눈사람을 만들었건만, 그 눈사람한테는 뜨거운 가슴도, 그 가슴의 칼도 없었다. 이제 내 육체가 더 성장하지 않고 고착된 채 점점 늙음을 경험해가는 이즈음, 나는 예수의 제자로서 예수의 명징한 시심이 둔탁해지는 것을 부끄러워한다. 그것은 내 가슴이 예수가 이 땅에 던진 칼을 생생하게 품지 못하고 점점 종교적 위안과 평온의 세계에 두루뭉수리 길들어지고 있음을 반영하는 것이리라. 차가운 눈사람과 칼의 세계가 둥그런 샬롬의 세계와 부둥켜안고 화해하는 길은 이 땅에서 정녕 불가능할까. 나는 그 불가능할 듯한 길의 미래를 실험하는 정호승의 시적 탐구가 부디 아름답게 결실하길 빈다. 덩달아, 예수가 이 땅에서 역사적 생기를 소진한 이래로 희미해진 시인 예수의 초상이 내게도 시심을 불러일으켜 오래 묵은 내 시의 꿈을 꽃피울 수 있다면….

• 이 글에서 인용한 텍스트의 출처는 다음과 같다. 괄호 안의 첫째 숫자는 아래 시집의 번호이며, 둘째 숫자는 그 시집의 쪽수다.

1. 정호승, 『서울의 예수』(서울: 민음사, 1982).
2. ____, 『슬픔이 기쁨에게』(서울: 창작과비평사, 1979).
3. ____, 『사랑하다가 죽어버려라』(서울: 창작과비평사, 1997).
4. ____, 『외로우니까 사람이다』(서울: 열림원, 1998).

•• 시집 출간 당시의 일부 표기와 띄어쓰기가 지금의 표준에 비추어 어울리지 않는 것이 있지만 시집 본래의 표기대로 그냥 두었다. 예를 들어, '아름다와하는'은 '아름다워하는'이, '울었읍니다'는 '울었습니다'가 맞지만, 시집의 표기대로 전자를 인용문에 그대로 적었다.

16장 신학적 관조의 두 양상
-배문성의 〈저녁 산〉과 고진하의 〈흑염소의 만트라〉

관조와 성찰로 신학하기

우리는 매일 무슨 애타는 갈망으로 변을 보는가, 라고 누군가 사람의 무심한 듯한 일상 행위의 저변을 후벼 파는 말을 던진 적이 있지만, 그의 말이 아니더라도 변을 보는 시간과 공간은 그 당사자의 무의식이 가장 편하게 노출되도록 분위기를 조장한다. 그 순간 사람의 의식은 무의식과 밀고 당기면서 몸의 첨예한 긴장의 족쇄를 풀어 헤치는데, 그때 느슨해진 몸의 리듬은 싱싱한 몽상을 피워 올림으로써 자기 해방에 기여한다. 그 변기 위의 몽상은 잔뜩 힘이 들어간 얼굴 근육과 툭 핏줄이 불거지는 순간을 넘어 안도의 한숨과 함께 축 늘어지는 몸의 반복적 리듬에 맞춰 주변의 물상들을 집적거린다. 자신의 몸이 저지르는 은밀한 운동의 심리적 부담을 덜고자 시선 둘 대상을 찾는 것이다. 그때 손에 쥔 텍스트에서 몇 마디의 말이나 몇 개의 이미지에 시선이 집중되면서 자폐적인 몽상의 에너지는 관조의 세계로 잠입하기도 한다. 내게 그 관조의 시간을 가장 효율적으로 매개하는 텍스트는 시다. 변기에 앉아 이리저리 시집이나 문학잡지를 뒤적이다가 내 관조의 시선이 시인의 그것과 만나 공명하는 시들은 낯선 손님처럼 가끔 예고 없이 찾아온다. 그것들은 단순히 배설을 위한 보조 장치가 아니라 내 항문의 감각을 형이상학적 차원으로 승화시켜주는 숨겨진 몽상의 미로다. 그 형이상학의 한 꼭지로 신학을 상정한다면, 몽상을 통한 관조, 관조에 의한 성찰은 신학이 자기의 허물을 벗고 다시 거듭나도록 유인하는 절박한 자기 전복의 맥점이요, 정신적인 일용할 양식이 아닐 수 없다.

관조는 그저 통념에서 암시받는 대로 수동적인 행위가 아니다. 단순히 방기적인 태도도 아니다. 국어사전을 뒤져보니, 관조는 "불교에서, 참된 지혜로 개개의 사물이나 그 이치를 비추어봄" "주관을 떠나서 냉정하게 현실을 바라봄" "미학에서 미美를 직접적으로 지각함" 등등의 만만치 않은 풍성한 의미를 품고 있다. 신학적 관조는 이 모든 것을 아우르며 궁극적 존재의 거울에 비추어 자신의 현재를 조명하는 행위다. 그것은 직감만으로, 막연한 응시와 관찰만으로, 아니면 이성적 분석과 판단만으로 발생하지 않는다. 영혼의 시야가 깊어져야 하고, 그 정신과 공부의 폭이 넓어져야 하며, 무엇보다 그 몸의 동선이 발랄하게 사물과 접하고 더불어 싱싱하게 만날 수 있어야 한다. 그때 신학적 관조는 굳이 세 치 혀로 신 또는 하나님을 허접하게 주워섬기지 않아도 나의 언어와 인식을 넘어 존재하는 신성의 묘연한 처소를 밝고 따스하게 직관한다.

나는 이번에 그런 직관을 가능케 한 두 편의 시를 어느 날 아침 얼떨결에 변기 위에서 만났다. 「현대문학」 2004년 10월 호에 나란히 지면을 연하여 발표된 배문성의 〈저녁 산〉과 고진하의 〈흑염소의 만트라〉(이하 〈흑염소〉로 축약)가 그것이다. 두 시가 이 시인들의 작품 중 유난히 뛰어난 작품은 아니더라도, 그것은 맨 처음 대강 접하는 순간 다시 한 번 공들여 읽고 싶은 충동과 함께, 읽을수록 텍스트의 틈새를 비집고 들어가 그들의 관조에 내 관조의 시선을 걸치고 싶은 욕망을 부추겼다. 아래의 문장들은 내가 그 욕망을 거꾸로 추적해나가면서 저 시들과 만나고 그 시인들과 이심전심으로 대화하면서 길어올린 몽상의 파편들이다.

〈저녁 산〉: 아무도 모르게 사라지는 연습

혼자 깊어가는 너를 어쩔 것인가
멀고 또 멀어, 끝없이 사라지고 있는 저 산자락 앞에서
오늘이 마지막인 것들이 차례로 찾아와
저물고 있다

삶을 매듭짓는 방식은
이렇게 저무는 수도 있는 것이다
아무렇지도 않은 듯
아무도 모르게
그냥… 사라질 수도 있는 것이다

견디는 것이란
상처란 상처는 다 끄집어내,
죄값을 묻고 또 물어
스스로를 괴롭히고 난 뒤에도
살아남는 것

그래… 견디는 것이란
한없이 넘어가는 저녁 산 앞에서
아무것도 하지 않고 서 있는 것

오래 견뎌온 상처들이 하나씩 둘씩 밀려오는 저녁
상처를 내려놓은 삶들이 사라지고
저녁 산은 끝없이 아득한 저 너머로 넘어간다

-배문성, 〈저녁 산〉 전문

모두 5연으로 구성된 이 시는 첫째 연과 다섯째 연의 담담한 직설법 서술형 문장 사이에 모두 세 꼭지의 관조적 잠언의 진술을 아우르고 있다. 그 관조적 잠언은 2연에서 연거푸 두 번 반복되는 "~것이다"의 종결 어미에서 3,4연에서 "~것"이라고, 단정적인 생략 어투로 바뀜으로써 관조적 성찰의 층을 두텁게 쌓아가고 있다. 그것은 조심스러움에서 확정적인 것으로, 유보적인 것에서 결론적인 것으로 시인의 내면이 움직이고 있음을 뒤집어 보여준다. 이 점은 또한 "저무는 수도~" "사라질 수도~"의 선택적 가능성의 표현에서 "살아남는 것" "서 있는 것"과 같은 단정적인 결론구로의 전이에서도 유사하게 확인된다. 요컨대, "삶을 매듭짓는 방식"은 삶의 다양한 주인공들이 선택하기에 따라 여러 모양으로 나타날 수도 있으나, 그 삶의 종말에 대한 각자의 세세한 알리바이를 종합해보면 결국 최선을 다해 최후의 일각까지 살아남고 마지막 순간의 삶 이후에 대해서는 무대책, 무대응이 최선의 대책, 최상의 대응이라는 것이다.

이 시에서 시인은 주로 2박자와 3박자의 리듬에 가끔 1박자와 4박자의 변주를 섞으면서 평범하면서도 독특하게 저녁 산을 삶의 수일한 메타포로 조형해나간다. 마침표 하나 없이 진행되는 이 시의 1연 2행과 3연 2행에 찍힌 예외적 쉼표는 단순히 길게 늘어지는 시행의 낭독에서 가쁜 숨을 고르라는 배려 이상의 의미로 읽힌다. 먼저 1연 2행의 "멀고 또 멀어" 바로 뒤에 위치한 쉼표는 앞부분의 "혼자 깊어가는 너"에 달라붙어 저녁 산의 고독한 자기 침전이 화자와의 사이에 만드는 아득한 심리적 거리를 지시할 뿐 아니라, 동시에 뒷부분에 붙어 땅거미가 지면서 드리워지는 어둠의 농도에 따라 화자의 시야에서 점점 더 사라지는 저녁 산과 화자 사이의 시간적·공간적 거리를 암시한다. 그런가 하면 3연 2행의 쉼표는 "견디는 것"을 잠언식으로 정의하면서 모든 상처를 끄집어내는 것과 그 상처를 감당하며 넘어가는 과정을 순차적으로 매듭짓는 방식으로 기능한다. "상처란 상처[를] 다 끄집어내"기란 얼마나 숨 막히도록 버거운 일이랴. 그 작업을 마치고, 그 상처를 처결하기 위해 마땅히 긴 호흡이 필요하지 않겠는가.

또 달리 흥미로운 대목은 시인이 2연 5행과 4연 1행의 "그냥"과 "그래" 뒤에 말줄임표(⋯)를 붙인 것이다. 이 시의 리듬에 관한 한, 이 두 단어는 힘을 주어 읽는 것이 자연스럽다. 그 강세의 무게가 부담스러운 것일까. 시인은 그 무게를 말줄임표의 여운과 느려지는 속도에 풀어놓음으로써 마음의 강박을 해소한다. "그냥"이란 부사는 주어진 그 문맥 속에 "아무도 모르게" "아무렇지도 않은 듯" 사라지는 삶에 대한 체념과 관조의 짙은 그림자를 거느리는데, 예의 말줄임표는 그 그림자의 구실을 하는 듯하다. 이를테면, 삶의 사라짐이라는 현실적 사건을 부드럽게 수긍하는 방식의 표시인 셈이다. 다른 측면에서 보면, "그냥" 뒤에 달라붙은 말줄임표는 망설임의 표정을 담고 있다. 삶이 대책 없이 막막하게 그냥 사라지는 것으로 간단하게 몰아붙이기엔 뭔가 아쉬운 여운이 남는 것이다. 그래서 그 불가항력과 불가피함의 "그냥"은 불가해한 실존의 자리에 반향하면서 설명 불가능한 상태로 공전하지만, 다만 침묵으로나마 그저 그렇게 사라짐의 공포를 조금 유예해보고자 하는 것이다. 삶의 사라짐이 확연한 실존의 조건이라 할지라도, 그것을 자신의 실존으로 수용하는 한, 잠시 말을 잃은 채 멈칫거리며 망설이지 않을 자 누구인가.

둘째로 "그래"에 연이어진 말줄임표는 나름의 관조적 사색을 거쳐 이끌어낸 깨달음을 확실하고도 조심스럽게 드러내는 언표방식이다. 확실함이 "그래"라는 고백적 뇌까림에 실려 있다면 조심스러움은 그 뒤의 말줄임표에 숨어 있다. 그것은 "견디는 것"에 대하여 앞의 연에서 보여준 잠언식 성찰에 대한 자기 확증의 표현이면서 그 성찰을 한 단계 더 발전시키는 길목에서 호흡을 가다듬으며 자신의 깨달음을 내면적으로 심화하는 방식일 터이다. 이렇듯 "그냥"과 "그래"는 이 시에서 진행 중인 시의 평상적 리듬이 그 어휘가 받는 강세로 인해 급작스러운 템포로 휩쓸리는 것에 말줄임표의 제동장치를 받는다. 그 제동장치의 말줄임표는 늘어지는 호흡의 여백 속에 침묵 어린 성찰을 담아내고 있는 것이다.

수미상관의 틀 속에 앞뒤로 둘러친 시의 입구와 출구에서 숨겨진 관찰자이기도 한 시적 화자는 저물녘 저녁 산을 마주대하고 있다. 해가 그 산 너머 저물어가는 저녁 산의 풍경에서 화자는 산이 "혼자 깊어가"며 "아득한 저 너머로" "끝없이 사라지고 있는" 것을 보는 동시에 "오늘이 마지막인 것들"이 그 저녁 산과 더불어 저물고 있다고 느낀다. 저녁 무렵 "혼자 깊어가는 너"로 인격화된 산은 고독의 대명사다. 혼자이기 때문에 깊어가는가. 깊어가면서 혼자가 되는가. 어쩔 수 없는 타자로서의 그 자연물 산은 '너'라는 인격체로서 화자인 '나'와 마주설지라도 혼자로 존재하는 개체다. 그렇게 각자 혼자로서 그 산은 화자로부터 멀고 또 멀게, 그러니까 아주 멀게, 너무 멀게 느껴진다. 그 먼 시간적·공간적·심리적 거리가 화자로 하여금 그 산자락을 끝없이 사라지는 대상으로 인식하게 한다. 그 격원지간의 산은 저녁이라는 특별한 시간대가 불러오는 아우라에 힘입어 더욱 두터운 고독과 적막의 이미지로 옷 입는다.

그런데 그 저녁 산은, 다른 저무는 것들, 종말 앞에 선 존재들, 시인의 표현대로, "오늘이 마지막인 것들"을 불러들이거나 불러일으켜 더불어 저물고 있음을 알게 한다. "오늘이 마지막인 것들"은, 그것이 불러들일 수 있는 가시적인 생명체라면, 가령 하루살이 같은 미물일 것이다. 그러나 그것은 아침에 잠에서 깨어나 눈 뜨고 밤에 다시 잠과 꿈의 세계로 들어가는 인간을 위시한 동물들의 생활 패턴과 질서를 염두에 둘 때 기억 속에 불러일으킬 만한 유한한 존재를 모두 아우를 수 있다. 넓게 보아 이 우주의 모든 물상들, 온갖 생명체들이 결국 자신의 형체를 지웠다 다시 세우기를 반복하는 종말을 향한, 종말론적 존재인 셈이다. 그 모든 생명들은 하루만의 생명을 마감하면서 다시 새로운 내일의 생명을 예비해야 할 황혼의 시간, 몽상이 피어나는 새로운 창조의 시간으로 깃들기 시작하는 것이다. 여기서 저녁 산은 "오늘이 마지막인 것들"의 마지막 시간을 떠올려주며 주위를 환기하는 관조적 성찰의 매개물로 작용한다.

마지막에 대한 몽상은 종말을 향한 존재로서 우리가 "삶을 매듭짓는 방식"을 사색하도록 화자를 이끌어준다. 그 방식은 말하자면 저녁 산이 저녁을 무심히 응대하듯이 시간과 함께 한몸이 되어 저물어가는 것이다. 본문의 "이렇게"는 바로 그렇게 날 저물 듯 산도 저물어가는 방식, 그것에 공명하여 우리네 삶도 잠잠히, 덤덤히 사라지는 것을 말한다. 시인은 그것을 좀더 부연하여 "아무렇지도 않은 듯/ 아무도 모르게/ 그냥…"

이라고 말한다. 첫째의 "아무렇지도 않은 듯"은 삶의 종말에 대해 호들 갑스러운 세태를 역으로 반영한다. 아무렴 실제의 삶의 자리에서, 그것도 마지막 스러지는 자리에서 아무렇지도 않기란 얼마나 어려운가. 그호들갑스러움은 사라져가는 당사자의 지랄발광 스캔들로부터 주변 사람들의 과람한 감정적 발산들에 이르기까지 다채롭게 표출되기 일쑤다. 그래서 사라지는 주체의 "아무렇지도 않은 듯"은 아무렇지도 않을 수 없는 현실 앞에 자신의 마지막을 장담할 수 없다. 결국 화자는 "아무렇지도 않게"라고 말하기보다 좀더 겸손하게 "아무렇지도 않은 듯"이라고 한발 물러선다.

자신의 내면에서 발생하는 인지상정을 억지로 눌러 태연함을 가장한들 그것이 자연스러운 "아무렇지도 않음"일 수 없다. 그러나 주변의 사람들이 어찌어찌하는 것은 여차하면 물리칠 수 있는 환경이다. 하여 시인은 "아무도 모르게"를 선호한다. "아무도 모르게"는 자신의 죽음으로써 만민에게 공고하여 자신의 유한한 삶의 미련을 달래지 않고자 하는 결단의 표시다. 한 사람이 그 수명을 다하고 사라지는 자리에 몰려드는 다른 사람들의 존재는 좋은 의미로 그 사람과 살아생전 나눈 추억의 되새김질을 위한 명분에 값한다. 그러나 그것은 실용적으로 어떤 경우든 폐를 끼치는 일이며, 더러 민망한 일이고, 아무리 잘 봐줘도 자신의 헛된 죽음을 헛되이 장식하는 짓이다. 이를 피하는 선택이 "아무도 모르게"인 것이다. "그냥…"은 앞서 분석한 대로 그러한 무연함과 태연함, 소슬함과 담담함의 정서적 연장선상에서 화자가 보이는 조심스러운 단호함의 기표다.

"삶을 매듭짓는 방식"으로서 고독하고 태연한 사라짐을 읊조리던 시인은 3연에서 갑자기 "견디는 것"으로 건너뛴다. 견딤의 대상은 무엇보다 끄집어낼 수 있는 모든 상처이며, 견딤의 궁극적 목적은 "살아남는 것"이다. 상처는 상처를 준 자와 받은 자가 전제될 때 그 상처의 실체가 분명해진다. 그러나 이 세상의 뭇 생명들, 특히 삶에 대한 자의식이 명민한 인간들 가운데 상처를 가한 가해자와 상처를 받은 피해자는 따로 존재하지 않는다. 정도의 차이는 있을망정 우리는 부분적으로 상처의 가해자이며 동시에 피해자다. 상처의 폭력을 뒤집어쓸 때뿐 아니라 상처를 가할 때조차 인간은 은근히, 마치 종이의 예리한 날에 저도 모르게 쓰윽 베이듯 상처를 입는다. 그러니 인간에게 상처는 실존의 불가피한 발현 양태다.

문제는 그 누구에게 상처의 있고 없음에 있지 않고 상처를 다스리는 방식에 있다. 혹자는 그 상처를 외면하고 망각하는 척함으로써 일시적 자기 위안의 효과를 도모한다. 그러나 그렇다고 상처가 아주 사라지는 것은 아니다. 무의식 속에 잠재된 상처의 흔적은 은연중 외부의 자극에 덧나면서 저도 모르게 왜곡된 폭력으로 표출되곤 한다. 화자는 이 시에서 상처를 외면하거나 억지로 망각하기보다 "상처란 상처"를 "다 끄집어내"고 그것의 "죄값을 묻고 또 물어/ 스스로를 괴롭히"는 방식으로 처리한다. 왜 상처를 끄집어내고자 할까. 그것은 기본적으로 상처의 배경과 내력, 그 뿌리에 간직된 연원을 묻는 방식이다. 거기서 화자는 '죄'의 자리를 발견할 뿐더러 그것의 '값'까지도 이끌어낸다. '죄의 값은 사망'이라는 바울 사도의 언명에 기대지 않더라도 죗값은 무겁게 인간의 내면을 짓누른다. 상처의 기억만으로 진저리 처지는 것일 텐데, 거기에 양심을 찌르는 그 상처의 죗값까지 묻고 또 묻는다면, 즉 반복해서 성찰하고 냉엄하게 자책한다면, 그 몸과 맘이 얼마나 고통스러울 것인가. 과연 화자는 그 자책의 과정을 "스스로를 괴롭히"는 행위로 인식한다. 그 자책과 회개 또는 회한의 고된 수행이 끝나고도 제 존재를 부정하지 않고 삶답게 "살아남는 것", 바로 그것이 시인이 정의하는, 아니 단순히 머리로 정의하기보다 온몸으로 깨우치는 "견디는 것"의 궁극이다. 나아가 그것이야말로 상처의 죗값으로 인한 인고의 역정을 거치고 난 성숙한 삶이 지향하는 잠언적 지혜의 세계다.

그 견디는 삶의 잠언적 지혜는 4연에서 다시 한 번 공명되면서 저녁 산의 이미지와 만난다. 그 저녁 산은 "한없이 넘어가는 저녁 산"으로, 1연에서 제시된 "오늘이 마지막인 것들"을 불러들이는 종말론적 삶의 아우라를 거느린다. 이로써 삶을 감내하는 것, 묵묵히 견디는 것으로 인식한 담담한 잠언적 지혜는 삶을 저무는 것, 사라지는 헛된 것으로 탄식한 전도서적 지혜를 만나 한층 더 깊어진다. 그 만남은 "아무것도 하지 않고 서 있는 것"이라는 시구를 통해 매개된다. 저녁 산 앞에 서 있는 행위는, 모든 상처와 그로 인해 달라붙는 죗값의 무게마저 견디는 존재의 행위다. 이는 "아무렇지도 않은 듯/ 아무도 모르게" 사라질 수 있음을 뇌까리는 화자가 그것에 "아무것도 하지 않고 서 있는 것"으로 조응하면서 마지막의 사라짐을 유예하며 마지막 이전의 오늘을 견디는 방식인 셈이다. 요란한 지랄방광의 스캔들로 마지막의 사라짐을 추하게 장식하지 않고 조용히, 무연히 사라짐을 추구하듯, 온갖 상처를 만들며 상처를 입는 세상살이 가운데 그 모든 과정을 묵묵히 "아무것도 하지 않"은 채 견뎌내는 것이 무선택인 최상의 선택이라는 것이다. 그 모든 깨달음의 지혜를 저녁 산은 머금고 있다. 저녁 산은 상처를 피하기보다 부대껴 견디는 법을 가르친다. 견딤으로써 끝끝내 살아남는 것의 소중함을 일깨워준다. 그것은 삶의 상처, 상처인 삶 앞에 좌충우돌 설레발치거나 교묘하게 회피하는 대신 아무것도 하지 않음으로써 삶의 본질을 이루는 무위의 도에 잇닿아 있다. 그 자연의 도에 눈을 열고 귀를 기울일 때 마지막의 사라짐 또한 저녁 산의 저묾처럼 혼자 깊어가면서 태연할 수 있으리라.

　마지막 5연에서 상처의 견딤이라는 테마와 삶의 사라짐이라는 테마는 한몸으로 포개진다. 여기에 이르러서야 비로소 1연에서 제시된 "오늘이 마지막인 것들"의 정체가 상처의 문제, 곧 "오래 견뎌온 상처들"임이 분명해진다. 앞서 진행된 신학적 관조와 성찰을 통해 화자는 그간 "오래 견뎌온 상처들"의 문제를 처결할 수 있게 된다. 그리하여 저녁 산 앞에서 화자가 맞이하는 저녁은 "오래 견뎌온 상처들이 하나씩 둘씩 밀려오는 저녁"이면서 동시에 그 상처로부터 자유로워진 삶, 시인의 표현대로 "상처를 내려놓은 삶들이 천천히 사라지"는 저녁이기도 하다. 그 두 가지 안팎의 정경을 모두 끌어안고 "저녁 산은 끝없이 아득한 저 너머로 넘어간다."

　여기서 "끝없이"는 1연의 "끝없이"와 조응하면서 어둠이 너무 짙어져 그 산의 형상이나 윤곽이 보이지 않는다는 시각적 의미로 읽힐 수 있다. 동시에 그것은 화자의 내면으로부터 떨어져 나가 아득히 사라지는 심리적 격절의 거리로, 선회 불가능하며 일회적인 삶의 종말론적 한시성과 영원성의 아득함을 포괄하는 함의로 읽힌다. 전자는 "끝없이"가 바로 뒤에 잇따르는 "아득한"을 수식하는 것으로 읽을 때 좀더 주어진 문맥에 호응하고, 후자는 "끝없이"가 "넘어간다"를 수식하는 것으로 멀리 끊어 읽을 때 더 적절하게 받아들여진다. 이 두 가지로 열린 해석의 중층성은 그 "끝없이"의 울림을 끝없이 증폭시켜 넘어가는 저녁 산의 이미지가 삶의 아득한 사라짐에 종말론적 여운을 더 가중시키는 역할을 한다. 그 사라짐의 종말 앞에 서서 시인은 아무것도 하지 않고 상처로 얼룩진 자신의 현 존재를 묵묵히 견딘다. 나아가 그는 아무렇지도 않은 채 아무도 모르게 사라지는 연습을 통해 상처의 후유증을 견뎌내며, 그 상처를 내려놓는 홀가분하고 자유로운 삶/죽음을 관조하고 있다.

〈흑염소의 만트라〉: 안과 밖의 소음이 부대낄 때

　늙으면 너나없이 말이 많아진다.
　제 몸에서 죽음이 자라는 소리가 들리기 때문일까.
　산책이나 좀 나가려고 일어서는데,
　무릎 관절에서 똑, 똑, 삭정가지 부러지는 소리.

　묵언기도 사흘째,
　무슨 성상聖像 따위도 방 안에 없지만
　잠잠히 엎드려 있으려 했으나
　멍머구리 들끓듯 안의 소음은 가라앉지 않았다.

　풀밭 위 사람들 발자국이 낸 오솔길을 따라 걷다가
　방죽 밑에 풀어놓은 흑염소들,
　한가로이 풀 뜯어먹기에 여념이 없는 놈들 옆에
　똥 누는 폼으로 쭈그린 나도
　민들레, 질경이, 토끼풀 몇 잎씩 뜯어 꼭꼭 씹어본다.
　헌데, 왜 이렇게 쓴 거야… 퉤, 퉤!
　난 무심코 며칠 공들인 묵언을 깨트리고 만다.
　그 순간, 늙은 흑염소가 우스꽝스럽게 구부러진 뿔을 흔들며
　들이받을 듯 가까이 다가오다가

지가 무슨 구루Guru라도 되는 양 만트라 하나 획 던져준다;

음, 메에에에… 음, 메에에에에…

그 떨리는 소리의 여운餘韻은 산책길에 또 만난,
무뚝뚝한 기차의 기적 소리로 시원스레 이어진다.
침묵의 연인이고 싶어 스스로 재갈 물린 묵언 사흘
그래, 이쯤에서 작파作破해버리자…

－고진하, 〈흑염소의 만트라〉 전문

〈저녁 산〉의 시적 화자가 자신의 정체를 저녁 산의 풍성한 이미지 속에 숨기고 있다면 〈흑염소〉는 비교적 확연하게 드러나 있다. 시인이 비록 '나'라는 일인칭 주어를 별도로 등장시키지 않지만, 그 자취는 생생하게 느껴진다. 굳이 대조해서 표현하자면, 〈저녁 산〉의 화자가 저녁 산을 중심으로 그의 내면을 추스르며 안팎의 상황을 연출하는 것과 달리, 〈흑염소〉에서는 화자가 선도하는 보행의 축이 주변의 상황을 창출하는 것이다. 또한, 전자의 관조가 잠언과 전도서의 지혜 세계를 그 깨달음의 동력으로 개입시키는 것에 비해 후자의 관조는 힌두교 구루Guru의 만트라(주문, 기도) 세계에 기대고 있다. 관조의 양태에서도 차이점이 드러난다. 전자가 가만히 서 있는 정적인 관조의 형식을 취한다면, 후자는 화자의 걸음걸이에 따라 몸이 움직이면서 성찰의 시선을 가다듬는 동적인 관조의 자세를 보여준다.

이 시는 모두 5연으로 구성되어 있지만 각각의 연들은 전체의 형식상 구조에 맞춰 안전하게 혹은 얌전하게 균형을 잡아주지 않는다. 1,2 연은 4행의 균일한 행갈이에 비교적 안정된 3,4박자의 리듬을 타고 있다. 그러나 3연은 양적으로 10행의 긴 변주를 보여줄 뿐 아니라, 리듬상의 껄끄러운 일탈도 탐지된다. 이어지는 4연은 단 1행의 염소울음소리로 구성되어 긴 호흡의 급격한 추락을 보여준다. 마지막 5연은 1,2연의 균형 잡힌 구성에 호응하여 4행의 안정된 리듬으로 복귀한다. 이 시를 5연이 아닌 4연으로 읽을 수도 있다. 4연의 염소울음소리를, 4연 끝에 붙은 세미콜론(;)을 근거로 내세워 공간상의 배열을 무시하고 4연에 붙여 읽을 수 있는 것이다. 세미콜론은 마침표(.)와 쉼표(,)의 중간 단계로 문장을 완전히 마친 것도 아니고, 그렇다고 숨을 쉬며 잠시 호흡을 가다듬는 것도 아닌 어중간한 형태의 기호다. 여기서 시인은 염소의 울음소리를 예기치 않은 상태에서 "획 던져"주는 것으로 갑작스레 듣게 된다. 그 예기치 않음과 갑작스러움이 이 염소울음소리를 단정한 마침이나 안정된 인용을 위한 콜론(:)도 아니고 또 잠시 숨을 조정하는 부호(,)도 아닌 어중간한 세미콜론의 선택으로 멀찌감치 공간의 여백을 두고 비중 있게 소개한 것이다. 조금만 눈썰미 있게 살피면 독자들은 이 시의 절정이 화자가 깨달음의 매개로 소개한 바로 그 염소울음소리라는 것을 알게 된다. 그리하여 초장의 상황 묘사에 할애된 1,2연이 단정한 포즈로 움직이는 것에 비해 3연이 그 깨달음의 만트라를 통해 절정에 도달하기 위한 힘겨운 모색과 도약의 한 몸부림으로 그 시적 운신이 다소 길게, 둔중하게 늘어졌다고 이해할 수 있을 것이다.

이 시를 재미있게 읽는 방법은 시인이 만나는 소리를 따라가 보는 것이다. 먼저 시인은 "제 몸에서 죽음이 자라는 소리"를 언급한다. 뜬금없이 그 소리는 왜 끄집어낸 걸까. 시인은 그 배경으로 "늙으면 너나없이 말이 많아"지는 현상을 아마도 경험에 의지하여 조심스럽게(그래서 화자는 단정하기보다 의문형 독백으로 말한 것이리라) 제시한다. 나도 사람들, 특히 50, 60을 고비로 나이 들어가는 사람들을 만나고 접하면서 경험한 바이지만, 정말로 늙으면 말이 많아지는 것 같다. 그 원인과 관련하여 나 역시 시인과 유사하게 성찰한 바 있는데. 그 결론인즉, 사람들이 죽음에 대하여 점점 더 민감하게 의식하는 것과 밀접한 관련이 있다는 것이다. 죽음을 민감하게 의식하면 할수록, 한편으로 그 현실을 망각하기 위해 열심히 떠벌임으로써 말의 성찬 속에 죽음의 사실을 은폐한다. 동시에 다른 한편으로, 사람들은 말을 많이 늘어놓음으로써 자신이 아직까지는 살아 있음을 은근히 과시하고자 하는 게 아닐까 싶다. 살아 있고자 하는 강고한 욕망은 끝까지 말하고자 하는 끈질긴 욕망과 일맥상통한다. 죽으면 음식을 먹을 수 없듯이 죽은 자는 말이 없는 법 아닌가.

그러므로 늙으면 말이 많아지는 현상은 체면과 절제의 고삐가 풀리면서 생명을 향한 집착의 욕망이 한꺼번에 터져 범람하는 현상의 한 단면인 셈이다. 대체로 자신의 멀쩡히 살아 있음은 말로써 구현된다. 삶의 적나라한 욕망이 격렬하게 표출되는 흐름 속에 자기 현시의 욕망 역시 기회가 포착되는 순간 봇물 터지듯 꾸역꾸역 밀려나오는 것은 바로 그 때문이다. 그리하여 틈만 나면 상대방의 사정은 안중에도 없이 사람들은 자신의 존재뿐 아니라 행동, 그로 빚어낸 성취와 성공, 이로 인한 영광까지 집요하게 떠벌이길 즐겨하는 것이다. 어쨌든, 너나없이 공유되는 그러한 현상을 반추하며 시인은 그것을 매개로 "죽음이 자라는 소리"의 흔적을 본다. 삶의 성숙과 함께 소리가 말로 익어가지만 동시에 그 말의 범람과 함께 죽음이 자라는 소리가 틈입하는 것이다. 말은 삶의 에너지를 모아 정교한 형이상학의 꽃을 피우고 섬세한 정신과 영혼의 세계를 지향하지만, 몸은 멀리 시간의 강을 통과하면서 죽음에 근접하며 말 이전의 소리에 익숙해져 간다.

죽음이 자라는 소리에 민감한 그 몸은 마침내 추상적인 소리가 아닌 구체적인 소리, 곧 무릎 관절에서 나는 "똑, 똑, 삭정가지 부러지는 소리"를 듣는다. 그 소리는 늙어가는 몸이 내는 소리로서 나뭇가지처럼 시간과 계절의 추이에 따라 점차 자연화되어가는 인체의 한 현상이다. 그러나 그 소리는 또한 새로운 시작과 발견을 위해 몸이 공간과 자세를 바꾸는 동작, 다시 말해 역동적인 작업을 위한 모험의 징표다. 시인은 묵언기도를 사흘째 해오면서 방안에서 잠잠히 엎드린 채 있었다. 그는 "침묵의 연인이고 싶어 스스로 [입에다] 재갈 물린 묵언"의 수행을 해온 것이다. 그 수행은, 늙으면 말이 많아지는 인간의 무절제와 생의 집착의 욕망을 까발리는 자기 도전의 의욕에서 비롯되었을 것이다.

시인도 늙어가는지 말이 자꾸 많아진다. 그것이 그는 왠지 구차하고 추태처럼 느껴진다. 그래서 채운 제 입의 재갈이건만 엎드려 침묵으로 수행할수록 시인은 "제 몸에서 죽음이 자라는 소리" 대신 "멍머구리 들끓듯 안의 소음"으로 시달린다. 들어본 사람들은 다 알겠지만 제 시절을 만난 개구리들의 합창은 오래 들으면 이명 현상이 생길 만큼 대단한 쟁쟁거림으로 귓전을, 아니 귓속 깊은 데까지 어지럽힌다. 말의 출구를 닫았지만 그 시간이 길어질수록 그 말의 밑천인 온갖 관념, 잡다한 생각과 느낌의 조각들이 언어로 탈각되지 못한 채 들끓으며 소용돌이치는 내면의 혼돈은 심해진다. 그 혼돈의 지경이 걷히고 말끔한 안팎의 침묵이 평온한 마음으로 나아가며, 마침내 그 마음조차 지운 무심의 경지에 다다를 때, 이른바 해탈의 기쁨을 만끽하겠지만, 시인은 도중에 그 수행을 견디지 못하고 동작을 바꾸게 된 것이다. 그 동작의 변화를 시사하는, 시인의 표현대로 묵언기도를 '작파'해버리는 처음 소리가 바로 몸에서 나는 "똑, 똑, 삭정가지 부러지는 소리"로 나타난 것이다.

자신의 내면에 사흘째 침잠해 있던 시인은 이제 밖의 세계로 발걸음을 옮긴다. 내면의 소음과 내면에서 싸우기보다 내면에 집중된 기운을 밖으로 돌리기 시작한 것이다. 오솔길을 따라 걷는 보행 중 시인은 이미 다른 사람이 풀밭 위에 낸 발자국을 보고, 나중에 그 풀밭에서 민들레, 질경이, 토끼풀 등과 같은 풀을 깊이 만나기도 한다. 그 보행이 일단 멈춘 곳에서 시인은 "방죽 밑에 풀어놓은 흑염소들"을 만난다. 아니, 그들을 만났기에 그 보행이 잠시 멈추었으리라. 성서적 이미지에 국한시켜 볼 때, 염소는 결코 호의적인 취급을 받는 동물이 아니다. 양이 우호적으로 묘사되는 것과 대조적으로 염소는 부정적인 이미지로 채색된다. 대표적인 예가 최후 심판의 자리에 등장하는 염소무리에 대한 부정적인 묘사다(마 21:31-46). 가난하고 소외된 자들을 찾아 사랑을 실천한 선한 사람들을 표상하는 양들과는 정반대로 염소들은 그들을 외면한 채 주님을 섬기노라며 위선을 떤 사람들을 지칭하는 메타포다. 그런데 시인이 본 염소는 한 술 더 떠 그냥 하얀 염소가 아닌 흑염소다. 피상적으로 보면 검은색의 염소는 하얀색의 염소에 비해 부정적 여운이 훨씬 더 심화되는 편이다. (물론, 이런 색깔 이데올로기는 그 자체로서 위험한 함정을 가지고 있으며, 흑인신학에서 "검은 것이 아름답다"는 선언과 그에 따른 재해석이 이미 제출된 마당에 폐기되는 것이 윤리적 당위의 차원에서 마땅하다.)

시인이 본 것은 흑염소들이 "한가로이 풀 뜯어먹기에 여념이 없는" 풍경이다. 그들은 묶여 있지 않고 풀어놓은 상태로 방목되고 있는 염소들이다. 그들의 몸은, 방 안에 엎드려 묵언수행하던 시인의 이전 모습과 달리, 한곳에 매여 있지 않고 자유롭게 돌아다니며 풀을 뜯어먹고 있다.

시인은 그들 옆에 다가가 "똥 누는 폼으로 쭈그"려 앉는다. 왜 하필 똥 누는 폼인가. 흑염소는 식사하고 있는데 그 옆에서 똥 누는 폼이라니…. 웬 실례? 그것은 비록 표현상의 방정맞은 인상에도 불구하고 매우 선량한 자세로 분석된다. 몇 가지 견지에서 그렇다. 먼저 쭈그려 앉은 그 자세는 시인이 방 안에서 엎드린 자세의 교정이다. 엎드린 자세는 자신에게로 폐쇄된 자세다. 아무것도 어떤 사람도 응시할 수 없는 닫힌 자세다. 그 닫힌 문을 열 수 있는 자는 오로지 그 기도의 청취자인 신이겠지만, 시인이 만난 건 신 대신 멍머구리 들끓듯 아우성치는 내면의 소음이 아니었던가.

그 엎드린 몸을 펴고 시인은 이제 쭈그려 앉은 채 본다. 풀 뜯어먹는 흑염소를 보고 그 동작을 관조하며 나아가 그 흑염소의 동작을 모방해 본다. 그 동작은 외관상 모방의 동작이지만 본질상 개방의 동작이며 따라서 대화와 소통을 위한 동작이다. 다시 말해, 그 동작은 자기동일성의 폐쇄회로를 떨쳐내며 타자를 부르는 열린 동작이다. 열린 동작이기에 시인은 흑염소와 체위를 맞출 수 있다. 높은 자가 상대방과 눈높이를 맞춰 먼저 낮춰야 상대방과 진정한 대화를 나눌 수 있는 것이다. 진정한 대화는, 부버M. Buber의 유명한 제안대로, '나-그것'의 관계를 넘어 '나-당신'의 인격적 관계로 나아갈 때 가능해진다. 레비나스E. Levinas에 기대자면 그것은 타자를 사물이 아닌 독립적인 '얼굴'로 받아들이는 마음의 전제다. 하여 시인은 그 "똥 누는 폼"으로 일개 미물인 흑염소 앞에 타인의 얼굴을 발견하고자 하는 것이다.

그런데 그는 단순히 동작의 모방에 그치지 않고, 흑염소처럼 "민들레, 질경이, 토끼풀 몇 잎씩 뜯어 입에 넣고 꼭꼭 씹어본다." 그렇게 흑염소의 식성까지 닮고자 애썼건만 그 모험적인 시도는 곧장 파산하고 만다. 당연하게도, 흑염소의 먹을거리가 사람의 입맛에 맞을 리 없었던 것! 시인은 그 타자와의 동일화 과정에서 "왜 이렇게 쓴 거야… 퉤, 퉤!" 그 풀들을 뱉어버리며 균열과 불화를 경험한다. 나는 너와 대화할 수 있고 너처럼 쭈그려 앉으며 눈높이를 낮출 수 있지만, 나는 너일 수 없는 것이다. 이 우발적 발화로 시인은 자신의 묵언을 깨면서 이제 세 번째의 소리와 만난다. 그 소리는 앞의 추상적 내면의 소리나 이명과 같은 환청적 소음과 다른 소리다. 그 소리는 말이 된 소리이며, 묵언을 깬 소리다. 그 소리는 나의 자의적 결심에 따른 묵언과 달리 타자와의 충돌로써 빚어진 소리이며, 인간으로서 자신의 자연적 본성과 관습적 경험이 만들어낸 감각/감정의 표출이다.

그 불화 어린 반응에 응답이라도 하듯, 그 흑염소는, (아, 그런데, 그 흑염소도 "늙은 흑염소"란다. 늙으면 말이 많아지는 사람들의 그 늙음 현상에 대한 공명인가.) "뿔을 흔들며 들이받을 듯 가까이 다가"온다. 그 적대적인 반응은 그러나 실제 공격으로 진전하여 끝장을 보지 않는다. "우스꽝스럽게 구부러진 뿔"의 이미지가 복선으로 깔려 그 동작의 향방을 예고한 듯, 그 흑염소는 갑자기 만트라를 던지는 구루로 변신한다. 그 변신은 피상적으로 흑염소의 동작상의 변화에 불과하겠지만, 심층적으로는 시인의 시선이 바뀌어진 결과다. 시인의 도전은 자기동일성의 틀을 깨고 타자의 얼굴을 보면서 타자의 몸짓에 맞추며 흑염소에게로 나아갔다. 그 만남은 시인에게 몇 가지 소리의 불편함을 뚫고 새로운 말, 인위적이지 않은 자연스러운 말을 만들어주기도 했다. 그리고 그 짧은 불화를 매개로 시인은 그 흑염소의 울음소리에서 구루의 만트라를 발견하는 개안을 하기에 이른 것이다.

"음, 메에에에… 음, 메에에에에…" 이 네 번째 소리는, 마지막 연에서 그 소리의 여운을 살려 만나는 "무뚝뚝한 기차의 기적 소리"와 더불어, 이 시에서 소리의 절정과 결말을 구성한다. 시인은 묵언수행에서 언어와의 불화로 인해 이루지 못한 깨우침이 있었다. 그런데 이제 흑염소와의 만남을 통해 새로운 소리의 만트라를 접한다. 그 소리는 언어에 앞서 자연 상태의 인간이 제 생명 존재를 시위하는 몸짓이다. 그 염소의 만트라는 머리가 개입되지 않은 상태의 소리 언어, 몸과 하나가 된 언어, 일상의 언어와 해탈의 언어가 분열되지 않은 상태의 원시 언어, 침묵과 언어가 무슨 목적의식에 의해 따로 분립되지 않은 상태의 생체 언어다. 염소 울음소리의 그 떨림은 시인의 내면의 떨림으로 메아리쳐 마침내 내면의 소음을 넘어 시원스럽게 뻗어가는 기차의 기적 소리와 같은 결단을 선사한다. 자기 다짐의 어조로 마지막 행에 제시된 묵언 작파의 결단이 바로 그것이다.

이 시의 아름다움은 늙음과 죽음의 한 민감한 징후를 언어를 매개로 날카롭게 관조하고 내면의 소음을 타자의 소리로 타파하면서 자신과 타자 사이의 경계를 허물고자 하는 몸의 실험을 담담하고도 대담하게 보여준 데 있다. 언어는 외치는 자의 소리로 거듭날 때 힘을 얻고, 소리는 소음의 장애를 뚫고 공명하는 언어로 소통될 때 구루의 만트라처럼 해탈의 계기가 될 수 있다는 것이다. 시인에게 이 모든 깨달음은 한순간 획 스치듯 우발적으로 이루어진다. 그러나 그 우발적인 계기도 발걸음을 움직여야 제법 쓸모 있는 가능성으로 제공되는 법!

제 존재의 주인이 되는 길

〈저녁 산〉과 〈흑염소〉 이 두 작품의 공통점은 특정 사물의 이미지를 통해 삶에 대한 관조의 시선이 두드러지게 포착된다는 것이다. 그 관조는 물론 삶 너머의 세계, 삶을 삶답게 하는 삶 이전 또는 이면의 조건에 대한 성찰을 심화하는 방향으로 작용한다. 전자가 저녁 산이라는 고요하고 정적인 이미지를 통해 관조의 시선을 조율한다면, 후자는 흑염소와 그의 울음소리라는 생동하는 화두로써 관조의 방향을 선도한다. 전자의 관조가 "아무렇지도 않은 듯" "아무도 모르게/ 그냥" "아무것도 하지 않고 서 있는 것"으로 족하다면, 후자의 관조는 잠잠히 엎드려 있다가 "오솔길을 따라 걷"는 동작의 변화 속에 타자를 만나고 발견함으로써 나를 고치는 자기 계몽적 성숙을 지향한다. 무심코 태연히 사라지기 위해서라도 상처의 후유증을 견디며 끝까지 살아남는 것이 전자의 관조가 겨냥하는 목표라면, 후자의 관조는 묵언으로 소멸되기보다 외려 들끓는 내면의 소음을 외부의 싱싱한 소리로써 작파하고 새로운 언어의 희망을 선취하고자 한다.

　두 작품 모두 신을 직접 언급하지 않지만, 끝없이 아득한 사라짐이라는 종말론적 실존의 배후나 묵언과 만트라의 이면에는 시적 화자가 그리워하는 신성의 그림자가 드리워져 있다. 나아가 그 생략된 신성의 갈망은 인간이 깊어지면서 자신의 실존을 초월하는 성숙의 훈련과 그 가운데 번득이는 깨달음을 통해 순간순간 해소될 수 있으리라는 전망을 슬쩍 내비친다. 배진성과 고진하는 두 시의 주목할 만한 대목에서 공통적으로 "그래"라는 어휘를 사용하고 있는데, 그 짧은 시어의 울림은 작지 않다. "그래"는 깨달음의 어휘이며, 결단을 선도하는 어휘다. 신성의 깃발이 오연하게 휘날리지 않는 울울한 실존의 한 귀퉁이에서 이 어휘는 자기 존재의 길, 곧 키에르케고르 S. Kierkegaard의 말대로 '자신의 존재가 될 수 있음'Selbstseinkönnen의 길을 만든다. 그 길의 메아리는 또 새롭게 거듭나는 언어의 길을 만들어 그 도상의 모험을 청유하고 그 길에 들어선 자신을 권고하며 위로한다. 이로써 화자는 자신의 삶이 통과하는 시간과 사건의 우발성 속에 그 운명적 의미를 담아내는 것이다.

　이제 또 한 차례의 새로운 저녁, 신기한 시간, 나도 창밖의 저녁 산 앞에 서 본다. 사라지리라! 머잖아, 끝없이, 아득한 저 너머로! 이틀간 풀어놓은 해석의 미로가 꼬이고 꼬여 소음처럼 웅성거리는 이 저녁의 모퉁이에 서서, 더러 이리저리 소요하면서 헤매오던 남루한 말들의 여로를 접고, 나 역시 이제 그만 이 말들의 놀이를 작파해야겠다. 갑자기 아내의 휘파람소리, 아이들의 종알거리는 소리가 들린다. 그것들은 모처럼 경이롭게 오늘의 깨우침을 위한 만트라인 양 획 던져져 내 귓전을 사정없이 때린다.

• 이 글에 인용한 텍스트는 모두 「현대문학」, 2004년 10월 호(164-167)에 실린 배문성, 고진하 두 시인의 상기 작품에 근거한다.

17장 **바늘구멍 속의 일상**
-김기택의 시를 중심으로

'종교 없는 그리스도교'

'시대의 성숙'the coming of age과 함께 도래할 '종교 없는 그리스도교' religionless Christianity를 전망한 본회퍼D. Bonhoeffer가 옥중에서 아쉬운 목숨을 접은 지도 어언 반세기가 훌쩍 넘었건만, 그의 그 신학적 예언이 현재 이 시대의 어느 골목에서 어떤 결실을 거두고 있는지, 과연 '결실'이 있기는 한 건지, 그 행방이 묘연한 이즈음이다. 내 어림짐작에 기대자면, 그의 시대에 가장 치열하게 부대끼며 그 시대를 넘어서고자 한 그의 도발적 예언은 한때 전투적 실천신학의 현장에서 반짝 빛을 발하다가 포스트모던한 상황에 직면하여 문화의 격랑 속에 흡수되거나 제도권 교회 공동체의 아성으로부터 튕겨나간 이래 길바닥에 내팽개쳐진 사생아로 떠돌고 있는 형국이다. 그밖에 그 예언의 한 가닥은 내밀한 비의적 영성과 현대화된 영지주의의 세례에 물든 자유스러운 일부 소수자들의 사적인 생활 영역에서 겨우 명맥을 유지하면서 자맥질하고 있는 건 아닌가 싶다. 다른 곳은 차치하더라도 이 땅에서 그리스도교의 '종교성'은 더욱 세련된 예전과 정교한 교리, 전자기술의 눈부신 발전에 따른 체계화된 인간공학의 후광 아래 번영을 구가하고 있다.

물론 영적 에너지의 침체와 교인 수의 감소, 세대 간 대화 고갈로 인한 젊은층의 교회 이탈과 리더십의 위기, 사회 문화적 소통 부재로 인한 교회 정체성의 위기 등 이른바 '위기론'이 무성한 것 또한 사실이지만, 그 위기가 그리스도교의 종교성 자체를 위협하는 것은 아니다. 외려 정반대로 위기가 심화될수록 그리스도교는 '종교성'의 내용물을 더욱 풍성하게 구축함으로써 요새화한다. 여기서 종교로서의 그리스도교, 그리스도교의 종교성은 무기이며 방패로서의 역할에 충실하기 마련이다. 종교로서 그리스도교가 빛을 발하는 성별된 시간과 공간은 여전히 범접할수 없는 초월의 영역이고, 그로부터 발원하는 모든 메시지는 종교적 권위로 더욱 두껍게 옷 입혀진다. 그 권위의 고착과 타락에 대한 비판은 하나의 말단적 관심 사항으로 돌려지고, 자잘한 파문들을 뒤로한 채 이내 무관심의 침묵 속에 메아리친다. 그렇다면 본회퍼의 신학적 사유 속에 제기된 '시대의 성숙'은 '시대의 정체와 반복'의 오진이었던 것일까. 그가 전망한 '종교 없는 그리스도교'는 바라기도 이루기도 난망한, 그의 폐쇄적 수감생활의 감각이 낳은 이상주의적 사산아였던 것일까.

나는 본회퍼의 신학적 감화로 신학도가 된 사람으로서 그의 신학을 변호할 정서적 의무감이 다소 남아 있다. 하여, 예의 두 신학적 구호를 화두 삼아, 그의 그 예언이 결실할 수 있는 방향을 조심스럽게 타진해보겠다. 그것은 '종교 없는 그리스도교' 또는 '그리스도교의 비종교화'를 '일상'이라는 매개로 재의미화해보는 시도와 함께 진행될 수 있다. '시대의 성숙'이 단순히 이념의 성숙이나 체계의 성숙이 아니라 사람살이의 패턴의 진화에 따른 사고의 분화와 삶의 우발성의 증가로 재조명될 때, 그 성숙은 자기동일성의 과장적 선전을 위한 허장성세의 외화와 무관한 극진한 개체적 삶의 내실을 담보할 희망의 동력일 터이다. 말을 바꾸면, 이러한 전망의 구조 조정은 우리의 '신앙생활'에서 신앙과 생활이 외접하며 서로 소외당하는 관계가 아니라, 신앙이 생활이 되고, 생활이 곧 신앙이 됨으로써 서로 내접하고 포개지는 관계를 겨냥한다.

이런 문제제기는, 가령 다음과 같은 평범한 의문들의 비범한 속내로 예시될 수 있다. 내가 하루종일 가장 많이 바치는 일상적 잡사들은 어떤 신앙적 의미를 지닐까. 나의 잠, 나의 꿈, 나의 밥 먹기, 나의 변보기, 나의 샤워, 나의 성애, 나의 책읽기와 말하기, 나의 설거지와 집안 청소하기, 나의 차 마시기, 나의 걷기, 나의 이런저런 시선에 쏠리는 무심한 응시와 관찰의 동선, 그로 인해 이 땅의 갖가지 사물들과 삶의 현장에서 포착되는 것들/사람들, 그들이 나의 의식과 무의식을 통과해가면서 만들어내는 이미지들, 나의 복잡다단한 무정형의 욕망들, 이에 반응하는 내 몸의 여러 동작들, 그 동작들이 만들어내는 여러 모양의 일들, 그리고 나와 비슷하고 또 다른 타자의 삶에서 발생하는 이러한 제반 현상들…. 그것들은 하나님의 창조와 구원 사역과 어떤 관계가 있을까. 이런 것들이 신앙적으로, 그러나 종교적 언어와 기존의 의미망과 다른 차원에서, 어떻게 그리스도교의 신학적 의미로 생성될 수 있을까. 그것들은 그저 평범하고 사소한 것들이라서 신앙의 '거대담론'과 무관한 그 예비 조건이나 지당한 배경일 뿐인가. 그 평범함과 단순함 뒤에는 비범함과 독특함이 있을 수 없을까. 아니면 그런 것들은 단지 '육적인 소욕'의 산물로 '영적인' '신앙적인' 영역의 바깥에 싸워야 할 대적으로 여전히 머물고 있는가. 나는 일상과 결부되어 굴러가는 우리 삶의 층층면면에 신학을 끌어들이고, '종교 없는 그리스도교'를 전망하는 시도에 그 부정과 소멸의 시각을 넘어 긍정과 생성의 지평을 개척해보고 싶다. 이 글의 취지와 성격상 나는 이 사유의 재료로 한 시인을 초대한다. 이에 가장 적절한 시인으로 내가 선택한 사람은 김기택이다. 그의 데뷔작 〈꼽추〉, 〈가뭄〉을 한국일보 신춘문예란에서 읽으면서 경이로웠던 옛적의 기억이 아직도 생생하다. 그 이후, 혹 그 이전에 만들어져 시집에 담겨 나온 그의 작품들이 바로 내 사유를 이끌어갈 물감이요, 연필이며 붓이 될 것이다.

위태로운 순간의 탱탱함

김기택의 시들에서 주조를 이루는 것은, 그의 표현을 빌자면, "속도와 힘이 숨죽여 정지한 순간"(1:23)의 아름다움이다. 한 평자(김훈)가 "위태로운 마지막"이라고 명명한 그 순간에는 긴장과 안돈, 불안과 황홀, 약함과 강함, 비애와 초탈, 소멸과 신생이 두루 교차한다. 그 탱탱한 종말론적 순간의 공간화, 물상화, 생명화가 바로 김기택이 지금까지의 시집에서 일관되게 견지하는 기조다. 위태로운 순간은 도처에 널려 있다. 그러나 그 순간들은 무른 일상의 관습에 의해 그냥 무의미하게 방치되거나 간과된다. 그 순간의 표정과 동작, 이미지를 만들어내는 그 이면의 정치한 작용들에 촘촘한 관찰과 투시, 상상력의 현미경을 들이대면 거기에는 경이롭고도 황홀한 생명 세계의 인연과 사연이 넘실거린다. 김기택은 이를 위해 일상사의 아주 평범한 대상들을 향해 매우 정교하고 치밀한 묘사의 언어로 접근한다. 그 묘사가 그의 많은 시들을 산문적 진술로 흐르게 한다. 그러나 그 산문체의 어법은 우리의 눌려 있거나 무뎌진 감각의 이면을 두드리며 강렬한 각성의 촉진제로, 기묘한 냄새와 소리와 이미지

로 다가와 느슨한 정신을 잔뜩 조이며 숨죽이게 하는 시적인 풍경을 제
시한다. 그 탱탱한 마지막 순간의 포착이 팽팽한 의식의 긴장을 유발하
는 것은 바로 그 지점이다.

이를테면 그는 어느 겨울날 전신주에 앉아 잠든 새와 관련하여,

새 한 마리 똑바로 서서 잠들어 있다
겨울 바람 찬 허리를 찌르며 지나가는 고압선 위
잠속에서도 깨어 있는 다리의 균형
차고 뻣뻣하게 굳어지기 전까지는
저 다리는 결코 눕는 법이 없지
종일 날갯짓에 밀려가던 푸른 공기는
펴져나가 추위에 한껏 날을 세운 뒤
밤바람이 되어 고압선을 흔든다
새의 잠은 편안하게 흔들린다(1:28)

라고, 새의 잠이 깨지 않을 정도로 조용히 읊조린다. 그 읊조림 속에 고
압선이라는 이미지가 부르는 탱탱한 긴장은 그 위에 아슬아슬한 균형을
잡으며 잠든 새의 편안한 잠과 대조를 이룬다. "잠속에서도 깨어 있는 다
리의 균형" 덕분에 새는 그 불안한 자세를 편안한 잠으로 바꾼다. 차가운
겨울바람도, 고압선의 전류도 그 새의 자세를 위태롭게 흔들망정 그 잠
을 흔들지는 못하는 것이다. 오히려 어울릴 것 같지 않은 고압선과 새의
자세는 절묘한 조화를 이룸으로, "불꽃이 끓는 고압은 날개와 날개 사이/
균형을 이룬 중심에서 고요하고 맑은 잠이 된다." 아무리 위태롭게 보일
지라도 그 탱탱한 긴장의 순간은 하나의 충만한 순간이기도 하다. 외관

상 "고요하다는 것은 [기실] 가득차 있다는 것"(2:56)이기 때문이다.

이와 같이 위태로운 순간의 탱탱한 긴장과 절묘한 균형을 이루며 유예되는 종말의 아우라, 아니 종말 직전의 아름다운 포즈는 김기택의 시집 도처에서 발견된다. 그는 쥐구멍의 숨죽이는 정적 뒤에 "향기로운 쥐약이 붙어 있는 밥알들"을 노리는 쥐의 포즈를 관찰(또는 상상)하면서 굶주림과 "황홀하고 불안한 식욕" 사이의 팽팽한 긴장을 포착하며(1:11), 뜨거운 울음이 폭발하기 직전, 눈물이 되어 나오기 위해 가슴속에서, "매운 혀와 붉은 입"을 감추고 더 뜨겁게 타며 달구어지는 그 순간을 기우의 갈망과 버무려진 가뭄의 극한으로 빗대어 묘사한다(1:31). 교통사고의 순간, 그는 하나의 육체가 "얇은 가죽으로 막아놓은 60킬로그램의 비린내 안에 들어 있던 분노와 꿈"을 쏟아내면서 "무기력하고 아무 할 일도 없어 마냥 착하기만 한 육체"로 돌아가는 생명의 아득한 전이를 글 사진으로 찍어낸다(2:22-23).

그런가 하면 굶주린 아프리카 어린이의 사진 속에서 그는 앙상한 갈비뼈 사이로 "굶주릴수록 악착같이 질겨지는 위장처럼/ 텅 빈,/ 그릇 하나"(2-33)를 보는 동시에, 빵을 기다리다가 지쳐 졸음으로 가냘픈 모가지가 툭 꺾어지는 순간, 그를 노리던 매서운 눈빛의 독수리의 자세에서 그 "슬픈 먹이"를 향해 "의식을 진행하는 사제처럼 경건한 자세"(2:35)를 읽어낸다. 이 대목에서 독수리의 공격 포즈는 잠시 탱탱하게 동결되어 있다. 이러한 시법은 그의 최근 시집에서도 이어져, 자전거 타는 사람이 둥근 바퀴의 굴러가는 속도에 실려 흔들리면서 그 "둥근 속도" 위에서 덩달아 둥글어지는 "둥근 다리 둥근 발"을 보며 "둥근 두 엉덩이와 둥근 대가리" 사이로 "더 가파르게 휘어지는 당신의 [둥근] 등뼈"(4:8-9)를 환상처럼 부조해낸다. 마찬가지로, 승용차가 트럭 앞에 급정거하면서 내는 타이어의 꿍음을, 그는 "도로가 죽음으로 질주하는 타이어를 강제로 잡아당기니/ 두려움의 끝까지 간 마음이 내지르는 소리", 곧 "도살당하는 돼지의 비명"과 같은 "악쓰는 소리"로 표현함으로써 그 소리의 공명을 증폭하고, 그 소리를 "단말마로 악쓰다가 아스팔트 바닥에 붙어버린 마음"으로 치환한다(4:10).

그가 이렇게 아슬아슬한 마지막 순간의 탱탱함에 집착하는 이유는 분명하지 않지만, 일단은 생이 일상의 소진 과정을 통해 다양하게 남기는 흔적에 대한 안타까움, 그 안타까움을 넘어서려는 정밀한 투시와 기억의 훈련에 있는 것 같다. 그에게는 사소한 일상의 담담한 흐름이 그것을 예각으로 끊어놓고 형형한 눈빛으로 투시할 때 범상치 않은 초월의 지평을 제공하며 종교적 언어의 투사 없이도 경건한 영성을 담보한다. 그것이 한 평자(이희중)의 눈길에 그를 "수도하는 시인"으로 비치게 한다. 이 규정은 그가 일반적 통념의 수도자적 삶을 살고 있음을 뜻하지 않는다. 그것은 그의 시에 포착되는 물상들의 일상적 단면이 피워 올리는 탱탱한 마지막 순간의 의미가 수도적 차원에서 해석될 수 있음을 의미한다. 아울러, 이는 그 시업에 그토록 꼼꼼하게 몰두하는 시인의 그 관찰과 투시와 상상이 특정 제도권 종교의 개입 없이도 충분히 수도자적 경건의 예표가 될 수 있음을 시사한다.

사람으로만 국한하자면 그가 수도적 공간으로 끌어들이는 대상들은 표면상 다양하지만 도시적 일상의 삶 가운데 흔히 부대끼는 평범한 자들이다. 그의 시들에 나오는 사람들은 제목만 일별해봐도, 꼽추, 태아, 목격자, 연쇄살인 용의자, 아버지, 노인, 울음 많은 여자, 사진 속의 아프리카 아이, 주정뱅이, 망가진 사람, 실직자, 김 과장, 교정보는 여자, 자전거 타는 사람, 티셔츠 입은 여자, 버스 기다리는 사람들, 범바위굿당 할머니

들, 우주인, 사무원, 사과 고르는 여자, 조성환, 껌뻑이 형, 걸레질하는 여
자, 미아, 매 맞는 아이, 신생아, 한숨 쉬는 사람, 소매치기, 출퇴근하는
사람 등을 망라한다. 이 가운데 일부는 과거의 추억 속에 저장되어 있는
사람들이지만, 대다수는 오늘도 도시적 일상에서 쉽게 마주치는 사람들
이다. 일상사의 일부가 된 이 사람들의 초상에서 유추할 수 있는 사실 하
나는 시인의 일상이 아마도 도시의 샐러리맨으로 지식 노동에 종사하는
시간들로 채워져 있으리라는 것이다.

　물론 그 지식 노동에 지식만 동원되는 것은 아니다. 시인이 애써 강
조하듯, 육체의 정교한 동작들이 그에 걸맞은 속도와 에너지를 동원하
며 개입한다. 그 풍경 가운데 시인은 시간의 눈금 사이에 얽매여 "표정없
는 사람들이 초침처럼 조급하게 지나가는"(1:50) 기계적 동작의 반복적
인 패턴을 본다. 그 반복적 패턴의 일상은 시인이 〈사무원〉에서 사무직
노동을 조명한 "30년간의 長座不立"(3:20) 속에 책상 아래 있는 여섯 다
리 중 "둘은 그의 다리 넷은 의자다리였지만/ 어느 둘이 그의 다리였는
지 알 수 없었다"(3:21)라는 다소 희극적이며 비극적인 진술에서 극적으
로 표출된다. 그 도시적 일상에서 시인이 발견한 평범한 진실 하나는 습
관은 무섭고 위대하다는 것이다. 습관은 관성화된 사고와 행동의 화석
화된 결과로서 "모든 행동과 사고를 대신할 만큼 깊은 경지"(3:20)를 낳
는다. 그렇다. 습관도 일상적 삶의 경륜이 쌓아올린 일종의 경지인 셈이
다. 습관화된 삶의 이면을 뒤집으면, 사무원의 일상은 '용맹정진'의 혹독
한 '수행'이 되고, 그의 월급은 "채워지기 무섭게 속가의 살림에 흔적없
이 스며"(3:21)드는 '시주'가 되며, 이로써 그의 사무적 일상은 종교 없는
종교로 수도의 현장이 된다.

　그 수도의 현장을 지켜보는 시인의 시선은 담담하면서도 은근히 비

판적이다. 그것은 고되고 쉬 지치는 생명의 소진을 낳지만, 밥을 위해 피할 수 없다. 아무리 생명의 형이상학적 고담준론을 설파할지라도 인간이 생명의 에너지와 속도로 하루 12시간, 24시간 쉬지 않고 지속적으로 할 수 있는 것이란 일밖에 또 다른 무엇이 있겠는가. 그 기계적인 일상의 노동을 시인은 '음지의 수행'이라 부르는데, 그것은 상사에게 잘 보이기 위해 "굽실굽실 108배"(3:20)를 올리지 않을 수 없는 굴욕의 감내가 뒤따르기 때문이다. 보기에 따라 상투화된 종교적 수행을 대치할 만한 치열한 자기성찰과 연단의 현장이 될 수도 있다. 사무원의 일상을 향한 시인의 이 냉소적인 성찰이 다만 냉소로만 끝나지 않고 성찰을 낳는 것이 김기택 시의 미덕이다. 그 미덕은 예의 탱탱한 긴장과 역설, 소멸의 충동과 신생의 욕망 사이로 아슬아슬한 줄타기를 견디면서 앞서 예시한 다양한 사람들의 세미한 제스처와 특징적인 이미지가 돌올하는 순간 속으로 육화된다. 그 짧은 순간들은 시인의 상상력을 투과하면서 길게 늘어나거나 부드럽게 이완되며, 그 과정에서 의미의 차이와 지연을 유도한다. 여기서의 차이는 일상사의 사소한 동작들에 대한 상투적 감각과의 차이이며, 지연은 그것의 마지막 유일한 의미를 교리적으로 각인하려는 종말론적 단정에 대한 지연이다. 찍힌 사진 속에 일순간의 현장이 동결하듯, 시인이 경험하고 목도하는 일상의 풍경들은 늘 반복하는 생활의 일부로 화석화되어 부조된다. 그러나 그 굳어진 일상사의 화석 속에는 얼마나 탱탱한 생명의 에너지와 속도가 마치 "바늘구멍 속의 폭풍"(2:18)처럼 격렬하게 선회하고 있는가.

일상의 흔적들: 고고학과 해부학의 상상력

걷기

몸을 가진 생명체로서 김기택의 시들에 나오는 주인공들은 부지런히 움직이며 걷는다. 그의 시에 나오는 것들은 숨 막힐 듯 멈춘 탱탱한 긴장의 순간에 있거나, 그 순간을 공간 이동으로 해체한다. 이 두 가지가 겹쳐지거나 이어져 나타나는 경우도 많지만, 그 초점은 대개 한쪽으로 쏠린다. 그의 시들에서 걷는 것은 사람만이 아니다. 식욕의 유혹에 따라 "주린 위장을 끌어당기는 냄새를 향해" "공기를 밟듯"(1:11) 나아가는 쥐의 긴장 어린 걸음도 있고, "걷는 것도 잊은 채 온종일 쉬엄쉬엄"(1:27) 끝없이 걷는 무심한 거북이의 걸음도 있다. 그런가 하면 다리가 없는 듯한 벌레들도 "끊임없이 몸을 늘였다 줄였다 하면서"(3:36) 기는 동작으로 걷는다.

그 벌레들 가운데 시인이 특별히 관심을 보이는 것은 송충이인데, 아파트 10층 창문에 붙어 11층으로 기어오르는 송충이는 그 위대한 습관의 힘으로 "아무래도 길이 없는 것 같지만" "있는 힘을 다해"(4:36-37) 기어오름으로써 위로 걷는다. 그 송충이의 최선을 다한 걷기에 다른 물체들도 보조를 맞추어, 송충이가 갉아먹은 솔잎의 송진은 마치 송충이의 몸이 나뭇가지인 양 그 혈관을 타고 지나가고, 수액은 솔잎인 줄 알고 송충이 털 속으로 들어간다. 아울러, 송충이가 솔잎을 갉아먹으면서 내는 아삭아삭 소리에 부서지는 빛이 내장 속에 들어가 퍼질 때 그 힘으로 송충이는 꿈틀거리며 간다(1:26). 이 '지나감'과 '들어감'과 '꿈틀거리며 감'의 동작은 미미한 사물의 동작이지만 그것과 함께 또한 꿈틀거리며 걷는 송충이의 몸과 교감하면서 생명의 일부로 동화되는 것이다. 사물이 독립적으로 걷는 경우는 종유석이 생성되기까지 한때 딱딱한 바위가 동굴 따라 흘러 다니거나 꼬리치레도롱뇽처럼 구석구석 기어 다닌 흔적으로 변용되어 나타나기도 하는데(1:36), 그 형상화에는 시간과 물줄기의 유연한 흐름이 딱딱한 고체를 녹이며 움직이게 하는 생명의 상호 부추김이 스며 있다. 시인의 느낌에 의하면 그 흐름은 유연하고 자유롭고 아름다운 무엇이다.

걷기는 동물뿐 아니라 사물의 동작으로도 변용되어 나타나지만, 걷기다운 걷기는 역시 직립 보행의 능력을 지닌 인간에게 더 잘 어울린다. 그래서 시인은 걷는 사람들의 풍경을 다채롭게 제시한다. 시간에 쫓겨 출근하는 사람들의 걷기-달리기(1:50)가 있는가 하면, 그와 대조적으로 한가한 노인이 "좁은 산길을 향해 느릿느릿" "가끔씩 헛디디며" 걷는 걷기도 있다(1:60). 실직자의 무거운 걷기가 있고(2:72), 시골 할머니의 무단 횡단의 걷기도 있다(3:31). 다리가 성하지 않은 장애자로 "요란하고 기이한 걸음으로" "팔랑팔랑" 걸으며(3:18), 저린 발로 "걸음마하듯"(3:38) 걷기도 한다. 걷기의 속도와 운신의 포즈로 구분하면, "발자국으로 비질한 자리 흩어질세라/ 조심조심 디뎌"(4:34) 빗길을 걷는 걸음도 있고, "허공에서 허우적 발을 빼며 걷"(3:11)는 우주인도 있으며, 그 걸음을 자전거 바퀴 위에 실어 발과 바퀴가 둥그렇게 한몸이 되어 굴러가는 걸음 아닌 걸음도 있다(4:8).

이와 같이 다양한 걷기의 주체와 종류에서 독자가 궁금해지는 것은 그들이 왜 걸으며, 시인은 또 왜 그런 특정한 동작의 이미지에 집착하는가 하는 점이다. 시인은 실직자의 걸음을 묘사하면서 걷기를 정의하기를,

걸음이란 발이 어느 곳을 향해 가는 행위가 아니라
단지 한 발이 밀어올린 몸뚱이가 앞으로 쓰러지지 않도록

다른 발이 얼른 와서 받쳐주는 것

또 다른 발이 이어서 다시 받쳐주는 것(2:73)

이라고 평범하게 말한다. 실직하기 전 "취해 인사불성이 되어도 가는 길
을 알던 걸음이" 현재 실직자가 된 상태에서는 "술도 먹지 않은 지금 그
길을 모른다"(2:72). 그만큼 그는 속이 썰렁하고 그 썰렁함의 부담으로 그
의 다리는 무겁다. 그 무게는 다시 그의 썰렁한 몸을 지탱하며 걷는다.
그 걷기는 그 사람의 최후 보루와 같은 동작으로, 자신의 위태로운 삶을
아슬아슬한 균형으로 움직이며 받쳐주는 행위가 된다. 걷지 않으면 그는
쓰러지거나 뻣뻣하게 굳어질 터이기 때문이다.

아슬아슬한 생의 견딤으로서의 걷기는 또한 기계와는 다른 원시적인
생명 됨의 확인 동작이기도 하다. 도시의 대로에서 무단횡단을 하는 할
머니에게 걷기는 당연히 자동차라는 기계와 불화한다. 아울러 그 기계를
따라갈 수 없는 할머니의 서툴고 느린 걸음은 속도에 취한 도시인들의
사나운 굴러감과 대조적이다. 그 한적한 걸음은 기계와 더불어 진화하길
거부한 생명의 원시적 존재 양태 그대로를 체현하는 걸음이다. 그것은,

걷다 보니 갑자기 도로와 차들이 생긴 걸음이었다.

아무리 급해도 도저히 빨라지지 않는 걸음이었다.

죽음이 여러 번 과속으로 비껴간 걸음이었다.

그보다 더한 죽음도 숱하게 비껴간 걸음이었다.

속으로는 이미 오래전에 죽어본 걸음이었다.

이제는 죽음도 어쩌지 못하는 걸음이었다.(4:41)

죽음의 위협도 견뎌낸 그 천연덕스러운 걷기는 마침내 생사의 경계를 초월하는 이미지로 번진다. 아무리 급해도 빨라지지 않는 그 늙은 몸의 걸음이란 결국 몸의 한계 안에서 움직이는 생명의 정직한 자기표현일 것이다. 그 연장선상에서 시인은 책상다리를 하고 오래 앉아 있다가 저린 다리를 펴고 일어나 걷는 동작의 생경한 원시적 생명성에 주목한다. 마른 나무처럼 뻣뻣한 그 다리에 따갑게 "무수한 바늘이" 콕콕 쑤셔대는 듯한 감촉을 누르며 "걸음마 하듯" 서툴게 걷는 그 몸의 기동에 시인은 마른 목재에 흘러드는 "수액의 감촉"으로 "우그러지고 뒤틀린 핏줄 탱탱하게 펴지는 느낌"(4:48)을 받는다. 이때 그 걸음은 자기 몸의 생명이 그 원시적 감각의 성정을 추체험하는 순간의 짜릿한 공간으로 변한다. 그래서 책상다리 이후의 다리는 "절뚝거리는" 다리이지만, 빛이 통하느라 그러하기에 동시에 "상쾌한 다리"(4:49)로 인식된다. 순간적으로 절리는 다리가 아니라 몸의 장애로 절뚝거리는 다리조차 걷기의 자유는 한없이 가볍고 씩씩하다. 이 시인의 가장 아름다운 시편 중의 하나로 기억될 만한 다음의 걷기 시는 "팔랑팔랑" 춤추듯이 걷는 다리장애인의 에너지가 걷기를 매개로 즉각 생명의 본원적 꿈으로 영그는 순간을 잘 포착하고 있다.

> 꼿꼿하게 걷는 수많은 사람들 사이에서
> 그는 춤추는 사람처럼 보였다.
> 한걸음 옮길 때마다
> 그는 앉았다 일어서듯 다리를 구부렸고
> 그때마다 윗몸은 반쯤 쓰러졌다 일어났다.
> 그 요란하고 기이한 걸음을

지하철 역사가 적막해지도록 조용하게 걸었다.
어깨에 매달린 가방도
함께 소리 죽여 힘차게 흔들렸다.
못 걷는 다리 하나를 위하여
온 몸이 다리가 되어 흔들어주고 있었다.
사람들은 모두 기둥이 되어 우람하게 서 있는데
그 빽빽한 기둥 사이를
그만 홀로 팔랑팔랑 지나가고 있었다.(3:18)

이 장애인의 걷기는 앉음과 일어섬, 쓰러짐과 일어섬을 그 춤추는 동작 속에 포용함으로써 성한 다리와 성치 못한 다리가 서로를 부추겨 세움으로써, 빽빽이 서 있는 기둥 같은 무거운 군상들을 "팔랑팔랑" 가볍게 일깨우고 지하철의 소음을 적막하게 잠재우는 성찰의 힘을 제공한다.

다리 저는 사람의 이러한 예언자적 동작과 이를 통한 시인의 성찰적 인식은 다른 곳에서 발걸음이 또 다른 발걸음과의 인연을 추적하는 발견술적 혜안으로 나타난다. 〈구두 한 켤레〉(2:81)라는 시에서 시인은 걷다가 찌그러져 나뒹구는 한 켤레의 구두를 본다. 발이 빠져나간 그 구두는 뒤축이 동그랗게 닳아 있다. 뒤축을 그렇게 닳게 한 무게를 생각하는 시인에게는 지금도 구두 뒤축에서 닳고 있는 "수많은 길 수많은 걸음/ 허둥지둥 지나가버린 수많은 시간들"이 성찰의 대상으로 떠오르고, 이어 "닳은 뒤축으로 여전히/ 땅을 디디며 걷고 있는/ 빈 발 하나" 곧 자신이 현재 걷고 있는 걸음의 주체를 재발견한다. 이 발견에 기대자면 삶은 시간의 흐름 속에 허둥지둥 지나면서 닳아가는 생명의 무게와 같다. 그 무게는 걷기를 통해 실현되고 걷기를 통해 반성되는 무게라는 점에서 아이러니컬하다.

　그 모순을 그의 발은 감내하며 그는 걸음 너머의 걸음을 꿈꾼다. 그것은 이를테면, "끊임없이 제자리만 맴돌고 있거나/ 인력에 끌려 어느 주위를 공전하고 있는" 우주인의 공허한 걸음 대신 "뒤꿈치에서 퉁겨오르는/ 발걸음의 힘찬 울림"(3:11)을 낳는 건기다. 그리하여 그는 "외로운 추수꾼의 걸음을/ 출렁거리며 하늘거리며 홀로 가는 걸음을/ 걷지 않아도 저절로 나아가는 걸음을"(4:93) 걷고 싶다. 또 그는 "눈 속의 공기 밟으며 가고 싶다./ 발자국 없는 걸음 걷고 싶다"(3:10). 그것은 종교 없는 그리스도교의 경지와 같이, "숨 멈추면 사방으로 흩어질 무게가 누르는/ 발자국, 저 절묘한 색즉시공!"(3:10)의 아우라를 거느린다.

밥/먹기

김기택 시인에게 식욕/밥/먹기는 무거운 삶을 지탱하는 에너지의 원천이자 삶을 즐기고 성찰하는 중요한 출처다. 어디 시인에게만 그러랴. 누구에게나 밥 먹기는 생명의 지속을 위해 필수불가결한 요소다. 그리하여 예수 또한 죄의 용서와 시험의 극복을 위한 간구에 앞서 '일용할 양식' 얻기를 기도하라고 가르치지 않았던가. 밥을 먹어 생명이 유지된다는 전제하에 용서도, 시험과의 싸움도 가능하지 먹지 않아 죽어버린 시체 앞에서 그런 고상한 가치들이란 공염불에 불과할 터이기 때문이다. 그런데 꼼꼼히 그 과정을 따져볼 때 밥먹기란 그리 쉬운 일이 아니다. 특히 "배고픈 눈알들이 데룩데룩거"(1:54)리는 굶주림의 현장에서 밥은 '밥줄'이라는 말이 있듯이 생명줄과 같은 존재다.

　시인의 배고픔 체험을 반영하듯, 그는 말한다. "이 세상에 힘들지 않은 일은 없지만 그중에서도 가장 힘든 일은 '밥먹는 일'"(1:54)이라고. 밥

먹기가 힘든 것은 밥을 받아들이지 못할 정도로 몸이 고장 났거나 가난하기 때문이다. 시인이 주목하는 것은 주로 후자의 경우인데, 뼈만 앙상한 아프리카 아이를 묘사하면서 "굶주릴수록 악착같이 질겨지는 위장처럼/ 텅 빈, 그릇 하나"(2:44)를 보는 것이 대표적인 예다. 여기서 그 그릇은 물론 밥/빵 그릇일 텐데, 그 "빵을 기다리는 동안" 졸음에 겨워 그 가냘픈 모가지가 톡 꺾여질 때 그는 갑자기 하늘에서 노려보는 독수리의 "슬픈 먹이"가 된다. 그것은 "배고픔의 기억이 말라 없어질 때까지 졸고 있는/ 한 줌의 먹이"(2:45)인 것이다. 먹을 것을 갈망하다 지친 그 아이의 포즈는 곧 먹고자 하는 욕망과 그것의 좌절로서 먹힘의 실존을 예리하게 대립시킨다.

그렇다. 굶주림은 악착같다. 그 악착의 몸부림이 졸음으로 지쳐 텅 비어가면 허기는 울림을 낳는다. 그것은 가령, 개가 밥을 비우고 그 개밥그릇을 핥고 난 뒤, 또 "빈 그릇을 물어 흔들고 할퀴고 차고 뒤집고 굴린"(2:26) 다음에 개 짖는 소리가 개밥그릇의 빈 공간에 부닥쳐 메아리치는 개의 허기를 "정안수처럼 가늘게 떠는 허기의 울림"(2:27)이라고 묘파할 때의 울림이다. 그 울림에는 생존을 위한 육체적 갈망과 동시에 밥의 신령한 정화 능력이 있다. 그 텅 빈 개밥 그릇의 이미지는 다른 시에서 개가 죽고서 자루에 담아 내다 버린 뒤 국밥이 가득 담긴 채 얼어버린 개밥 그릇의 이미지와 대칭된다. 살아 생동하던 개가 죽어 차갑고 딱딱하게 될 때,

국밥은 얼어 있다.
늘 비어 있던
너무나 열심히 핥아 바닥이 반질반질하던

찌그러지고 가장자리에 때가 새까맣던 개밥 그릇

　오늘은 밥으로 불룩하다.(4:13)

이와 같이 밥과 그 밥을 먹는 자는 일심동체로 얽혀 있다. 텅 빈 개밥그 롯과 가득 찬 개밥 그릇은 개의 몸을 채우며 비워내는 요철의 관계처럼 유기체적이다. 그렇게 밥의 세계를 떠난 자루 속의 개도 쓰레기 매립장 에 버려져 뜨겁게 썩어 "그 속에 관을 박아 뽑아 올린 가스로/불도 때고 라면도 끓여 먹"(4:13)는 데 사용된다. 밥을 통해 이룬 목숨이 죽어서도 밥의 생성에 기여하는 것이다.

　이렇게 숙연한 밥의 순환 질서에도 불구하고 시인의 일상적 밥/먹기 체험은 대체로 명랑하고 쾌활한 분위기에 감싸여 있다. 그의 첫 번째 시 집에서 두드러진 동물적인 밥의 세계는 죽음을 담보한 밥으로 특징지어 지거니와, 쥐약이 묻은 밥알 앞에서 "불안하고 황홀한 식욕"(1:11)으로 탱 탱하게 긴장하는 쥐나 먹잇감을 사냥하기 위해 단 한 번의 극적인 동작 으로 "앙칼진 마지막 안간힘을 순한 먹이로 만드는"(1:12) 호랑이, "먹은 것은 남김없이 영양분이 된/ 영양분은 남김없이 살이 된/ 살은 다시 무 언가 먹을 수 있다는 희망이 된" 개, 고막이 제거된 상태에서 "生老病死 를 넘어 어디에선가/ 먹을 것을 찾아낼 수 있을 것 같은"(1:13) 초연한 듯 한 그 개의 눈, "똥오줌 위에 흘린 정액을 밟고 들어가면/ 슬픈 눈동자들 은 곧 음식이 되어 나"(1:14)오는 도축장, 그렇게 죽었지만 "아직도 삶을 움켜쥐고 있는" "여전히 힘줄을 잡아당긴 채 정지해 있"(1:15)는 슬픈 동 작의 닭발 등의 이미지는 그 몇 가지 예들이다.

　그러나 이와 대조적으로 둘째 시집에서 시인은 인간적인 따뜻한 밥/ 먹기를 그린다. "한 그릇 밥처럼 동그래지는 얼굴"(2:11), "꿈은 흰 쌀밥

위로 오르는 김처럼/ 모락모락 공손하고 착하게 흰 골을 떠나"(2:22) 등
과 같은 구절들을 보면 시인은 밥에 대한 따뜻한 추억을 간직하고 있다.
차가운 세월에 마음이 지치고 거칠어질수록 그는 공손하게 따뜻한 밥상
을 대하던 시절의 꿈에 젖는 것이다. "두꺼운 털 같은 추위… 정신통일하
여 밥생각을 하면/ 가만히 졸다가 따뜻해지는 추위"(3:8)에서처럼 밥 생
각은 추위와 대조를 이루면서 추위조차 따뜻하게 만드는 능력을 발휘한
다. 그런가 하면, 고행을 끝내고 "지저분한 개밥 찌꺼기에도/ 새롭게 돋
는 맑은 식욕"(3:9)을 느낄 정도로 그에게 밥/먹기는 이제 수도의 원인이
자 결과가 된다. 새롭게 거듭난 그 식욕은 "고통 속으로 느릿느릿 새어나
가/ 돌아오지 않는 마음들"을 불러들이며, "마음에 씻겨나간 자리에 남
은 상처들"을 "간지럽게 더듬"으며 치유하고, "고름이 터져나오던 자리마
다/ 새로 어린 살이 붙는"(3:9) 힘과 동일선상에서의 깨달음을 동반한다.
　　이러한 밥/먹기의 공손한 미덕에도 불구하고 밥을 밥 되게 하기까지
의 어두운 사연, 밥의 충만이 불러올 나태의 수렁이 구조적으로 청산되
는 것은 아니다. 밥은 폐쇄된 막다른 골목이 아니다. 그것은 끊임없는 식
욕을 축으로 생명의 빔과 채움 사이를 순환한다. 그리하여 "춥고 음침한
뱃속을 따뜻하게 데워줄 밥/ 잡생각들을 말끔하게 치워버려주고/ 깨끗
해진 머릿속에 단정하게 들어오는""하얀 밥"(2:11)을 떠올리는 순간에도,
시인은 밥을 먹고 배가 부르게 될 때 "다시 난폭하게 밀려들어올 오만가
지 잡생각"(2:11)의 존재를 잊지 않는다. 같은 맥락에서 그는 먹자골목의
돼지갈비 굽는 냄새에 침과 위산이 나와 달콤한 미각의 환각에 사로잡
히면서도 그것이 기실 "죽음의 맛"이며 "비리고 고약한 냄새"(2:52)라는
자기기만의 가능성에 대한 이면의 자각을 불러일으킨다.
　　또 다른 밥/먹기의 모순이 있다. 너무 오랫동안 먹지를 못해 "밥을 보

고도 아무런 반응이 없"이 "침과 코, 오줌과 똥을 만들기 위해" "살과 피를 짜내고 골수를 깨내고 있"(3:45)는 처참한 기아의 어린아이가 있는데도, 변기 위에 앉아 과식으로 빼앗긴 마음이 돌아오길 구하며 반성하다가 배설한 뒤 다시 "침이 오르고 피가 도는 밥 생각"(3:65)에 사로잡히는 경우다. 이와 같이 밥/먹기의 모순된 질서가 따로 떨어져 있지 않고 하나의 작품 속에 응축되어 긴장을 유지한 작품이 다음의 〈계란프라이〉이다.

자궁처럼 둥글고
정액처럼 걸쭉하고 투명한 액체인
병아리는
이윽고 납작해진다 프라이팬 위에서
점점 하얗게 응고되면서
꿈틀거린다 뜨거운 식용유를 튀기며
꿈틀거린다 불투명한 방울을 들썩거리며
꿈틀거린다 고소한 비린내를 풍기며
꿈틀거린다 굳어버린 눈 굳어버린 날개로
꿈틀거린다 보이지 않는 등뼈와 핏줄을 오그라뜨리며

한 번도 떠보지 못한 눈과
한 번도 뛰어보지 못한 심장과
물 한 모금 먹어본 적 없는 노란 부리와
똥 한번 싸본 적 없는 똥구멍이
자유롭고 평등하게 뒤섞여 응고된
계란 프라이

흰 접시에 담겨진다
열린음악회 흥겨운 노랫가락이 퍼지고
따뜻한 김이 오르는 저녁 밥상(4:12)

다섯 번 반복된 꿈틀거림의 동작과 함께 채 피어나지 못한 익명의 순결한 생명을 밥상 위에서 발견해내는 시인의 시선은 섬세한 만큼 얼마나 아름다운가. "열린음악회의 흥겨운 노랫가락"과는 동떨어진 고요한 침묵의 납작한 접시 위에서 그 꿈틀거림이 멈춘 계란의 포즈는 얼마나 아릿한가. 그 충일한 시선으로 마주 대하는 밥상은 종교의 딱딱한 겉옷 없이도, 그것에 의탁한 장황한 고백 없이도 그 자체로 충분히 거룩하지 않은가.

밥이 위대한 것은 이런 시선을 따스한 말로 바꾸는 시인에게 말을 돌려주는 밥의 그 희생적 보시에 기인한다. 그런 연유로 시인에게 밥이 가끔 말과 결부되어 나오는 것은 당연하다. 예컨대 시인이,

망가진 마음 속에 말이 있다. 말이 그저 그의 마음속
에 있기 때문에, 단지 입술과 혀와 이와 목청이 오랫동
안 말을 해왔기 때문에, 그는 말을 한다. 그러나 말은
나오자마자 공기에 싸여 사라진다. 그래도 그는 그치지
않는다. 왜냐하면 그는 매일 세 끼 밥을 먹기 때문이며,
밥은 모두 망가진 마음으로 들어가 말과 똥이 되기 때문
이며, 똥이 몸에서 나와야 하는 것처럼 말도 입에서 나
와야 하기 때문이다.(2:60)

라고 말할 때, 말과 똥은 밥의 한 통속으로 등장한다. 그런데 그 망가진 마음으로 그의 말은 족쇄 풀린 습관적인 똥과 같은 말로 타락한다. 이러한 밥-말 관계의 부정성은 다른 곳에서,

말 속에 말들이 있다. 손가락 끝에서 만져졌던 말은
가슴에 와서 작은 누룩 속에 들어 있는 빵처럼 크고 둥
글어진다. 눈에서 녹아 가슴에 내린 글자의 상처들을 둥
그렇게 싸고 부풀어오르는 말의 향기들. 숨쉴 때마다 그
녀의 부푼 가슴에서는 빵 굽는 냄새가 난다.(2:101)

라고 묘사함으로써, '말의 향기'로 긍정적인 변용을 보인다. 교정보는 여자의 손가락으로 만져진 말이 가슴에서 작은 누룩으로 부풀어진 빵처럼 크고 둥근 말이 되고 상처를 감싸는 말의 향기를 풍기는 상상력의 전개는 매우 희귀한 사례로 주목할 만하다. 더욱이 그 말의 향기를 간직하고 숨 쉴 때 그녀의 부푼 가슴에서 빵 굽는 냄새를 맡는 시인은, 밥/빵-말의 세계를 오가며 형이하학과 형이상학을 삶의 진창에 녹여 들여야 할 운명으로 태어난, 천상 가난하여 풍성한 자다.

잠/먼지

잠은 걷기나 먹기와 함께 우리의 일상을 지속적으로 장기간 지배하는 요소다. 잠은 휴식이고 새로운 날을 위한 준비이지만, 꿈을 통해 잠 밖의 세계와 다른 초현실적인 새로운 세계를 펼치기도 한다. 은유로서의 잠은 흔히 죽음을 가리키지만, 죽음이 아니더라도 잠은 생명체를 비활동의 무기력 가운데 방치하는 주범이다. 그렇게 잠은 인간을 태초의 침묵과 어

둠, 예측할 수 없는 무의식과 현란한 꿈의 세계로 인도한다. 김기택 시인의 상상력의 급소에 집요하게 달라붙어 있는 중요한 이미지는 바로 그 잠이다.

시인이 꿈꾸는 잠은 다양하게 굴절된다. 위태로운 잠 밖의 세계에 맞서 "균형을 이룬 중심에서 고요하고 맑은 잠"(1:28)이 있는가 하면, "등에 커다란 알을 품고/ 그 알 속으로 들어가 태아처럼 웅크리고 자고 있"(1:32)는, 소멸과 신생의 꿈을 간직한 꼽추 노인의 조용한 잠도 있다. 그렇다면 잠이 무언가를 신기하게 변화시킬 수 있단 말인가. 그렇다. 시인은 그것을 가리켜 "잠의 힘찬 부력"(1:37)이라고 부른다. 그 부력은 모태 속의 태아를 팽팽하게 떠올려 양수의 물결 따라 마냥 흔든다. 태아는 혼곤한 잠 속에서 "고기를 잡을 줄 모르는 잎사귀 같은 손으로 부신 눈을 비비고 있"(1:37)는 것이다. 이토록 용도가 정해지지 않은 그 태아의 손으로 부신 눈을 비비는 잠든 태아의 동작은 눈부시게 아름답다. 김훈의 표현대로 "아무 별 볼일이 없을 때, 다만 세상을 눈부셔할 때, 생명은 아름답고 고요하고 힘차다"(1:98)면, 잠은 그 아름답고 고요하고 힘찬 생명 세계를 견인하는 대표적 동력이 될 만하다. 태아의 잠처럼, 웅크린 꼽추 노인의 잠처럼, 잠은 죽음의 무게와 신생의 동력 사이를 매개하면서 생명과 더불어 흔들린다.

잠은 시간을 잊게 하면서 시간을 저만치 떠내려 보냄으로 우리를 저절로 나이 들게 한다. 시인은 이를 "잠이 자라 어른이 되고"(1:45)라고 표현한다. 아늑한 잠이 깊어지면 답답해지고 그것이 흔들리는 잠을 낳듯, 잠은 깨어남을 필수로 한다. 더러 잠 밖의 세계가 두려워 잠을 좀더 보채기도 하지만 잠 속이라고 마냥 안온하고 아늑한 것만은 아니다. 거기에는 "부패된 꿈 냄새가 나는 잠"(1:46)이 있고, 연탄가스처럼 잠 속에 불청객이 들어 방해받는 잠도 있다(1:48-49). 특히, 시간에 기계적으로 반응해야 하는 사람의 의식은 그 자신의 잠을 항상 불안하게 하고, 그 잠을 당당하게 짓밟으며 나타난다(1:50). 이와 같이 "잠에도 더 이상 단내[가] 나지 않"(1:80)는 무미건조한 잠도 있는 것이다. 그러나 그렇게 별 볼일 없는 잠, 잠을 위한 잠, 더러 맛없고 추운 잠조차 삶의 일부이며, 수련의 도량이 될 수 있다. 잠은 몸의 경험이면서 동시에 정신적 반성의 장이 될 수 있다는 것이다. 가령,

아랫목에서 살찌다가 지친 시간들은
그대로 여름에 둔 채
나는 애써 추위에 단련된 뼈를 웅크려 잠을 잔다
아 올 여름[겨울?-필자 주]은 굉장한 폭설이다
나의 꿈은 대설주의보에 발 묶여
며칠째 깨어나지 못하고 있다(1:74-75)

라고 시인이 겨울 산의 잠을 말할 때, 그 잠은 애써 추운 잠으로 자신을 단련하는 수양의 채찍이 된다. 그런가 하면, 역시 잠자는 산을 묘사하면서 시인이,

털 많은 짐승과 함께 아주 오래 잠들었다가 깨었습니다.
수만 개의 창을 울창한 숲으로 만들어놓고
산은 여전히 내 곁에서 잠들어 있습니다.
잠을 자면서 그 산은
수만 년의 지층에 고요히 머리를 묻고 있습니다.

잠을 자면서 그 산은

소리 없이 창세기의 어둠을 마시고 있습니다.(1:86-87)

라고 말할 때, 잠은 "창세기의 어둠"이 암시하듯 태초의 양태로 산을 되돌리는 회귀의 매듭이 된다. 그 잠이 태초의 양태로 복귀되지 못한 채 위태로워질 때, 그것은 물 위에서의 잠처럼 갑작스레 깨어 허둥거리는 잠이거나(4:24), 버스에서 조는 사람의 동작을 면밀히 관찰하고 해부한 〈졸음〉이라는 작품에서 시인이 묘파한 대로, "슬픈 무게 한 덩이"(2:16)로 나가떨어지며 잠의 본질로부터 소외된 잠이다. 시인이 가장 이상적으로 생각하는 잠은 "꿈 없고 생각 없는 잠"(2:19)이지만, 그것은 천년 동안 죽어 있는 결빙한 시신의 잠처럼 죽음으로써나 가능한 바람이다(2:50-51).

살아 기동하는 생명체로서의 잠 가운데 이상적인 잠의 원형에 그나마 가장 근접하는 것이 앞서 언급한 태아의 잠에 이어 신생아의 잠이다. 갓난아기가 잠자는 방식은 "있는 힘을 다하여"(3:50) 자는 것이다. 어디 잠뿐인가. 시인의 눈에 비친 사물과 생명들은 그 세미한 틈새로 보면 안간힘으로, 최선을 다하여 제 존재의 의미를 일군다. 가령, 낡고 닳아빠진 육체가 바늘구멍 같은 숨구멍으로 숨을 쉴 때 마치 폭풍이 일듯 "결사적으로 숨을"(2:18) 쉬고, "판자와 천막과 비닐로 지붕을 기운" 빈민촌의 냄새나는 초라한 집들은 "있는 힘을 다해 낡아가는 집들이다"(4:56). 등에 업혀 잘 듯 말 듯한 아기의 잠은 역시 있는 힘을 다해 버티며 깨어 있고자 함으로써, 포효하는 울음소리로, 큰 스님의 호통소리로 '나'를 깨어 있게 한다(3:49). 그 각성용 잠은 그러나 결국 아기에게 비워내야 할 달콤한 양식이다. 달게 자고 난 아기는 다시 태어난 기분으로 이 세상을 휘둥그레지고 어리둥절한 눈으로 맞는다. 전생이 기억날 듯 현세의 모든 것들이 낯설지만 이내 온몸으로 그것들과 친해지는 아기에게 세상은 잠과 더불어 즐길 만한 것으로 즐겁게 길들여진다(3:51). 잠의 쓸모는 이렇듯 그것을 비워내는 데 있다. 별 볼일 없는 그 쓸모로써 잠은 이 땅의 여리고 혼곤한 생명들을 날마다 제 방식으로 말없이 구원한다. 그 사소한 구원의 방식으로 잠은 잠들지 못하는 자들, 잠으로부터 소외된 자들, 잠들 자들을 두루 망라하여 계몽하며 종교의 이름을 내세우지 않고도 자연스레, 그러나 필사적으로 각성시킨다.

잠과 더불어 시인은 이 세상이 작동하는 체계의 비밀로 먼지의 이미지에 집중한다. 시집 『바늘구멍 속의 폭풍』의 표지 날개에 기입된 짧은 해설에 의하면, "시인의 상상 체계 속에서 세상의 모든 것들은 미세한 먼지 같은 것들로 이루어져 있다. 시인은 결국 그것들의 차임과 섞임, 뭉침과 밀어냄·당김들이 모든 삶의 운동의 비밀이라고 말한다." 과연 그럴 것이, 먼지/티끌은 흙이 더 잘게 부서져 생긴 작은 분말로 우리의 삶에 깊이 관여하고 있기 때문이다. 그것은 구약성서 창세기가 증언하듯 우리의 몸을 있게 한 재료이자 그 몸이 돌아가야 할 종국의 형체다. 그 먼지를 망각하기란 쉽지만 그것은 눈에 보이지 않는 미세한 존재로 우리 삶의 안팎을 포위하며 우리 몸의 안팎을 부유하면서 쉽사리 망실되지 않는다. 그 먼지는 우리가 흔히 폐가에서 보는 두텁게 가라앉은 우리 일상의 삶과 동떨어진 무거운 먼지이기도 하지만(1:89), 더 많은 경우 1센티미터의 공간 내에 600만 개나 들어 있다는 미세 먼지로(2:37) 이미 우리 삶의 일부를 이루고 있다. 먼지는 우리를 감싸는 우리의 주변이면서 지난 우리네 삶의 일부로 남은 우리의 흔적이다. 그 흔적은 우리의 현재를 이끌면서 또 다른 흔적을 만든다.

우리의 타자로서 먼지는 "스스로 움직일 수 없지만 열기와 바람이 불어닥치면 일제히 일어나 그 힘에 붙어 방향 없는 속력"(1:68)이 되고, 공기와 현에 먼지가 비벼대면 소리가 된다(2:24). 아침에 거대한 소음 속으로 빨려드는 "먼지들은 가늘고 긴 선율에서 뽑혀져나와 경적이 되고 매연이 되고 격렬한 진동이 되어 바람을 일으키고 창문을 흔들고 흙가루를 날리고 공기의 틈을 불순물로 가득 채워버린다"(2:24-25). 시인은 그 먼지의 작용으로 생기는 소리를 "먼지의 음악"(2:24)이라고 부른다. 한편 우리 자신의 흔적으로서의 먼지는 타자로서의 먼지와 구별되지 않은 뒤범벅 상태로 도처에 무소부재한데 그 자취의 시종은 묘연하여 깊이 소통할 수 없다. 그래서 "어지럽게 빛을 뒤틀고 날아다니"고 "손짓 발짓 같은 움직임들이 끈질기게/ 내 주위에서 기웃거"리지만, "그대들의 몸짓을 알아들을 수 없다"(1:65)라고 시인은 말한다. 그 소통 불능의 상황으로 먼지는 물기와 더불어 그리움의 대상으로 부상하여 마치 "따뜻한 자궁"(1:80)과 같은 존재로 묘사된다. 그 먼지는 그러므로 부재하는 '너'를 확인할 수 있는 유일하게 보편적인 흔적이다. 그런 까닭에 시인은 "너의 흔적은 머리카락이나 지문이 아니다/ 손에 묻은 책이나 냄새나는 옷가지도 아니다/ 기억 속에 사는 목소리나 표정도 아니다/ 어느 곳에서나 쌓여 있는 먼지를 보면/ 지금 네가 어디 있는지 알 것 같다"(2:82)라고 말한다.

시인에게 먼지의 상상력이 종교의 틀을 깬 구도적 차원으로 비상하는 것은 그것이 청소라는 일상적 움직임과 결합될 때다.

걸레질을 하려면 무릎을 꿇어야 한다.
허리와 머리를 깊이 숙여야 한다.
엉덩이를 들어야 한다.
무릎걸음으로 공손하게 걸어야 한다.

큰절 올리는 마음으로

아기 몸의 때를 벗기는 마음으로 닦지 않으면

방과 마루는 좀처럼 맑아지지 않는다.

어디든 떠돌아다니고 기웃거리고

틈만 보이면 비집고 들어가 눌러앉는 먼지들:

오라는 곳 없어도 밤낮없이 찾아오고

누구와도 섞여 한몸이 되는 먼지들:

하지만 정성이 지극하면 먼지들도 그만 승복하고

고분고분 걸레에 달라붙는다.

걸레 빤 물에 섞여 다시 어디론가 떠난다.

그렇게 그녀는 방과 마루에게 먼지에게

매일 伍體投地하듯 걸레질을 한다.(3:34)

먼지는 없어지지 않는다. 다만 공손한 걸레질로 잠시 닦여질 뿐이다. 너와 나는 먼지다. 먼지인 우리를 닦아내는 또 다른 먼지의 길을 예비하는 그 극진한 손길이, 그 동작이 신앙이요 영성이 아니라면 어떤 다른 것이 그 어휘를 채울 수 있겠는가. 우리가 몸의 때를 벗길 때 마음이 닦이고, 걸레질로 먼지를 닦아낼 때 영성이 연마되는 이치 가운데 시인이 선사하는 먼지의 상상력은 담담한 무채색으로 반짝인다.

웃음/울음, 소리/냄새, 말/하기

김기택의 시에 등장하는 압도적 표정들은 웃음과 울음으로 쫙 갈린다. 그것은 사람의 얼굴에 나타나는 가장 특징적이고 두드러진 표정이려니와, 그 사이의 모호한 표정들이나 무표정을 지우는, 그나마 살아 있는 일상의 자취들이다. 그것은 동물원 원숭이의 뛰노는 모습을 신기하게 지켜보며 경쾌하게 반응하는 아이의 욕구를 "한 가지 표정만 가지고 온종일 웃고 싶다"(1:25)라고 표현한 데서 보듯, 표정으로만 국한해서 보자면 두 가지 표정을 만들 수 없는 감정의 지표다. 그러나 그 표정의 내면에 진입하면 사정은 복잡해진다.

웃음은 한편으로 사람의 감정을 드러내면서 그 드러냄으로써 동시에 숨기기도 하기 때문이다. 그래서 웃음의 종류는 그 은유와 심리학의 내면에 복류하는 뒤틀린 인간의 일상사를 대변한다. 원자폭탄의 방사선에 노출되어 녹아가는 자신의 해골을 응시하며 웃는, 기계적 강요에 의해 착시된 웃음이 있는가 하면(1:41), 할 말이 없거나 상대방의 말을 잘 알아듣지 못할 때 상대방에 대한 무안의 심정으로, 잘못된 행위에 대한 죄책을 덮고자 하는 면피용으로(1:44, 4:66), 그리고 도시의 소음에 찌그러진 양 미간으로 상대방을 향해 외교적으로 웃는 억지웃음도 있다(2:68). 정신병자가 "평화롭고 멍청한 명상에 잠기고 싶"은 욕망이 노출되는 것을 은폐하기 위한, 그것으로 "노골적이고 음탕한 즐거움"을 유발하는 "호탕한 웃음"(1:56)이 있고, 예수의 십자가 처형을 보면서 그것을 조롱하는 "튼튼한 이빨들이 박혀 있는" 뻔뻔스러운 웃음도 있다(1:58).

시인은 저런 습관 속의 웃음들을 일상의 일부로 당연히 수용하기보다 반성하기 위해 주목한다. 가령, 시인은 생시에 두려움 많던 조성환의 웃겨 보이던 모습들이 자아낸 웃음의 서늘한 구석을 통렬하게 부각시킴으로써 그 웃음의 잔인한 궤적을 폭로한다(3:30-31). 웃음의 이면을 반성하는 또 다른 층위의 웃음으로 시인이 조명하는 것은 가령 중년의 얼굴에서 소녀를 보여주는 추억의 환기장치로서의 웃음 같은 것이다. "얼굴은 낯설었으나 웃음은 낯익었다/ 그녀가 웃을 때마다 중년의 얼굴에서 옛날에 보았던 소녀가 뛰어나왔다"(4:22)라고 할 때의 그 웃음이 바로 그 것이다. 이 웃음은 세월을 은폐하고 얼굴을 왜곡하는 웃음이 아니라, 그 세월의 고고학적 지층을 해부하며 원형의 얼굴을 돌려주는 일종의 치유용 웃음이다. 이와 유사한 맥락에서 시인이 왜곡된 웃음의 대안으로 제시하는 거듭난 웃음은 주위를 환하게 밝히는 할머니의 주름살 웃음 (3:14)과 제 몸속의 존재에 대한 자의식 없이 웃는 신생아의 웃음(3:46)으로, 그것은 시인의 표현대로 "상한 데 없는 맑고 어린 웃음"(4:70)이다. 상한 데 없기에 상한 것을 감쌀 수 있고, 맑기에 탁한 얼굴의 흉한 치부를 정화할 수 있으며, 어리기에 세월의 습관 속에 화석이 된 굳은 웃음을 부드럽게 풀어줄 수 있다.

이 웃음의 이미지가 특별히 흥미로워지는 경우는, 그것이 울음과 결합할 때다. 시인에게 울음은 웃음만큼이나 자주 등장하는 이미지인데, 그 둘은 종종 밀접한 상관관계 속에 짜여 있다. 어떤 경우에는 위협적인 웃음이 울음을 낳는다. 그 웃음이 그 연약한 대상을 향해 탐욕적이고 적대적으로 비칠 때가 그렇다. 가령,

긴 손톱에 가려진 날카로운 송곳니들.
깊고 컴컴한 입속에서 울려나오는 웃음들.
그 자리에 꼼짝 못하고 서서 꼬마가 운다.(3:28)

라는 구절에서 웃음과 울음의 상관성이 그런 적절한 예다. 그것은 엄마로 위장된 마귀할멈이 우리 안의 유년기 기억을 차단할 때 생기는 웃음과 울음의 불화로 우리가 흔히 경험하는 경우다. 이러한 부정적인 예와 달리 웃음과 울음이 긍정적으로 접속되는 경우도 없지 않은데, 찬바람에

금간 아이들의 잦은 울음을 다독이면서 든든한 방패막이가 되어주는 아버지의 표정 없는 웃음이 그것이다(1:55).

이뿐 아니라, 웃음에서 울음으로의 전이는 재미있게도 '딸꾹질'같이 예기치 않은 신체적 도발에 의해 야기된다. 딸꾹질은 웃음이나 편중되고 왜곡된 특정한 신체 동작이 유발하는 경련 혹은 부조화로 인한 현상인데, 이것은 웃음을 울음으로 전이시켜 반성케 하는 매개로 작용한다. 딸꾹질과 관련한 두 편의 시에서, 시인은 한 아기와 울음 많은 여자를 소개한다(1:35, 1:61). 전자의 경우 등장하는 아기는 자기 목구멍에서 솟아나는 이상한 소리들이 신기하여 깔깔거리며 웃다가 돌발적인 딸꾹질에 무서움을 느낀다. 그리하여 웃음과 교접하던 딸꾹질은 울음과 뒤섞여 웃음과 울음을 하나의 궤도 속에 포착한다. 이때 울음은 미성숙한 몸 밖의 자아가 몸속의 자아로 발견되는 순간의 실존적 징후를 동반한다. 후자의 경우에 시인은 울음이 많은 여자의 울음의 기원을 추적하다가 그 처음에 웃음이 있었음을 간파하고 그 웃음이 딸꾹질로 전화되어 울음이 된 고고학적 내력을 해부한다. 딸꾹질의 순간적인 도발성과 즉흥성은 생경한 반응을 낳고 그것이 마침내 "음탕한 수다"에 따른 킬킬거림의 리듬을 잘라내어 "천년 여인들이 참아온 울음"(1:61)의 길을 터준 것이다. 시인은 딸꾹질이 매개한 그 울음이 여자를 잔잔하게 만들고, "풀먹은 한복처럼 희고 가벼워진 여자"(1:61)로 다시 태어나게 한다.

웃음의 경우와 마찬가지로 울음의 경우에서도 시인의 궁극적인 관심은 이 땅의 소외된 울음들을 상기시키며 그 의미를 아프게 되묻는 메타적 성격의 울음으로 기운다. 그 농익은 울음이 단단하게 응고할 때, 그것은 마치 그릇에 꽁꽁 얼어붙은 냉수가 내던져질 때 내는 "투명한 강철의 울음 소리"(1:73)로 변신하고, 그것이 부드럽게 흐를 때 "지느러미 흔드는 육중한 소리가 되어/ 더 큰 바람을 끌고 다니는 노래"(1:70)가 섞인 바람의 울음이 된다. 그 진정한 울음이 역설적으로 사람에게는 어린아이의 맑은 울음으로 나타난다(3:48). 가령, 길 잃은 미아에게 울음은 "엄마가 보일 때까지/ 무작정 달려나가는 [가식 없는] 울음"이며 "모든 소음이 놀아 비켜서도록/ 사라진 엄마가 당장 나타나도록/ 구둣발 사이를 자동차 경적 속을/ 뛰어다니는 [필사적인] 울음"(3:43)이다. 그 애절한 울음소리에는 문명 이전 인간의 원형질이 넘실거린다. 그 싱싱함과 탱탱함으로 인해, 어린아이의 울음소리는 무뎌지고 늘어지는 의식을 깨우는 "포효의 울음소리" "호통치는 울음소리"(3:49)가 되기도 한다.

아울러, 꾸밈없이 명징한 그 울음은 비인간적인 울음의 현장을 떠올리게 하는 성찰적 기제로 작용한다. 예컨대, 이런 울음의 현장은 어떤가. 값을 많이 받으려고 물을 먹인 도축장의 소는 울수록 그 울음으로 생명의 '떨림'과 따스한 '공기'가 다 빠져나간 형해화된 울음을 만든다(2:28). 그 울음은 생명의 마지막에 내뱉는 건조한 울부짖음에 가깝다. 살아 있는 심장의 존재임을 시위하듯 소는 말없이 내장에서 "비린 냄새를 진동시켜"(2:31) 울음소리를 만들 뿐이다. 그 처연한 울음소리는 인간의 야수성을 반성케 하는 인간화된 동물적 울음이다. 그 한계 존재로서의 울음은 "힘차게 어깨를 들먹거리며 벌개진 눈으로 연신 눈물을 흘리고" 소리 없이, 아니 소리를 소음에 빼앗긴 채, "복잡한 거리에서 우는 아이"(2:20-21)의 울음을 닮았다.

웃음도 울음도 그 소리와 함께 생산되는 것이 상례다. 그러나 그 소리를 도시의 소음에 빼앗겨 생명의 소리를 잃어갈 때 소리는 그것을 들을 수 있는 세미한 귀를 찾아가는 수밖에 없다. 그 소리들은 습관화된 소리의 껍질을 깰 때 비로소 들려온다. 그 소리에 세심히 귀 기울일 때 그

것 또한 생명의 소중한 원형질로 갑각류 같은 우리의 딱딱한 일상을 깨우는 귀중한 메시지가 될 수 있는 것이다. 하여 김기택 시인에게 소리는 또 다른 일상적 구원의 출구이자 화두로 자리 잡고 있다. 시인의 귀, 또는 시적 화자의 귀가 듣는 소리들은 다양하다. 모태 속의 태아가 움직이며 내는 소리, 은밀히 태아의 몸을 만드는 에너지가 되는 그 신비한 소리를 그는 듣는다(1:37). 연탄가스를 맡아 의식이 혼곤해지면서 그는 "부산한 아침의 인기척"을 "수돗가 아낙네들이 두런거리는 소리와/ 물 푸는 소리 그릇 부딪히는 소리/ 바삐 출근하는 발자국 소리"(1:47) 등으로 확인한다. 또한 그의 귀는 "먼지의 이동"이 만들어내는 "가는 소리의 떨림"(1:67)까지 포착하며, "바늘구멍만큼 깨어난 잠"으로 "모기소리를 따라"갈 만큼 민첩하다(1:84).

놀랍게도 그는 고요 속에서 현미경의 귀를 동원하여 이 세상에 가득 찬 "수많은 작은 소리 세포들"(2:56)을 발견해낸다. 그 현미경에 포착된 소리의 세포들은 "바람 소리 물소리 새소리 숨소리"뿐만 아니라 "바람 소리 속에 숨어 있는 갖가지 떨리는 소리 스치는 소리/ 물소리 속에 녹고 섞이고 씻기는 소리/ 온갖 깃털과 관절들 잎과 뿌리들이 음계와 음계 사이에서/ 서로 몸 비비며 움직이는 소리"(2:56)를 망라한다. 그 소리들은 우리의 습관화된 일상의 패턴을 깨고 극진한 수도자의 자세로 접근할 때에야 비로소 들린다, 아니, 보인다. 그 현미경은 "풀벌레들의 작은 귀"(3:13)와 같은 섬세한 영혼의 촉수다. 그것으로 시인이 듣고자 하는 것은 귀뚜라미나 여치 같은 큰 울음 사이에서 너무 작아 들리지 않는 소리들이다. 그것들은 내 귀의 일상적 통로에 가로막혀 되돌아간 소리들로서 곧 "두근거리며 매달린 여린 마음들"(4:14)이다. 그 소박한 자연의 소리들은 도심의 경적에 파묻혀 질식당함으로 순수의 힘을 잃은 것 같지만, 기실 그것들과 싸우며 꿋꿋이 자기의 존재를 시위하고 있다.

> 맑은 소리 만드는 것 말고는
> 아무것도 할 줄 모르는 병아리들
> 그 아무것도 할 줄 모르는 순수의 힘이
> 맑은 음 열어
> 스스로 소음의 폭력을 헤치고
> 구로공간역에 퍼지고 있었다.(2:39)

에서처럼, 소음의 폭력을 헤치는 병아리들의 소리는 무심한 만큼 맑은 힘이다. 그 힘이 우리의 귀를 채워나갈 때 우리는 비로소 소리 속의 소리, 소리 밖의 소리, "귀보다 행복한 곳에 사는 소리"(2:95)를 들을 수 있고, 복잡한 거리의 소음 속에 소외된 아이의 목소리를 찾아낼 수 있으며(3:19), 마침내 "폐허의 소음"을 한 편의 음악으로 들을 수 있는 "기이한 은총"(3:74)을 체험하는 경지에 다가설 수 있다.

소리와 대비되면서 소리와 동시적으로 생명의 질감을 일깨우는 감각으로 시인은 또한 냄새를 자주 언급한다. 냄새도 소리처럼 강렬한 일상적 삶의 흔적이지만, 그 원시성을 일깨우는 힘의 강도에서는 모든 다른 감각을 압도하는 기염을 토해낸다. 생물학자들의 지적대로 인간의 진화 과정에서 여러 감각 가운데 가장 오래된 기원을 갖는 것이 후각이라면 인간은 태생적으로 공기와 바람의 냄새뿐 아니라 영험한 낌새를 맡을 수 있는 능력의 소유자다. 그런데 그 감각은 도시문명의 발달과 함께 습관화된 일상의 패턴에 치여 둔화되고 쇠퇴해버리고 말았다. 그런데 시인은 대뜸 그 감각의 재개발을 통한 냄새의 천국을 꿈꾸는 것이다.

시인이 가장 애착을 가지고 지속적으로 호출하는 냄새는 비린내다. 그는 공기 속에서 비린내를 맡으며(4:35), 과육에서도 "흰 정액 비린내"(3:78)를 맡는다. 〈비린내〉라는 제목이 붙은 시를 보면 이 냄새는 "소도시의 온갖 냄새 속에 숨어 있는/ 한줄기 질기고 강한 냄새"이며 "끊임없이 코를 씰룩거리게 하지만/ 정체도 방향도 알 수 없는 냄새"(3:38)다. 왜 알 수 없을까. 그것은 도심의 인간들이 원시적 생명성을 잃어버렸기 때문이다. 그러므로 그 냄새는 역설적으로 그리움의 대상이 되고, 생의 갈증을 북돋는 동력이 된다. 그 갈증이 우리의 코를 씰룩거리게 하는 것이다. 그것이 다만 환각이 아닐진대 아주 고갈하지 않은 그 비린내의 흔적이 다시 부활하여 우리의 생명에 태초의 싱싱한 감각을 되돌 수 있으면 좋으련만. 이 냄새를 그리워하며 일상 속의 시인은 그 비린내의 토양 위에 난로 위에서 머리카락 타는 역한 냄새를 맡기도 하지만(3:16), 교정보는 여자의 부푼 가슴에서는 그 손가락 끝에서 가슴을 오가며 감싸 안는 말/글의 상처를 통해 "빵 굽는 냄새"를 길어올리기도 한다. 이처럼 고장난 말, 상처받은 글이 빵 냄새로 다가오는 빛나는 상상력의 길목에서 시인은 우리의 일상을 화려하게 채색하는 말/하기의 문제에 천착한다.

말하기는 앞의 다른 것들과 마찬가지로 일상을 이루는 필수적 요소인데, 그 말의 현상을 깊숙이 탐침해보면 바늘구멍 속의 그 아수라 또한 복잡하긴 매한가지다. 시인에게 말의 비극성을 떠올리게 하는 가장 극렬한 묘사는 말을 배설해야 할 "난폭한 힘"(2:32)으로 보는 대목이다. 그리하여 뱀이 뱀 되기까지의 내력을 노래하면서 시인은 갓 태어나자마자 그 끓어오르는 몸속에서 "울음부터 꺼내어야만 하고/ 평생 동안 부지런히 지껄여 말들을 뱉어내지 않으면 안 된다"(2:32)라고 말한다. 그렇게 말을 지운 뱀의 운명은 인간의 말/하기 습성에 그대로 적용되어 그 말을 부정적 현상으로 상기시켜준다. 전화수화기가 만들어내는 소리들이 어지럽게 흔들리듯, 그 소리들은 머리를 흔들 뿐더러 "머릿속에 꽉찬 말들"(2:58)까지 흔들리게 한다. 이때 흔들리는 말들을 흔드는 말은 기계의 소리와 구별이 안 되는 기세등등한, 즉 억압적인 말들이다. 말이 선별되고 공들여지지 않을 때, 말의 극진함이 제거된 그 고삐 풀린 말은, 시인에 의하면 "망가진 마음"(2:60-61)의 결과다. 그때의 말은 밥이 만들어내는 똥과 등가물의 가치로 다만 무의미하게 배설될 뿐이다. 그런 말들은 평소 굳어 있거나 눌려 있다.

그러던 것이 술이 들어가면 그 몸에서 술술 풀려나와 주정뱅이의 욕지거리로 출구를 찾는다(2:48-49, 85). "한참을 쏟아내고도 다 꺼내지 못한 말"(2:49)이라는 표현을 보면 인간의 말/하기의 욕망은 토사물의 구토나 똥의 배설 욕구 이상으로 집요한 그 무엇이다. 그래서 술 취하지 않은 평상시에는 몸 안에 과포화된 그 말들이 속에서 아우성칠 때 "중얼중얼중얼/ 생각 없는 말들이 나온다"(2:55). 그 중얼거리는 혼잣말은 생각의 무게를 벗어난 가벼운 말들이지만 그러기에 "무슨 말이 나오고 있는지"(2:55)조차 모르는 상태에서 나오는 무의식의 말이고, 그 말이 누구의 말인지도 모르는 주인 없는 말들, 즉 소외된 말들이다. 그래서 그 말들은 땅에 뿌리내리지 못한 채 공중을 떠돌 뿐이다. 이러한 말의 대표적인 사례로 시인이 꼽는 것은 20층 고층건물 안에서 "전화나 이메일로 쉴새없이 지저귀느라/ 한순간도 땅에 내려앉을 틈이 없"(3:75)는 전자화된 말들이다. 안타깝게도 오늘날 도시인들이 매우 자주 접하는 그런 말들에는 생명을 보듬고 이해하며 꽃 피울 틈이 없다.

시인이 이러한 퇴락한 말들을 넘어설 대안으로 개척하는 말은, 아직 태어나지 않은 침묵의 말들, "수천만 년 말을 가두어 두고/ 그저 끔벅거리고 있는"(4:17) 소의 눈에 조용히 담긴 말들이다. 그것은 곧 "순하고 동그란 감옥"(4:17)의 말인데, 그 순함과 동그란 부드러움의 가치를 마냥 상찬하기엔 그 '감옥'이 걸린다. 아직 세상 구경을 못한 상태에서 속으로 앓는 말의 이미지가 되기 때문이다. 그럴 바엔 차라리 말을 쏟아붓듯 떠들어대는 수다로써 말하기의 즐거움을 모험적으로 추구하는 것이 더 낫지 않을까. 과연 시인은 이쪽의 가능성도 열어두면서 시인답지 않게 "수다 예찬"(4:62)을 감행한다. 몸이 악기가 되고 말이 음악이 되면서 가속도와 흥을 만들어내는 말은 즐겁다. 이와 같이 "제 속도에 취한 말들"(4:63)은 자족적이며 남을 억압적으로 설득하는 도구로 남용되지 않는다.

그러면 그 경쾌한 자족적인 말들은 타자와 어떻게 소통할 수 있을까. 이 세상의 대다수 말들은 아직 여전히 억눌리고 방황하며 소외된 말들인데 말이다. 시인이 이 대목에서 의지하는 것은 여일하게 아이들이 내뱉는 "말랑말랑한 말들"(3:52)이다. 거기에는 "비밀스러운 문법"이 있으니, 곧 "아무런 뜻이 없어도/ 저 혼자 즐거워 웃고 춤추고 뛰어노"(3:52)는 말의 자연성이다. 그것은 강아지의 짖음과 새의 지저귐처럼 그 행위를 위한 행위로 자족하는, 그리하여 남을 억압하지 않는 의미에서의 순연한 말이다. 이런 말들이 어울릴 때 서로 간의 "대화는 막힘이 없다"(3:52). 그러나 그 말들로 나눌 수 있는 대화와 소통이 개인적 차원의 자족을 넘어 얼마나 어떻게 우리의 중첩된 일상과 이 세상의 복잡한 이해관계를 해명하며 해결할 수 있을까. 우리가 강아지와 새가 될 수 없는 실존의 굴레 앞에 취한 말들은 다시 깨어나야 하기 때문이다. 이 지점에서 시인은 시인답게 침묵한다.

신생의 꿈

김기택이 그리스도교적 소재를 직접 다룬 것은 기왕에 발표된 시집 가운데 〈엘리 엘리 라마 사박다니〉란 제목의 다음 한 편이 유일하다.

발바닥의 피가 손바닥으로 흘러나와
발등을 적시며 떨어지는 동안
두개골 말라붙은 핏자국 위로 다시 피가 흘러
옆구리 상처를 덮는 동안
예수는 고요한 눈으로 신음과 움직임을 삼켰다
피가 빠져나가는 혀는 수세미처럼 말라갔고
찢어지는 손바닥에 박힌 못은 조금씩
빠져나가는 몸무게를 느끼기 시작했다
성급한 창 끝이 마지막 죽음을 확인하려고
여기저기 찔러보는 사이에도
조금 남은 목숨은 살마다 뼈마다 끈질기게 붙어
손바닥의 아픔으로 발가락을 움직이게 하고
물기 없는 아랫도리에서 뜨거운 오줌을 만들었다

어지러운 아우성 속에서 어둡고 슬픈 눈들 사이에서
튼튼한 이빨들이 박혀 있는 웃음들 속에서
예수는 크고 순한 눈을 소처럼 들어
피를 모아 노려보는 눈초리들을 받아들였다
나의 하나님 아아 나의 하나님

어찌 감당하리이까 식어가는 살덩이 속에서

삼손처럼 소리지르며 일어날 것 같은 이 힘을

손가락 끝에서 끊임없이 불똥 튀기는 이 번갯불을

한 달간의 홍수를 저장하고 으르렁거리는 이 천둥 소리를

어찌 차가운 고깃덩이 속에 편히 잠재우나이까

거드름으로 더욱 살찐 웃음 소리 앞에서

실망으로 점점 더 무거워지는 눈동자들 앞에서

마지막 숨이 종이처럼 가볍고 푸른 몸을 흔들었다

엘리- 엘리- 라마 사박다니-

심장의 열기를 큰 소리로 모두 쏟아부은 후

가는 모가지는 해골 몇 근의 무게에 굴복하여

고개를 떨구었다 냄새 고약한 시체가 되어버린

다른 도둑들처럼(1:58-59)

이 죽어감의 냉정한 사실주의 앞에 전통적 종교성이 자리 잡을 틈새
는 넓지 않다. 그러나 다른 도둑들처럼 시체로 굳어져 가는 예수의 절규
는 그 종교의 부재나 결핍에도 불구하고 더 간절한 울림을 낳지 않는가.
거대하게 울리는 그 '말씀'의 이면에 감추어진 예수의 잔잔한 인간적인
'말들'이 상상의 뇌수에 박히는 이 풍경 앞에 고난의 진정성은 그 무게를
더한다. 십자가에 달려 죽어가던 하나님의 아들 예수에게도 바늘구멍 속
의 일상, 그 빼곡한 일상이 핏줄과 힘줄과 세포에 새겨지던 위태로운 마
지막의 탱탱한 순간은 있었을 테니까 말이다. 정글의 논리가 지배하는
동물성의 세계에 집중하며 먹고 먹히는 순간의 아스라한 긴장을 쥐, 호
랑이, 개, 돼지, 닭, 소 등의 동물들을 중심으로 포획해나간 첫 번째 시집

에서 예수의 저러한 포즈는 어쩐지 수동적 식물성의 기질에 더 근접해 보인다. 그의 못다 한 말이나 그의 몸이 만드는 세밀한 동작들은 철저히 무기력하다. 살아 있고자 함의 안간힘과 자기의 대책 없는 죽어감에 대한 무기력한 탄식 사이에서 예수는 그 무기력의 안간힘으로 시체가 되어가면서 함께 고난당한 도둑 같은 하찮은 생명과 동일시된다. 그로써 예수는 인간의 고난을 극적으로 체화하며 자신의 인간 됨을 남김없이 체현한다.

이러한 수동적 식물성의 단서는 최근에 나온 김기택의 네 번째 시집에서 나무에 대한 왕성한 관심으로 표출되고 있다. 그가 예수의 탈종교화로써 뿌린 씨앗 한 톨은 이렇게 대지 위의 싱그러운 초록 식물들의 생명으로 번지면서 예수를 말하지 않고도 예수를 살아내며 하나님에 대한 휘황한 종교적 담론 없이도 하나님 안에 거하는 세계의 나무가 된 것이다. 그 나무 그늘 아래, 나는 본회퍼의 유산을 알뜰히 챙기면서, 오늘도 걷고 밥 먹고 잠자며 먼지 속에 살아간다. 또 웃고 울고 세미한 소리에 귀 열고 태초의 냄새에 콧구멍을 벌름거린다. 말을 바꾸면서 싱그러운 말의 부활을 꿈꾸고, 머리 깎으러 가서 내 머리가 전지된 꽃병의 꽃처럼 "동글동글하고 파릇파릇"(4:32-33)하게 다시 피어남을 느낀다. 내 웃음 끝에 눈물을 만들어주는 하품과 딸꾹질과 기침에 어떤 신묘한 사연이 숨어 있는지, 단숨에 수백, 수천만 개의 먼지가 들락거리는 내 콧구멍과 폐부 안에서 어떤 사건이 발생하는지, 나는 시인과 더불어 바늘구멍 속으로 촘촘하게 얽힌 나 자신과 주변의 미세한 일상을, 막 눈뜬 신생아의 시선으로, 종교 없이, 그러나 경건하고 경이롭게 투시하기 시작하는 것이다.

• 이 글에서 인용한 텍스트의 출처는 다음과 같다. 괄호 안의 첫째 숫자는 아래 시집의 번호이며, 둘째 숫자는 그 시집의 쪽수다.

1. 김기택, 『태아의 잠』(서울: 문학과지성사, 1991).
2. ____, 『바늘구멍 속의 폭풍』(서울: 문학과지성사, 1993).
3. ____, 『사무원』(서울: 창작과비평사, 1999).
4. ____, 『소』(서울: 문학과지성사, 2005).

•• 이 글 인용문 속의 한자와 띄어쓰기는 각 시집 안의 것을 그대로 따랐다.

18장 어느 '동네' 목사의 쓸쓸한 초상
-기형도의 〈우리 동네 목사님〉에 감응하여

아, 기형도: 90년대의 상실!

1990년대 절반은 외국에서, 나머지 절반쯤은 국내에서 나는 죽은 기형도와 함께 살았다. 그의 유고시집 『입속의 검은 잎』(1989)은 종이가 누렇게 변색되고 너덜너덜해질 때까지 책상에서, 침대에서, 화장실에서, 거리에서, 차 안에서 내 시선과 자주 부대꼈다. 그것은 또 비 내릴 때나 눈 올 때나 바람 불 때, 내 영혼을 이끌어내어 몽유병 환자처럼 이곳저곳을 떠돌게 했다. 그 정처 없는 여정의 한복판에서 나는 그와 함께 도처에 널린 시대의 우울을 더듬으며 아프게 공명했다. 교회에서 우렁차게 들려오는 희망은 샤머니즘의 늪처럼 끈적거리고 상투적 장식처럼 이내 시들해졌건만, 그가 개미만 한 포즈로 토해낸 절망의 언어들은 내 심장을 깊숙이 베기에 충분히 서늘하고 또 예리했다. 그의 쟁쟁한 잿빛 시어들은 때로 판화의 흑백 이미지처럼 감추어진 생의 비의를 오싹하게 조형했고, 때로 대장장이의 되풀이되는 풀무질과 망치질처럼 불길한 시대의 징조들을 아스라하게 조탁해 보였다. 그렇게 그가 구축한 시의 나라는 지금 도 마치 카프카의 성채를 감싸며 스멀거리는 안개숲처럼 아무것도 아닌 듯하면서 사실 전부인 인간의 생을 그로테스크한 이미지의 지형 속에 재현한다. 그곳으로 슬쩍 틈입할라치면 꿈에서 깨어난 뒤 막막한 기억의 심연 속에 뒹구는 흐릿한 이미지의 파편들처럼 의식은 무의식과 뒤엉기며, 그 언저리에 기형도의 시들은 기이한 형상들로 얼룩진 생의 도판과 우리를 마주서게 한다. 그 시의 나라에 갇힌 견자의 영혼들은, 90년대에 그랬듯이, 그와 더불어 경악하고 탄식하며 불우한 생의 자의식에 절어 그 후로도 오랫동안 눈 내리는 밤길을 떠돌며 쿨쩍이리라.

시인 기형도는 1960년 북에 고향을 둔 실향민의 아들로 연평도에서 태어났다. 1969년 부친이 중풍으로 쓰러지고, 1975년 누이가 불의의 사고로 죽는 등 유년기에 걸친 그의 가족사는 "검은 페이지가 대부분이다" (47). 그는 총명하여 반장을 맡고 라면박스로 가득 담을 만큼 많은 우등상을 탔지만 귀가하여 "아무리 천천히 숙제를 해도" 열무를 팔러 시장에 나간 엄마가 돌아오지 않아 "빈방에 혼자 엎드려 훌쩍거리던"(134) 유년의 상처를 앓았다. 더구나 그 상장으로 종이배를 접어 시냇물에 띄운 비밀스러운 기억(95)은 그가 가난과 외로움을 대가로 키워온 내면의 세계가 무엇이었는지 짐작하게 한다. 어린 시절 그의 상처가 가난이었다면 장성하여서 그것은 잃어버린 사랑의 표정을 달고 찾아왔다. 그는 어느 겨울날 술에 취한 상태에서("그날 마구 비틀거리는 겨울이었네", "그날 마구 취한 겨울이었네"[87]) 아마도 사소한 말다툼/말실수로 인해("나 못생긴 입술 가졌네"[87]) 실연당하는 아픔을 겪었던 것 같다. 그 잃어버린 사랑과 함께 그는 많은 청춘의 이미지들과 이별해야 했다.

사랑을 잃고 나는 쓰네

잘 있거라, 짧았던 밤들아

창밖을 떠돌던 겨울 안개들아

아무것도 모르던 촛불들아, 잘 있거라

공포를 기다리던 흰 종이들아

망설임을 대신하던 눈물들아

잘 있거라, 더 이상 내 것이 아닌 열망들아

장님처럼 나 이제 더듬거리며 문을 잠그네

가엾은 내 사랑 빈집에 갇혔네(89)

그렇게 사랑을 잃은 그는 추억을 경멸하였고(60), 삶의 상처를 앓으며 길 위에서 뜬금없이 중얼거렸다(61). 때로 질투를 힘으로 삼아 밋밋한 일상을 버텨도 봤고(68), 간혹 비 내리는 물속에서 사막의 환영을 피워 올리기도 했다(62-63). 그가 블라인드 안으로 들여다본 타자의 세상은, 〈오후 4시의 희망〉이라는 희망적인 제목이 붙은 시에서조차, "죽음도 살지 못"하는 곳이며, "누군가 나를 망가뜨렸으면 좋겠"다는 탄식으로 중얼거리고 있으니, "모든 것이 엉망"으로 무너져 내려 진창이 되었기 때문이다(51-52).

기형도는 80년대의 마지막 해인 1989년 3월 7일 종로의 한 심야극장에서 영화를 보다가 뇌졸중으로 죽었다. 만 29세의 생일을 엿새 앞두고 있었다 한다. 그가 죽은 시점과 관련하여 두 번 겹치는 9라는 숫자에서 종말론적 예감을 느끼는 나는 너무 민감한 걸까. 그는 그 늦은 시각 집에 들어가지 않고 왜 하필 도심의 그 컴컴한 공간을 찾았던 것일까. 사위로 닫힌 익명의 공간 안에서 그는 혼자 무슨 안간힘으로 그 고독한 시간을 죽이고 있었던 것일까. 그의 그 상징적인 죽음의 방식이 몸서리쳐질 만큼 끔찍하면서도 나는 시인답다고 줄곧 생각했다.

침묵과 응시, 또 하나의 사랑

기형도가 그리스도교나 하나님에 대해 관심을 보인 흔적은 그의 글에서 찾아보기 어렵다. 허나 그가 고등학교 시절 활동했다는 '목동'이라는 중창단의 공연 사진을 보면 시인이 교회라는 환경과 전혀 무관하지는 않았던 것 같다. 그가 죽고 나서 묻힌 곳이 천주교 공원묘지인 사실로 미루어 그의 가족 중 일부가 가톨릭교회와 인연을 맺었을 가능성도 있다. 그러나 그의 전주 여행기에 나오는 다음의 진술을 보면, 비록 타인의 종교 체험에 담긴 진정성에는 감동할 줄 알았지만, 그의 종교관은 제도권 내부의 일반적 신앙과는 거리가 먼 회의적인 입장에 가까웠던 것으로 보인다. "선혜 법우가 동사섭同事攝을 말해주었고 가식과 욕망을 없애고 진실을 향해 사는 삶을 이야기했을 때 나는 그것을 행복, 자기 구원으로 깊이 인식하였고 감동했다. 그리고 나는 '종교가 공포에서 비롯된 스스로 성자聖者 되기의 길'임을 조심스럽게 말했고 '욕망과 망집이 없는 평정된 삶은 어쩌면 불행한 삶일 것'이라고 피력함으로써 의심이 많은 자 특유의 '혼란과 쟁투, 근심에의 탐닉을 통한 유한자로서의 생 읽기'의 버릇을 드러내고 말았다"(301). 이 대목에서 도드라지는 시인의 초상은 실천적 종교인보다는 치열하게 현실을 감내하며 더불어 싸워나가는 실존주의적 견자의 모습이다.

그러나 그는 하나님과 예수 그리스도를 표나게 내세워 읊조리는 대신 그의 생애 가운데, 아니 그 변두리에서 어느 동네 목사의 초상을 남김으로써 그리스도교에 대한 관심을 우회적으로 드러냈다. 비록 그는 견자의 위치에서 목사의 동선을 훑으며 물끄러미 관찰하고 있지만, 그의 관찰에는 방관자적 싸늘함이 아니라 스스로 다가서며 그의 삶에 조심스럽게 개입하고자 하는 따스한 훈기가 느껴진다. 아울러 그의 겸손하지만 단호한 관찰자의 시선에는 그 목사가 목회하던 시절 이 혼란스러운 땅을 스쳐간 이런저런 개똥신학들의 지형에 대한 명료한 성찰도 우러난다. 시인은 물론 설교조로 교회와 목사와 신학에 대해 웅변을 토하지 않는다. 그는 침묵의 시선으로 다만 응시할 뿐이다. 그 잔잔한 응시의 눈길이 한 익명의 목사에게 초점을 맞추어 진득한 사색으로 깊어지고 그것이 곰삭으며 응결되는 지점에서 이 시는 언어의 옷을 입고 이 땅에 탄생했으리라.

읍내에서 그를 본 것은 이번이 처음이었다
철공소 앞에서 자전거를 세우고 그는
양철 홈통을 반듯하게 펴는 대장장이의
망치질을 조용히 보고 있었다
자전거 짐틀 위에는 두껍고 딱딱해 보이는
성경책만한 송판들이 실려 있었다
교인들은 교회당 꽃밭을 마구 밟고 다녔다, 일주일 전에
목사님은 폐렴으로 둘째아이를 잃었다, 장마통에
교인들은 반으로 줄었다, 더구나 그는
큰 소리로 기도하거나 손뼉을 치며
찬송하는 법도 없어

교인들은 주일마다 쑤군거렸다, 학생회 소년들과

목사관 뒤터에 푸성귀를 심다가

저녁 예배에 늦은 적도 있었다

성경이 아니라 생활에 밑줄을 그어야 한다는

그의 말은 집사들 사이에서

맹렬한 분노를 자아냈다, 폐렴으로 아이를 잃자

마을 전체가 은밀히 눈빛을 주고받으며

고개를 끄덕였다, 다음주에 그는 우리 마을을 떠나야 한다

어두운 천막교회 천장에 늘어진 작은 전구처럼

하늘에는 어느덧 하나둘 맑은 별들이 켜지고

대장장이도 주섬주섬 공구를 챙겨들었다

한참 동안 무엇인가 생각하던 목사님은 그제서야

동네를 향해 천천히 페달을 밟았다, 저녁 공기 속에서

그의 친숙한 얼굴은 어딘지 조금 쓸쓸해 보였다(129-130)

동네 교회, 동네 목사

〈우리 동네 목사님〉이라는 제목의 이 작품은 기형도의 대표작도 아니고 유달리 뛰어난 작품도 아니다. 문예지에 발표된 기록이 없는 걸 보면 아마 그저 그런 과거의 습작들을 정리하면서 건져낸 작품이 아니었나 싶다. 기형도의 시 세계를 특징짓는 수일한 이미지나 번득이는 창조적 상상력, 쟁쟁한 시혼이 발휘된 흔적도 찾아보기 어렵다. 그러나 이 작품은, 시인이 그리스도교의 목사를 다룬 유일한 시라는 별스럽지 않은 사실 이외에도, 목사인 내 가슴을 소박한 감동으로 물들이는 담담한 말들의

풍경을 조형해 보여준다. 그 풍경에 비치는 목사상은, 목사들이 잘나가는 목사를 언급하는 '세계적인 종' 따위의 통속적 방식도 아니고, 교인들이 목사를 칭송하며 으레 일컫는 '성령 충만한 말씀의 사자' 등속도 아니며, 세간에서 툭하면 동네북처럼 얻어맞는 '사기꾼 같은 목사놈' 식의 악의적 수사도 아니다. 그런 통속적 초상을 뛰어넘은 지평에서 이 작품은 한 시절 힘들게 버텨왔던 목사의 빛과 그림자를 차분하게 담아내고 있다. 그 목사는 특수한 개인이지만 동시에 특별히 대단할 것 없이 수수한 목사, 평범하면서도 견결한 신학적 지향을 품고 우울하게 한 세월 견디는 목사, 그러나 현실 속의 교회에서 성공하기보다 실패할 가능성이 더 큰 이 땅의 하고많은 목사들의 얼굴을 대변한다.

시인은 이 작품에 〈우리 동네 목사님〉이란 제목을 붙여놓았다. 제도권 그리스도교의 바깥에 머물던 사람이 '목사'에다 '님'자를 붙여 공대하는 것은 지당한 듯하면서도 목사가 술자리의 안주처럼 툭하면 씹히며 천덕꾸러기로 취급받는 요즘 세태에 비추어보면 예사롭지 않다. 게다가 그 '목사님'을 수식하는 '우리 동네'라는 말에 더욱 정감이 간다. '동네'란 말은 자기가 사는 집의 근처란 뜻으로, 이웃과 담장을 연하여 이집 저집 함께 어울려 사는 마을을 가리킨다. 이 말 대신 굳이 거창하게 '공동체'라는 말을 쓰지 않아도 '동네'라는 말의 어감에는 아직 충분히 도시화가 되지 않은 전통사회의 인정 어린 분위기가 풍겨난다. 거기에 '우리'라는 또 다른 수식어가 붙으면 그 동네는 친밀한 사람들이 오순도순 모여 서로 돕고 의지하며 살아가는 훈훈한 공동체로 떠오른다.

그런데 제목에서 풍기는 '동네'의 그런 이미지를 끌고 시의 본문으로 들어가 보면, 그 동네는 이제 도시화의 물결에 휘청거리며 근대화의 성장통을 앓는 한 읍내의 변두리에 자리한 마을이다. 그 동네에 교회가 하나 있다. 그 교회는 개척교회인 듯 '천막교회'로 언급된다. "어두운 천막교회 천장에 늘어진 작은 전구처럼"이라는 시구를 보면 이 교회는 형광등이 보편화되기 이전의 낙후된 조명시설로 실내를 밝히는 시절에 개척된 것 같다. 그 천막에 큰 전구, 밝은 조명을 달지 못해서 천막교회의 실내는 어둡다. 그러나 이 교회가 어두운 것은 컴컴한 실내와 작은 조명 탓만은 아니다. 이 교회의 삶 전반이 또한 어둠의 장막에 씌워져 있기 때문이다.

이 교회가 비록 개척교회일망정 막 시작한 교회는 아닌 듯하다. 교회에는 '집사들'이라는 안수받은 항존직의 직분자들도 여럿 있고, 학생회도 조직되어 있다. 그리고 이 교회는 그 동네에서 유일한 교회로서 경쟁하는 다른 교회들도 없었던 듯하다. 목사를 거부하고 내쫓기로 결의하면서 "마을 전체"('교인 전체'가 아니라)가 공감하는 모습을 보여주기 때문이다. 이 교회의 삶이 어두운 것은 여러 가지 이유가 있겠지만 무엇보다 목사에 대한 교인들의 거부감 때문이다. 집사들을 여럿 세우고 학생회를 조직해놓았을 정도로 이 교회가 개척된 지 꽤 오랜 시간이 흘렀거나, 현재 목사가 부임해온 지 상당한 햇수가 되었다면, 그 거부감은 교회의 부흥·성장이 잘 되지 않는 것에 대한 불만과 연관되어 있었을지 모른다. 물론 객관적인 여건이란 것도 무시하지 못한다. "장마통에 교인들은 반으로 줄었다"라는 구절을 보면, 이 교회는 교인들 다수가 농사일에 종사하는 사람들이었을 가능성이 크다. 장마통으로 훼손된 농작물과 전답을 복구하기 위해 일손이 딸렸거나 그로 인해 실의에 빠져 낙담한 교인들이 교회에 출석할 심리적 여유가 없었을 터이기 때문이다.

그러나 근본적인 갈등과 불화의 원인은 목사의 목회 스타일에 대한 교인들의 반발에 있었음직하다. 그 교인들은 화끈한 목회 스타일을 기대했다. 그들은 예배 스타일도 일상의 고통을 잊을 만큼 환상적인 뜨거움으로 진행되길 원했을 것이다. 그러나 그 목사는 장마통에 피해 입은 교인들을 달래고 다시 화끈하게 일으켜 세우기 위한 부흥의 열정을 발휘할 만한 위인이 못되었다. 그래서 "그는 큰 소리로 기도하거나 손뼉을 치며/ 찬송하는 법도 없어/ 교인들은 주일마다 쑤군거렸다." 그런 쪽보다 목사의 관심을 당겼던 것은 학생회 소년들과 목사관 뒤터에 푸성귀를 심는 일, 교회당의 꽃밭을 가꾸는 일 등과 같이 다소 낭만적이고 소박한 생활의 누림, 혹은 그 누림의 실천으로서의 자잘한 노동이다. 그 일에 몰두하느라 저녁 예배에 지각까지 한 그를 기존의 관행과 규칙에 보수적인 교인들이 곱게 봐주었을 리 만무하다. 그들의 원성은 필시 대단했을 것이다. 이러한 스타일상의 불화는 목회철학에 대한 반발로 번져 "성경이 아니라 생활에 밑줄을 그어야 한다는/ 그의 말은 집사들 사이에서/ 맹렬한 분노를 자아냈다." 이러한 반발심과 분노의 감정은 직접적인 저항의 시위로 나타나 "교인들은 교회당 꽃밭을 마구 밟고 다녔다."

이러한 불화의 한구석에는 최근에 발생한 목사의 둘째아이가 폐렴으로 죽은 사건이 자리한다. 이 비극적인 사건은 객관적인 정황에 비추어보면 목사에 대한 대우가 극도로 열악하여 그 가정에 대한 최소한의 건강 복지가 부실했음을 반증한다. 폐렴으로 죽을 정도였다면, 감기에 대한 조기 처방과 함께 충분한 의약적 치료를 받지 못했다는 것이고, 그것이 후두염, 폐렴으로 악화되기까지 어린 생명의 병증을 방치했다는 말이 된다. 그만큼 평소의 생활환경과 가정형편이 좋지 않았다는 이야기다. 그러나 이 사건은 교인들에게 자기들의 '의'를 증빙해주는 영적인 징후처럼 받아들여진 듯하다. 불성실하고 정통을 벗어난 목사에 대한 하나님의 저주와 심판이었다는 암묵적인 확신이 그들에게 공명되었을 여지는 충분하다. 그래서 그들은 일심으로 단결하여 "은밀히 눈빛을 주고받으며/ 고개를 끄덕였다." 장마로 인한 마을의 재난과 교회의 위축, 교인들과 목사 사이의 불화와 갈등, 그 결과로 나타나는 목사의 사임에 이르기까지 이 모든 과정에서 폐병으로 죽은 둘째아이는 강력한 계시적 징조로 작용한 것이다. 나아가 목사의 축출은 공동체의 갈등을 푸는 희생양 제의의 또 다른 실천방식으로 드러난 셈이다.

따스한 희망의 입구

이 작품은 별도의 연 구분이 없이 쓰였지만 모두 두 개의 시점과 세 개의 단락으로 구성되어 있다. 전반부의 1-6행과 후반부의 20-25행이 현재에 근접한 과거 시점의 회상을 담아낸다면, 그 가운데 끼인 7-19행은 좀더 떨어진 과거의 기억을 반영한다. 이러한 시간적 흐름 속에서 1-6행과 20-25행은 시인 자신의 분신인 듯한 화자와 목사가 관찰자로서 서로 거리를 두고 타자를 응시하는 모습을 보여준다. 목사는 철공소 앞에서 대장장이의 망치질을 조용히 주시하고, 화자는 그 목사를 쳐다보며 관찰하고 있다. 이에 비해 가운데 위치한 7-19행에서 목사는 교인들과 갈등의 관계로 엮어져 묘사된다. 목사를 둘러싼 사건에 초점을 맞추어 말하자면, 전자의 시점은 목사가 그 교회를 부득불 사임하고 떠나기로 한 이후의 동선을 다루고, 후자의 시점은 그렇게 결정되기까지의 내막을 몇 가지 단편적인 사연으로 엮어 드러내고 있다. 교회의 담임목사직 사임이라는 사건 이전과 이후의 심리적 풍경을 암시라도 하듯, 전자의 경우에는 현실에 초연한 듯 담담하고 쓸쓸한 목사와 화자의 시선이 겹으로 깔려 있지만, 후자의 경우에는 목사를 내몰기까지 표출된 교인들 쪽의 일방적 심판과 음모의 동선들이 암시되어 있다.

교회를 떠나기로 한 뒤에 어느 날 목사는 자전거를 타고 읍내로 나왔다. 화자는 그를 읍내에서 처음 보았다. 그 자전거의 짐받이에는 "두껍고 딱딱해 보이는/ 성경책만한 송판들이 실려 있었다." 그는 왜 하필 "성경책만한" 송판들을 구입한 것일까. 이와 관련하여 교인들이 마구 밟아 망가뜨린 꽃밭을 교회를 떠나기 전에 복구하기 위한 목적이었을 것이란 심증은 가지만 확실한 건 알 수 없다. 시인이 다른 시 〈백야〉에서 "하늘은 딱딱한 널빤지처럼 떠 있다"(38)라고 쓴 걸 보면, 이 시의 "두껍고 딱딱해 보이는/ 성경책만한 송판들"은 사람들 마음에 여전히 옹색하게 눌어붙은 하늘, 혹은 그 훼손된 하늘을 수선하는 도구의 은유처럼 들린다. 좀더 성서적인 표현에 가깝게 바꾸어 말하면, 그 송판들은 아직 이 땅에 이루어지지 않은 하늘나라의 구차한 현실태이거나 암담한 현실을 바꾸어보려 애쓰는 목회와 선교의 몸부림 같은 것이 아닐까.

목사는 송판 실은 자전거를 받쳐둔 채 철공소 앞에서 "양철 홈통을 반듯하게 펴는 대장장이의 망치질"에 시선을 꽂고 조용히 그 노동의 현장을 바라본다. (여기서 '양철 홈통'이라는 소재는 8행의 '장마통'이라는 말과 어울려, 이 시의 계절적 배경이 여름 장마철임을 암시한다.) 아마 대장장이는 장마통에 일그러진 양철 홈통을 수선하거나 재활용하기 위해 망치질을 하고 있었을 것이다. 그것은 송판과 달리 연거푸 때려야 반듯해지는 재질이다. 송판은 톱으로 켜야 쓸 수 있지만 양철은 때려서 반듯하게 펴야 사용할 수 있다. 목사는 대장장이의 노동이 마무리되고 하루 일과를 파하기까지 꽤 오랜 시간 그 모습을 쳐다보며 무엇인가 생각한다. 그 '무엇'은 과연 무엇이었을까. 목사는 그 망치질 속에서 교인들한테 두들겨 맞아온 자신의 처지를 양철 홈통에 빗대어 스스로 연민의 정에 빠져 있었을까. 아니면 자신의 미숙함을 반성하며 금번에 겪은 고난의 경험을 앞으로 다시 시작하기 위한 연단의 과정으로 승화시키고 있었을까.

이 시에서 목사가 마지막으로 보여준 동선은, 읍내에서 볼일 보고 대장장이의 노동을 충분히 응시한 뒤, 자전거 페달을 밟으며 다시 교회가 있는 그 동네로 들어가는 모습이다. 그것은 대장장이의 노동이 끝나는 시점과 연계되는데, 그가 "주섬주섬 공구를 챙겨들" 때 목사는 예의 골똘한 생각에서 깨어난다. 그 두 동작 사이에 "그제서야"라는 강한 울림을 갖는 부사가 놓여 있다. 나는 왜 이 시의 끝부분에서 이 단어에 특별히 힘을 주어 읽은 것일까. 그것은 하나의 일이 마치면 주변을 챙겨 떠나야 한다는 당연한 사실의 섬뜩한 발견과 연관된 것이 아니었을까. 하루를 단위로 반복되는 일상에도 이처럼 매듭이 있듯이, 목회의 여정에도 한 교회에서의 사역이 마무리되면, 그 계기가 무엇이든, 목사는 또다시 새로운 일터를 찾아 떠나야 한다. 어디 목사뿐이랴. 지상의 인생 모두가 나 그네처럼 해와 달의 반복적 순환에 따라, 성장과 성숙의 단계에 따라, 끊임없이 새롭게 다시 떠나야 함은 평범한 상식이다. 그 평범한 상식을 비범한 것인 양 해 떨어지는 저녁 무렵에 '그제서야' 깨닫는 둔감한 다수의 우리 인간들에게는 여전히 정신적 각성의 화두망치로서 대장장이의 망치질이라는 은유적 매개가 필요할지 모르겠다.

이 시에서 가장 아름다운 대목은 다시 동네로 들어가는 목사의 친숙한 얼굴을 저녁 공기 속에서 "조금 쓸쓸하게" 바라보는 화자의 시선이다. 여기서 조금 쓸쓸한 것은, 일단 황혼녘 귀가하는 목사의 얼굴이겠지만, 동시에 그 얼굴을 바라보는 화자의 시선, 그리고 그 시선에 담긴 시인의 내면풍경이기도 하다. 그 쓸쓸함은 그러나 쓸쓸함이 아니다. 그의 그 쓸쓸함에는 푸근한 저녁공기 속에 일렁이는 한 조각의 따스함이 얹혀 있다. 그래서 '굉장히'가 아니라 '조금' 쓸쓸하다. 그것은 교회를 떠나기로 결정 난 이후에 등장하는 "대장장이의 망치질"과 그것을 응시하는 목사의 시선, "성경책만한 송판들"과 그것으로 뭔가 작업을 하려는 미답의 희망 어린 시간으로 인해 생겨나는 따스함이다.

이와 같은 따스한 쓸쓸함의 흔적은 20-21행에서 "어두운 천막교회 천장에 늘어진 작은 전구처럼/ 하늘에는 어느덧 하나둘 맑은 별들이 켜지고"라는 시구에서도 탐지된다. 천막교회 천장에 늘어진 작은 전구의 처량함은 하늘에 뜨기 시작한 맑은 별들을 상상해낸다. '밝은' 별들이 아니라 '맑은' 별들이다. 하늘의 그 별들도 천막교회 천장의 작은 전구들처럼, 또 그 전구들로 표상되는 교회의 내부 정황들처럼, 그리 밝지 못하다. 오히려 어둡고 컴컴하며 자전거에 실린 그 송판들처럼 두껍고 딱딱하다. 그러나 맑을 수 있다. 아니, 맑아야 한다. 그 맑은 별들은 곧 가장 암울한 절망의 지경에서도 가장 희망적일 수 있다는 그리스도교 신앙의 객관적 상관물이기 때문이다. 화자는 이렇듯 조금 쓸쓸한 목사의 얼굴에서 어두운 천막교회의 늘어진 작은 전구처럼 컴컴한 현실을 보면서 동시에 그의 미래에 불현듯 등장할 '맑은 별들'의 따스한 희망을 떠올렸던 것이다.

윤리학과 신정론의 사이

이 시는 우리의 신학적 상상력을 추동하며, 특히 성서신학적 관심사로 이끌어낼 만한 흥미로운 요소들을 몇 가지 품고 있다. 목사가 학생회 소년들과 목사관 뒤터에서 푸성귀를 심다가 저녁 예배에 늦었다는 진술은 천진한 심성으로 신앙의 일상화를 추구하는 결기를 보여준다. 이는 복음서에서 어린아이와 같이 되지 않고서는 하나님 나라에 들어갈 수 없다는 예수의 전언과 통하거니와, 특히 작은 일에 깊이 몰두하는 어린아이의 본성이 이 지점에 관여된다. 교회당 꽃밭도 그런 어린아이스러운 정성으로 소년들과 더불어 가꾸었을 것이다. 그러나 교인들은 좀더 성숙하고 정확한 현실 대응의 감각을 요구했을 법하다. 이러한 관점에서 보면 장마통에 예배 참석 교인이 절반으로 줄었을 때 잽싸게 그들을 위로하고 고무시킬 목회전략을 세워 심방하기에 정신없었어야 정상이다. 주저앉은 교인들의 신심을 다시 일으켜 세우기 위해서라도 큰소리로 통성기도를 유도하고 손뼉을 치며 요란하게 찬송이라도 해야 낙담한 교인들의 성에 차고 그 현실에 부응할 수 있으니 말이다. 그러니 목사의 그런 정반대 행태에 대하여 교인들은 응당 고린도전서 13장의 말투를 빌려올 법도 했다. 말하는 것과 깨닫는 것과 생각하는 것이 어린아이였던 수준을 넘어 이제 장성한 어른이 되어서는 그런 것을 떠나야 한다고 항변할 기세였으리라.

사정이 이런 마당에 아이들과 푸성귀를 심다가 저녁 예배에 늦는다는 것은 교회의 통속적 현실에 비추어 용납하기 어려운 파격이고 일탈이다. 그러나 그에게 그러한 삶은 예외적인 경우가 아니라 견고한 신념으로 굳어져 일상적 생활양식으로 평범하게 나타난 듯 보인다. 오늘날 신사적인 도시의 교인들은, 목사가 학생회 소년들과 푸성귀를 심고 꽃밭을 가꾸더라도 정신 바싹 차려 시간을 잘 조정해서 굳이 저녁 예배에 지각하지 않는다면 더 좋을 것이라고 천연덕스레 말할 수 있을 것이다. 그러나 제아무리 훌륭한 현실적 대안을 제시해도 구멍이 뚫리고 미운 털이 박힌 자를 향한 트집의 빌미는 도처에 널려 있는 법! 인간은 체질상 빈틈없는 옥구슬의 완벽성이나 에누리 없는 기계의 정확성과 무관한 존재이기 때문이다.

"성경이 아니라 생활에 밑줄을 그어야 한다"라는 이 목사의 케리그마는 평범한 만큼 지당하지만, 문제는 "성경이 아니라"의 "아니라"에 있다. 이 케리그마의 강한 수사적 표현 이면에 깔린 의도를 찬찬히 새기며 설득력 있게 재서술하면, 그의 말인즉 기실 성경에 밑줄을 치고 열심히 공부하면서, 거기에 그치지 말고 그 말씀의 메시지를 생활로 옮겨 열심히 실천해야 한다는 뜻이었으리라. 그런데 교인들은 단순하다. 그 "아니라"가 가시처럼 심장에 걸릴 수 있는 것이다. 그러니 이러한 사소한 부정의 어휘 하나만으로도 억하심정에서 목사에 대한 평소 불만을 토로하는 빌미로 삼을 수 있는 것이다. 성경은 일점일획도 무시할 수 없는 하나님의 말씀이라는 상투적 소신 역시 그것에 "아니라"를 붙이는 역설의 문법을 용인하지 못하게 만들었을 것이다. 이른바 성서문자주의, 축자영감설 따위의 간소한 이데올로기로써 에누리 없는 확신을 유통시키는 신앙 풍토 속에 이 목사의 저 케리그마는 격렬한 분노를 자아낼 수밖에 없었으리라. 이 대목에서 우리는 70년대 한국 교회가 그 이후로도 여전히 '비평'의 계몽과 '해석'의 훈련 없이 단순 비유와 적용의 일차원적 심급에서 성서를 읽고 묵상하고 풀어온 저간의 관용 없는 맹목주의를 떠올리게 된다. 이러한 성경 해석과 신앙 스타일의 풍경 속에는 조국근대화의 질주와 함께 교회 내부로 깊이 침투하여 아직도 한국 교회가 그 후유증을 앓고 있는 성장지상주의 이데올로기와 결부된 수적 팽창과 열띤 부흥의 갈증이 깃들어 있다. 그러나 어찌 부인할 수 있으랴. 그 욕망의 뒷면은 곧 그 목적을 이루는 데 도움이 못 되는 자의 죽음과 추방을 정당화하는 맹렬한 분노의 얼굴인 것을!

이 시의 행간에 또 한 가지 흥미로운 신학적 테마가 암시되어 있다면 그것은 '신정론'神正論, theodicy이라는 난해한 과제다. 이 동네 목사의 둘째 아이가 폐렴으로 죽었을 때 교인들뿐 아니라 온 마을 사람들이 보인 반응은 "은밀히 눈빛을 주고받으며/ 고개를 끄덕"인 것이다. 이 암묵적 시선과 고갯짓의 교감은 이 재앙이 바로 목사의 그릇된 목회 방식에 연유한 죄악의 대가라는 수긍이다. 그것은 신학적으로 인과응보적 발상에 기인하는 태도로서, 인간이 행하는 선악에 하나님은 즉각 개입하여 공정하게 처결한다는 믿음에 기초하고 있다. 그러나 그 하나님은 많은 경우, 구약성서의 욥과 그 후예들이 치열하게 탐문했듯이, 사랑하는 자녀들을 향한 시험과 연단이 목적이든, 아니면 '천지불인'天地不仁의 수상한 이치에 따라서든, 인간의 생사화복에 냉정한 묵묵부답으로 일관한다. 가장 극단적인 인간사의 비극 속에서도 내내 침묵하는 하나님의 모습은 수많은 신학자들의 애를 태워왔건만, 한국 교회는 아직 이에 대한 견고한 신학적 탐구의 자세를 확립하지 못한 상태다. 신자 일반을 사로잡고 있고 다수 목사들에게 종교 심리적 동기를 부여하는 것은 여전히 경직된 선악관과 이에 따른 즉자적인 인과응보 식 반응이다. 그것은 하나님의 뜻을 현상 추수적으로 사후 승인하는 관성과 이를 조건 없이 정당화하는 주술 신앙적 습벽과 함께 세파에 시달리는 연약한 영혼들의 가슴에 속절없이 증폭되기 마련이다. 이와 같은 신학적 상상력의 빈곤 속에서 한국 교회의 주류는 저런 70년대식 소모적 갈등과 신앙 에너지의 낭비로써 잦은 분열과 상처와 재앙을 예수의 이름으로, 하나님 앞에 지루하게 반복해온 것이다.

미지의 후일담

이 익명의 "우리 동네 목사님"은 시인의 바람대로 정녕 황혼녘 미네르바의 부엉이처럼 천천히 솟아올라 마침내 하늘의 "맑은 별"이 되긴 되었을까. 그는 둘째아이를 잃고, 게다가 교회에서 쫓겨나게 된 터에, 그 현실에 마냥 초연할 수 없는 인간의 성정으로, 하나님을 전혀 원망하지 않았을까. 이청준의 원작 〈벌레이야기〉의 주인공처럼, 속내로는 하나님을 향한 치미는 분노와 함께, 그의 그런 섭리와 그 교인들을 전혀 용서하지 못한 채, 혹여 자살하고픈 충동에 시달리지는 않았을까. 아니면, 이창동 감독의 영화 〈밀양密陽〉에서 보듯, 손수 제 고난과 상처의 머리털을 잘라내고, 태초의 저 푸르른 하늘 대신 누추한 땅 구석에 코를 박고 살지는 않았을까. 그렇다면 그는 그 땅 구석에 빽빽하게 내리쬐는 종말론적 햇살과 그 개수구의 볕뉘처럼 꾸역꾸역 또 한 세월 견뎌내며 묵묵히 걸어가지 않았을까. 그렇게 그는 상처가 굳어 생긴 희미한 삶의 의욕과 그 육화된 일상의 비밀을 온몸으로 감당하면서 끝까지 살아내긴 했을까. 알 수 없는 일이다. 나는 다만 시인처럼, 시인과 함께, 그냥 어딘가 모르게 친숙한 우리 동네 목사님의 그 쓸쓸한 얼굴을 물끄러미 응시하며 어두운 하늘 아래 이 시궁창 같은 땅에서도 하나둘 맑은 별이 떠오르기를 갈망하는 수밖에 없다.

• 이 글에서 사용된 기형도의 텍스트는, 기형도 전집 편집위원회 엮음, 『기형도 전집』(서울: 문학과지성사, 1999)에서 가져온 것으로, 괄호 안의 숫자는 이 책의 쪽수다.

제4부

사물의 즐거움,
생명의 아름다움

19장 별의 시학, 별의 신학

-윤동주에서 이성복까지

갈 수 있고 또 가야만 하는 길의 지도의 몫을
하늘의 별이 수행해주며,
별의 빛이 길을 비추어주는
그러한 시대는 행복하다.

_루카치, 『소설의 이론』에서

별: 하늘의 지도, 땅의 운명

큰 광명 해와 작은 광명 달에 비해 육안으로 들어오는 별의 크기는 작다. 너무 작아서 많은 별들은 보일락 말락 하고 성능 좋은 망원경으로 보아야 그나마 보는 것 같을 정도다. 물론 별의 가치를 크기로 따지는 사람은 없다. 빛의 강도로 별의 위상을 논하지도 않는다. 천문과학자들이야 우주의 기원에 얽힌 신비를 푸는 차원에서 별을 관찰한다지만 그런 쪽의 기술과 지식이 없는 평범한 사람들은 광년으로 그 거리를 재도 헤아리기 어려운 까마득한 별의 타자성에 매료된다. 별의 매력은 무엇보다 원근법에 있다. 멀리 떨어져 있을수록 아득하고, 아득히 떨어져 있어도 그렇게 영롱하게 빛나기에, 별은 정말이지 별스럽게 사람의 영혼을 매혹시킨다. 고대 천문학은 지리학과 인문학의 한 켠을 끼고 있었다. 별을 관찰하면서 사람들은 그 별들의 운행 동선에 비추어 땅의 길을 밝혔다. 나아가 이 땅의 길흉과 인간의 운명이 특정한 별의 행방에 좌우된다고 믿기도 하였다. 그 정도로 별은 영혼의 심층에서 워낙 깊은 징조여서 신격화하기도 하였다. 이 세상에서 영웅적이고 고결한 삶을 살다 떠난 이들은 하늘의 별이 된다는 신앙이 싹튼 것은 이런 배경에서였다. 이렇듯 별은 성육화한 신성이 다시 불멸하는 존재로 성령화하는 신비한 상징의 한 궁극이었다.

별에 관해 알려진 어록 가운데 루카치의 다음 몇 마디가 가장 환한 별처럼 빛난다.

> 갈 수 있고 또 가야만 하는 길의 지도의 몫을 하늘의 별이 수행해주며, 별의 빛이 길을 비추어주는 그러한 시대는 행복하다. 그러한 시대에는 일체의 것이 새롭고 친숙하며 모험적이자 동시에 소유물과 같다. 세계는 아득하나 자기 집과 같다. 왜냐하면 영혼 속에 타고 있는 불은 별들과 같은 본질적 성질을 갖고 있기 때문이다.

루카치는 소설의 이론에 대한 설을 풀기 위해 이런 멋진 배경을 깐 것이지만, 이 어록에는 오늘날보다 훨씬 더 자주 별을 보았고 생의 가치에 대해 더 엄숙하던 고대인들의 별 이해가 고스란히 담겨 있다. "갈 수 있고 또 가야만 하는 길"은 사람들마다 각자 다르겠지만, 그 길의 지도 노릇을 하늘의 별이 해주었다는 언급은 과연 우주와 자아를 유기체로 연동시켜 살았던 시대의 행복한 고백처럼 울린다. 그렇게 하나로 흔쾌히 어우러졌기에 멀리 있던 별들과 가까이서 보행하던 대지는 소유물처럼 두루 친숙했고, 그 안에 깊이 감추어진 신성의 비의에 민감하였기에 그 모험의 동선을 따라 마냥 새로울 수 있었다. 그 가없는 방랑길의 끝에 아득한 세계가 결국 자기 집이라는 깨우침은 얼마나 기특한가. 그 깨우침

속에 그들의 영혼은 저 아스라한 별들과 함께 불멸이라는 본질 가운데 통할 수 있었던 것이다.

영혼 안에 불타는 별의 세계는 한국의 현대시 속으로도 지도를 만들었다. 그 별은 시인들에게 고대의 장엄한 풍경 대신 간절한 생의 풍경을 그리며 많이 가라앉았지만 그래도 별의 이미지는 시들지 않고 면면히 그들의 시심을 달구어주었다. 내가 이 자리에 초대한 시인들, 윤동주, 박인환/정호승/유하, 정현종/이시영, 김지하/이성복 등은 별을 노래한 대표적인 시인일 수 있고 아닐 수도 있다. 그들 사이에 별로 맺은 인연은 특별하지 않다. 그냥 그렇게 내 손에 어쩌다 뽑혔을 뿐이지만, 논리적 필연성이 없다 해서 그 우발성은 그들이 빚어낸 별의 시학을 우둔하게 만들지 않는다. 시대와 공간은 따로따로였지만 그들은 같은 별을 쳐다보며 스산한 생의 한구석에 별을 키우며 살았다. 아무리 이 땅의 삶이 구질구질하고 추웠을지라도 그들의 영혼을 달군 안팎의 별들은 여전히 견고하고 아름다웠기 때문이다. 그들이 축조한 별의 시학이 만유 위에서 만유를 통해 만유 안에 계시는 하나님의 은총을 덧입어 별의 신학으로 거듭난다면 이 별스럽지 않은 글은 별스럽게 빛날 수도 있을 테다.

스산한 동경, 염결한 지향: 윤동주

이 땅에 사는 사람 치고 밥버러지가 아닌 한 누가 시인 윤동주를 모르랴. 학창시절부터 익숙해진 그의 시에 물려 윤동주를 문학소녀의 가녀린 감상 취향에나 어울릴 시인으로 치부하는 것은 그의 시를 너무 쉽게 쓴 것으로 보는 결례다. 물론 그 스스로 자신의 시가 쉽게 쓰여진 시로 탄식했지만(1:32-33) 거기에서 그의 쉬운 점만 읽고 그의 염결함과 치열함을 보지 못한다면 그는 지적인 판단력을 갖춘 사람이 아니리라. 이 땅의 현대 시문학사에서 윤동주만큼 별의 시인이라는 별명이 어울릴 만한 사람도 별로 없다. 그는 간도의 너른 벌판에서 국경 없는 별을 보았다. 그곳의 이국적인 추억을 뒤로한 채 그는 조국을 잡아먹은 식민주의의 나라 일본에서 한층 더 깊어진 설움을 안고 또 그 별을 보았다. 그렇게 그의 별들은 현재의 시간과 지상의 대지를 넘어 세우고 싶은 마음속 동경의 나라였다. 그런가 하면 그의 견고한 별들은 당시의 지독한 압제에도 굽히고 싶지 않은 견고한 양심의 염결함 그 자체였다.

시인이 〈별 헤는 밤〉에서 "아무 걱정도 없이/ 가을 속의 별들을 다 헤일 듯"할 무렵, 그의 별들은 지상의 모든 걱정을 잊어버리게 해주는 보편적인 초월의 이미지로 각인되어 있었다. 가을 속의 그 별들은 성숙한 계절 가을의 이미지에 감싸여 걱정에 초연한 마음을 더해준다. 아니, 시인이 가을의 별들을 그렇게 바라본 것이 더 중요하다. 그런 그가,

> 별 하나에 추억과
> 별 하나에 사랑과
> 별 하나에 쓸쓸함과
> 별 하나에 동경과
> 별 하나에 시와
> 별 하나에 어머니, 어머니(1:66)

를 불러낼 때, 그의 별은 그의 삶으로부터 아득히 멀리 떨어진 그리운 대상을 현재화하는 삶의 염결한 지향이다. 시인은 그 가운데 어머니가 가장 그립다. 어머니는 그의 생명이 발원한 태초의 지점이다. 별 하나에 불

러낸 그리움의 대상 어머니는 이제 고백의 대상이 되어, 그 어머니 앞에 또 다른 별과 같은 이름들을 불러낸다. 소학교 때 동무들, 이국 소녀들의 이름, 애기 어머니가 된 계집애들, 그리고 가난한 이웃 사람들의 이름이 그렇게 호출된다. 호출? 그 이름들은 사무적인 호출의 어감과 달리 자연스레 연상된 것이리라. 그 연상은 줄기에 감자고구마 딸려 나오듯 뜬금없이 이어져 강아지, 토끼, 노새, 노루 등과 같은 동물의 이름과 프랑시스 짬, 라이너 마리아 릴케 등과 같은 외국시인의 이름도 덩달아 나온다. 그들의 이름과 함께 내린 별빛 언덕 위에서 시인은 이 모든 이름 끝에 자기의 이름을 불러본다. 부르는 데 그치지 않고 그 언덕 위에 써보고 흙으로 덮어버린다. 그리움의 끄트머리에 자기의 이름, 그것과 결부된 존재의 근원이 아스라하게 별빛처럼 비치고 있었던 것이다. 땅에 덮인 이름은 땅으로 돌아갈 인생의 종말을 암시하지만 동시에 부끄러워 숨기고자 하는 내성적인 심리를 반영한다. 그래서 밤새워 우는 벌레의 외투를 입고 시인은 그 이름을 "부끄러운 이름"으로 슬퍼한다. 부끄러움을 딛고 자랑처럼 그 이름을 떠올리려면 아직도 갈 길이 멀다. 겨울을 지나 봄이 와서 풀이 무성하게 자라나는 봄 언덕을 기다려야 하기 때문이다.

그 부끄러운 이름의 소극적 매장은 그의 또 다른 별 노래인 〈서시〉에서 한 점 부끄러움도 없는 삶의 고결한 지향으로 나타난다. 그런 염결한 내면의 지향으로 인하여 잎새에 이는 그 사소한 바람에도 괴로워할 정도로 시인의 자의식은 섬세하고 민감하다. 그러나 그 섬세함과 민감함은 섬약함과 과민함으로 시들어가기 전 굳센 의지의 풀무질로 단련을 받는다. 그와 같은 균형 감각이 이 시를 감상주의로 떨어트리지 않고 견고한 별빛 속에 빛나게 해준다. 시인이 "죽는 날까지 하늘을 우러러/한 점 부끄럼이 없기를" 간구하는 마음은 "별을 노래하는 마음"과 다를 바 없다.

그 마음이 단지 센티멘털한 일시적 감정이 아닌 까닭은 "모든 죽어가는 것을 사랑해야지"라는 그의 굳센 결의 때문이다. 그것은 물론 죽는 날까지 하늘 앞에서 지속되는 결의다. '오늘'이라는 시간의 밤에 바람에 스치는 별을 볼 줄 아는 시인은 춥고 고독한 사람이지만, 동시에 강인하고 고결한 내면의 소유자이기도 하다.

술과 연애와 별의 계보: 박인환, 정호승, 유하

윤동주가 이방에서 꿈꾼 '나의 별'에 마침내 봄이 왔건만 그는 그 별과 함께 고국으로 돌아오지 못했다. 더구나 그 별의 봄은 오래가지 못했고 그 땅의 생명들은 6.25라는 동족상잔이라는 비참한 싸움 속에 하늘과 대지를 더욱 감감하게 만들었다. 전후 공간에 떠오른 별과 그 별의 계보를 잇는 또 다른 많은 시인들이 떨어지는 별과 함께 술을 노래하고 사랑의 상처를 탄식한 것은 그런 시대적 징조와 무관하지 않았다.

술병 속에서 별을 본 첫 시인은 아마도 박인환이었을 것이다. 그는 동시대 시인 김수영에 의해 삼류시인으로 낙인찍혀 후대에 적잖이 수모를 겪었고, 나 또한 그를 그렇게 보는 선입견에서 여전히 자유롭지 못하지만, 그의 시 몇 편은 노래로 만들어지거나 항간에 즐겨 낭송되면서 대중의 많은 사랑을 받아왔다. 그중에 〈세월이 가면〉이나 〈목마와 숙녀〉가 특히 인기가 높았는데, 나도 한 시절 읊조리며 센티멘털한 취객의 눈으로 그의 시대를 추체험해보기도 했다. 그가 이런 시에서 별을 노래하는 방식은 대강 이렇다.

한 잔의 술을 마시고

우리는 버지니아 울프의 생애와

목마를 타고 떠난 숙녀의 옷자락을 이야기한다

목마는 주인을 버리고 거저 방울소리만 울리며

가을 속으로 떠났다 술병에 별이 떨어진다

상심한 별은 내 가슴에 가벼웁게 부숴진다(2:8)

이 시에서 버지니아 울프의 생애는 가부장주의 억압의 시대에 죽음으로 저항한 그녀의 치열한 여성적 정체성과 함께 떠오르지 않는다. 그녀는 다만 시대의 불운을 탄식했을 술자리에 안줏거리로 목마를 타고 떠난 숙녀의 옷자락과 함께 화제에 오를 뿐이다. 이별과 애상의 분위기 속에 시인이 엄숙한 어조로, "이제 우리는 작별하여야 한다", "늙은 여류작가의 눈을 바라보아야 한다", "처량한 목마소리를 기억하여야 한다", "버지니아 울프의 서러운 이야기를 들어야 한다", "눈을 뜨고 한 잔의 술을 마셔야 한다"라고 연거푸 당위적 의무를 역설하지만, 왜 그래야 하는지 도통 알 수가 없다. 문학이 죽고 인생이 죽어서? 이제 작별해야 한다면서 또 몇 줄 건너 "한탄할 그 무엇이 무서워서 우리는/ 떠나는 것일까"라고 되묻는다. 아마 술에 취해서 좀 횡설수설하는 것이겠지만, 이러한 술기운에 휘둘리는 분위기에서 시인의 술병에 떨어지는 별은 아무런 감흥도 주지 않는다. "세월은 가고 오는 것"이라는 통속적 지혜의 진술 역시 "잡지의 표지처럼 통속"한 인생의 이미지를 배경으로 깔아주어도 그 범람하는 장식적 수사 탓인지 진정성이 별로 느껴지지 않는다. 그저 상실감과 버무려진 연애의 감상이 버지니아 울프의 휘장을 두르고 텁텁한 술 냄새를 풍기고 있을 따름이다.

별과 이별은 그 '별'자가 공통되어 그렇게 친밀하게 연상되는 것일까.

박인환이 작별과 술을 섞어 술병 속에 떨어지는 별을 보았다면, 정호승은 떠나는 그대를 위한 이타적 노래의 표상으로 거의 운명론적 맥락에서 별을 노래한다. 우리에게 노래로 더 익숙한 시 몇 구절을 감상해보자.

> 떠나는 그대
> 조금만 더 늦게 떠나준다면
> 그대 떠난 뒤에도 내 그대를
> 사랑하기에 아직 늦지 않으리
>   …
> 옷깃을 여미고 어둠 속에서
> 사람의 집들이 어두워지면
> 내 그대 위에 노래하는
> 별이 되리니(3:63)

떠나는 연인을 붙잡아두고 싶은 간절한 심정이 느껴지지 않는 것은 아니지만, 정말 그럴까. 그렇게 조금만 더 늦게 떠나준다면 정말 조건 없이 "그대 뒷모습에 깔리는/ 노을이 되"고 "그대 위에 노래하는/ 별이" 될 수 있을까. 별처럼 변함없이 영롱하고 장구한 빛을 비추고 싶은 사랑의 갈망은 예나 지금이나 여전한 청춘의 특권이지만, 그만큼 그 갈망은 상투적이고 그 별의 이미지 역시 고답적이다. 조금 더 늦게 또는 일찍 떠나는 것이 내가 그대를 사랑하는 타이밍의 관건이 된다는 것은 아무래도 치기가 앞서는 감상의 과잉처럼 보인다. 매끄러운 리듬으로 미끄러지는 다음의 시에서도 그런 특징은 공유된다.

우리가 어느 별에서 만났기에

이토록 서로 그리워하느냐

우리가 어느 별에서 그리워하였기에

이토록 서로 사랑하고 있느냐.

　　　　　…

해 뜨기 전에

가장 추워하는 그대를 위하여

저문 바닷가에 홀로

사람의 모닥불을 피우는 그대를 위하여

나는 오늘밤 어느 별에서

떠나기 위하여 머물고 있느냐

어느 별의 새벽길을 걷기 위하여

마음의 칼날 아래 떨고 있느냐.(3:64)

이 시에 나타난 별의 이미지 역시 별반 다르지 않다. 그 별은 "우리"
의 사랑과 이별을 위한 장식적 소품에서 크게 벗어나지 못한다. 마지
막 연에서의 변주와 끝의 두 행에 등장하는 "새벽길"과 "마음의 칼날"이
란 보조적 이미지의 도움을 받아 그나마 별의 상투적 함의를 조금 벗어
나고 있지만, 그 별에서 이루어지는 만남-그리움-사랑-헤어짐-빛남-
잠듦-머묾-걸음의 요소들이 별의 간편한 익명성("어느 별")에서 그 존재
의 구체적 진정성을 건져주지는 않는다. "어느 별"에서 저런 것들이 이루
어졌는지가 그리 중요하다면 그 별을 장식적 외양으로 삼기보다 그 별
의 세계를 좀더 파고들었어야 할 것이다. 이 시에 나오는 "그대"는 "사람

의 모닥불"을 피우는 추운 사람인데 나는 왜 그 괜찮은 '그대'를 떠났는지 모호하다. 서로 독립한 별로 빛나기 위하여? 그냥 떠남 자체를 위하여? 모종의 이별이 별의 이미지의 도움을 받아 성숙의 조건인 양 분위기를 피우는데, 정작 그 구체적인 대상이 실종되어 있다.

감상적 사랑의 폐쇄적 공간에 실종된 별의 본질을 과격하게 치고나온 게 유하다. 가령 그는 똑같이 사랑을 노래하고 그것을 빌미로 술타령을 하지만, 고통스러운 치열한 기다림을 별빛의 긴장 어린 이미지에 얹어둔다.

> 매순간 반딧불 같은 죽음이 오고
> 멎을 듯한 마음이 지나갔네, 기다림
> 그 별빛처럼 버려지는 고통에 눈멀어
> 나 그대를 기다렸네(4:16)

이 시에서 시인의 그리움은 상투적 포즈를 넘어 죽음을 물고 늘어진다. 그는 사랑의 황홀을 반딧불이 명멸하는 순간의 죽음으로 연계시키고, 그 긴장의 수난을 다시 "멎을 듯한 마음"으로 강화시킨다. 시인에게 그 마음은 "그 별빛처럼 버려지는 고통"을 불러낸다. 반딧불처럼 사소한 빛은 너무 미미하여 이 거대한 세상의 시선에서 누락되기 십상이다. 그 빛은 아스라하게 먼 곳에 명멸하는 가녀린 별빛에도 적용된다. 그것은 버려지는 고통이다. 그렇게 죽음처럼 버려지는 고통 가운데 지속되는 시인의 기다림은 얼마나 치열한가. 치열했기에 그 열정이 빠져나간 자리에 담담하고 썰렁할 수 있다. 그 사랑의 밀물과 썰물 사이에 들어선 것은 그에게도 역시 술이다.

파도에 부서지는 별빛 조각들, 불현듯

그리움이 따가워, 오늘은 저 별까지 사다리를 놓고

시인 랭보의 대웅좌 선술집을 찾았네

아, 코를 찌르는 별들의 술향기

                    …

이젠 저 별들은 나의 욕구일 뿐

그녀의 속삭임은 썰물처럼 가버렸지

할 말은 소라 귀만큼 많지만

별빛이 기다려 주질 않아,

별의 주막에서 하룻밤

취기는 먼동이 터 오고, 난 잊은 우산처럼

그녀의 맨 마지막 눈빛을 그곳에 두고 가네(4:42-43)

결국 사랑이란 별의 주막에서 하룻밤 마시는 술의 향기에 불과하다
는 것. 새벽공기에 식어가는 대지처럼 사랑의 열기도 "그녀의 맨 마지막
눈빛"으로 남는 망실될 기억의 잔해일 뿐이라는 것. 이와 같이 시인은 자
신의 사랑 편력을 통해 별들을 개인의 욕구 수준으로 끌어내려 볼 수 있
는 안목을 창출했다. 별들에게서 흩어지는 강렬한 술향기를 맡을 수 있
는 유하는 한때 사랑의 감별사였다. 지금은 어디서 뭘 하는지. 여전히 압
구정동을 기웃거리며 기러기처럼 도심에 포진한 별의 주막에서 하룻밤
씩 전전하고 있는지. 그의 별은 여전히 또 다른 '마지막' 연인의 눈빛을
떠나보내고 있는지.

고통의 별, 치유의 별: 정현종, 이시영

별이 남녀상열지사와 술 도가니를 벗어날 때, 정현종의 시에서처럼 그것은 날렵하게 흐르는 계시와 계몽의 언어로 변모한다. 고통도 연단이 되면 축제로 누릴 만하게 되는지, 이 시인은 일찍이 고통의 축제를 빠져나온 뒤 "쾌락은 육체를 묶고/ 고통은 영혼을 묶는도다"라고 도사처럼 연거푸 말하곤 했다(5:17-18). 그의 별은 만유의 우주 속에 던져진 까마득한 동경의 별이 아니고 사랑의 외투를 입은 채 연정의 욕구에 투사된 술 향기도 아니다. 그의 별은 무엇보다 고통의 별인데, 특히 그 별이 문제시되는 것은 한국의 별이기 때문이다. 가령 그가

> 고통의 별 아래 태어난 우리들,
> 한국을 사랑하는 것은
> 그 별빛을 사랑하는 것입니다(5:47)

라고 말할 때, 그의 별은 그 별 아래 사는 한국인들과 숙명의 관계로 얽혀 있는 듯하다. 이 말 역시 술잔을 들고 했지만, 술주정을 넘어서는 결연한 자세를 품고 있다. 한국을 사랑하는 것과 그 별빛을 사랑하는 것은 어디에서 만나고 통하는 것일까. 왜 또 그 별을 고통의 별로 인식하게 된 것일까. 다음의 시를 보면 첫째 물음에 대한 답변이 고개를 내밀고, 연이어 인용하는 그 다음의 시에서는 둘째의 인식에 대한 의문이 풀린다.

> 이 편지를 받는 날 밤에 잠깐 밖에 나오너라
> 나와서 밤하늘의 가장 밝은 별을 바라보아라

네가 그 별을 바라볼 때 나도 그걸 보고 있다

(그 별은 우리들의 거울이다)

네가 웃고 있구나, 나도 웃는다

너는 울고 있구나, 나도 울고 있다(5:49)

이 대목에서 시인은 앞에서보다 좀더 취한 듯, 시 편지를 띄운 뒤 '너'
를 불러낸다. 밤하늘로 '너'의 시선을 모으고 함께 "가장 밝은 별"('가장 큰
별'이 아니라)을 바라본다. 그 바라봄의 행위가 겹칠 때 그 별은 우리를 비
추는 거울이 된다. 별을 성찰의 거울로 받아들인 시인은 앞의 윤동주였
지만 정현종의 별은 윤동주의 별처럼 그리 심각하지 않다. 잎새에 이는
바람에도 괴로워하며 별에 스치는 바람을 보기보다 그는 함께 별을 바
라볼 동무를 청하며 더불어 웃고 우는 소통의 관계를 튼다. 물론 염결함
과 별로 상관없는 술잔이 등장하며 주정의 기미도 엿보인다. 그 주정은
그러나 실연의 상심을 달래는 술병 속의 별과는 차원이 좀 다르다. 그에
게 그 별의 고통은 곧 한국의 고통이기 때문이다. 그렇다면 그 고통은 구
체적으로 어디서 어떻게 생겨나는가.

옛날엔

별 하나 나 하나

별 둘 나 둘이 있었으나

지금은 빵 하나 나 하나

빵 둘 나 둘이 있을 뿐이다

정신도 육체도 죽을 쑤고 있고

우리들의 피는 위대한 미래를 위한

맹물이 되고 있다

최근의 밤하늘을 보라
아무도 기억하지 않고 말하지 않는
어떤 사람들의 고통과 죽음을
별들은 자기들의 빛으로
가슴 깊이 감싸 주고 있다
실제로 아무 말도 하지 않는 우리들을 향하여
流言 같은 별빛을 던지고 있다(5:19)

　　그 고통은 단도직입적으로 별도 빵도 본래의 자리를 잃어버린 사람
의 소갈머리 없음에 기인한다. 피조차 맹물이 될 정도면 얼마나 색깔 없
이 희미한 생인가. 시인은 그런 형편을 "정신도 육체도 죽을 쑤고 있"다
고 표현한다. 그렇게 생의 전부를 저당잡힌 채 그 앞에 미끼처럼 던져지
는 "위대한 미래"라는 게 무슨 소용이란 말인가. 밤하늘의 별들은 그 모
든 죽 쑤는 형편을 잘 알고 있는 듯, 사람들의 관심 밖에 밀린 "아무도 기
억하지 않고 말하지 않는/ 어떤 사람들의 고통과 죽음을" "자기의 빛으
로/ 가슴 깊이 감싸주고 있다." 그 별은 이 세상의 구석진 곳조차 깊이
챙기는 하나님의 손길 같은 자상한 존재다. 별빛의 그 깊은 감쌈은 별 말
없이 아무 말도 없는 우리들을 향하여 베풀어진다. 그 묵묵한 자기공여
가 유언으로 계몽의 효과를 낳고 계시의 위엄을 갖춘다.
　　여기서 유언은 고착된 유언遺言이 아니고 자유롭게 흐르는 말, 곧 유
언流言이다. 그러나 그것이 터무니없는 소문이라고 해서 세상을 미혹시
키는 귀신이나 도깨비 따위의 유언幽言이나 인간의 환심을 사려는 아첨

꿈의 속 들여다보이는 유언遺言 같은 것은 아니다. 별빛은 자유롭고 자연스럽게 버려진 고통의 현장을 감싸 안으면서 부드럽게 계몽한다. 정신도 육체도 죽 쑤고 있는 인간 세상을 향한 그런 담담한 별빛의 계몽이 하늘의 계시가 아니라면 이 세상의 모든 계시는 사이비의 혐의를 벗지 못할 터이다. 참 계시의 언어는 흐르면서 말하기 때문이다.

정현종과 마찬가지로 이시영도 별의 시인이다. 그의 별 역시 하늘에서 저 혼자 폼 잡고 고고하게 빛나는 데 그치지 않고 인간의 삶과 깊이 결부된 친화력을 풍기고 있다. 그는 초기 시집 『만월』에서 많은 별의 이미지들을 선보이는데, 김현의 분석에 의하면 그것들은 "인간과 친화력을 간직한 별", "지상의 것들이 애타게 갈망하는 천상의 것", "희망의 표상으로서의 별" 등 몇 갈래로 나뉜다. 그 범위를 다시 재편하면 천상적인 별의 이미지를 되풀이하는 수사적 차원의 별, 인간의 어두운 곳에 깃들어 상처를 치유하는 별·소금·등불의 이미지와 결부된 성서적 차원의 별로 나타난다. 그 가운데 내가 가장 주목하고 싶은 계통의 별 이미지는 단연 인간과 친화하는 치유자로서의 별 이미지다.

이러한 이미지는, 김현의 지적대로, 신라시대 융천의 향가 〈혜성가〉에서도 나타난다. 〈혜성가〉 속의 그 별은 "길 소제할 별을 보고 혜성이여 사뢴 사람이 있구나"라는 구절에서처럼 인간의 길을 밝히는 별이다. 그 별은 이 향가에서 등불을 켜는 달의 이미지와 결부되는데, 이처럼 달과 결합된 별의 친화력은 이후 면면히 전승되어 미당 서정주의 시들에서 본격적으로 개화한 바 있다. 이시영에게도 전수된 그 별의 친화력은 치유 능력을 통해 현시되고 그 능력은 인간의 꿈과 깊이 상통하는 데서 생겨난다.

어떤 별들과 인간의 꿈은 깊이 상통한다.

밤이 오면 쓰라린 땅을 매맞아 버림받은 사람들이 지키고

그 위의 하늘을 별이 지킨다.

인간의 눈이 되고 싶은 어떤 별들은 지상에 내려와

어둠 속에서 더욱 빛나는 사람들의 상처에 살아 뛰며

자기 피를 주고, 오래 말없는 상처를

자기처럼 껴안고 자기 눈이 껌뻑일 때까지 반짝이다가

새벽이 동터오면 불꺼진 영혼들을 찾아

아무도 없는 길로 내뺀다.(6:95)

피 묻은 삼베옷을 적시는 이슬

파밭머리에 내려앉은 별 하나가 씻기고 있었다(6:113)

그의 별들은 특이하게도 하늘을 떠나 성육한 예수처럼 이 땅에 내려
와 그가 그랬듯이 자신의 피를 내주며 상처를 자기처럼 껴안는다. 씻기
고 감싸며 자신을 내주는 이 별의 이타적 행위는 정현종의 별과 통하지
만, 그 행위가 그처럼 '유언'이라는 계시의 언어로 나타나지 않고 말없이
은밀하게 나타난다. 아니, 그 은밀한 나타남조차 꺼려 이 별은 "새벽이
동터오면 불꺼진 영혼들을 찾아/ 아무도 없는 길로 내뺀다." 그의 별은
이처럼 수줍은 별이고 은자의 삶을 추구하는 소박한 성자의 별이다.

그와 같이 은밀하게 활동하는 이 별의 이미지는 은밀한 선행을 강조
하였고 그렇게 한 세상 "불꺼진 영혼들"을 보살피며 살다가 때가 차서
승천한 예수를 상기시켜준다. 2000년 전 갈릴리의 치유자 예수가 별이
었다면, 이 땅의 근대화 산업화 과정에서 생명의 불이 소진한 지친 영혼

들의 밤을 살피면서 그들의 상처를 다스리고 자신의 피까지 내어준 그 시대의 별도 예수의 별이 아니었을까. 그 별들이 그렇게 한 것은 인간의 눈이 되고 싶어서였다고 한다. 예수가 인간의 길이요 진리요 생명이고자 했듯이, 이시영의 어떤 별들은 그 길을 밝히는 몸의 등불로서 인간의 눈이 되고 싶어했다. 지상의 육신이 단지 욕망에 절은 고깃덩어리가 아니고 그 너머로 영혼을 담고 그 이상을 추구하는 존재라면 시인의 별은 그 것을 시위하는 눈빛이 아니겠는가.

역사의 징표, 실존의 징조: 김지하, 이성복

별의 치유 능력은 김지하에게도 엿보인다. 그러나 그것은 엄밀하게 치유라기보다 가슴 문대며 달래는 정도다. 아픔을 달래면서 그것을 성찰하는 별, 그것이 김지하의 별이다. 그에게 특징적인 점은, 그 별이 고통의 몸과 주체/대상으로 분리된 것이 아니라 차라리 그 고통의 몸, 그 상처의 흔적이 별로 떠오른다는 기발한 전복의 상상력이다. 시인은 그 자리에 역사와 우주의 위엄을 부여한다. 역사에 치열히 매진한 사람도 그 수레바퀴에 자주 치이다 보면 하늘을 바라보는 법인가. 김지하가 역사의 수렁에서 빠져나와 하늘의 별을 신령한 눈으로 본 지도 이제 꽤 되었다. 이른바 '내성'의 시들을 쏟아내기 시작하면서부터 그의 시들이 연성화된 것 같지만 그것은 그가 싸움기계가 아니라 피와 살을 지닌 사람이라는 사실을 보여준 단순한 증거일 뿐이다. 그는 그렇게 역사의 바퀴에 치인 몸의 아픔을 달래야 했다. 그 가운데 그의 역사는 점차 우주화하였고, 그 언저리에 김지하 특유의 별과 별밭, 별자리가 가물거렸다.

스산한 것

어디 마음뿐이랴

아프다

온몸이 여기저기

동백마저 얼어 시커먼 이 한때를

속절없이 달랠 뿐

밤이면

별바래기로 올려 달래고

나 또한 한 떨기 허공중에

별자리로 누워 내리 달래고.(7:11)

이렇게 시인은 자꾸 달랜다. 성난 사람은 달래는 게 상책이듯, 아픈
몸도 살살 달래줘야 통증이 가라앉는다. 시인의 마음은 스산하고 마음은
곳곳이 죄다 아프다. 때는 바야흐로 겨울, 어찌나 추운지 동백조차 피다
얼었나 보다. 시인은 그 시간을 "시커먼 이 한때"라고 부른다. 굳이 그렇
게 "이 한때"라고 해야 고통 너머의 쾌유를 전망할 수 있다. 아픈 몸을 달
래는 심사의 속절없음은 곧 싸움의 의지를 접은 상태에서 내비치는 불
가피한 단념과 체념의 자세다. 그 컴컴한 한 시절 시인에게 유일한 위안
물은 별이었던가 보다. 반복되는 달램의 납작한 평면의 몸은 별바래기와
별자리로 그나마 입체의 자세를 갖추고 발원할 수 있게 된 것이다. 시인
에게 별은 대책 없는 달램을 희망 어린 기원으로 바꾸는 현실 초월과 자
아 상승의 지표다. 그렇게 아래로는 몸을 달래며 위로는 별과 사귀다 보
면 그 몸에 별자리가 생기는 수가 있다.

온몸에 돋아 오는

새파란 별자리

옷 갈아입고

겨울 뜨락에 눕는다

마주 우러른 북두

내 모든 허물도 함께 눕는다(7:14)

"온몸에 돋아 오는/ 새파란 별자리"는 병증의 일부로 생긴 신체의 푸른 반점 같은 것을 연상시켜준다. 그러나 시인은 그 몸의 병증조차 별자리로 초월해버려야 견딜 수 있다. 시인은 그 별자리 앞에 경건해지려는 듯 옷까지 갈아입고 정갈한 "겨울 뜨락에 눕는다." 그 차가운 바닥에 서지도 앉지도 않고 눕는 자세는 겸비하게 참회하는 포즈처럼 보인다. 그러나 그 참회는 비굴한 엎드림의 자세가 아니라 너그럽게 누워 하늘에 안기는 자세로 표출된다. 그렇게 누워 우러른 별은 북두칠성이었던 모양이다. 몸에 생긴 역사의 별자리는 그렇게 다시 허물과 함께 누운 시인의 "겨울 뜨락"에서 북두의 별들로 승천한다. 이렇게 김지하의 별은 역사를 관통해온 몸의 새파란 별자리에 그 역사를 고립시키지 않고 우주 앞에 (앞에? 아래 아닐까?) 마주 누워 허물을 벗는다. 그 허물은 지난 투쟁의 시대를 거치면서 범한 오류, 곧 흉허물이겠지만, 별밭 아래 누워 있기에 그것은 뱀의 꺼풀 같이 성숙을 위해 벗어던지는 그런 종류의 허물이기도 하다. 그렇게 시인은 별밭을 우러르며 두렵고 서러운 역사를 우주와 만나게 하고, 그 우주의 겨울 거울에 비추어 역사를 보는 서늘한 성숙의 시선을 얻게 되었다. 다음의 시가 그 확연한 증거다.

설운 것이 역사다

두려운 것이 역사다

두려워도 피할 수 없는 것 역사

아하

그 역사의

잔설 위에 서서 오늘 밤

별밭을 우러르며

역사로부터 우주를 보고

우주로부터 역사를 보고

잔설 속에서 아리따운 별밭을 또 보고(7:15)

시인은 말하고 싶은 것이다. 별밭은 우주의 하늘에만 있는 것이 아니라고. 그것은 녹다 만 대지의 잔설 속에서도 반짝이고 있노라고. 우주와 역사는 그렇게 서로 위아래로 삼투하고 서로 아리따운 별밭을 찾아내어 보고 또 보는 관계라고.

김지하에게 별이 몸에 돋는 역사의 징표이고 우주를 성찰하는 매개라면, 이성복의 별은 불안한 실존을 표상하는 고독한 징조다. 그에게 한때 그 별은 육체의 관능성과 대립되는 영혼의 형이상학적 표정으로 간명하게 표현된 바 있다. 가령,

당신은 짐승, 별, 내 손가락 끝

뜨겁게 타오르는 정적(8:13)

이라는 짧은 시구에서 별은 짐승 같은 육체성에 대립되는 비육체적 현

존의 표상이다. 짐승이면서 동시에 별인 당신은 내 손가락 끝에 자극을 받으면 뜨겁게 타오른다. 그런데 그 타오름의 순간은 요란하기보다 정적이 감돈다. 인간의 관능적 욕망을 폭발적인 순간에서조차 고요한 정적 가운데 제어하는 별의 신통함은 곧 인간의 자기 초월성에 다름 아닐 터. 그런데 그의 또 다른 별 시에서 시인은 숨 가쁘게 떠는 하나의 별, 위험한 별의 이미지로써 자신의 불안한 실존을 표상하는 섬뜩한 징조를 본다.

> 까마득한 하늘에 별 하나 떨고 있다 새들은 낮게 날고 짐
> 승들은 무리지어 몸을 숨긴다 저 별이 위험하다, 저 별이 숨
> 을 곳 없다 벌레들은 낮게 울고 빠른 바람에 마른 번개 떠
> 다닌다 저 별이 숨가쁘다, 저 별이 달아날 곳 없다 곧이어
> 미친 구름이 저 별을 집어삼키리라! 까마득한 하늘에 별 하
> 나 떨고 있다(9:56)

행갈이조차 불안하고 어지러운 이 묵시록의 문체에서 시인은 까마득한 하늘 한구석에 떨고 있는 별에서 자신의 징조, 세상의 징조를 탐침한다. 그것은 이 땅에 엄습할 불길한 재해의 징조인 듯, 미리 조짐을 간파한 새들과 땅 짐승들은 기민하게 몸을 피한다. 마치 지진이나 화산폭발, 홍수 등과 같은 천재지변의 조짐을 몸의 예민한 감각으로 사전에 파악하여 이동하는 동물들이 연상되는 대목이다. 그런데 동물들뿐 아니라 시인도 그 징조를 본다. 몸의 감각이 아닌 까마득한 곳에서 가물거리는 별의 징조를 통해서 말이다. 시인은 그 가물거림 속에서 자신의 떨리는 실존이 자리한 불길함을 본다. 그 별의 징조로 말미암아 그의 내면적 불안

은 세상의 불길함이 된 것이다. 그 불길함에 공명하여 시인은 다시 그 별과 하나가 되어 위태로운 정황을 증폭시킨다. 그래서 그 별은 위험한 별, 숨을 곳이 없는 다급한 별로 그려진다. 무언가 뒤집어질 듯한 종말의 분위기 속에 벌레들도 긴장하는 듯 울음의 음조를 낮게 조정하고 바람이 빠르게 부는 대기 속으로 잽싸게 마른번개가 친다. 점점 더 고조되는 이 묵시록의 풍경은 마침내 별의 숨통을 조여 숨 가쁘게 헐떡이게 만든다. 그 고립된 별은 포획되었고 외통수로 걸려들어 탈주선을 놓쳐버렸다. 이런 끔찍한 외곬의 정황에서 마지막 수순은 미친 구름이 그 별을 집어삼키는 끝내기다. 그 별은 무슨 죄를 지었기에 하늘의 저 무자비한 징벌 앞에 꼼짝없이 당하고야 마는가.

이 묵시록적 종말의 시는 그 배후에 타락한 천사장 루시퍼 전승의 암울한 최후가 깔려 있는 듯하다. 일찍이 계명성처럼 빛나던 그가 하나님께 반역하여 사탄의 시조가 되었다는 오래 묵은 전설은 이후로 내내 위태로운 별의 기원을 이루었다. 그것은 신약성서 유다서에서 이단자의 이미지로 변용하여 "너희의 애찬에 암초", "자기 몸만 기르는 목자", "바람에 불려가는 물 없는 구름", "죽고 또 죽어 뿌리까지 뽑힌 열매 없는 가을 나무", "자기 수치의 거품을 뿜는 바다의 거친 물결" 등과 같은 빼어난 문학적 이미지들의 연장선상에서 "영원히 예비된 캄캄한 흑암으로 돌아갈 유리하는 별들"(유 1:12-13)로 묘사된 바 있다. 시인은 이러한 별의 이력으로 그 신학적 배경을 깔고 묵시적 재이災異의 상상력으로 자신의 불우한 실존을 응시한다. 결국 삼키어질 존재로서, 그러니까 "까마득한 하늘에 떨고 있"는 존재로서 시인의 실존과 별의 운명은 동궤에 놓여 있다. 그렇게 실존의 불우함이 불안함과 불길함으로 이어지고 서로 겹쳐지는 이 숨가쁜 묵시록의 풍경 속에 나도 숨 가쁘고 위태롭다. 나 역시 숨을 곳, 달아날 길 없는 막다른 골목에서 떨고 있지 않은가.

태초의 귀환, 종말의 갱신

신약성서에서 계명성의 위상은 루시퍼 천사장에서 예수 그리스도에게로 옮겨진다. 예수는 샛별처럼 영롱하게 빛나며 그 별은 오지랖도 넓게 사람의 마음에까지 두루 떠오른다(벧후 1:19). 그 별은 물론 예의 유다서에 묘사된 "흑암으로 돌아갈 유리하는 별들"의 대치선상에 위치한다. 예수는 이렇게 별이 되어 종말의 구원을 완성한다. 그 완성의 시점이 오기까지 그 종말을 현재화하며 그 마지막의 마지막을 유예시킨다. 주지하듯, 예수는 이 땅에 별의 징조와 함께 탄생했다. 동방의 왕들이 큰 별을 쫓아 베들레헴의 아기 예수를 찾아내고 그 앞에 선물을 내놓으며 경배한 첫 번째 크리스마스의 이야기는 잘 알려져 있다. 그 별은 구원사의 태초를 알리는 징조였거니와, 그 태초가 귀환하기 오래전 천지창조 때 하나님이 베푼 광명들로 역시 까마득한 일월성신이 있었다. 창세 이래 인류의 역사가 파란만장했듯, 그 별들의 역사 또한 우주의 역사와 함께 어지럽고 위태롭게 명멸해갔다. 해와 달처럼 별들 또한 신의 위상을 부여받아 연약한 인간의 마음을 끌어당겨 예배의 대상이 되기도 했지만 히브리 신앙 전통 가운데 그것은 우상숭배로 무참하게 격하되었다.

그러나 그 별의 우상을 타파하며 등장한 구세주 예수 역시 그 별의 위상을 아주 무시하지 못했다. 큰 별의 징조가 곧 메시아 탄생의 징조였으니, 또 한 차례 하늘의 지도가 그려지는 순간이었다. 그 구원의 태초가 귀환하여 종말을 갱신하는 묵시의 글에서 예수는 여전히 하늘의 새벽별로 우뚝 서 있다. 바울은 한때 율법주의자들의 행태를 꾸짖으며 율법의 의문에 얽매이는 행태를 "세상의 초보적 영들"에 빗대어 폄하했는데, 이 문구에는 별과 같은 천체의 피조물을 신성하게 여긴 고대 희랍의 세계 인식에 대한 비판이 깔려 있었다. 그렇지만 바울 역시 별이 지니는 신성한 아우라를 아주 내팽개치지는 못했다. 그는 빌립보 교인들을 향해 "너희가 흠이 없고 순전하여 어그러지고 거스르는 세대 가운데서 하나님의 흠 없는 자녀로 세상에서 그들 가운데 빛들로 나타내"라고 종용한다(빌 2:15). 그 빛들은 여기서 "별빛과 같이"hōs phōstēres를 의미한다. 영어번역 NRSV에서처럼 별빛과 같이 빛을 발하라는 것이다you shine like stars. 바울의 이 권면은 다시 "지혜 있는 자는 궁창의 빛과 같이 빛날 것이요 많은 사람을 옳은 데로 돌아오게 한 자는 별과 같이 영원토록 빛나리라"(단 12:3)라는 다니엘의 묵시록적 결론에 잇닿아 있다. 그 묵시의 별은 험악한 이미지와 분위기를 거느리지만 그것은 굽은 세상을 바르게 하고 옳은 데로 사람을 인도하기 위한 보조 장치일 뿐, 미친개처럼 아무나 물지 않는다.

윤동주에게서 발원한 한국 현대시의 별은 6.25동란 이후, 그리고 근대화와 산업화를 경유하면서 술병 속에 갇혀 연애의 몽상과 취기에 휘둘리기도 했지만, 다채롭게 변용되어 오지랖 넓게 활약해왔다. 그 별 이미지의 운신 가운데, 아무도 지적하지 않았지만, 성서의 이미지에 도움을 크게 받은 것도 사실이다. 윤동주의 초월적 동경과 염결한 지향도 예전만큼은 아니더라도 여전히 우리의 무의식 한 켠에 살아 있다. 이별이 종착역일지라도 술과 연애의 꿈에 별을 멋지게 담아보려는 박인환, 정호승, 유하 등의 갈망도 정욕의 존재인 우리 육체를 틈틈이 치열하게 공략한다. 그런가 하면 역사와 우주를 넘나들며 일상의 이녘과 저편으로 정현종, 이시영, 김지하의 별들은 우리의 상처를 달래며 치유하는 신기한 권능을 곧잘 발휘한다. 그렇게 우리의 몸이 되고 살이 되고 피가 된 그 별은 이성복의 불길하고 숨가쁜 별처럼 마침내 우리의 운명과 일체가 되어 묵시의 하늘 아래 외곬의 종말로 우리를 몰아세운다. 어느 별이 더 근사하고 아름다운지 분별할 힘과 말이 내게는 없다. 각각의 시인들에게 그 별들이 제각각 간절했으리라는 두루뭉술한 한 마디 외에는!

아, 하나님, 우리는 저 하늘의 별이 되지 않아도 좋으니, 이 취약한 실존의 수렁에서 우리를 건지소서. 우리 상처자국에 별이 돋지 않아도 좋으니 오늘 하루의 근심을 족한 줄 알게 하소서. 별 하나에 가장 고결한 동경의 날개를 달았다가 술에 취해 가장 인간적인 연애의 몽상을 피워 올리며 오락가락하더라도 다시 정신 차려 치유받고 또 치유하게 하소서. 탕자처럼 남루하게 귀환하는 태초의 시간을 다시 맞아들이고 걸레처럼 황망하게 갱신되는 역사와 종말의 순간을 다시 살게 하소서. 아멘.

• 이 글에서 인용한 텍스트의 출처는 다음과 같다. 괄호 안의 첫째 숫자는 아래 시집의 번호이며, 둘째 숫자는 그 시집의 쪽수다.

1. 윤동주, 『윤동주 시집』(서울: 범우사, 1984).
2. 박인환, 『목마와 숙녀』(서울: 근역서제, 1976).
3. 정호승, 『서울의 예수』(서울: 민음사, 1982).
4. 유하, 『세상의 모든 저녁』(서울: 민음사, 1993).
5. 정현종, 『나는 별아저씨』(서울: 문학과지성사, 1978).
6. 이시영, 『만월』(서울: 창작과비평사, 1976).
7. 김지하, 『별밭을 우러르며』(서울: 동광출판사, 1989).
8. 이성복, 『남해금산』(서울: 문학과지성사, 1986).
9. _____, 『그 여름의 끝』(서울: 문학과지성사, 1990).

20장 나무를 만나는 세 가지 방식
-나희덕 시인의 경우

나무로 투시하는 생의 비의

나무는 자연물 가운데 신성과 영성의 포즈를 가장 풍성하게 모사하는 물상으로 시심을 자극해왔다. 혹자는 하늘을 향해 뻗은 그 가지에서 하늘 하나님을 향해 팔을 벌리고 기도하는 몸짓을 읽어내고, 다른 이는 불타오르는 뜨거운 욕망의 날갯짓을 보기도 한다. 또 어떤 이는 여름의 무성한 잎사귀들을 땅에 떨구고 벌거벗는 나무의 변신에서 빈손으로 돌아갈 수밖에 없는 가난한 영혼의 실존을 발견하는가 하면, 겨우내 딱딱한 땅 속에 뿌리박은 채 묵묵히 거센 추위를 견디는 그 정중동의 침묵에서 불굴의 생명의지를 탐지하기도 한다. 이처럼 나무의 이미지는 보기에 따라 성과 속이 갈리면서 교차하고, 생명의 이녁과 저편이 아스라하게 길항하는 다향적 의미의 분출구다. 창세기의 맨 처음 이야기와 요한계시록의 끝부분에 나무가 등장하는 것도 나무의 저러한 지향점이 우리 삶의 태초와 종말에 웅숭깊은 신학적 의미망을 걸쳐놓고 있다는 암시다.

시인 나희덕의 시 세계는, 그 집중된 이미지의 한 구석만이라도 챙겨보자면, 어둠/그늘/그림자의 이미지에서 비/눈/물/연못을 거쳐 다양한 나무의 이미지에 이르는 동선을 거느린다. 그가 햇빛을 노래하지 않는 것은 아니지만, 그의 시어는 햇빛이 물상에 부대껴 만들어내는 그림자와 후미진 그늘에 자주 머문다. 나아가 그의 여성성/모성성은 이 세상에 스러져가는 것들, 상처받아 아파하는 것들, 그래서 안쓰러운 것들을 너그러운 품에 껴안으면서 '비'와 '눈'과 '물'과 '연못' 등의 이미지를 곧잘 동원한다. 그것과 결부하여 시인이 가끔 '달'과 '흙'의 이미지를 또 다른 여성적 표상으로 사용하지만, 그가 그것과 대척점에 있는 '불'의 이미지에 호소하는 경우는 좀처럼 찾아보기 어렵다. 그러나 이 모든 자연의 이미지들이 집중되면서 가장 왕성하게 빛을 발하는 이미지는 단연 '나무'의 이미지다. 그에게 나무는 일단 외부의 나무, 즉 자연 속의 나무이지만, "나무 한 그루가 창 밖에 있다/ 내 안의 나무 한 그루 검게 일어선다"(2:41)라는 시구에서 보듯, 동시에 그것은 "내 안의 나무"이기도 하다. 자연으로서의 나무로 시인이 만나보고 함께 대화한 수종은 꽤 많다. 그 나무의 목록에는 복숭아나무, 상수리나무, 수원은사시나무, 회화나무와 느티나무, 벽오동, 사과나무, 탱자나무, 개나리, 소나무, 꽝꽝나무, 석류나무 등이 있다. 그밖에도 이름 없는 익명의 나무들도 이따금 등장하고 말라죽은 고사목이나 "나무들의 무덤"(2:88)도 나온다. 그들은 대체로 저 실명의 나무들과 함께 외부에 존재하면서 동시에 내부의 정서적 풍경과 깨달음에 관여하는 "내 안의 나무"로 시인과 깊이 만난다.

가령, 그는 쓰러진 채 방치되는 수원은사시나무 한 그루를 보면서 "몸을 비추던 햇살이/ 불현듯 그 온기를 거두어가는"(1:19) 어둠의 우발적 순간을 포착한다. 이와 동시에 몸의 통증 역시 5시 44분에서 5시 55

분 사이에 깃드는 그런 어둠의 도래에 비견된다. 해미읍성 내의 회화나무와 느티나무 사이에서, 비록 그 나무는 기원을 지우고 풍경만을 보여주었겠지만, 시인은 가톨릭 박해 때 형틀에서 비명을 지르던 신자들의 상처에 대한 역사적 기억을 망각으로부터 되살려낸다(1:46-47). 그런가 하면 꽃을 떨군 벽오동 상부의 풍경에서 시인은 "누구도 꽃을 잃고 완고해지지 않을 수 없다는 것"과 "거칠고 딱딱한 열매도/ 저토록 환하고 부드러운 금빛에서 시작된다는 사실"(1:54)을 배운다. 그 배움은 때로 놀라운 직관적 깨달음으로 이어진다. "가지가 휘어지도록 열매를 달았던 사과나무"가 "열매를 다 내려놓고 난 뒤에도" "아직 짊어질 게 남았다는 듯" "그 휘어진 빈 가지가 펴지지 않는" 모습을 보고 "그에겐 허공이, 열매의 자리마다 비어 있는/ 허공이 열매보다 더 무거울 것"(1:57)이라고 진술하는 대목에서, 시인이 발견한 상실과 허무의 여운은 사과나무의 결실을 넘어서는 보편적 삶의 아련한 추상이다. 이런 겸허한 배움의 자세로 시인은 그 과즙이 향유되지 못한 채 가을과 함께 썩어가는 "탱자나무 울타리를 지나오면서" "썩어갈 슬픔 하나를 데리고 왔는지" 생각한다. 또한 "검은 입으로 새를 삼킨 나무"에서는 서로 융화하고 아파하면서 한 몸이 된 새/나무라는 자연의 문이 자신에게는 닫힌 까닭으로 어둠 속에 오래 서성거려야 하는 소외감을 담담히 피력한다.

이처럼 나무는 그에게 삶의 비의를 드러내며 깨달음의 빛을 선사한다. 그 깨달음은 몸에 도끼자국을 지닌 채 다른 곳으로 실려가는 나무에서 연상된 "언어의 도끼"에 찍혀본 상처의 기억으로부터 발원하기도 하고(2:36), "한쪽이 베어져나간 나무"로 매개된 "무엇이든 쳐내지 않고서는 살 수 없었던"(2:52) 아픔의 극복의지에서 생성되기도 한다. 그러나 그 깨달음의 절정은 무엇보다 아픔을 넘어 빛을 발하는 풍성한 결실의 아름다움이다. 시인에게 아름다움에 연루된 그 절정의 비의는, 예컨대 석류나무의 결실을 묘사하는 다음 대목에서 가장 확연하다.

> 저 석류나무도
> 빛을 찾아나선 삶이기는 마찬가지,
>   …
> 불꽃을 얹은 것 같은 고통이
> 붉은 잇몸 위에 뒤늦게 얹혀지고
> 그동안 내가 받아들이지 못한 사랑의 잔뼈들이
> 멀리서 햇살이 되어 박히는 가을(2:53)

"빛을 찾아나선 삶"은 구도자의 삶이다. 그것은 못다 이룬 "사랑의 잔뼈들"조차 용해시키는 성숙한 결실의 삶으로 고통을 감내하며 길 위에 선 자만이 다다를 수 있는 시간의 은총이다. 석류의 붉은 결실과 그 아름다움에는 저토록 뻐근한 고통과 사랑의 회한조차 "햇살"로 박히는 구도자적 빛 찾기의 여정이 어른거린다.

이 글에서 시인 나희덕의 작품에 담긴 나무 이미지들의 모든 오솔길을 죄다 훑어보기란 지극히 어렵다. 그 길들이 너무 오밀조밀하고 현묘한 탓만은 아니다. 그것은 글 쓰는 내 스스로 구도자의 진득한 경지에 들지도 못했고, 무엇보다 시인의 나무가 발현하는 계시의 빛을 체험할 만큼 밝은 눈을 갖지 못한 탓이 크다. 그래서 요약을 좋아하는 내 기질대로 시인의 시 세 편을 중심으로 나무를 만나는 세 가지의 방식에 초점을 맞추어보고자 한다. 시인이 조형한 모든 나무들의 이미지가 이 세 도식 안에 수렴될 리 만무하지만 그 나무의 세상에 몇 가지 특징적인 '구조' 또는 '유형'을 솎아낼 수 있다면 그것만으로도 감지덕지할 일이다.

여러 겹의 마음을 지닌 복숭아나무

너무도 여러 겹의 마음을 가진

그 복숭아나무 곁으로

나는 왠지 가까이 가고 싶지 않았습니다

흰꽃과 분홍꽃을 나란히 피우고 서 있는 그 나무는 아마

사람이 앉지 못할 그늘을 가졌을 거라고

멀리로 멀리로만 지나쳤을 뿐입니다

흰꽃과 분홍꽃 사이에 수천의 빛깔이 있다는 것을

나는 그 나무를 보고 멀리서 알았습니다

눈부셔 눈부셔 알았습니다

피우고 싶은 꽃빛이 너무 많은 그 나무는

그래서 외로웠을 것이지만 외로운 줄도 몰랐을 것입니다

그 여러 겹의 마음을 읽는 데 참 오래 걸렸습니다

흩어진 꽃잎들 어디 먼 데 닿았을 무렵

조금은 심심한 얼굴을 하고 있는 그 복숭아나무 그늘에서

가만히 들었습니다 저녁이 오는 소리를(1:8)

이 복숭아나무가 가졌다는 "너무도 여러 겹의 마음"은 "흰꽃과 분홍꽃 사이에 [있다는] 수천의 빛깔"에 상응한다. 이 시의 첫대목에서는 그 복숭아나무와 화자인 '나' 사이의 거리가 강조된다. '나'는 멀찌감치 복

숭아나무를 바라볼 뿐, 아직 그 나무를 만나지는 못한다. 여러 겹의 마음을 가졌다는 것은 솔직하게 만나고 담백하게 신뢰하기 어려운 허방의 대상을 상정한다. 시인이 보기에 복숭아나무의 존재가 그렇다. 그래서 그 나무는 "사람이 앉지 못할 그늘을 가"진 나무, 즉 더불어 어울리고 의지할 만한 안식의 상대가 되지 못하는 나무로 묘사된다. 시인의 이 의혹 어린 진술에는 그러나 복숭아나무와 '나' 사이의 차가운 거리감보다는 근신 어린 경외감이 얼핏 느껴진다. 이 나무에 대한 일차적 의혹은 시인으로 하여금 이 나무에 근접하는 것을 방해하여 다만 "멀리로 멀리로만 지나"치는 조심스러운 태도를 낳았을 뿐이다. 그렇게 멀리 에두르는 '지나침'의 동선은 그 상대를 외면하는 무관심의 동선과는 다르다. 그래서 '나'는 멀리서나마 그 나무를 보고 알았다고 한다. "눈부셔 눈부셔 알았"다는 것은 황홀한 발견이다. 무엇이 시인의 바라봄과 앎을 황홀하게 하였는가. 그것은 그 복숭아꽃의 흰빛과 분홍빛이 뒤섞이며 만들어내는 수천이나 된다는 환상의 빛깔들 때문인 듯하다. 가까운 데서 쳐다보는 근시안은 사물의 분별을 선명하게 해준다. 이에 비해 멀리서 의혹과 호기심, 동경의 마음을 실어 바라보는 원시안은 그 분별의 강도를 약화시키지만 대신 그 색채를 뒤섞어 숱한 환상의 공간을 만들어낸다. 그것은 물리적인 차원에서 보면 일종의 착시이지만 미학적으로 보면 아름다움을 환상적으로 증폭시키는 심리적 기제이기도 하다.

이 복숭아나무는 "피우고 싶은 꽃빛이 너무 많은", 아직 젊은 청춘의 나무다. 그 "너무 많은" 꽃빛의 '너무'는 "너무도 여러 겹을 가진"의 '너무도'와 마찬가지로 과잉으로 범람하는 욕망의 운동과 열정 어린 삶을 표상한다. 꿈 많은 청춘의 인생처럼 그 범람하는 욕망과 열정은 특정한 목표로 응집되기보다 여러 갈래로 분산된다. 그것이 바로 "너무도 여러 겹의 마음"을 갖게 된 이 복숭아나무의 숨겨진 내력이다. 그러나 시인은 그 욕망과 열정의 복숭아나무에 은근히 관심을 보이고 그 수천의 빛깔을 품어내는 이 나무의 환상에 이끌리면서도 "왠지" 부담스럽다. 그 이유는 딱 부러지게 잘라 말하기 어렵지만, 아마도 그 현란한 욕망에 포로가 되거나 뜨거운 열정에 데거나, 혹은 그 환상에 빠져 길을 잃을까 봐 저어하는 마음 때문이었을 것이다. 그래서 '나'는 그 나무에 가까이 다가서고 싶지 않았고, 멀리 지나쳤을 뿐이다. 그 나무의 아름다움에 저 홀로 황홀하게 눈부셔하며 그저 에둘러 알았을 뿐이다.

이와 같은 '나'와 복숭아나무의 거리와 그로 인한 본격적인 만남의 유예로 시인은 이 복숭아나무의 정서에 양가적인 판단을 보인다. 그 판단은 이 나무가 "외로웠을 것이지만 외로운 줄도 몰랐을 것"이라는 말에서 확인할 수 있다. 이 나무의 복잡한 욕망과 범람하는 열정, 나아가 그로 인한 환상적인 꽃빛의 부담으로 다른 이가 접근을 멀리해서 그 외로움이 생겼을 터이다. 그러나 그렇다고 이 복숭아나무가 외로움을 자각하는 의식이 있었을 리 만무하다. 아니, 자기도취적 욕망의 파노라마 속에 자신의 외로움에 대한 성찰적 자의식이 비집고 들어갈 틈이 생길 수 없었다고 말하는 것이 더 적절하리라. 이 나무와의 만남은 타자의 존재를 발견하고 겸손하게 그를 수용하는 그 '틈'을 확보하기까지 많은 시간을 필요로 한다. 시인이 "그 여러 겹의 마음을 읽는 데 참 오래 걸렸"노라고 고백하는 것은 바로 그 때문이다.

시인의 그 기다림과 조심스러운 접근, "여러 겹의 마음"을 읽어내고자 하는 인내 어린 마음의 자세에 부응하여, 그 복숭아나무는 세월과 자연의 섭리를 통과하면서 제 나름대로 익힌 성숙의 자세로 화답한다. 2연 4행에 담긴 시인 '나'와 복숭아나무의 담담한 만남은 그 조용한 화답의 결실이다. 수천의 빛깔을 시위하던 꽃잎들이 떨어지고 그렇게 흩어져 물에 떠내려갔든, 바람에 날려갔든, "어디 먼 데 닿았을 무렵", 시인은 복숭아나무의 "심심한 얼굴"을 발견하고 그 나무의 "그늘"로 들어간다. '얼굴'의 출현은 철학자 레비나스에 의하면, 타자의 존재가 계시처럼 현현하는 중요한 징후다. 그 얼굴은 우리로 하여금 전체성의 체계에 소속되지 않은 무한자의 계시로써 조건 없는 섬김, 즉 겸손한 영접과 환대의 윤리적 책임을 요구하는 얼굴이다. 상처받기 쉬운 얼굴, 연약한 얼굴로 '타인의 얼굴'은 우리 앞에 현전하기 때문이다.

그런데 그 얼굴은 화려한 꽃 시절을 뒤로하고 "조금은 심심한" 표정을 달고 있다. 그 심심함은 욕망의 더께를 탈각시키고 열정의 강도를 식혀낸 뒤 찾아드는 존재의 여백이다. 그 여백이 바로 시인이 발견한 이 나무의 화사함과 복잡한 마음의 이면에 깔린 '그늘'이다. 그 '그늘'에서 시인은 "저녁이 오는 소리를" "가만히" 듣는다. 저녁에 이르러서야 태양 빛이 기울면서 그늘이 깔린다. '그늘'이라는 시각적 이미지와 '소리'라는 청각적 이미지는 이렇게 합세하여 시인과 복숭아나무의 성숙한 만남을 견인한다. 그 만남은 낯선 타자를 조심스럽게 배려하면서 그 곁으로 다가서기까지의 숱한 기다림과 인내를 치러낸 경험의 소산이다. 이 시가 실린 시집의 겉표지에 이인성이 지적한 대로, 그것은 "성숙한 탈각"의 경지에서 "삶의 본질적 어둠을 응시"함으로 가능해진 만남이다. 그렇다고 그 만남이 하나 됨, 한몸으로의 융합을 지향하는 것은 아니다. 시인은 다만 "그 복숭아나무 곁으로" 가고자 오래 애써왔을 뿐이다. 그래서 마침내 그 곁에, 그의 허전한 그늘을 채우며 서 있을 뿐이다. "사람이 앉지 못할 그늘을 가졌을 거라"는 애당초의 지레짐작은 이렇게 극복된다.

이 복숭아나무는 그저 자연일까? 낯선 타자로서 친근함의 대상이 된 이웃, 동무, 혹은 연인일까? 아니면 지난 욕망의 시절 열정과 환상에 들뜬 청춘의 뒤안길을 되새김질하는 타자화된 '나' 자신의 표상일까? 아니면 이 우주만물에 깃든 비의 어린 신성의 실체일까? 그 누구든, 그 복숭아나무와의 오랜 만남에서 시인이 "여러 겹의 마음"을 읽어내는 데 성공한 것만은 분명하다. 그 성공은 어떻게 가능했을까. 그것은 그 나무와 마찬가지로, 그 나무의 성숙한 탈각과 별도로, 자기의 존재 역시 "여러 겹의 마음"으로 짜여 있다는 사실의 자각, "흰꽃과 분홍꽃 사이에 수천의 빛깔이 있다는 것"의 섬세한 발견에 따른 결실이었으리라. 이처럼 그 복숭아나무는 그 실체의 묘연한 구석에도 불구하고 '나'와 인연이 깊은 주체이면서 동시에 자각과 발견에 이르게 하는 매개다. 그것은 "누군가 맵찬 손으로/ 귀싸대기를 후려쳐주었으면 싶은" "가을 날 오후", 시인이 제 몸에 떨어지는 잘 여문 상수리열매들을 "무슨 회초리처럼, 무슨 위로처럼"(2:78) 각성의 기제로 수용하는 맥락과 통한다. 마찬가지로 사과나무가 열매를 떨군 뒤 그 열매의 빈자리마다 보여주는 '허공'(1:56-57)의 계몽적 효과도 그 복숭아나무의 탈각한 성숙의 세계로 연계된다.

제 상처로 아궁이를 만든 느티나무

속이 검게 타버린 고목이지만
창녕 덕산리 느티나무는 올봄도 잎을 내었다

잔가지 끝으로 하늘을 밀어올리며 그는
한 그루 榕樹처럼
제 아궁이에서 자꾸만 잎사귀를 꺼낸다

번개가 가슴을 쪼개고 지나간 흔적을 안고도

저렇게 눈부신 잎을 피워내다니,

시커먼 아궁이 하나 들여놓고

그는 오래오래 제 살을 달여 내놓는다

낮의 새와 밤의 새가 다녀가고

다람쥐 일가가 세들어 사는,

구름 몇 점 별 몇 개 뛰어들기도 하는,

바람도 가만히 숨을 모으는 그 검은 아궁이에는

모든 빛이 모여 불타고 모든 빛이 나온다

까마귀 깃들었다 날아간 자리에

검은 울음 몇 가지가 뻗어 있기도 한다

발이 묶인 채 날아오르는 새처럼

덕산리 느티나무는 푸른 날개를 마악 펴들고 있다(2:95)

이 시에서 우리는 아주 오래 묵은 느티나무를 만난다. 이 나무는 창녕 덕산리에 위치하는 구체적인 나무다. 다시 말해, 앞의 복숭아나무처럼 익명적이지 않고 환상적인 빛깔에 휩싸이지도 않은, 실제로 존재하는 나무다. 비록 "눈부신 잎" "푸른 날개"의 초록빛이 잠깐 등장하지만, 앞의 시에 주인공으로 등장한 복숭아나무의 수천 가지 꽃빛의 화려한 유채색과 달리 대체로 무채색으로 감싸여 있다. 제 몸 스스로 "속이 검게 타버린 고목"이며 그것을 부각시키는 보조 이미지들도 "시커먼 아궁이" "밤의 새" "다람쥐 일가" "까마귀" 등과 같이 무채색이 압도적이다.

이 나무는 고목으로서 제 연륜을 시위라도 하듯 상처가 크다. 대표적인 상처가 벼락을 맞아 타버린, 시인의 표현에 의하면 "번개가 가슴을 쪼개고 지나간 흔적"이다. '벼락 맞아 죽을 놈'이란 말이 지독한 욕설이듯, 고대의 종교적 상상력에 기대면 벼락을 맞는 것은 큰 죄업에 대한 천벌의 상징이다. 그것은 평범한 자연현상의 일부이지만, 저러한 전통적 인식의 빛 가운데는 아무리 좋게 봐도 하늘과 불화한 증거다. 이 늙은 느티나무도 하늘과의 불화를 암시하듯, "잔가지 끝으로 하늘을 밀어올리"는 몸부림을 보여준다. 잔가지 끝은 뾰족할 것이고, 그것은 응당 창이나 칼끝처럼 도전적인 공격의 무기를 연상시켜준다. 그것으로 하늘을 밀어올린다…? 왜 그렇게 밀어올릴까? 그것은 "한 그루 榕樹처럼 제 아궁이에서 자꾸만 잎사귀를 꺼"내기 위해서다. 나는 '용수'라고 불리는 벵골보리수의 어떤 식물학적 특징이 자꾸만 잎사귀를 꺼내는 작용과 결부되는지 자세히 알지 못한다. 그러나 이 느티나무 고목이 하늘을 그렇게 치열하게 밀어 올리는 것이 제 생명의 연장을 위한 치열한 고투라는 인상만은 족히 받는다. 하늘은 이 고목을 향해 채근하는 듯하다. 번개까지 맞아 그렇게 가슴에 구멍이 뻥 뚫렸으면 이제 그만 생을 마감하고 흙으로 돌아가라고 다그칠 만도 하다. 얼핏 억압적인 그 채근에 이 느티나무 고목은 하늘을 밀어 올리며 비록 노구일망정 제 생명이 감당해야 할 몫이 아직 이 땅에 남아 있다는 듯이 항변하는 기세다.

이 느티나무는 제 생의 가장 커다란 상처를 '아궁이'로 만들어 제 살림의 이기를 도모하고 주변 생명을 배려하여 그 유익함을 챙길 줄 아는 이타적 존재다. 이 고목이 그 늙음을 무릅쓰고 "제 아궁이에서 자꾸만 잎사귀를 꺼"내면서 생명을 연장하는 까닭이 바로 여기에 있다. 하늘의 채근을 밀어 올리며 자꾸만 잎사귀를 피워내는 그 "시커먼 아궁이"라는 이미지는 눈물겹도록 감동적이다. 더욱더 놀라운 점은, 그 시커먼 아궁이가 그토록 "눈부신 잎을 피워내"는 방식이다. 그것은 그 아궁이 속에서 "오래오래 제 살을 달여 내놓"음으로써 그 소임을 다한다. 마치 한약의 약재를 달여 내는 탕기처럼 이 고목은 제 몸을 약재 삼아 생명의 잎사귀를 피워낸다. 그러니 이 나무의 '아궁이'는 놀랍게도 제 살을 달여 생명을 연장하는 고통과 환희의 용해기관이다. 요컨대, 이 나무는 스스로 제 생명의 약이면서 독인 존재다. 제 몸의 살을 달여낸 물질로 새 잎을 피워낸다는 점에서 그것은 생의 환희를 지속시켜주는 약이지만, 그 약재가 다름 아닌 제 몸의 살이라는 점에서 그것은 제 생명을 깎아먹는 고통의 독이다.

이 느티나무 고목의 하늘을 향한 쟁쟁한 도전의 의지와 생명 연장을 위한 몸부림이 추레하지 않은 것은, 그가 그 아궁이의 살림으로 일구어내며 더불어 나누는 소박하지만 아름다운 향유의 사연 때문이다. 그는 그렇게 피워낸 가지의 잎사귀에 "낮의 새와 밤의 새"를 초대하고 영접한다. 또 제 몸의 상처와 그로 인한 부끄러움을 개의치 않은 채 그 몸의 시커먼 아궁이를 다람쥐 일가에게 세로 내어준다. 물론 임대료 없고 계약만료일 없는 관대한 입주일 터이다. 그 검은 아궁이의 이러한 이타적 살림살이에 하늘도 감복되었는지 그 안으로 "구름 몇 점 별 몇 개[가] 뛰어들기도 하"고 "바람도 가만히 숨을 모으"며 공명하는 정겨운 풍경을 보여준다. 그러나 모든 자연 만물은 소멸과 함께 제 존재의 의미를 완성하는 법! 거기에 이 느티나무 고목이라고 예외일 수 없다. 그래서 죽음의 전령인 양 까마귀가 그 나무에 깃들고, 그 날아간 자리에는 종말의 메시지인 듯 "검은 울음 몇 가지가 뻗어 있기도 한다."

까마귀의 메시지에 감응이라도 하듯, 느티나무도 새처럼 하늘로 날아오르고 싶다. 그런데 그 몸은 아직도 발이 묶여 있다. 뿌리가 땅에 깊이 박힌 채 하늘을 향해 그 잎사귀의 푸른 힘으로 날개를 막 펴들고 있는 이 고목의 자태는 그 넉넉함 속에도 은연중 긴장이 감돈다. 그것은 인간의 삶에 일반적으로 응용하면 이 땅에 발붙이고 살면서 저 하늘을 향해 동경의 날갯짓으로 몸부림치는 욕망과 의지의 균열로 비친다. 그러나 이 고목은 늙은 나무로 살 만큼 살았고, 그래서 그 '푸른 날개'의 비상 의지가 간절하고도 호소력 있게 읽힌다.

제 몸의 상흔인 "시커먼 아궁이"로 연장되는 제 생명의 오늘을 챙기면서 주변의 이웃 생명을 품는 이 고목의 존재 방식은 처연하게 아름답다. 더더욱 아름다운 것은, 소멸의 세계로 초청하는 하늘을 밀어 올리며 제 구차한 생명을 일궈내면서도, 또 그렇게 이 땅에 붙박이로 살 수밖에 없는 나무로서의 본성에도 불구하고, 제 몸이 피워낸 그 잎사귀들로 푸른 날개를 퍼덕이며 비상을 꿈꾸는 최후의 안간힘이다. 그것은 다른 시에서 시인이 옆구리에 "피처럼 흘러내리는" 송진으로 갇혀버린 개미의 몸과 함께 시들어가는 소나무의 생명 현상을 "불멸과 소멸의 자웅동체가/ 제 몸에 자라고 있는"(2:87) 것으로 묘사한 대목과 통하는 안간힘이다. 때로 죽고 싶은 소멸의 마음은 이 고통과 상처의 땅을 벗어나 저 하늘로 들어가 영원히 살고 싶은 불멸의 의지와 뒤엉긴 채 충일하다. 이 느티나무의 "시커먼 아궁이"와 그 "푸른 날개"의 비상에는 그 갈망의 두 얼굴이 서로 마주보고 있다.

불임의 피로 무성해지는 매화나무

園丁은 겨울을 나는 벌들을 위해
풍로에 설탕물을 끓여서 벌집 속에 부어주었다

벌집 속에서만 잉잉대는 벌 떼처럼

눈을 틔우지 못한 채 떨고 있던 매화나무들,

언 땅을 파서 묘목을 캐주던 園丁은 벙어리였다

그해 봄날, 매화나무는

불 꺼진 베란다 구석 커다란 화분에 갇혀 꽃을 피웠다

드문드문, 살아 있다는 증표로는 충분하게

뿌리를 적신 물이 하수구로 흘러들었고

매화나무는 下血을 하는지

시든 꽃잎들이 하르르 하르르 물에 떠다녔다

소리 없는 말처럼 붉은 진이 가지에 맺히고

꽃 진 자리마다 잎이 돋기 시작했다

역류한 하수구의 물이 그녀를 키우기라도 하는 것일까

두려웠다, 집을 삼킬 듯 자라는 잎들이

열매 맺을 수 없는 나무의 피로 무성해지는 잎들이

뒤늦게야 벙어리 園丁을 떠올렸다

묘목을 실어주며 간절하게 가슴을 쓸어내리던 그의 손말을

아, 알아듣지 못했다

화분 속에 겨울 들판을 들이려고 한 나는(3:24-25)

이 세 번째의 나무 시에서 독자가 만나는 것은 야생의 나무가 아니라 집의 베란다에 들여놓은 화분 속의 매화나무다. 거칠게 대립시키자면 이

시의 원정園丁, 즉 벙어리 정원사는 자연을 자연 속에서 양육하고 자연답게 조성하는 '쌍방적'(벌을 키워 꿀을 내고자 설탕물을 끓여주었으므로!) 시혜자이고, 그 매화분재를 사들여 집에 둔 나는 그것을 홀로 감상하며 즐겨 보려는 '일방적'(화분 속에 겨울들판을 들이고자 했으므로!) 수혜자다. 그 벙어리 정원사를 통해 겨울에 사들여 이식한 매화분재에 시인은 물을 주었고 그 화분 속의 나무는 기대한 대로 봄에 꽃을 피우기는 했다. 그러나 그것은 활짝, 풍성하게, 자연답게 피워낸 꽃이 아니라 "드문드문, 살아 있다는 증표로" 피워낸 인색한 꽃일 뿐이었다. 자신의 몸을 옹색한 화분에 가둔 새 주인에게 항의라도 하듯, 매화나무는 드문드문 피워낸 꽃들을 미련 없이 떨치고 제 뿌리를 적신 물들 위에 띄워 하수구로 보낸다.

시인은 그 광경을 섬뜩하게도 매화나무가 하혈하는 것처럼 묘사한다. 물에 떠다니는 꽃잎과 결부된 이 '하혈'의 이미지는 결실하지 못하는, 아니 결실하고 싶지 않아 스스로 자처한 불임의 상태를 함축한다. 그 뿌리의 하혈 움직임에 공조를 취하기라도 하듯, 줄기에는 말 못할 한스러움의 표현이라도 되는 양 "붉은 진이 가지에 맺"힌다. 그것은 "소리 없는 말처럼" 맺히기에 더욱 섬뜩하게 느껴진다. 뿌리의 하혈에서 가지의 붉은 진으로 도진 피맺힌 이 매화나무의 한은 다시금 꽃 진 자리마다 무성하게 피어난 잎들에게로 전이된다. 그래서 그 잎들조차 "열매 맺을 수 없는 나무의 피로 무성해지는 잎들"이다. 그처럼 독한 불임을 자처한 이 매화나무의 한은 한편으로 공격적이어서 "집을 삼킬 듯" 잎을 무성하게 키워냈다. 무엇이 이 매화나무를 이토록 한 맺히게 했을까. 왜 이 나무는 꽃을 피워도 그로써 결실하지 못한(않은?) 채, 핏빛을 띤 제 몸의 뿌리와 가지와 잎사귀들로 시인에게 두려움을 안겨준 것일까.

그 사연에 얽힌 미궁은 마지막 6연에서야 풀린다. 시인은 매화나무의 예사롭지 않은 시위의 몸짓들에 두려움을 느끼면서 뒤늦게야 매화나무와 원정 사이에 오간 묵언의 대화를 떠올린다. 그 벙어리 원정의 '손말'은 가슴을 쓸어내리며 그 매화묘목에게 전해진 간절한 사랑과 이별의 메시지였던 것이다. 시인은 그들 사이의 말을 알아듣지 못했지만, 그 말은 모종의 약속이 되어 그 매화의 가슴에 깊은 그리움과 한을 심어주었으리라는 것이다. 시인은 이제야 자신의 알아듣지 못함을 탄식하듯 깨닫는다. 자신의 매화분재 취미는 인공화된 '나'만의 자연을 강요한 행동이었지만, 그 매화나무를 어릴 적부터 키워내면서 정이 든 벙어리 원정과의 관계조차 무화시킬 수 없었던 것이다. 이 원정이 벙어리라는 설정(설정? 혹 실제 상황이 아니었을까?)은 의미심장하다. 인간의 말을 발설하지 못하는 이 원정은 역설적으로 그의 몸으로 만들어내는 말로써 자연인 매화나무와 소통한다. 그리고 그 매화나무는 남의 집 베란다에 가서도, 마치 주인을 떠나 다른 집에 팔려간 견공이 식음을 전폐하며 신음하거나 도주를 시도하듯, 제 나름대로 붉은 빛의 한 서린 시위로써 그 속내를 내비친다. 동식물이든 인간이든, 창조론적 등급을 떠나 무릇 생명의 이름으로 제 꼴에 값하는 존재들은 이용하고 소비하는 대상이기에 앞서 내남없이 소통하며 그리워하는 이웃이라는 깨달음이 배음으로 깔려 있다.

이 시를 단순히 절개와 지조의 표상으로 운위되는 매화의 전통적 이미지를 되풀이하는 것으로 읽어서는 안 된다. 제목이 암시하듯, 이 시는 원정의 말 없는 손짓과 매화나무의 묵언의 시위적 행태에서 인간의 언어와 그로써 구축한 교양과 취미, 나아가 그것이 확장된 불임의 문명을 생태론적 관점에서 성찰하는 힘을 제공한다. 돈 몇 푼에 팔려나가는 미물의 생명조차 감정이 있고, 사랑에 대한 기억이 있으며, 훼손할 수 없는 자유가 있다는 이 매화나무의 말없는 시위는 온갖 화려한 수사로써 방정을 떨며 생명에 족쇄를 씌우는 인간의 이기적 탐욕을 부끄럽게 만든다. "화분 속에 겨울들판을 들이려고 한 나는" 집을 삼킬 듯 무성해지는 그 잎사귀들의 마법적 징조가 두렵다. 그것은 다시 창조론적 맥락에서 보면, 한 약속을 훼파하고 다른 약속을 강요하는 인간의 자폐적 탐욕이 자초하는 재앙이다. 생명의 본성에 대한 무지와 무감각으로 인한 뒤탈이다. 이 시의 매화나무가 보여주는 말없는 시위는 그리하여 벙어리 원정의 손말과 함께 천진한 생명들 사이에 개입하는 세미한 대화와 소통의 복원을 위한 미래를 꿈꾼다. 그 꿈의 한가운데 이 매화나무는 창조의 질서에 새겨진 금기의 위반을 지탄한다. 동시에 인간의 언어를 넘어서는 생명세계의 교감을 촉진하고자 그 긴장 어린 자세를 자꾸만 곧추세운다.

각종 나무의 계시적 징후들

여러 겹의 마음을 가지고 환상적인 수천의 꽃 빛을 품어내다가 낙화의 그늘 아래 심심한 얼굴을 보여주는 복숭아나무, 제 몸의 상처를 아궁이로 삼아 그 안에 제 살을 달여 눈부신 잎사귀를 피워 올리고 이웃 생명들을 품에 안은 채 하늘을 향해 날갯짓하는 늙은 느티나무, 벙어리 원정閹丁의 손말을 가슴에 새기고 핏빛 그리움의 한을 머금은 채 제 언약의 기억과 자유의 갈망을 시위하는 매화나무…. 이 나무들은 제 나름대로 아름답고 신비로우며 두려운 나무다. 아름다움과 신비로움과 두려움은 서로 내접하며 관통하는 존재의 색채들이다. 그것들은 제각각 신성의 비의를 감추고 있는 증거이면서 동시에 그 비의의 실체에 이르는 기호다. 신의 비의는 감추면서 드러내는 현묘한 세계다.

시인에게 나무를 비롯한 이 세상의 온갖 물상들과 그것의 다채로운 표정들은 그 비의를 탐구하며 그 실체에 이르기 위한 모험의 여정과 입사의 시련을 요구한다. 그래서 대개 그 비의의 궁극은 상처와 밀접하게 내통한다. 가령, 시인이 산의 능선에 떠오른 상현달을 보면서 "차오르는 몸이 무거웠던지/ 새벽녘 능선 위에 걸터앉아 쉬고 있다"(1:9)라고 묘사할 때, 그것은 "신神도 이렇게 들키는 때" 노출하는 일종의 기미 같은 것이다. 신의 비의를 표상하는 상현달의 풍경에서 시인은 비의와 함께, "그녀가 앉았던 궁둥이 흔적"을 찾아낸다. 또한 그는 그 달의 동선 속에 "능선 근처 나무들"이 지니게 되었을 "환한 상처"(1:9)를 발견한다. 이로써 상현달 속에 감춰진 신의 자취는 상처조차 환하게 조명하는 비의를 드러내는 것이다.

조심스레 접근하면서 이루어지는 타자와의 성숙한 만남과 깨달음을 선사한 그 복숭아나무는 모세가 광야에서 만난 떨기나무(출 3:1-2)의 한 측면을 닮았다. 불이 붙었는데 나무가 타지 않는 신비한 광경 앞으로 모세는 조심스레 접근하였고, 그 나무 앞에서 마침내 그는 자신을 부르는 하나님과 만난다. 그 만남은 이집트 왕자로서 보낸 열혈청춘의 40년 세월과 광야에서 양떼를 치는 목자로 보낸 또 다른 40년의 세월을 인고하면서 오래 에둘러 이루어진 만남이었다. 그 만남이 있기까지 모세는 왕자로서 체험한 일시적 열정의 부박함과 광야살이에서 목자로 겪은 소모적 일상의 허탄함을 탈각시키면서, 여러 겹으로 된 인간 존재와 생활 세계의 심연을 가늠했을 터였다.

그런가 하면, 시커먼 상처의 아궁이로 생명을 보양한 느티나무의 이미지는 느부갓네살 왕이 꿈속에 본 땅 중앙의 우주수(宇宙樹, 단 4:10-12)나 이스라엘 높은 산에 심어진 백향목(겔 18:23)을 연상시켜주는 요소가 있다. 다람쥐 가족과 새들을 아궁이에 품듯이, 이 웅장한 우주수와 백향목은 그 가지들 위로 각종 짐승들과 공중의 새들을 초대하여 더불어 그 생명의 은총을 향유했다. 그러나 두 번째 느티나무의 품에는 저러한 웅장한 나무들이 표상하는 제국(주의)의 이미지가 탐지되지 않는다. 제 상처의 아궁이로 소박한 생명의 터전을 삼은 이 나무는 외려 제 여린 몸을 최대한 키워 마침내 '나물'에서 '나무'로 승격된 입지전적인 주인공 겨자나무(마 13:31-32)를 좀더 닮은 듯하다. 예수는 이 비유를 통해 하늘나라를 설파했다. 식물학적으로 불가능한 나물에서 나무로의 기적적인 변신이 신학적 상상력 속에 가능했듯, 벼락 맞은 상처가 살림의 아궁이로 변신한 기적도 하늘을 향한 눈부신 몸부림과 푸른 날갯짓에 잇닿은 겸손한 희망의 신학적 표상이었을 것이다.

한편 그리움과 한의 힘으로 무성하게 잎을 키워 집 전체를 잡아먹을 듯 너울거리는 화분 속의 매화나무는 그 마법적 이미지로써 에덴동산의 선악과나무(창 2:16-17)를 불러낸다. 그것은 보암직도 하고 먹음직도 한 일차원적 유혹의 미끼이자 지혜롭게 할 만큼 탐스럽기도 하여 자신의 것으로 만들고 싶은 탐욕적 소유의 매개다. 그러나 그것은 동산의 중앙에 그대로 서 있는 것이 더 나은, 하나님과의 순결한 언약적 표상이다. 그것이 내 집으로 들어가 내 것이 되었을 때, 마치 하혈과 핏빛 가지, 무성한 잎사귀들의 시위로 두려움을 유발한 매화나무처럼, 이 나무도 그 언약의 권능을 발휘하여 인간을 선과 악의 이분화된 존재로 전락시킨다. 타자의 생명을 대상화하고 제 것으로 소유하려는 힘의 압제는 고통과 한을 낳고, 그것은 결과적으로 또 다른 저항의 힘, 곧 마법적 주술을 부른다. 그로 인한 상호 소외의 두려움은 창세기 이래로 되풀이되는 인간 문명의 비극이다. 그러나 여운처럼 남겨진 원정의 말은 새로운 언약을 담아내는 미완의 희망이다. 그로 인한 시인의 아픈 깨달음이 있기에 그나마 굴곡진 삶은 오늘도 계속된다. 그것이 바로 선악과나무의 저주를 넘어 다시금 도래할 생명수 흐르는 강가에 심겨진 생명나무(계 22:2)의 치유와 희락을, 이 착종된 언어의 세계와 혼탁한 문명의 저 편에서 고대하는 까닭이다.

성장盛長의 절정을 향해 치닫는 7월 말의 숲은 온갖 나무들의 약진으로 살갑다. 나무들마다 그 뿌리와 몸통과 가지와 잎사귀에 제각각의 몸짓을 실어 꿈틀거리거나 팔랑거리거나 너울거린다. 꽃 진 자리에 토실한 열매를 매달고 미소짓는 화상도 종종 눈에 띈다. 개중에는 가지 틈새로 깃드는 볕뉘로 눈부신 금빛의 새를 만들어내면서 생의 후미진 구석에 감춰진 신성한 비의 곁으로 눈짓하는 나무도 있다. 하나님의 비의를 가리키는 나무의 계시적 징후 속에서 우리는 때로 규범화된 유신론의 틀을 깨고 '나'의 존재가 '무'로 돌려지는 무신론의 위험을 감수하기도 한다. 그러나 우리 하나님은 나무의 미쁜 품성을 체현하며 경직된 유신론과 무서운 무신론의 지평을 기꺼이 넘어선다. 그러니, 나무 또한 하나님의 그 너른 품을 아로새기며 침묵으로 제 몫의 존재 의미를 죄다 이루어내는 것 아니겠는가. 그러면, 그 나무와 하나님 사이에 '나'는, '우리'는, 아, 도대체 어디로 실종되었단 말인가.

• 이 글에서 인용한 텍스트의 출처는 다음과 같다. 괄호 안의 첫째 숫자는 아래 시집의 번호이며, 둘째 숫자는 그 시집의 쪽수다.

1. 나희덕, 『어두워진다는 것』(서울: 창작과비평사, 2001).
2. ____, 『사라진 손바닥』(서울: 문학과지성사, 2004).
3. 나희덕 외, 『소월시문학상 작품집』(서울: 문학사상사, 2007).

21장 '거미'로 읽는 시대와 인간
─황인숙, 이문재, 박형준, 박성우의 '거미' 시

왜, 거미인가

한국 현대시문학사를 시대별로 조망해보면 그 시대를 특징짓는 주도적 이미지가 포착된다. 가령, 1950년대가 꽃의 이미지 시대였다면, 60년대는 바다의 이미지가, 70년대는 풀잎의 이미지가 주도하는 시대였다. 그런가 하면 80년대는 벽두에 터진 5월 광주항쟁을 기점으로 민중담론의 기치로 기존의 이미지들이 변용되거나 이에 부응하는 새로운 이미지들이 다채롭게 개화하면서 이미지의 춘추전국시대를 전개해나갔다. 이후 형식적인 민주화가 달성되면서 90년대 이후, 시인들은 더러 시대에 지친 몸을 이끌고 해체와 언어적 전위 실험으로, 더러는 선禪적 구도를 매개로 한 사막과 산골, 그밖에 환상의 공간으로, 더러는 오래 묵은 역사의 세계로, 또 더러는 미시적인 일상과 그 세밀한 욕망의 틈새로 기어들어갔다.

그 한 모퉁이에서 3,40대 시인들은 90년대 중반부터 2000년대 중반에 이르는 한 시절을 배회와 유랑의 몸짓으로 관통해왔다. 그들은 경계 없이 넘나드는 신자유주의 시대의 지평선상에서 제 나름의 존재 이유와 복잡한 삶의 방식에 골몰하며 이에 걸맞게 난해하면서도 창발적인 시적 어휘와 문법, 그리고 이에 따른 흥미로운 이미지를 조탁해 보여주었다. 그들은 공통적으로 좁고 컴컴하며 밀폐된 내부의 세계에 골몰하였는데, 그 세계를 조탁하기 위해 어울리는 이미지들은 쥐나 빈대 등의 동물성 이미지였다. 실제로 그 이미지들은 적잖은 시인들의 작품 속에 도입되어 중요한 소재로 형상화되었다.

그 이미지들의 연장선상에서, 그러나 그것들과 조금 다른 방향으로 변용된 이미지로 내가 주목한 것은 '거미'의 이미지다. 거미는 그 몸에서 뽑아내는 정교한 줄로 컴컴한 내부에서 밝은 외부를 향하는(혹은 그 반대 방향의) 소통의 출구를 확보하고 있다. 이미지의 구조상 그것이 거미를 쥐나 빈대 등과 구별해주는 한 가지 차이다. 여러 시인들에게 집중적으로, 다채롭게 사용된 '거미'의 이미지는 이 시대에 주도적인(이라고 하기가 좀 어렵다면), 꽤 대표적인 이미지에 속한다. 이 이미지 분석을 위해 내가 이 글에서 골라 뽑은 시인들은 황인숙, 이문재, 박형준, 박성원이다. 이 이미지는 그것을 애용한 그 시인들과 그들이 살아간 시대, 나아가 그 시대 속의 한 전형적 인간을 조명하는 해석학적 채널로도 유용하거니와, 혼미한 착종 상태의 한국 신학을 일깨우는 계몽적 표상으로도 시사적이라 할 만하다.

물론 해 아래 새 것이 없다고, 저들의 거미 이미지가 갑자기 출현한 것은 아니다. 한국 현대시문학사에서 후배들에게 가장 큰 영향을 끼친 시인 중 한 사람인 김수영은 일찍이 거미의 이미지를 제 삶에 투과하면서,

내가 으스러지게 설움에 몸을 태우는 것은 내가 바라는 것이 있기 때문
　이다.

그러나 나는 그 으스러진 설움의 풍경마저 싫어진다.

나는 너무나 자주 설움과 입을 맞추었기 때문에
가을바람에 늙어가는 거미처럼 몸이 까맣게 타버렸다.(1:49)

라고 묘파했다. 이 가을/설움으로 연계되는 거미의 이미지는 아래에서
다룰 박형준의 거미 시에서 거의 그대로 수용되고 있다. 하지만 박형준의
그 거미와 연계된 안팎의 풍경은 김수영의 그것보다 자세하고 넓다.
　이렇듯, 김수영에게서 발원하여 2000년대 중반까지 풍미한 거미 이
미지는 우리 시대와 인간의 심층을 읽어내는 하나의 화두가 될 만하다.
그 가운데, 시인들의 거미 세상은 고생대 캄브리아기에 번성했던 삼엽충
을 조상으로 둔 절지동물로서(곤충이 아니라) 기기묘묘한 습성을 가지고
있으며, 전 세계에 3만여 종, 국내에 600여 종 있다는 등의 생물학적 지
식을 은연중 전제하면서도 빗겨간다. 직물의 여신 아테나와 베짜기 경
합에서 완벽한 작품으로 승리했지만 자만함으로 인해 여신의 분노를 산
나머지 거미로 변했다는 희랍신화의 주인공 아라크네 이야기 또한 일부
개입하지만, 우리 시인들이 거기로부터 개척해나간 사유의 거리는 꽤 멀
다. 나아가 이들의 거미는 우리 시대 젊은이들에게 초능력의 구세주로
활약해온 〈스파이더맨〉의 영화 이미지나 국내의 영화 〈거미숲〉과 거의
무관하며, 신세대 가수 '거미'와도 별 상관이 없다.

깊어가는 탐미의 시간

『새는 하늘을 자유롭게 풀어놓고』(1988)라는 첫 시집을 상자한 이래 톡 톡 튀는 생짜배기 감각과 팝송처럼 유들유들한 리듬으로 주목을 받아온 황인숙 시인은 이후 네 권의 시집을 더 냈는데, 가장 최근 시집인『자명한 산책』(2003)에서 거미의 이미지를 빼어나게 조탁한 두 편의 시를 선보인 바 있다. 동물 이미지 중에서 날렵한 고양이 이미지에 많이 기대온 이 시인은 이제 50을 바라보는 나이임에도 나비 이미지와 함께 고양이의 동선을 여전히 활달하게 애용하고 있지만, 거미의 이미지는 분명 새로운 진척이다. 먼저 거미를 제목에 차용한 두 편의 시 중 한 편에서 시인이,

> 거미의 달이 기어간다
> 숨소리를 죽이고
> 조금도 망을 출렁이게 하지 않고
> 조금 바랜 빛깔의 실을 뽑으면서
> 살금살금 기어간다
> 누구도 몰래 빠져나가지 못하도록
> 휘감겨 붙게 꼼꼼히
> 망을 손보면서(2:13)

라고 쓸 때, 이 '거미의 달'은 기실 '달 같은 거미'가 아니라 '거미 같은 달'이다. 잿빛 구름에 감긴 채 그 구름의 장막을 조심스레 헤치며 낮게 움직이는 둥근 달의 동선을 순간적으로 포착한 이 작품에서 달은 거미

처럼 "진득거리고 메마른/ 수은의 실을 뽑는 궁둥이"로 묘파된다. 이 밤 하늘 달빛의 이미지는 거미줄의 이미지와 만나 "누구도 몰래 빠져나가지 못하도록/ 휘감겨 붙게 꼼꼼히/ 망을 손"볼 정도로 음산하고 불길한 분위기를 연출한다. 달빛에 걸린 잿빛 구름의 희미한 갈래들을 형상화한 "조금 바랜 빛깔의 실"은 이미지로서도 아름답고, 그렇게 바라본 시인의 상상은 이 시집의 해설에서 고종석이 지적한 대로 탐미적이다. 그러나 시인이 이 시의 끝부분에서,

지붕들이 침식된다
누가 그리도 깊이 자니?
섬뜩하지 않느냐?(2:13)

라고 외칠 때, 거미 같은 달의 궁둥이가 더 낮게 내려앉아 "지붕을 침식"하면서 만들어내는 포획의 발걸음은 지상의 인간들에게 위태롭게 느껴진다. 이 음산한 아름다움의 달빛이 노리는 거미 같은 탐미적 포획 앞에 지상의 인간들은 깊이 잠들어 있는 듯, 대책 없이 조용한 모양이다. 그래서 그들을 깨우며 "섬뜩하지 않느냐?"라고 시인은 일갈한다. 나 모르게 내 주변에서 기어오는 아름다움의 접근은 이처럼 섬뜩한 무서움의 대상이 된다. 두 번째 거미 시에서 시인은 달빛의 탈을 쓰지 않고도 직접 거미의 그 노림수를 보여준다.

빨랫줄과 탁자 사이에
거미가 그물을 친다
나를 미끼 삼아

물것들을 노리는 거다
거미는 흐린 거울의 공간을 지어놓고
그 테두리에 숨었다
블랙홀이며 암흑 주머니,
한번도 북적인 적 없는
시간인 거미

나는 후욱 흐린 거울을 불어본다
흐린 거울 속의 흐린 나무들과
흐린 불빛이 흔들린다
(그런데 진짜
거미의 집은 어디일까?)

거미가 깊어간다
바람이 소슬, 거미줄을 흔든다
귀뚜라미 소슬, 거미줄을 흔든다
귀뚜라미 울음소리가 소슬소슬!
거미줄을 흔든다
나는 문득 쇠약해진다.(2:46)

시인은 빨랫줄과 탁자 사이에 거미줄을 치는 거미를 쳐다본다. 거미는 그 먹이사냥용 거미줄과 별도로 제 은신처로 "흐린 거울의 공간"을 지어놓고 먹이를 기다리며 숨어 있다. 그러나 먹이는 쉽게 걸리지 않는다. 그래서 거미는 "한 번도 북적인 적 없는/ 시간"이 된다. 거미가 한산하고 권태로운 시간이라면 거미가 숨어 있는 흐린 거울 같은 집은 "블랙홀이며 암흑주머니"의 공간이다. 그 시간과 공간의 적막함을 깨트릴 겸 거미의 움직임을 확인해볼 겸, 시인은 그 거울/거미집을 향해 입김을 불어본다. 그런데 흔들리는 것은 그 거울/집에 비친 흐린 나무들과 불빛일 뿐 거미는 미동도 없이 깊어만 간다. 바람이 거미줄을 흔들고, 귀뚜라미의 소슬한 울음소리가 거미줄을 흔들어도 거미는 깊어만 갈 뿐 반응이 없다. 조용한 기다림에 지친 '나'는 깊어만 가는 시간 속에 '문득' 쇠약해지는 육체를 느낀다. 시인은 진짜 거미의 집이 어디인지 몰라 그 행방을 묻고 있다. 그 흐린 거울/집은 일시적 은거처로 진짜 집과 통하는 블랙홀의 암흑 주머니이니 인간의 접근이 불가능한 미지의 공간 또는 시간이다. 황인숙 시인에게 그 어둠의 시공간은 나이 들어가는 최근 시작에서 특별한 의미를 지닌다. 그 어둠의 대표적 시간대인 "밤은 혼자 있고 싶"(2:76)어하며, 시인은 그 밤을 닮아 왕년에 "밤이 되면/ 설레어 가만히/ 집 안에 있을 수 없었"(2:64)다고 고백한다. 그 깊은 밤의 길은 "인간이 다니지 않는 길로/ 신이 다닌다"(2:22). 그래서 앞의 달빛 이미지에서 나타난 대로, 그 밤의 길은 섬뜩하다. 그 섬뜩함이 시인의 눈앞에, 아니 마음속에 "거미의 밤"을 불러낸다. 그때 시인이 만난 거미는 그 근원을 알 수 없는 흐린 거울/집/블랙홀의 공간에 갇힌 채 적요하게 깊어가는 탐미의 시간이며, 섬뜩한 아름다움에 치여 쇠약해지는 육신의 어둔 현존이다.

잘 정리된 증오의 팽팽함

1982년 『시운동』에 시를 발표하며 등단하여 첫 시집 『내 젖은 구두 벗어

해에게 보여줄 때』(2004, 개정판)의 출간 이래로 왕성하게 활동해온 시인 이
문재에게도 거미는 중요한 이미지로 자리 잡고 있다. 〈거미 여인의 춤〉이
라는 제목의 시에서 그는 거미줄을 전방위 그리움으로, 거미를 외로운
기다림으로 형상화한다. 시인은 스스로 "거미보다 외롭다"고 고백하면
서, 거미의 포즈에서 "공기의 한켠 무관심처럼 내다 건"(3:88) 기다림을
읽어낸다. 아울러, 그는 거미가 거미줄을 만드는 과정을 묘사하면서,

> 캄캄한 다짐 한 가닥
> 바람에 걸어 놓고 눈물도 아껴
> 거미줄 만드는
> 이 푸른 도화선의 순간들(3:88)

이라고 쓴다. 시인의 거미가 거미줄을 만들면서 왜 눈물을 아끼고 그런
암울한 다짐이 필요했을까. 그것은, "그대 기쁨의 처마에서 툭/ 떨어지면
서 그날부터 파랗게 고여/ 거미줄을 만들었"(3:88)다고 말하는 것으로 미
루어 갑작스레 이루어진 모종의 이별과 절연에 잇닿아 있는 듯하다. 그
이별과 절연은 그리움과 기다림을 낳지만 대상을 향하여 이루어지지 않
는 그리움과 기다림은 분노와 증오를 유발하기도 한다. 시인이 보기에
거미의 거미줄 만들기에는 이렇게 착종된 인간적 감정이 팽팽한 긴장
속에 깃들어 있다. 다음의 거미 시를 보라.

> 거미로 하여금
> 저 거미줄을 만들게 하는
> 힘은 그리움이다

거미로 하여금 거미줄을 몸 밖

바람의 갈피 속으로 내밀게 하는 힘은 이미

기다림을 넘어선 미움이다 하지만

그 증오는 잘 정리되어 있는 것이어서

고요하고 아름답기까지 하다

팽팽하지 않은 기다림은 벌써

기다림에 진 것, 져 버리고 만 것(3:11)

이 시에 의하면 거미는 그리움의 힘으로 거미줄을 만들어낸다. 그러나 그 거미줄이 몸 바깥으로 삐져나와 제 몸의 일부를 "바람의 갈피 속으로 내밀" 때 그렇게 만드는 동인은 "기다림을 넘어선 미움"이라는 것이다. 미움이 기다림을 넘어섰다는 것은, 기다림에 지쳐 생긴 미움이라는 뜻인지, 기다림의 차원과는 다른 감정으로 미움이 생긴다는 것인지 그 의미가 약간 모호하지만, 기다림이 그리움의 연장선상에 있고 그것이 마냥 순정 일변도로 지속될 수 없다는 전언만은 확실하다. 그러나 그 미움의 결과로 빚어낸 거미줄의 기하학적 구조와 형식은 요란하거나 격한 감정의 배설과 거리가 멀다. 그것은 비록 증오일망정 오랜 그리움 속의 기다림만큼 내부적으로 잘 정돈되어 있는 감정의 표출이다. 그래서 그렇게 잘 정리된 증오는 "고요하고 아름답기까지 하다." 그러나 그 고요는 헤프거나 지루한 적막이 아니다. 그 아름다움은 느슨하거나 헐렁하지 않다. 외려 팽팽하다. 그 팽팽한 긴장의 거미줄 위로 시인이 지향하는 견결한 기다림의 자세가 얹혀 있다. 그 기다림은 싸움이란 점에서 외부의 대상을 상정한 듯하지만, "팽팽하지 않은 기다림은 벌써/ 기다림에 진 것"

이라는 구절을 가만히 궁리해보면, 그 싸움이 결국 자신과의 내부적 싸움인 것 같기도 하다. 어쨌든, 싸움에 져버린 기다림은 끊어져 팽팽함이 풀린 거미줄과 같다. 그것은 자신의 눈물까지 아껴가며 모종의 다짐과 증오로 지탱해온 기다림의 자세를 흩어버린다. 팽팽한 긴장을 잃은 그 거미줄 위에 거미가 설 자리는 없다.

위의 시를 읽으면서 나는, 시인에게 그 기다림의 내용이 무엇인지, 또 구체적으로 거미줄을 뽑아내는 거미에게 시인이 읽어낸 그 증오의 뿌리가 무엇인지 짐짓 궁금해진다. 참고삼아 저 두 편의 거미 시가 실린 시집 『산책시편』을 찬찬히 읽어보아도 그 기다림과 증오에 연루된 시인의 구체적 체험은 묘연하다. "빼앗긴 것들 찾을 수/ 있을까 도시에서 밀려 나오는 길/ 길어질수록 치욕만 남는다"(3:17) 같은 구절을 보면, 그 증오의 뿌리에는 도시 생활에서 겪은 치욕의 삶이 자리 잡고 있는 것 같기도 하고, 〈오존묵시록〉(3:75-76)이나 〈고비사막〉(3:77-78) 등과 같은 생태적인 시들을 보면, 도시문명으로 파괴되기 이전의 원시적 생태환경에 대한 그리움이 그 증오와 뒤엉겨 마음의 저변에 도사리고 있는 듯도 하다. 그렇다면 이문재의 거미와 거미줄은, 억압적이고 파괴적인 도시문명에 저항하는 싸움의 방식, 나아가 그 대안의 차원에서 그가 바람직한 삶의 모형으로 추구하는 게으른 삶, 자신의 경계를 집적이며 산책하는 삶, 부사적인 삶, 곧 시인다운 삶의 방식으로 조형해놓은 이미지라 할 수 있다.

누구나 그리워할 수 있고, 그 그리움을 진득하니 품고 오래 기다릴 수도 있다. 더러 그 기다림에 지쳐 미움의 감정을 품어내는 것도 인지상정의 일부다. 시인이 그랬듯, 상실한 고향의 집을 그리워하거나 퇴락한 도시문명의 반생태적 환경에 탄식하는 것 역시 비슷한 경험을 지닌 자라면 대체로 공감할 만한 반응이다. 그러나 시인처럼 그 미움을 푹 삭혀서 잘 정리된 증오의 거미줄로 나란히, 그리고 팽팽하게 기다림의 긴장을 늦추지 않기란 쉽지 않다. 시인의 거미는 외부적으로 고요하고 아름다운 자태 속에 그처럼 웅숭깊고 치열한 기다림의 자세를 감추고 있다. 그래서 그 거미줄 또한 자신과의 싸움에서 지지 않기 위해 팽팽한 긴장을 뿜어낸다.

설움과 황홀 사이, 혹은 자발적 소멸

그루터기는 죽은 자가 쉬는 곳,
아침 이슬에 젖은 거미가
숲을 뚫고 오는 늦가을빛을 본다.
거미는 어둠 속에서 줄에 매달려 사는 삶을 잘도 참아
　왔다.
그래, 처마끝같이 사위어가는
높은 나뭇가지에 올라가
젖은 태양을 바라보며 죽자.
늙은 거미는 추위가 오는 것을 느끼며,
가만히 줄을 흔든다.
가물거리는 햇빛에 타죽기 위해
나뭇가지와 나뭇가지 사이를 미친 듯이 건너뛰는
수천의 거미떼들이 떨어진다.
늙은 거미는 줄에 걸린 이슬 속에서
황홀을 본다, 숲을 뚫고 새어들어오는

가느다란 가을빛.

일순 머리를 치켜들고 거미는

설움으로 까맣게 타서 죽는다.

아침에 한줌의 불꽃이 사그라지고

죽은 자가 그루터기에서 쉰다.(4:62-63)

　　박형준은 그의 첫 시집 『나는 이제 소멸에 대해 이야기하련다』(1994) 의 제목이 예언한 대로 그의 거미 시에서도 진한 소멸의 이미지를 풍기고 있다. 직전에 다룬 이문재의 거미처럼 그의 거미도 인고의 기다림에 익숙하다. 그러나 그는 그 기다림을 존재의 궁극적 이유와 삶의 방식에 연동시키기보다 설움과 황홀 사이에서 기탄없이 사그라지는 소멸, 곧 종말의 이미지와 결부시킨다. 앞서 지적한 대로, 박형준의 거미 시 배후에는 "너무나 자주 설움과 입을 맞추었기 때문에 가을바람에 늙어가는 거미처럼 몸이 까맣게 타버렸다"라는 김수영의 〈거미〉가 자리하고 있다. 그러나 김수영과 달리 박형준은 "그 으스러진 설움의 풍경"을 염오하기보다 그 앞에 담담하다. 더구나 그 설움을 넘어 황홀까지 볼 정도로 이 거미는 자신의 소멸에 대해 긍정적이다. 그도 그럴 것이 그 거미는 생의 가을을 통과한 뒤 추운 겨울 앞에 선, 이미 살 만큼 산 늙은 거미이기 때문이다. 물론 늙은 생명이라고 다 죽음 앞에 초연한 것은 아니다. 외려 늙을수록 생에 대한 집착이 심해져 잘 죽지 못하는 경우가 많다.

　　이 시는 첫 행의 그루터기에서 시작하여 마지막 행의 그루터기에서 끝난다. 그루터기는 몸이 잘려나가 제 값어치를 다한 뒤 밑둥치만 남은 나무의 마지막 흔적이다. 〈아낌없이 주는 나무〉라는 동화에서 잘 보여주었듯, 그루터기는 제 오랜 벗에게 모든 것을 남김없이 공여한 뒤 지친 몸을 이끌고 찾아온 그에게 제 남은 밑둥치의 몸으로 안식을 제공하는 조건 없는 무한대의 사랑을 표상한다. 그런가 하면 이사야서의 '남은 자' 사상에서나, 80년대 풍미한 민중가요 〈그루터기〉에서처럼, 그루터기는 천년의 세월을 헤쳐온 아름등걸의 명예에 걸맞게 역사의 희망을 제공하는 종말론적 이미지를 대변하기도 한다. 이 둘 중에서 시인은 전자의 경우에 잇대어 그루터기를 죽은 자의 안식을 위한 이미지로 부각시킨다. 그 처음과 마지막 사이에 늙은 거미의 눈부신 투신이 발생한다.

"아침 이슬에 젖은 거미"와 그가 대면하는 "숲을 뚫고 오는 늦가을빛"은 처연한 생의 황혼녘을 떠올려준다. 그 거미의 일생은 "어둠 속에서 줄에 매달려 사는 삶"이었고, 그것은 그리 쉽지 않은, 그래서 참아내야 할 고역이었다. 이제 그 생의 고역을 잘 참아낸 거미는 생의 벼랑 끝에 밀려 억지로 죽기보다 호젓하게 자신의 종말을 결정짓는 자발적 죽음을 선택한다. 이를 위해 거미는 높은 나뭇가지에 줄을 내어 올라갔다. 그 거미줄은 아침이슬에 젖어 반짝이고 그 영롱한 반짝임은 그리로 내리쬐는 해조차 "젖은 태양"으로 상상하게 만든다. 거미가 택한 죽음의 방식은 그 높은 곳에서 "가물거리는 햇빛에 타죽"는 것이다. 그런데 그 높은 나뭇가지에서 다른 나뭇가지로 건너뛰며 떨어지는 거미는 한 마리가 아니라 수천 마리로 떼를 짓고 있다. 투신을 앞두고 이 늙은 거미는 자신의 거미줄에 매달려 아침햇살에 빛나는 이슬방울 속에서 황홀을 본다. 그 황홀의 발견과 함께, 거미는 "일순 머리를 치켜들고" "설움으로 까맣게 타서 죽는다."

이렇듯, 죽음은 순간의 해프닝이다. 그것은 어느 날 아침 "한 줌의 불꽃이 사그라지"는 일과 같다. 그리고 그것은 다가오는 추운 겨울 앞에서 가물거리는 가을빛의 풍경처럼 자연스러운 생의 귀결이자 만유의 이치다. 이미 까만 거미는 무에 더 까맣게 될 사연이 있다고 까맣게 타 죽는 것일까. 시인은 다만 상상하였을 것이다. 까만 거미의 그 까만빛에 깃들어 있는 어둠 속의 생에 감추어진 설움의 세월을! 이 시에서 거미가 품위 있게 종말을 맞이하기 위해 취한 주체적 행동은 모두 세 가지다. 첫째 자신이 마지막으로 뽑아낸 줄을 가만히 흔드는 것, 둘째 그 줄에 맺힌 이슬방울 속에서 황홀을 보는 것, 셋째 죽기 직전 태양을 향해 머리를 치켜드는 것이다. 첫째 행위가 살아 있음의 확인과 성취의 보람을 감지하는 차원이라면, 둘째 행위는 죽음을 초월하여 존재에 충일한 순간적 아름다움의 발견에 잇닿아 있다. 마지막으로 고개를 치켜드는 행위는 죽음에 비굴하게 치여 수동적으로 죽기보다 그것을 담대하게 수락하는 결기 어린 제스처다. 그렇게 죽음과 부대끼며 눈부시게 죽은 자만이 또 다른 죽음의 현장인 그루터기에서 이미 안식에 든 나무와 함께 안식을 취한다.

이 시에서 가장 아름답고 감동적인 부분은 "어둠 속에서 줄에 매달려" 평생 살아온 늙은 거미가 죽음에 임하여 그 어둠을 벗어나 가물거리면서도 환한 가을햇살을 대면하는 장면이다. 이제 더 이상 어둠 속에 숨지 않고 더 이상 줄에 매달려 위태롭게 살지 않아도 되는 빛과 자유의 세계를 일순간 맛보았기에 박형준의 거미는 잠시나마 황홀경을 누릴 수 있었으리라. 이처럼 황홀을 감싸 안는 죽어감의 미학은, 또 다른 시에서, 차에 치여 죽은 개를 바라보며 "입가에 흥건한 피/ 목련 꽃송이로 흘러들어갈 때까지/ 온몸의 피가 다 빠질 때까지,/ 황홀하게 하늘을 바라보고 있습니다"(4:111)라고 개의 시선에 자신의 시선을 포개는 순간에서도 감지된다. 평생 쌓아온 삶의 설움을 도리어 황홀의 질료로 삼아 까맣게 탈망정 제 몸에 일순간 불꽃을 피워 올리는 이 거미의 마지막은 충분히 감동적이다. 아직 젊은 이 시인에게 설움에 까맣게 타죽는 식의 황홀한 소멸을 꿈꾸게 만든 소인이 무엇이었을까. 그것은 단지 폼 잡기 위한 언어적 수사가 아니라 시인의 실존에 깊숙이 삼투된 무언가 절실한 갈망을 담아내고 있는 것은 아닐까. 진정 그렇다면 박성우의 늙은 거미는 죽지 않으려고 발버둥치는 오늘날의 많은 늙은이들, 또 속절없이 늙어가는 모든 인생들에게 환한 햇살 아래서 결행하는 자발적인 소멸을 통해 설움의 이녘과 황홀의 저편을 가르쳐주는 중요한 화두가 아닐 수 없다.

일상적 고독과 연민의 자화상

2000년 중앙일보 신춘문예에 〈거미〉라는 작품으로 등단한 박성우는 그의 첫 시집에 이 시를 표제작으로 내세웠다.

> 거미가 허공을 짚고 내려온다
> 걸으면 걷는대로 길이 된다
> 허나 헛발질 다음에야 길을 열어주는
> 공중의 길, 아슬아슬하게 늘려간다(5:8)

라는 진술에서, 이 거미는 인간 거미다. 아마도 어느 양조장에서 노동자로 일하다가 부당한 대우로 갈등을 겪던 그는 그 양조장 주인 사택 근처의 높은 건물에 매달려 시위하다가 떨어져 죽었던 모양이다. 그렇게 건물 벽에 고독하게 매달려서라도 생활을 꾸려야 하는 것이 사람살이의 통상적 현실이다. 이 시에서 사내는 거미의 먹이인 듯하면서("거미줄에 걸린 끼니처럼") 동시에 거미 자신처럼 묘사된다("한 사내가 가느다란 줄을 타고 내려간 뒤""사흘 만에 유령거미같이 모습을 드러냈다"). 마찬가지로 그의 죽음도 양조장 주인에 대한 항의성 자살임이 분명해 보이지만("유서의 첫 문장을 차지했던 주인공은") 주인 쪽의 폭력적 처사에 의한 타살적 성격도 가미된다("거미는 스스로 제 목에 줄을 감지 않는다"). 이 거미 사내는 요컨대 가해자이면서 피해자이고, 죽임의 대상이면서 죽음의 주체다. 물론 이 양면적 설정은 거미의 특징적인 이미지에 해당되기보다 인간 삶의 현실을 거미 이미지에 조금 어색하게 가탁한 면이 없지 않다. 그러나 "헛발질 다음에야 길을 열어주는/ 공중의 길"이라는 이미지는 과연 거미답고, 그렇게 거미줄을 치며 아슬아슬하게 제 공간을 늘려가는 거미의 동선 역시 자연스럽다.

건물 외벽에 매달려 투쟁하던 인간 거미는 박성우의 또 다른 거미 시에 이르러 건물의 내부, 그것도 가장 깊은 구석인 화장실로 옮겨가 시인을 타자로 만나는 진짜 거미가 된다. 그러나 그 거미도 형색과 습성은 거미일지라도 일상과 생활의 권태를 체득한 생각하고 느끼는 거미, 인간과 동화된 거미, 시를 쓰는 시인을 관찰하며 그것을 소재로 시를 만드는 시인스러운 거미다.

한달 만의 식사다
나방은 즙이 많아서 좋다
위턱과 아래턱을 놀린 지 오래여서
입이 좀 뻐근하다 집주인이 들어온다
저 남자는 시를 쓴다
한달 전, 저 남자가 이사를 왔을 때
나는 안도의 한숨을 쉬었다
그도 그럴 것이 시인은 게을러서

화장실 귀퉁이에 세들어 사는 내 집을
빗자루로 걷어낼 일이 없기 때문이다
간만의 식사 탓일까
소화가 잘 되지 않아 자꾸 신트림이 나온다
밥 먹는 내 모습을 처음 보았겠지, 남자가
칫솔을 문 채 한참이나 나를 쳐다보고 있다
날개라도 한쪽 떼어줄까
남자도 나처럼 오랫동안 굶었는지 깡말라간다
생각하면 저 남자가 있어 외롭지 않았다
이곳에 들어올 때마다 지금처럼
내가 잘 있는지 먹이는 언제쯤이나 잡게 될런지
쳐다보곤 하던 따뜻한 눈길, 알기나 할까?
남자가 아픈 배를 누르며 변기에 앉아 있을 때나
양치질을 하다가 욱욱거릴 때면 나는
그물을 손질하고 있었다는 것조차 잊은 채
내가 대신 뒤틀려주고 싶었다
남자가 알몸을 씻은 날은
주린 아랫입에 손가락을 물려 또다른 허기를 달랬다
남자가 밖으로 나간다
다시, 지루한 기다림이 시작된 것이다(5:32-33)

이 시에서 '나'는 시인의 면밀한 관찰과 주관적 상상이 개입된 거미
다. 그는 시인의 분신인 듯도 하다. 그런데 그 거미가 바라보는 또 다른
남자 시인이 있다. 그들은 처음 만나는 날부터 해악적인 대상이 아니라

서로 바라보며 배려의 눈길을 던지는 호의적 관계로 맺어졌다. 이를테면, 거미는 그 남자가 화장실에 들어올 때마다 거미인 '나'를 향해 "잘있는지 먹이는 언제쯤이나 잡게 될런지/ 쳐다보곤 하던 따뜻한 눈길"을 기억한다. 거미 역시 남자가 몸 상태가 좋지 않은 기색을 보일라치면 "그물(=거미줄)을 손질하고 있었다는 것조차 잊은 채", 즉 생계의 현실을 젖혀둔 채, "내가 대신 뒤틀려주고 싶"을 정도로 심정적 배려가 극진하다. 이 거미와 남자 시인의 생활양식은 그런 온정 어린 상호 배려의 축적 속에 서로 닮아간다. 그래서 그들은 공통적으로 가난하고 게으름 탓에 오래 굶주리며 육신과 정신의 허기를 달래기까지 지루하게 기다린다. 그런가 하면 몸의 증상까지 비슷해져 거미가 한 달만의 식사 끝에 자꾸 신트림을 하는 소화불량 증세를 보이는 것에 남자는 배탈 설사와 구토로 반응해준다. 그렇게 그들은 화장실에서 만날 때 서로 호의적으로 바라보는 사이로 서로의 존재 자체로 외로움을 달래며 느슨하게 동거한다. 거미는 남자가 시인인 터라 게을러 자기 집을 빗자루로 걷어낼 일이 없기에 다행으로 생각한다. 남자도 거미가 화장실 귀퉁이에 세 들어 산다고 그를 구박하거나 멸시하지 않는다. 그렇다고 남자 쪽이든 거미 쪽이든, 서로 적극적으로 다가가 말을 걸며 친밀하게 사귀는 것도 아니다. 그들은 일정한 거리를 둔 채 서로를 바라보며 닮아갈 뿐이다.

이 시에서 거미는 틀림없이 여성일 것이다. "남자가 알몸을 씻은 날은/ 주린 아랫입에 손가락을 물려 또다른 허기를 달랬다"라는 구절에서 거미가 보인 행동은 스스로 성욕을 달래며 자위하는 여성의 전형적인 몸짓이다. 그러나 그 절박한 욕망의 결핍 상황에서도 그들의 구체적인 만남은 이루어지지 않는다. 남자가 밖으로 나가면 거미로서는 또다시 지루한 기다림이 시작될 수밖에 없는 연고다. 이 시에서 거미의 존재는 결국 시인의 여성성이 발현된 자아의 분신체로 보인다. 시인은 게으르고 무기력한 생활인이다. 그는 자주 굶는 탓에 깡말라가며, 위장이 좋지 않은지 양치질하다가 욱욱 거리거나 뒤틀리는 뱃속 사정에 시달린다. 제 한 몸 제대로 건사하지 못하는 상태에서 집안을 청결하게 갈무리할 여력은 더더욱 없을 터. 그 게으르고 무능한 시인의 일상이 거미라는 여성적 자아를 불러내어 외로움을 달래며 위로한다. 그 위로의 방식은 그러나 밀접한 친교가 아니라 잠잠한 바라봄과 은근한 배려. 그러한 자아의 분열과 상호 위로는 현실 속에서 "지루한 기다림"의 연속일 테지만, 그만큼 서로의 삶에 억압적으로 개입하지도 않는다. 자기동일성의 세계로 합체하여 한몸으로 변신하지도 않고, 냉정한 타자로 무관심의 장벽을 치지도 않는 서늘하면서도 느슨한 연대적 관계! 시인이 화장실에서 만난 거미의 이미지에는 동물적 식욕과 성욕을 탐하는 인간의 관계를 괄호 치거나 넘어서는, 그렇게 스스로 분열함으로써 위로하고 위로받는 고독한 독신자의 연민 어린 꿈이 서려 있었던 것이다!

거미/줄의 신학

그 생태와 습성을 곰곰이 뜯어보면 거미는 신학적으로 영양가가 풍부한 이미지임을 알 수 있다. 백과사전적 지식을 조금 빌자면, 30,000여 종 되는 거미의 생활 방식은 천차만별의 다양성을 자랑한다. 일부 사회생활을 하는 거미도 있지만 다수는 단독생활을 하며, 그중에는 한곳에 정주하여 거미줄로 그물을 치거나 땅속에 굴을 파서 거미집을 만들어 생활하는 점좌성과 거미집을 만들지 않고 땅 위나 나무·풀의 겉면, 집의 벽이나 담 등을 돌아다니면서 먹잇감을 사냥하는 배회성의 두 가지 유형이 있다. 또한 생활공간을 기준으로 볼 때 거미는 지중성·동굴성·지상성 등의 유형으로 구별되는데, 그밖에 특수한 유형으로 수중성이 있다. 그런가 하면 그물을 치는 여부에 따라 조망성과 비조망성이 있는데, 이들 유형은 또 배회성이면서 그물을 치는 조망성 거미와 조망성이지만 그물을 치지 않고 남의 집에 더부살이하거나 그 숙주를 잡아먹는 유형 등 다양하다. 그 생태적 다양함은 삶의 역동성을 낳아 거미는 무더운 열대지역에서 히말라야의 추운 고산지역을 넘나들며 그 서식지를 종횡무진 넓혀왔다. 앞서 분석한 거미 시들은, 비록 네 종류에 불과하지만, 이러한 거미의 전천후 존재방식과 생의 만화경을 압축하여 보여주기에 충분할 만큼 신학적 동물학과 생태·인문학적 상상력을 증폭시킨다.

황인숙의 거미는 아름다움의 섬뜩한 근원을 찾아 그 순간적 발광을 탐하며 그것에 비례하여 알 수 없는 블랙홀의 거울/집 공간과 오래 깊어온 시간에 연동된 삶의 쇠약함을 조명해준다. 그 거미의 밤은 누구나 혼자 있고 싶은 시간이지만 동시에 신이 다니는 길이라서, 신 앞에 선 단독자의 초상을 미학적으로 조탁해 보여준다. 더 이상 몇 가지 법률 조항처럼 깔끔하게 정리된 진리의 강령이나 흑백으로 쫙 갈리는 선악의 그물망으로는 거미/줄의 촘촘한 기하학이 잡히지 않는다. 그것은 탐미의 구도자로 자처하여 아름다움의 세계를 탐험하는 섬뜩한 부대낌을 무릅쓰고서야 감이 잡히는 세계로서 장차 21세기의 신학적 인간형에 참고가 될 만하다.

이문재의 거미는 증오조차 고요하고 아름다울 수 있는 인간의 가열찬 내면풍경을 대변한다. 거미줄이 그리움의 산물이라지만 그것이 몸 밖으로 나타나 잘 정리된 증오를 표출할 때 그 거미줄의 조형미에 담긴 신학적 인간학은 기다림과 증오 사이에 팽팽하게 맞선 자기대결의 결기를 지향한다. 그때 거미의 그 외줄은 오로지 간살스러운 사랑타령으로 감정을 탕진해온 인류문명의 뒷골목에서 그 파괴적인 억압의 장벽을 가로지르는 세밀한 산책로이자 자기 구원의 밧줄이 된다.

그러나… 그래도, 그 구원은 죽음을 비껴갈 수 없다. 이에 박형준의 거미는 자발적으로 소멸의 높은 곳에 나감으로써 설움에 까맣게 타죽을 망정 황홀한 순간을 챙기는 순발력을 발휘한다. 안식으로서의 죽음, 황홀한 순종으로서의 자기 투신 앞에 박형준의 늙은 거미를 닮은 인간들은 하나님의 형상을 지닌 자로서 어떻게 그의 신적인 자유를 도발적으로 결행할 수 있는지, 그래서 어떻게 설움과 황홀을 간직한 순연한 자연의 몸으로 복귀할 수 있는지 묻게 한다. 오늘날 한국 신학이 잃어버린 중요한 자연사의 유산이 있다면 생명의 막다른 골목에서 존재의 품위를 살리며 건져 올리는 바로 그 실존적 설움의 힘과 종말론적 황홀의 감각이 아닐까 싶다.

물론 그 소멸의 날까지 '생활'이란 이름으로 밀려오는 도도한 일상 속의 지루한 기다림을 외면할 수 없다. 박성우의 거미가 필요한 급소가 바로 이 지점이다. 그의 여성적 거미는 남성적 자아의 권태로운 고독과 마주보며 호의적 배려와 함께 느슨한 관계로 엮어진다. 그 관계는 결실 없이 너무 소모적이며 자아 분열에 따른 동병상련의 소극적 관계라는 비판을 초래하겠지만, 빡빡한 일상이, 그것도 게으르게 꿈틀거리는 시인의 일상일진대, 아주 드문 그 화장실의 만남조차 없이 어떻게 저절로 견딜 수 있겠는가. 이처럼 박성우의 거미가 세 들어 사는 화장실이야말로 21세기의 유목형 인간들에게 안온한 농경민의 기도처 못지않게 요긴한 영성의 요람이다.

• 이 글에서 인용한 텍스트의 출처는 다음과 같다. 괄호 안의 첫째 숫자는 아래 시집의 번호
이며, 둘째 숫자는 그 시집의 쪽수다.

1. 김수영, 『김수영전집 I: 시』(서울: 민음사, 1981).
2. 황인숙, 『자명한 산책』(서울: 문학과지성사, 2003).
3. 이문재, 『산책시편』 개정판(서울: 민음사, 1993, 2007).
4. 박형준, 『물속까지 잎사귀가 피어 있다』(서울: 창작과비평사, 2002).
5. 박성우, 『거미』(서울: 창작과비평사, 2002).

22장 가난과 적막, 그 신학적 미학

-송찬호, 문태준, 박남준의 시 몇 편

아름다움: 외면당한 신학의 틈새

아름다움은 저절로 살지 못한다. 아름다움이란 게 우리의 삶과 동떨어진 채 별도로 존재하지 않기 때문이다. 그것은 다만 우리가 겪은 아름다움의 대상에 대한 잔상이 응축된 추상명사일 뿐이다. 아름다움 대신 아름다운 대상, 그 대상을 향한 아름다움의 느낌, 그 느낌의 순간만이 스치듯 존재할 뿐이다. 이 세상의 모든 고상한 것들이 대체로 그렇지만, 나는 아름다운 것 역시 스스로 감추면서 드러나고, 나타나면서 숨는 속성이 있다고 믿는다. 그 미묘한 역설의 틈새로 인해, 진정으로 아름다운 것들마다 아름답게 감각되는 순간이 너무 이르거나 늦는 경우가 많다. 혹은 그 아름다움이 특히 요즘 대중매체의 파장 아래 상투적으로 유형화된 우리의 감수성에 면밀하게 포착되지 않기 때문에 아름다움과 무관하게 여겨지는 것들이, 좀 강하게 말하자면, 무수히 많다. 말을 바꾸면, 이 삼라만상의 물상들 가운데 아무리 허접하고 추한 것들이라 할지라도 아름다움의 은밀한 구멍 하나쯤 간직하지 않은 존재는 하나도 없다는 것이다. 물론 그 구멍을 파고들어, 그 수상한 대상을 아름다움으로 느끼기까지는 시간과 노력이 필요하다. 특별한 훈련도 있어야 할 것이다. 무엇보다 그 대상을 은근히 감싸고 더불어 어울리면서 즐거워하는 일이 필요하고, 그 것을 묵상하는 자세가 요청된다. 나는 이런 종류의 아름다움, 곧 앎의 대상다운 일종으로 가난과 적막을 들고 싶다.

가난은 참 조용한 친구다. 그런 삶의 환경 한가운데 오래 살아온 이들은 대개 그 가난에 대하여 말하기를 꺼린다. 그것은 차마 대놓고 말하기 구차한 짓이다. 그 이유는, 무엇보다 별로 할 말이 없기 때문이고, 그 것에 대해 무슨 말을 할 심신의 여력이 없기 때문이다. 가난하게 사는 이들은, 무엇보다 살아내기 위한 안간힘 속에 자신의 삶을 대상화하여 미주알고주알 떠벌일 겨를이 없다. 그러므로 가난에 대하여 폼 잡고 말하는 이들의 대다수는 가난하지 않은 자들이거나 가난하고 싶지 않아 두 눈 똥그랗게 뜨고 발버둥치는 자들이다. 이 글을 쓰고 있는 나 역시 이 땅의 생활수준의 평균치에 빗대어보면 별로 가난한 축에 속하는 것 같지 않다. 얼마 전 한국 교회 일각에서 청부논쟁이 벌어져 한쪽에서는 청부의 가능성을 긍정적으로 띄우면서 이를 은근히 예찬하였고, 이를 견제하는 쪽에서는 그리스도교의 전통 신앙적 지향으로 염결한 청빈의 미덕을 내세웠는가 하면, 이를 가로지르는 제3의 대안으로 또 다른 이는 물질적 소유의 과다를 초월하는 '영성적 가난'의 미덕을 설파하기도 하였다. 이 모든 주장과 입장들은 기실 가난하지 않은 사람들이 이 땅에 여전히 만연한 가난에 대한 종교적 부담감을 경감하거나 모종의 신학적 명분을 구축하여 그 심리적 후유증을 상쇄해보려는 나름의 알리바이 찾기 작업에 잇닿아 있는 듯했다. 쉽게 정리하면, 나는 가난이 싫다, 그러나

이 세상의 가난한 사람들과 연대하여 최대한 돕고 싶다는 마음에서 오십보백보 아니었을까.

숙명처럼 가난한 삶은 별 대책 없이 적막하다. 농어촌의 후미진 골짜기에 깃든 허물어져 가는 누옥의 언저리를 서성거려 봐라. 말없는 적막감 속에 깊이 스민 가난의 냄새와 그것에 순치된 꼬부랑 허리로 표정 없이 그 환경의 일상적 시간을 견디며 누리는 쭈글쭈글한 장삼이사들의 느린 동선을 더러 만날 수 있으리라. 가난은 그렇게 가난을 타개하려는 의지까지 삶아먹은 자리에서 구원론적 지표인 양, 종말론적 상징인 양, 권태로운 는개처럼 흐물흐물 피어오른다. 가난이 삶이고 삶이 곧 가난인 자리에서 어쩔 수 없는 삶의 적막은 때로 가난 앞에 발악하며 그것을 타파하려 충혈된 눈알을 부라리는 자들을 뻘쭘하게 만든다. 가난을 정당화하거나 낭만화해서도 아니고, 그것에 대한 심리적 알리바이를 세우려는 간계도 아닌 바로 가난의 한가운데서, 가난에 대해 말하지 않으면서도 가난을 살아가는 적막한 현장이 내가 이 글을 통해 엿보고자 하는 아련한 아름다움의 틈새다. 예수가 언급한 대로, 하나님 나라의 표상으로서 가난이 구원이 솟아나는 자리일 수 있다면, 그런 자리는 자신을 간단없이 비워냄으로써 충일한 삶의 의욕으로 부풀어 오르는 또 다른 신성한 아름다움의 자리일 수 있겠거니 싶은 것이다. 공성이불거功成而不居의 포즈로 섭리하시는 하나님의 창조 동선을 따라가노라면, 그런 구차한 가난과 권태로운 적막조차 아름답게 꽃피어난다. 그런 자리에 신학이 부재한다면, 신학은 당장 이 땅에서 보따리를 싸야 하지 않겠는가.

춤추는 찐빵

앞서 나는 허리 굽은 쭈글쭈글한 노인들이 가난의 적막한 풍경을 표상하는 것처럼 썼다. 그들의 가난이 텅 빈만큼 둥글다는 점과 체념의 대가로 나름대로 풍성히 하늘을 섬겨온 이력을 조형한 시인이 송찬호다. 『흙은 사각형의 기억을 갖고 있다』(1989)는 첫 시집을 상자한 이 시인은 그 시집의 한 면에서 가난이 둥근 울음을 껴안고 시간을 견디며 하늘을 사모하는 방식이라는 점을 보여주었다.

언제나 하늘은 빈 바구니로 내려왔다
바구니가 비었으니 아직 살아 있나보다
여인은 다시 빈 바구니를 하늘로 올려보냈다
아, 뭉클한 밥바구니가 한 입에 하늘로 꺼져들어가곤 하였다
옷을 넣어 보내면 금방 피고름 빨래가 되어 내려왔다
여인의 몸도 점점 꺼져들어갔다
기약 없는 세월은 물같이 흘렀고 그 물가에서
여인은 시름없이 빨래를 하였다
물은 날마다 더럽혀져갔다
그 물이 흘러가는 어디선가 다시 근심 많은 여인들이
더럽혀진 물로 밥을 짓고 빨래를 하고……
빈 바구니 속에서 아이는 끊임없이 울었다
여인은 바구니처럼 웅크리고 앉아 꼼짝할 수 없었다
아이들이 자라 여인을 버리고
다시 이 지상을 떠날 때까지

날마다 바구니 가득 그렇게 오르고 싶었던 하늘

아, 저 밑 버림받은 세상에는

몸 움푹움푹 패인 빈 바구니 같은 늙은 여인들만 남아 뒹굴고 있었다

(1:28)

밥과 빨래와 근심 사이를 오가며 자신을 모두 비워낸 이 여인의 몸은 텅 빈 바구니처럼 황폐한 상태다. 그 황폐한 몸은 그러나 대놓고 그 일신의 가난을 말하지 않는다. 다만 "날마다 바구니 가득 그렇게 오르고 싶었던 하늘"로 자신의 몸과 같은 밥, 피고름을 빨아낸 새 옷가지를 올려 보내며 가난한 일생을 "시름없이 빨래를 하"듯 살아냈을 뿐이다. 그렇게 되기까지 하늘처럼 떠받들며 섬겨온 남편/아들은 그 쓸모없는 듯한 빈 바구니 안에서 울었고 자랐고 마침내 거길 떠났다. 그리하여 "저 밑 버림받은 세상" 곧 가난한 그 자리에 방치된 채 몸이 움푹 패인 종국의 그 쭈그렁 늙은 여인들은 닳고 닳은 몸으로 둥글게 뒹굴고 있었다는 것이다. 가난한 시절을 통과해온 우리 어머니들의 초상은 이렇게 송찬호의 빈 바구니 여인처럼 지금도 여전히 둥글게 뒹구는 가난의 생산성과 함께 피어오른다. 날씨 탓인지 2월 말, 3월 초의 그 쌀쌀하고 쓸쓸한 계절에 시리고 서러운 가난은, 이렇게 늙은 여인의 잔상과 함께 혼곤한 꿈에 시달리다 깨어난 새벽녘, 옆구리를 툭 치며 우리 몸을 깨운다.

그 황폐한 둥근 여인의 빈 바구니를 화려한 무엇으로 채워드리고 싶었음인지 송찬호는 이후 세 번째로 낸 시집 『붉은 눈, 동백』(2000)에서 붉은 동백의 빛깔로 가득 찬 자연의 경전을 형상화한 바 있다. 그곳에서 시인은 자랑할 것도 없고, 그렇다고 마냥 추레하지도 않은, 그저 담담한 채 충만한 가난의 풍경을 보여준다. 특히, 다음의 시에서 그 훈훈한 가난

의 세계는 내 낯익은 유년의 추억이 어린 춤추는 빵의 이미지에 꿈실거
린다.

> 설레는 마음으로 늦은 저녁 당신과 마주앉았지요
> 진열장 유리 밖에서 처음 춤추는 당신을 보았을 때
> 둥글게 부풀어오르는 당신의 춤은 참 보기 아름다웠습니다
> 설탕처럼 반짝이는 불빛 아래 둘러선 사람들은 듬뿍 동전을 던졌구요
> 난 그런 당신을 사모했습니다 내 발걸음은 늘 당신의
> 거리를 향했습니다만, 내겐 눈길도 주지 않고 포근한 그릇에
> 파묻혀 당신은 늘 무언가 골똘히 생각하는 듯했어요
> 짐작건대 거리 맞은 편 진열장 속 그 행복이란 보석을
> 생각하지 않았겠어요? 그런데 오늘 가까이서 당신을 보니
> 퉁퉁 부어오른 당신의 발, 부어오른 당신의 얼굴, 오오 당신은 부푼 것이
>   아니라
> 부르튼 거군요 춤을 추다 지쳐 그대로 주저앉아 빵이 된 거군요(2:15)

〈우리들의 찐빵에 대하여〉라는 소박한 제목이 붙은 이 시의 최대 매
력은 서늘한 유머다. 그 유머는 당신의 안과 밖 모습이 엇갈리면서 드러
낸 '부르튼' 얼굴과 '부푼' 찐빵 사이의 균열에서 비롯된다. 찐빵 집 진열
장 밖에서 가루반죽을 만드느라 몸을 움직이는 사람의 동작은 화자에게
"둥글게 부풀어 오르는 당신의 춤"이었고, 그래서 그는 그 아름다운 춤의
광경을 진열장 밖에서 주의깊게 관찰하면서 사모했다. 그런데 그 안으로
들어가 "설레는 마음"으로 당신과 가까이 마주앉아, 화자는 "퉁퉁 부어오
른 당신의 발, 부어오른 당신의 얼굴"을 발견한다. 밖에서 보는 것과 안

에서 보는 것은 이다지도 다르다. 멀리 떨어져 살피는 환상의 풍경과 가까이서 마주앉아 대하는 현실의 내용은 그다지도 엇갈린다. 그러나 그 다름과 엇갈림이 화자의 시선을 황망하게 만드는 것은 아니다. 그것이 바로 이 시의 견고한 아름다움이다.

그 빵집 안에서 빵이라는 풍요한 이미지에 의탁한 빵 만드는 사람의 가난한 노동은 시인의 환상적인 시선 덕분에 잠시 환상 속에서 위로받고 "둥글게 부풀어 오르는" 아름다운 춤이 되었다. 비록 그 춤이 통통 부어오른 몸의 지체였을망정, 그 현실에의 자각이 빵집 노동자와 화자 모두를 추레하게 만들지 않는다. 앞서 그의 골똘한 표정을 "거리 맞은 편 진열장 속 그 행복이란 보석"을 생각하는 것으로 본 화자는 시인의 그 고단한 노역을 알고 나서도 천진하게 "춤을 추다 지쳐 그대로 주저앉아 빵이 된 거"라고 뇌까린다. 그 천진함은 시인답다. 그리고 시인의 눈에 비친 빵집 사람의 이미지와 진열장 속의 빵집 풍경은 우리 유년의 메마른 위장을 달래주던 그 옛 시절, 가난했을망정 풍요로웠던 둥그런 찐빵집 정경을 둥그런 춤으로 다시 태어나게 한다. 그 가난한 아름다움을 굳이 아름답지 않다고 우긴다면 우리는 얼마나 더 추하게 가난해지겠는가. 시인의 그 천진한 동심으로 돌아가면 우리의 가난한 심령과 고단한 육체 앞에, 우리들의 그 찐빵은 그 찐빵집 주인의 동선과 함께 여전히 아름답게 춤춘다.

'가까스로' 얻고 '비로소' 잃은 꽃

첫 시집의 날개에 올라온 문태준의 얼굴은 천상 두툼한 시골사람 얼굴인데, 시골의 가난도 그 얼굴에서는 푸근하게 퍼지는 인상이다. 그가 가능성 있는 좋은 시인임을 알린 시집 『수런거리는 뒤란』(2000)은 조용한 적막에 둘러싸인 채 수런거리는 시골 풍경들로 충만하다. 물론 그 수런 거림은 가난 따위를 지껄이는 소리가 아니라, 가난을 잊으며 그 의미 속 으로 비집고 들어간 삶의 잔상들에 얽힌 은근한 아름다움의 파동이다. 빈집, 폐광촌, 정미소, 태화리 도둑골, 흉가, 곳간, 묵정밭, 둠벙, 흙집, 유 랑극단, 툇마루 등등 그의 시 제목에서 이런 어휘들만 몇 개 골라내봐도 그의 시 세계가 도심에서 멀찌감치 물러난 시골, 그것도 요즘의 준도시 화·반도시화된 시골이 아니라 가난을 팽개치지 못해 억척스레 누리며 살다간 한참 지난 시절의 시골임을 짐작할 수 있다. 그중에도 그는 회고 적인 어법으로 그 가난의 틈새에 숨은 은미한 아름다움을 찾아내어 시 라는 언어로 정밀하게 그것을 찍어낸다. 그렇게 그는 메마른 가난의 터 위에서 피어오르는 봄의 전령 아지랑이에서 생명의 혓바닥을 뽑아내며 〈열락의 꽃〉을 예견한다.

생명들이 혓바닥을 뽑아낸다, 봄이다,
혓바닥이 가장 길게 나온 끝자리에
꽃이 핀다, 용쓰다 몸이 지칠 때 혼이
맑아진다, 그전까지는 혼몽하다……
아지랑이?…… 그 끝에 돌같이
단단한 꽃이 핀다(3:75)

"용쓰다 몸이 지칠 때 혼이 맑아"지는 방식의 삶은 봄꽃에만 해당되 는 게 아니리라. 더욱이 그 꽃이 "돌같이 단단한 꽃"일진대, 그 꽃이 예사 롭지 않은 삶의 내력을 지녔으리라 볼 수밖에 없다. 하여 그는 두 번째

더 성숙한 시집 『가재미』(2006)에서 용쓰다 지친 몸을 가리고 가난에 초연한 적막한 삶의 비의를 조형해낸다. 이런 쪽으로 평자들의 찬사를 받은 그의 시는 가난에 대해 이렇게도 담담하다.

열무를 심어놓고 게을러
뿌리를 놓치고 줄기를 놓치고
가까스로 꽃을 얻었다 공중에
흰 열무꽃이 파다하다
채소밭에 꽃밭을 가꾸었느냐
사람들은 묻고 나는 망설이는데
그 문답 끝에 나비 하나가
나비가 데려온 또 하나의 나비가
흰 열무꽃잎 같은 나비 떼가
흰 열무꽃에 내려앉는 것이었다
가녀린 발을 딛고
3초씩 5초씩 짧게짧게 혹은
그네들에겐 보다 느슨한 시간 동안
날개를 접고 바람을 잠재우고
편편하게 앉아 있는 것이었다
설핏설핏 선잠이 드는 것만 같았다
발 딛고 쉬라고 내줄 곳이
선잠 들라고 내준 무릎이
살아오는 동안 나에겐 없었다
내 열무밭은 꽃밭이지만

나는 비로소 나비에게 꽃마저 잃었다(4:23)

이 시의 제목이 〈극빈〉이지만 그 극빈의 극단적인 현황을 두고 게으름 탓이라고 손가락질한다면 그의 가난은 얼마나 황폐한 것이 되랴. 열무는 씨를 뿌려 새싹이 오를 때 조금 뽑아다 고추장에 비벼먹으면 제 맛이 난다. 좀더 커서 그 몸이 제법 씩씩해지면 왕창 뽑아다 열무김치를 담근다. 뿌리가 토실해지고 클 만큼 컸으면 뽑아다 총각김치를 만들면 제격이다. 그런데 그 열무밭 주인은 그 뿌리도 놓치고 줄기도 놓치고, 가까스로 꽃만을 얻었다. 그로 인해 사람들은 그의 게으름을 타박하듯 묻지만, 그는 지청구에 대한 망설임 속에서도 관조의 여유를 부린다. 그 열무 꽃조차 날아든 나비 떼에게 빼앗기고, 시인은 가녀린 나비들의 발에 쉴 자리를 내준 그 꽃을 본다. 그 가자미 시선이 한곳에 느리게 꽂히면서 시인은 선잠이 들 듯한 나른함 가운데 자신의 일생 동안 그 꽃들처럼 "발 딛고 쉬라고 내줄 곳이/ 선잠 들라고 내준 무릎이" 없었다고 반성한다. 비록 자신의 몸을 위한 줄기와 뿌리를 놓치고 설상가상으로 자신의 마음에 마지막 위안인 그 꽃마저 나비 떼한테 빼앗겼지만, 그렇게 자신을 가난의 극단으로 밀어붙인 그 상실이 그는 안타깝거나 안쓰럽지 않다. 그 총체적 상실이 그로 하여금 자신의 삶을 성찰하게 만들고 삶의 궁극인 허적의 세계로 인도하기 때문이다.

열무밭의 적빈이 극단으로 나아가고, 시인의 가녀린 호사조차 더 가녀린 나비 떼에게 양보한 상태에서 그 가난은 더 이상 삭막한 현실이 아니라 고요한 환상이 된다. 우리네 삶은 이렇게 늘 시인의 경우처럼 극단적으로 가난하게 발가벗으면 허허로운 적막으로 잠겨간다. 열무밭 농사에서 "가까스로" 얻은 그 꽃마저 나비에게 잃어버리고 "비로소" 잃었다고 말하는 이 시에서 그 두 부사어가 유난히 강한 울림을 낳음은 왜일까. 나는 여기서 퍼뜩 '진정성'이란 말을 떠올리고, 이 시의 저 고요한 배경과 달리, 시인이 그 상실과 함께 얻은 극빈의 깨달음이 가볍거나 만만한 것이 아님을 인정하게 된다. 그렇게 꽃마저 잃은 시인은 이제 그 가난한 마음을 무엇에 비비며 어디쯤 가고 있을까. 이 시인의 또 다른 뛰어난 작품으로 그에게 소월문학상의 영예를 안겨준 다음의 시가 그 대답이 될 만하다.

하늘에 잠자리가 사라졌다

빈손이다

하루를 만지작만지작하였다

두 눈을 살며시 또 떠 보았다

빈손이로다

완고한 비석 옆을 지나가보았다

무른 나는 金剛이라는 말을 모른다

그맘때가 올 것이다, 잠자리가 하늘에서 사라지듯

그맘때에는 나도 이곳서 사르르 풀려날 것이니

어디로 갔을까

여름 우레를 따라갔을까

여름 우레를 따라갔을까

후두둑 후두둑 풀잎에 내려앉던 그들은(4:35)

60년대의 선배 시인 김종삼이 개척한 잔상과 여백의 미학을 떠올리게 하는 이 시는 여느 다른 시와 달리 행간을 두 칸씩이나 띄워둠으로써 관조의 공간을 더 늘려두고 있다. 그만큼 시인의 사념은 더욱더 느린 리듬을 타며 천천히 흐른다. 맑고 완만한 물의 흐름 같다. 진정 가난한 자들은 이렇게 하루를 만지작거리며 빈손으로 살아간다. 진정 가난한 자들은 가난을 추하지도 부끄럽지도 않게 그냥 그렇게 살아낸다. 그렇다고 그들은 그것을 투쟁의 대상으로 여기거나 자랑 삼아 호사스러운 장식처럼 붙이며 살지도 않는다. 거기에 숨겨진 아름다움이 있다면 그것은 이 시인이 포착한 고요한 적막에 둘러싸인 평온한 해방감 같은 것이다. 그 가운데 그들은 굳이 뾰족하게 의식하지 않더라도, 풀잎에 내려앉던 잠자리의 빈자리를 찾아 "어디로 갔을까" 그 묘연한 자취를 되물으며, 지상의 육체적 실존에서 "사르르 풀려날" "그맘때"를 기다리며, 그렇게 고요한 적막 속에 살아간다. 본질상 가난한 존재인 인간은 누구든지 그런 '그맘때'가 다 있다. 더러 동경하는 순간이 잠자리 떴다 사라지듯 순간처럼 스치지만, 대부분 잊고 살 뿐이다.

소슬한 낡은 집의 빈한한 적막

가난의 표정은 대개 삶이 둥지 튼 집의 이미지에서 풍겨온다. 내가 본 가난한 집이 여럿 있지만, 오래 묵어 무너질 듯하면서도 적막감 속에 소슬한 분위기로 감싸인 집은 단연 모악산 시절 박남준 시인이 살던 집이다. 모악산 시인으로 널리 알려진 이 시인은 무당이 살다 떠난 그 집에서 꽤 오래 살았다. 나는 일찍이 그 집을 그리워하여 시인이 집을 비운 중에 두세 번 찾은 적이 있었고, 여름철 철학을 하는 지인과 함께 수박 한 통을 사들고 놀러가 온종일 어울리며 대화한 적이 있다. 그 집은 "낡은 집"이었고 지금도 낡고 불편한 집이다. 그 집을 시인은 스스로 이렇게 간명하게 묘사했다.

> 비닐봉지들 나뒹굴며 공중제비를 도는 집
> 작은 새가 날아왔다 쫓기듯 솟아오르는 집
> 오가는 발길이 기웃거리다 혀를 차며 돌아서는 집
> 장다리꽃 목 긴 꽃대가 홀로 서서 꾸벅거리는 집
> 그 집, 지치고 지쳐서 이제 비틀거리는 집(5:11)

모악산 골짜기에 위치한 이 집에서 시인은 이 집과 함께 지쳐 비틀거리며 홀로 살았다. 가느다란 계곡물을 모아놓고 버들치를 예닐곱 마리 키우면서 그들을 자식 삼아, 친구 삼아 살았다. 그곳이 시인의 집임을 모르는 이들이야 오가며 "기웃거리다 혀를 차며 돌아"섰겠지만, 시인의 염결한 위엄이 죽지 않은 그 굴뚝과 변소와 아궁이, 그리고 그 방 안에 감도는 다도의 풍취를 알았다면, 빗장이 질러진 그 집 문 앞에서 고개 숙여 예를 표했을 것이다. 때로 당신이 내 낭군이라며 정신 나간 처자들이 찾아와 제 집처럼 죽치고 들어앉아 시인을 내친 적도 있었지만, 그 집은 시인이 있든 없든 적막했다. 나는 그때 깨끗한 가난의 또 다른 이름이 '적막'이란 걸 어렴풋이 깨우쳤다. 적막에 오래 순치된 영혼을 품은 고즈넉한 시심만이 그 적막 주변에 "장다리꽃 목 긴 꽃대가 홀로 서서 꾸먹거리"며 조는 모습을 볼 줄 안다. 그 적막이 겨울바람 속에 깊어져 고막이 멍멍해지는 것은 가난의 또 다른 고역이자 특권이다. 이 낡은 집 주변에 감도는 적막은 〈적막〉이란 제목이 붙은 시에서 이렇게 그려진다.

눈 덮인 숲에 있었다
어쩔 수 없구나 겨울을 건너는 몸이 자주 주저앉는다
대체로 눈에 쌓인 겨울 속에서는
땅을 치고도 돌이킬 수 없는 것들을 묵묵히 견뎌내는 것
어쩌자고 나는 쪽문의 창을 다시 내달았을까
오늘도 안으로 밖으로 잠긴 마음이 작은 창에 머문다
딱새 한 마리가 긴 무료를 뚫고 기웃거렸으며
한쪽 발목이 잘린 고양이가 눈을 마주치며 뒤돌아갔다
한쪽으로만 발자국을 찍으며 나 또한 어느 눈길 속을 떠돈다
흰빛에 갇힌 것들
언제나 길은 세상의 모든 곳으로 이어져왔으나
들끓는 길 밖에 몸을 부린 지 오래
쪽문의 창에 비틀거리듯 해가 지고 있다(5:22)

겨울눈에 푹 덮인 채 숲으로 둘러싸인 곳에서 시인이 세상과 통하는 유일한 창구는 쪽문의 창 하나다. 시인은 그 겨울을 건너기가 만만치 않은 듯 자주 (외로움으로? 질고로?) 주저앉지만 몸의 리듬이 둔탁해지는 그 계절에서 배우기도 한다. 그 배움의 내용은, 삶이 그렇고 가난이 그렇듯, "묵묵히 견뎌내는 것"이다. 그 견딤의 내용은 "땅을 치고도 돌이킬 수 없는 것들"이다. 땅을 치며 후회하고 애통하여도 돌이킬 수 없는 것은 운명처럼 돌이킬 수 없다. 시인이 보낸 시간들, 떠나온 물상들, 헤어진 사람들, 고향의 많은 기억들, 아픔들, 특히 젊은 시절 만난 여인네와의 도타웠던 연분과 통한의 이별조차 아무것도 되돌릴 수 없다. 그 아련한 기억의 겨드랑이에 통증처럼 시인이 마주치는 것은 딱새의 기웃거림과 같이 하찮고 "한쪽 발목이 잘린 고양이"의 발자국 같이 안쓰러운 것뿐이다. 시인은 그 고립을 자처하며 오래 살아왔다. 세상의 명분을 좇아 들끓는 길 밖으로 벗어나 몸을 기어이 고독한 가난으로, 적요한 골짜기로 애써 부려온 것이다. 그래도 시인은 이 세상과 통풍하는 창문의 열린 공간조차 신경에 거슬리는 듯, "어쩌자고 나는 쪽문의 창을 다시 내달았을까"라고 자신의 미련을 한 번 더 담금질하며 묻는다. 시인의 회고와 적막한 물음은 그 쪽문의 창에 비치는 해가 자신의 행보처럼 비틀거리듯 지는 낙조의 풍경 속에 녹아들면서 자신의 삶과 화해한다. 물론 그것은 일시적 화해의 제스처가 아니라 함께 비틀거리면서 오래 닮아가는 방식의 화해이다.

그러나 이 시인은 이 집에서 얻은 동통으로 많은 고생을 했고, 일조량이 너무 적어 몸을 해치는 열악한 환경을 더 오래 견디지 못한 채 몇 년 전 그 집을 떠나 지리산 악양 골짜기로 이사 가고야 말았다. 무릇, 세상의 모든 이사는 존재의 뿌리를 파다 새로운 곳에 이식하는 죽음과 부활의 신학적 의례를 구조적으로 닮았거나, 머나먼 유랑의 여정을 접고 이타카^{Ithaca}로 향하는 오딧세이의 경우가 모범적으로 예시하듯, 본향을 향한 신화적 회귀의 패턴을 반복한다. 그러나 뼛속 깊이 가난한 자의 이사는 여전히 한곳에 뿌리내리고 둥지를 틀지 못한 채 지속적으로 되풀이되는 유랑민의 한시적 체류일 뿐이다.

결국 남쪽 악양 방면으로 길을 꺾었다
하루종일 해가 들었다
밥을 짓고 국 끓이며
어쩌다 생선 한 토막의 비린내를 구웠으나
밥상머리 맞은편
내 뼈를 발라 살점을 얹어줄 사람의
늘 비어 있던 자리는 달라지지 않았다
이따금 아직도 낯선 아랫마을 밤 개가
컹컹거리며 그 부재의 이유를 묻기도 했다
별들과 산마을의 불빛들은
결코 나뉠 수 없는 우주의 경계로 인해
밤마다 한 몸이 되고는 했다
부럽기도 했다 해가 바뀔수록
검던 머리 더욱 희끗거리고
희끗거리며 날리는 눈발을 봐도
점점 무심해졌다
겨울바람이 처마 끝을 풀썩 뒤흔들며 간다
아침이 드는 창을 비워두는 것은 옛 버릇이나
무덤을 앞둔 여우들이 그러했듯이

나 또한 북쪽 그리운 창을 향해 머리를 눕히고

길고 먼 꿈길을 청한다(5:21)

　시인의 이사에 '결국'의 결행이 있기까지 얼마나 많은 '글쎄'의 고심
이 지나갔을 터인가. 모악산방의 그 춥고 그늘진 곳을 벗어나 악양 골짜
기의 열린 남향집에 이사와 햇빛이 온종일 드는 고마움도 잠깐, 그곳 역
시 밤이 내리고, 독신의 홀몸을 가누기가 여의치 않은 건 매한가지다. 비
록 하늘의 별빛과 산마을의 불빛이 한몸이 되는 우주의 경계 없는 광활
함을 느끼고, 희끗거리는 머리털과 역시 희끗거리며 날리는 눈발의 동병
상련도 그 한몸의 이치에 어우러지며 동참하는 것 같지만, 시인은 무심
함만 깊어질 뿐이다. 부재와 결핍을 묻지만 그 무심함이 돌려줄 답안은
없다. 다만 꿈길밖에 길이 없어 "길고 먼 꿈길을 청"할 뿐이다.

　이사 가서 차린 첫 밥상의 향연에 객이 없어 쓸쓸했겠지만, 그래도
시인은 좋았겠다. 시인의 결핍으로 인한 고독이 막막하지만, 그래도 그
는 하얀 의욕으로 평온하겠다. 하루종일 햇살 드는, 그 이름도 햇살스러
운 악양에서 밥을 짓고 국 끓이며 생선 한 토막의 비린내로 차린 가난한
식탁을 소박하게 누릴 수 있으니 말이다. 거기에 자연을 닮아가는 제 몸
을 살피고 경계를 허무는 우주의 별빛과 불빛의 한몸 됨의 이치를 체득
하며 무심해질 수 있으니 더더욱 그의 가난과 적막이 살뜰해 보인다. 아
무것도 애써 행하지 않는 듯하면서 모든 것을 두루 이루는 하늘 하나님
의 방식이 이와 같지 않을까. 그런데 하나님도 꿈을 꿀까. 시인처럼 길
고 먼 꿈길을 청하며, 하나님 아닌 세계, 고독과 적막이 아닌 세계, 텅 빈
충만 같은 그런 가난한 부요함, 부요한 가난함의 세계로 나아가길 원하
실까. 시인도 그 세계에서 오래 묵혀지고 삭혀지면, "땅을 치고도 돌이킬

수 없는 것들"의 족쇄에서 벗어나 "무덤을 앞둔 여우들처럼" 욕망을 아주 잘게 줄여 가난으로 인한 결핍과 부재를 잊을 수 있을까. 시인은 이러한 내 탐문에 들은 척 만 척 한눈팔면서 자신이 구워낸 "생선 한 토막의 비린내"가 어떠냐고, "아침이 드는 창을 비워두는 것"이 자신의 옛 버릇이라고 동문서답을 한다.

하나님의 서러운 아름다움

하나님은 애당초 가난을 원치 않으셨던 것 같다. 물론 지금도 가난의 독성을 아주 잘 알고 계실 것이다. 창조의 사건 가운데 드러나는 하나님의 섭리는 풍요한 생명이 아니었을까 싶다. 인류가 실낙원을 겪은 뒤에도 하나님과 인간의 만남은 죄로 인한 열악한 상황에서도 풍요함의 복락을 매개로 언약의 끈을 이어간 것으로 성서에 묘사된다. 훗날 권선징악의 도덕률을 중시한 가르침에 가난과 게으름을 직결시키기도 했지만, 부요한 자의 탐욕과 미련함을 제어하는 지혜의 균형 감각이 빠지지는 않았다. 가난이 신학적 개념으로 부상한 것은 아마도 이스라엘의 바빌론 포로기 역사를 거친 뒤 생겨난 '아나빔'anawim의 경건신앙에 기인한 바 클 것이다. 가난이 곧 경건의 지표가 될 수 있었던 이러한 사상적 변전은 당시의 역사적 격변기를 거치면서 그 백성이 존숭하며 누리던 모든 영화롭던 기존의 것들이 부서지고 멸절된 상태에서 겪어낸 밑바닥 체험의 소산이었다.

그 이후로 신약성서 시대에 예수의 신학적 유산은 두 갈래로 가난을 신학화하였다. 첫째는 가난함을 종말론적 신앙의 지표로 수용한 유대인 그리스도교 그룹의 선택이었다. 이는 '예루살렘의 가난한 성도'라는 문구에 함축된 방향으로 예수 일행의 자발적 가난을 문자 그대로 따르고자 했던 삶의 방식이었다. 산상수훈과 야고보서에 반영된 가난 신학의 흔적이나, 그 일각의 종파가 가난한 자들이란 뜻의 '에비오나이트' Ebionites라는 이름으로 불린 것만 봐도, 가난한 삶의 영예가 그들의 신학적 자의식 가운데 어떠했는지 족히 짐작할 수 있다. 또 다른 둘째 갈래로 그리스도의 가난함이 그리스도인의 부요함을 담보했다는 믿음 아래 가난을 타개하며 가난한 성도를 물질적으로 후원하는 데 열심을 낸 이방인 그리스도교 그룹의 신학적 지향이 있었다. 바울의 신학적 리더십으로 이 가난 타개의 신학적 지향은 기성 교회를 세우고 키웠다. 반면 그들의 후원금을 받았을지 심히 의심되는 가난한 유대인 크리스천 성도의 후예는 기성 교회의 변두리에서 전전하며 가난한 수도자와 적막한 유랑민의 계보를 이어갔다. 그 양 갈래의 흐름은 더러 섞이고 갈라지면서 많은 상처를 받았고, 여전히 팽팽한 양극화의 불화를 겪고 있다.

오늘날 부와 가난에 대한 교회와 사회의 신학적 입장이 껄끄럽게 길항하게 된 데에는 그 신학의 뿌리에 대한 탐구가 턱없이 미진하고 그 뿌리에 달라붙은 인류의 오랜 신앙적 욕망을 날쌔게 알아채지 못한 무지의 탓이 크다. 그 미진함과 무지의 오류를 타파할 겸, 대안적 발상으로 내가 손가락으로 가리키는 쪽은 시인들이 노래하고 몸소 살아낸 가난과 적막의 삶이며, 그 결핍된 풍요의 세계다. 그리고 거기에서 약동하는 하나님의 세미한 움직임을 살필 줄 아는 심미적인 감각이다. 현실 속의 가난은 여전히 추하고 역겨우며 독살스럽지만, 이 세상의 모든 것이 그렇듯 가난에도 아름다움의 틈새가 존재하고, 그리로 가난한 삶을 관조하며 누리는 신학적 미학의 여백이 깃든다. 가난하든 부요하든, 이 세상 어느 생명도 흙에서 나와 흙으로 돌아가는 가난할 수밖에 없는 실존 조건 앞에 무심하게 자신을 비울 수 있을 때, 가난은 그 추레함의 표면을 접고 구원이 솟아나는 자리가 될 수 있다.

세상 사람들아, 부요함에 배부른 자들아, 송찬호 시인의 춤추는 빵을 제발 좀 쳐다봐라. 부르튼 손과 발, 얼굴에서 부풀어 오르는 찐빵의 춤을 보며 미소 지어봐라. 가난에 찌들려 죽고 싶은 사람들아, '가까스로' 얻은 열무꽃을 '비로소' 잃어버리고 태연한 문태준 시인의 '가재미' 같은 눈길로 그가 세운 극빈의 서정에 마음 한 자락 줘보라. 여름 우레 따라 사라져간 하늘 잠자리의 빈자리처럼, 빈손으로 하루를 만지작거리다 이 세상에서 스르르 풀려날 각자의 '그맘때'를 생각해봐라. 별로 가난하지도, 유난히 부요하지도 않은 어중간한 이들아, 모악산 골짜기 꽁꽁 얼어 있을 박남준 시인의 오래 묵은 '낡은 집'에 한 번 가서 고개 숙여봐라. 그 누옥의 주변을 맴도는 '적막'에 귀 기울여봐라. 이 세상에서 처음이자 마지막처럼 구워낸 생선 한 토막의 비린내를 맡으며 무심한 우주를 향해 꿈길을 청해봐라. 한번 도발하듯 해보는 그 동선 가운데 하나님의 아름다움이 얼마나 서러운 것인가를 흘깃 눈치 챌 수 있으리라.

• 이 글에서 인용한 텍스트의 출처는 다음과 같다. 괄호 안의 첫째 숫자는 아래 시집의 번호이며, 둘째 숫자는 그 시집의 쪽수다.

1. 송찬호, 『흙은 사각형의 기억을 갖고 있다』(서울: 민음사, 1989).
2. _____, 『붉은 눈, 동백』(서울: 문학과지성사, 2000).
3. 문태준, 『수런거리는 뒤란』(서울: 창작과비평사, 2000).
4. _____, 『가재미』(서울: 문학과지성사, 2006).
5. 박남준, 『적막』(파주: 창작과비평사, 2005).

23장 덧없는 생을 누리는 법
-장석남의 시를 중심으로

전도서와 아가서가 만날 때

"헛되고 헛되니 모든 것이 헛되도다"라는 전도서의 메시지는 생의 근거를 뿌리째 흔들면서, 묵상할 때마다 생의 헛된 맛에 깊이 침잠하게 한다. 그 헛됨을 달래는 방식으로 전도자가 발견한 길은 얼마나 소박하며 단순한가. "사람이 먹고 마시며 수고하는 것보다 그의 마음을 더 기쁘게 하는 것은 없나니…"(전 2:24). "사람마다 먹고 마시는 것과 수고함으로 낙을 누리는 그것이 하나님의 선물인 줄도 또한 알았도다"(전 3:13). "사람이 하나님께서 그에게 주신 바 그 일평생에 먹고 마시며 해 아래에서 하는 모든 수고 중에서 낙을 보는 것이 선하고 아름다움을 내가 보았나니 그것이 그의 몫이로다"(전 5:18). "내가 희락을 찬양하노니 이는 사람이 먹고 마시고 즐거워하는 것보다 더 나은 것이 해 아래에는 없음이라"(전 8:15). "너는 가서 기쁨으로 네 음식물을 먹고 즐거운 마음으로 네 포도주를 마실지어다…네 의복을 항상 희게 하며 네 머리에 향 기름을 그

치지 아니하도록 할지니라. 네 헛된 평생의 모든 날 곧 하나님이 해 아래에서 네게 주신 모든 헛된 날에 네가 사랑하는 아내와 함께 즐겁게 살지어다. 그것이 네가 평생에 해 아래에서 수고하고 얻은 네 몫이니라"(전 9:7-9).

이렇듯 집요하고 일관되게 헛된 생을 달래기에 그 헛된 생은 곧 누림의 가치가 되기도 한다. 허무주의와 쾌락주의가 그 극단에서 서로 밀착되는 것도 바로 이런 헛됨과 누림의 소통적 관계에 연유하는 바 적지 않으리라. 전도서의 소박한 누림의 세계가 아가서에 이르면 사치의 존재로 전이된다. 그런데 아가서가 조형하는 그 사치의 존재는 부박한 관음의 향락으로 소진하기보다 사랑하는 사람을 향한 천진한 예찬의 언어를 지향한다. 아가서의 관능적인 신체 언어는 기실 하나님이 해 아래에서 주신 평생의 헛된 날을 "사랑하는 아내와 함께 즐겁게" 살아가는 방편의 일종일 테니, 인간 욕망의 본질과 생의 향유적 가치에 관한 한 전도서와 아가서의 세계는 깊숙이 흡착되어 있는 셈이다. 이 두 책이 흥미로운 점은, 생의 궁극을 논하거나 노래하면서 '하나님'이나 '여호와'라는 어휘를 티나게 사용하지 않는다는 것이다. 이는 하나님을 뻔질나게 읊조리고 부러 의식하지 않고서도 우리네 덧없는 생이 그 앞에서 묵묵히 최선의 보람을 맛보는 길을 헤아릴 수 있다는 암시 아니겠는가.

나는 오래전부터 전도서와 아가서가 호기롭게 어울리면서 화창한 생명의 환희에 이르는 길, 헛됨과 누림이 둘이 아닌 하나의 세계로 피어나는 모종의 '사치'를 꿈꾸어왔다. 그것은 내 청춘이 소모해온 고난의 신학에 대한 보상 심리나 의도적 반작용의 성격으로 시작되었지만, 내 잠재된 욕망에 대한 나름의 찬찬한 배려의 연장선상에서 발견한 담백한 낙관주의의 길에 다름 아니었다. 언젠가 그 두 세계가 하나로 뭉뚱그려져 나타난 예로 나는 11세기 아랍의 시인 오마르 카이얌의 『루바이야트』를 발견하고 눈이 번쩍 뜨인 적도 있었지만, 그 정형화된 운문들의 뒷맛은 지루한 탄식과 허무의 쓰디씀이었다. 그 안에 육선이 가득한 상과 흠뻑 취할 만큼의 값비싼 포도주를 사양하는 대신 담백한 소찬을 겸손히 누리는 '부재의 사치'는 없었다.[1] 수천의 처첩비빈들의 권력 지향적 피부 권력을 마다하면서 포도원 노동에 끄슬린 술람미 여인의 건강한 몸을 예찬하는 은근한 환희도 찾아볼 수 없었다. 그래서 다시 전도서와 아가서의 틈새로 돌아온 이즈음, 나는 그 책들이 창출한 생의 비밀을 이 땅의 언어로 풀어볼 심사로 다시 독서여행을 시도해본다. 역시 우발성이 작용했겠지만, 내 시선은 장석남의 시집에 가 꽂혔고 그는 내 독서를 쏠쏠하게 보상해주었다.

---

1. 나는 이 '부재의 사치'라는 말을 변방의 철학자 김영민 선생한테서 배웠다. 이 역설적인 개념과 관련하여 그는 다음과 같이 설명한다. "이들 사치학의 대가들(=베블렌, 마르셀 모스, 좀바르트, 바타이유, 엘리아스, 그리고 보드리야르―인용자 주)이 놓친 개념을 나는 '부재(不在)의 사치'라고 부른다. 그리고 부재(不在)-사치(奢侈)라는 이 형용모순(contradictio in adjecto)의 어법 속에 쇄락하는 인문적 가치의 역설적 갱생을 꿈꾼다. 어쩌면 이 부분이야말로 그간 역사적으로 내내 불화해왔던 종교적 세계와 인문학적 가치가 가장 서늘하고 낮게 공영(共榮)할 수 있는 자리이기도 하다. 그러므로 이 부재의 사치가 모이는 지점과 그 방식을 고민하는 것은, 종교와 인문학이 새로운 교환의 관계를 통해 자본과 기술의 전일적 물화(物化)를 현명하게 견제하고 '어떤 공동체도 이루지 못한 자들의 공동체'(바타이유)로 걸어 나가는 길목이 될 수 있을 것이다. 참 빛은 빛나지 않고(眞光不輝) 큰 형상은 꼴이 없다(大像無形)는 경지를 얻기 위해 노자까지 호출할 것은 없다. 마찬가지로 상징적 잉여가치를 따지기 위해 본래무일물(本來無一物) 하는 불교를 들먹일 것도 없다. 일상은 늘 '틈'으로 부스럭거리는 법이고, 자본주의 속의 '공허'는 의외로 보편적이기 때문이다. 문제는 결락(缺落)이 아닌 부재(不在)인데, 그 모든 결락을 빠르고 실수 없이 채울 뿐 아니라 스스로 새로운 결락(욕망)을 재생산하는 자본주의가 영원히 볼 수 없는 곳이 곧 사치가 부재 속에 모이는 곳이기도 하다." http://www.jk.ne.kr 문창 75(교수신문 문화비평) 참조.

고요한 기억의 환(幻)

〈맨발로 걷기〉라는 작품으로 1987년 경향신문 신춘문예에 당선된 장석
남 시인은 1991년 발간한 첫 시집 『새떼들에게로의 망명』으로 1992년
"김수영문학상"을 거머쥐었다. 당시 그의 작품들에 대한 평단의 환호는
평소 이 동네사람들의 인색한 상찬 버릇을 감안하면 유별났다. 그만큼
그의 시어들이 90년대의 초입에 신선한 파동을 준 것이다. 나는 그의 시
에 대한 사람들의 호의적인 반응이 한편으로 시를 대하는 그의 서늘한
자세와 다른 한편으로 시 속에 감추고 있는 그의 삶의 세목에 대한 궁금
증에 기인하지 않을까 생각한다. 궁금한 구멍일수록 수상쩍어 더 후벼
대는 것이 인지상정이라면 통을 놓으면서 시큰둥한 자세에 더 안달하는
것이 욕망의 자동 반향이기 때문이다. 더구나 그 시큰둥한 듯한 서늘함
이 섬세한 감수성의 편린들을 수두룩하게 감추고 있는 몸짓으로 표출된
다면 그의 시는 더욱 은근한 흡인력을 발휘할 수 있을 테다. 그의 시작에
담긴 비밀을 엿보게 하는 이런 구석은, 가령 그의 첫 시집 표지 뒷면에,

> 나는 춤꾼이거나 歌手거나 아니면 유능한 세션맨이 되었어야 옳았다. 가
> 끔 휘파람을 불며 여기저기 배회할 때 나는 그런 생각을 한참 동안 하곤
> 한다. 춤이나 음악은 말[言]에서부터, 도덕에서부터 얼마나 자유롭고 즐
> 거운가.…타오른다는 것, 아니면 깊이깊이 고요해진다는 것, 어떤 충만함
> 으로 타오르며 그 속에서 파르라한 自己 존재의 떨림을 감지한다는 것,
> 그게 시보다는 춤이나 음악 속에서 훨씬 용이하리라는 생각에는 아직도
> 변함이 없다.…시는 내가 음악까지, 춤까지, 타오름까지 타고 가야 할 아
> 름다운 뗏목이다.

라고 쓴 것을 보면 그가 시에 깊이 몰두하거나 미친 것 같지는 않다. 그보다는 존재의 충일한 떨림이나 고요한 타오름에 이르기 위한 도상의 여정으로 시를 인식하는 태도를 확인할 수 있다. 그래서인지 그의 시작품들은 말에 대한 권태와 함께 어떤 타오름과 떨림의 세계를 지향하는 것처럼 보인다. 그것은 일상의 삶을 규율하는 도덕과 무관한 자유롭고 즐거운 세계로 드러난다.

적어도 시 작품만으로 추리한다면, 장석남 시인은 덕적도를 고향으로 삼아 살아온 조용한 시인이다. 그는 아마도 혼자 사는 듯, 가족이나 친구, 평소 어울려 사는 이웃들의 삶이 그의 작품 가운데 선연한 체취로 묻어나지 않는다. 그의 시선을 끌고 그가 함께 어울리는 대상은 외려 바람과 별, 달과 새, 꽃과 바다, 강과 복숭아밭 등의 자연물 또는 준자연물들이다. 그것들의 정경 묘사를 시적 화자의 내면풍경으로 대체하는 걸 보면, 그 취향과 그것의 표현 기법에서 그는 그의 선배 시인 김춘수, 김종삼 등의 영향을 적잖이 받은 듯하다. 그가 '나'를 내세워 쓰는 시구들을 살펴보면, 그가 일반인들이 '생활'이라고 부르는 세계와 얼마나 동떨어진 채 살아왔으며, 또 살고 있는지 미루어 짐작할 수 있다. 가령, 그가

나의 마음이
눈빛이 딱딱한 마른 물고기를 구워 소풍가고 싶어한다(1:94)

내 어린 날 속에 해변의 묘지
노간주나무가 울창했고(1:105)

라고 쓴 것을 보면 소풍의 추억과 함께 "눈빛이 딱딱한 마른 물고기"와

"노간주나무"의 감각에 깊이 침윤되어 있음을 상상하게 되고,

> 어느덧 내 어깨에 조용히 얼굴을 묻는 노을
> 풍향계가 침묵의 방향을 가리키고 있다(1:103)

같은 시구에서는 그의 신체가 자연 풍광의 배경으로 깔리는 그림 속에 바람한 점 없는 고요한 시공간을 떠올리게 되며,

> 내내 내 일생은 그
> 유곽 앞에 서 있던 오동나무처럼
> 가련히 아무데서고 서 있는 거였다(3:83)

> 나는 저 마당보다도 가난하고
> 가난보다도 가난하다
> 나는 저 마당가의 울타리보다도 가난하고
> 울타리보다도 훌쩍 가난하다(3:102)

고 되풀이 말하고 있는 것을 보면, 그가 삶의 이력처럼 매달고 온 가난의 세월로 인해 다소 서러운 연민의 정을 품고 사는 사람으로 느껴진다. 그런데 그의 가난은 추레하지 않고 산뜻한 풍경화나 수묵화의 정경처럼 무슨 자부심의 조건인 양 품위 있게 비친다. 그것이 그의 시가 지닌 미덕이라면, 그 정경의 틀 안에 갇힌 사람처럼 그가 자신의 추억과 환상의 바깥으로 빠져나가려는 몸부림이 약하다는 것이 그 미덕의 그늘이다.

가난한 섬마을 고향에 대한 시인의 기억은 그의 작품 배경으로 깔리

거나 단편적 소재로 종종 애용된다. 이와 같이 그의 기원에 연루된 강렬한 자장이 그를 잠잠한 현재의 고요에 묶어둔다. 그것은 현실의 세파를 제어하는 제 삶의 의도적 보호 장치인 것처럼 보이기도 하지만, 외려 그의 천품에 가까운 일종의 기질이 아닐까 싶은 생각이 든다. 그것이 그의 행보 위에 마주치는 물상들을 모두 누릴 만한 추억 속의 환상으로 거듭나게 만든다. 가령, 그는 명동을 걸을 때 만난 눈보라에 대하여,

막 퍼붓는, 나를
특별시 명동 켄터키 후라이드 치킨집
처마 밑에 세우고
몰아치는 눈보라
한꺼번에 정신없이
명동을 두들겨
깊은 골짜기로 幻한다(1:38)

라고 표현함으로써 명동에 눈보라의 후광을 씌워 켄터키 후라이드 치킨집의 기름 냄새를 지우고 단번에 깊은 골짜기로 만든다. 그러한 幻의 내부적 동력은 곧 세상을 가볍게 휘저으며 날고자 제 등과 머리를 열어 피워 올린 나비의 봄기운 같은 것이다(1:39). 그러한 현실 바깥의 幻한 세상은 제 피안의 상상 속에 그야말로 몽롱한 만큼 환한 빛의 공간인데, 그 공간은 도심에서 종종 가로막힌다. 그래서 시인의 나비는 허공을 절뚝거리며 날아오르고, 그 가로막힘 이후 "나비는 흔적도 없고/ 내 등과 머리는 좀체 아물지 않는다"(1:39)라고 말하는 것이다.

'맑은 밥'을 부르는 허기

환의 체험에는 환시, 환청, 환후, 환미 등의 여러 감각이 작용하지만, 이것들이 두루 어울려 빚어내는 경우는 먹는 것에 대한 환각이다. 마르셀 프루스트가 그의 작품 『잃어버린 기억을 찾아서』에서 보여준 대로, 빵 냄새에 얽힌 기억이 증폭되면서 한 시절의 유년기를 복원하듯이, 장석남 시인 역시 어렸을 적 먹은 밥을 가장 근사한 생의 누림으로 되살려내려는 안간힘이 그의 작품 곳곳에서 엿보인다. 그러나 그는 구약성서 전도자처럼 더불어 먹을 아내도 안 보여주고, 또 먹는 현재의 장면을 표 나게 조명하지도 않는다. 다만 그런 밥을 먹었다는 과거의 기억만으로도 배부르고 풍성해지는 환의 세계에 머물고 있는 것이다.

시인이 먹은 밥 중에서 가장 삼삼한 밥은 고향집 아궁이에서 군불을 때서 가마솥에 해먹은 밥인 듯, 그는 군불 때던 그 집을 "숨 쉬는 집"이라 칭하며 "굴뚝 위로 집의 영혼이 날아간다"(1:22)라고 표현하기도 한다. 마침내 그 집의 군불로 날아가는 숨은 시인 자신의 숨으로 등치되어 "나는 깜빡 내/ 들숨 소리를 지피기도 한다"(1:22). 그 군불의 이미지와 함께 시인은 또한 '찌르라기'라 불리는 검은 새떼들의 울음소리 가운데 "쌀 씻어 [밥] 안치는 소리"를 환청으로 듣기도 한다(3:26). 그 소리는 현실의 이녘에 스민 온갖 무거움과 고단함을 떠메고 가는 자유의 공간을 표상한다. 그 자유의 궁극에는 죽음이 깃들어 있는 듯, "찌르라기떼 속에/ 환한 봉분이 하나 보인다." 그 봉분이 '환한' 덕분에, 다시 시인의 표현을 빌면, 죽음조차 환하게 환幻한다. 그 환청에서 주목해야 할 점은, 그 소리가 늘 시인의 마음속에 누군가 쌀을 안치는 소리로 들린다는 것이다. 그 청각적 이미지는 다음 행에서 "아궁이 앞이 환하다"라는 시각적 이미지로 이

어지며(1:27), 독자들의 상상 가운데 모락모락 피어오르는 저녁밥의 환후까지 선사한다.

그의 밥은 물론 먹는 행위 자체를 목적으로 하지 않는다. 차라리 그에게 절실한 것은 빈 그릇이고, 수저를 놓은 뒤 피어오르는 잔상이다. 그것은 시인의 가난한 유년에 접맥된 체험의 반영이지만, 시인에게 특이한 것은 그 체험이 배고픔의 하소연이나 투정으로 나타나지 않고 그가 편애한다는 "안 보이는 나라"(1:33)나 하늘과 별의 형이상학을 지향한다는 것이다. 밥 관련 시 가운데 대표라 할 만한 다음의 〈밥을 먹으며〉를 읽어 보면 그에게 밥의 기억이 얼마나 강렬하게 남아 있는지, 또 그 기억에 달라붙은 밥 너머의 향수가 얼마나 절절한지 알 수 있다.

밥을 먹을 때 나는 자주
밥 냄새 끝까지 달아나 있다
밥의 기억 모두 낙엽져 앙상한
마을, 내려와 넓은 숨을 쉬는 하늘가에서
이름 버리고
빈 그릇을 달그락거리기도 한다
어느 미래에 나는 배고프지 않은 기억 밑으로
수저를 던질 것인가
내 영혼의 싱싱한 지느러미 속에
차고 단단한 잔별들이 뜰 때
나는 조용히 수저를 놓고 그들과 함께
몸 비틀며 반짝일 것이다
밥을 먹을 때 나는 자주 기억도 끝나는 곳을 병처럼

다녀오곤 한다(1:48)

밥과 별을 이처럼 자연스럽고 환상적으로 섞을 수 있는 시인의 비밀
은 암묵적으로나마 밥을 하늘의 신령한 선물로 인식하는 신학적 상상력
으로 소급되는 듯하다. 그래서 그의 밥 노래에는 꼭 하늘이나 별, 또는
그것과 상응할 만한 사물들이 등장한다. 이를테면, 생선구이 백반을 먹
는 시인이 "비 쏟아질 듯 꾸물꾸물한 충무로 밥집 골목 위에 뜬/ 명석 하
늘"(1:30)에 눈길을 주는 것이나, 복숭아를 먹고 그 복숭아나무의 마음을
버리지 못해 망설이는 마음을 "하늘이 나를 어쩌지 못하고/ 복숭아 빛
을 띠어가는 서쪽 하늘"이라고 운율을 만드는 시구에는 재치 이상의 공
경심이 탐지된다. 시인의 이러한 공경심은 감자를 먹는 노인을 묘사하는
대목에서도 나타나,

　　감자를 먹는 노인 속에
　　감자를 먹지 않는 노인
　　죽음이 허전하지 않도록
　　흔들리는 팔과 다리에도 감자를 먹이고
　　감자를 먹지 않는 노인
　　빈 접시처럼 열린 눈 속에
　　낯설게 떴던 달이 진다
　　감자를 먹던 노인을 데리고
　　달이 지는구나(1:56)

에서처럼, 단순한 듯 보이는 식사 행위는 그 행위를 넘어서는 존재의 비

의를 조명한다. 감자를 먹는 노인의 모습 속에서 시간의 흐름을 생략한 채 감자를 먹지 않는 노인의 모습을 읽어내며, '빈 접시'를 매개로 죽음과 지는 달을 교차시킨다. 그리하여 달은 그냥 홀로 지지 않고 감자를 먹던 노인을 데리고 진다. 삼라만상이 이렇게 시간과 공간을 초월하여 얽혀 있는 이치가 감자 먹는 노인의 식사 순간을 통해 한 편의 수묵화처럼 드러나는 것이다.

달과 어울리던 밥은 별과 더 잘 어울려 앞서 인용한 작품의 잔별처럼 몸 비틀며 반짝이는 수준을 넘어 아예 '밥별'로 한몸이 되기도 한다.

저녁때 밥을 먹습니다
저녁때 된장에 마른 멸치를 찍어 먹습니다
자꾸 목이 막혀 찬물도 몇 모금씩 마십니다
좀더 어둡자 남쪽 하늘에 별이 떴습니다
그 별 오랫동안 쳐다보며 씹는 저녁밥
속으로 나는 그 별을 밥별이라고 이름붙입니다
어느 틈엔가 그 별이 무척 신 얼굴로 진저리치며 빛납니다(1:90)

시인의 슬픔은, 어려서 학교에서 돌아와 스스로 집이 되었는데, 또 그 집의 아궁이에 스스로 타는 불이 되어 환하게 밝혔는데(1:92), 지금은 그 집에 불이 꺼져 있다는 데서 비롯된다(1:104). 마찬가지로 시인의 우울은, 나무 갔다 온 엄마가 손수 지은 밥으로 "밥 먹구 자"라는 한 마디를 꼭 해주었는데(1:92), 이제 그것을 "여의도 분식집에서 [홀로?] 저녁밥을 [사]먹고 강변을"(1:60) 걷는 스산한 저녁이 대치했기 때문이다. 이러한 세월의 격절과 밥의 감각에 대한 변화는 시인을 더욱 허기지게 하고, 마침내 '맑은 밥'의 희망을 부풀어 오르게 만든다. 그 맑은 밥이 차려진 식탁에는 놀랍게도 빈 식탁에 사는 귀신까지 초대받아 더불어 먹고 산다.

    혼자 앉아,
    식탁에 혼자서 앉아 바라보는
    우리들 맑은 양식
    다 퍼먹어도 남을 어렴풋한 빛

    빈 식탁에 사는 귀신은
    빈 식탁의 빛을 먹고 사는 귀신은
    우리들이 씌어야 할 귀신

    밥을 먹자 허기야
    여기 앉아 맑은 밥을 먹자

    둥그스름한 모서리가 넷.(3:62-63)

혹시나 했는데 역시나 시인은 혼자였다. 그는 혼자 식탁에 앉아 그의 식탁이 "우리들 맑은 양식"으로 넘치는 풍요를 바라본다. 그 바라봄은 희망의 다른 말이고 꿈과 비슷한 말이다. 그 식탁은 마치 오병이어의 기적이 펼쳐진 광야의 풀밭식탁처럼 많은 사람들이 "다 퍼먹어도 남을 어렴풋한 빛"이 감돈다. 그 식탁을 시인은 '빈 식탁'이라 칭한다. 그 빈 식탁의 텅 빈 충만의 빛을 먹고 사는 귀신이 우리에게는 필요하단다. 그 귀신은 착하게도 공평한 허기를 선사하며 같은 식탁의 네 귀퉁이에 앉아 우리의 허기를 채워준다. 그 빈 식탁에 맴도는 텅 빈 충만의 빛이 바로 '맑은 밥'의 온전한 정체다. 허기는 이처럼 공평한 식욕으로 사람들을 열린 식탁의 자리로 불러들인다. 나만의 양식도 아니고, 너만의 양식도 아닌, 우리들의 맑은 양식이 되게 하기 위하여! 그 식탁의 맑은 밥이 나눔으로 더욱 풍성해질 때, 우리는 비로소 생이 누릴 만한 하나님의 분복임을 느끼며, 향유의 즐거움에 동참하게 되는 것이다.

그 맑은 밥의 희망으로 시인은, "쫄쫄 굶는 그게 생"(2:39)이라는 것을 알면서도, 그 쓸쓸한 일상의 자리에서 밥의 온상인 부엌에 대한 따스한 몽상의 기억으로 행복하게 피어오른다. 부엌에 대한 바슐라르의 몽상적 삶의 단편을 연상시켜주는 다음의 시구를 보라.

매일매일 식구들을 먹여 살리는 고요의 이 반질반질한 빛들을 나는 사진으로라도 찍어볼까? 가스레인지 위의 파란 불꽃은 어디에 꽂아두고 싶도록 어여쁘기도 하여라.

내가 빠져 나오면 다시 사물을 정리하는 부엌의 공기는 다시 뒤돌아보지 않아도 또 詩 같고, 공기 속의 그릇들은 내 방의 책들보다 더 고요히 명징한 내용을 담고 있어, 읽다가 먼데 보는 오 얄팍한 銀色 詩集 같고.(2:19)

시인은 이 작품의 첫대목에서 "늦은 밤에 뭘 생각하다가도 답답해지면 제일로 가볼 만한 곳은 역시 부엌일밖에 달리 없"다고 말한다. 그 부엌의 고요 속에 시인은 세미한 소리를 듣고 자신에게만 보이는 사물들의 유혹에 마음 설렌다. 이 텅 빈 사물들의 결핍 속에 시를 채우는 시인의 몽상은 얼마나 갸륵한가. "가스레인지 위의 파란 불꽃"에서 꽂아두고 싶도록 어여쁜 꽃을 보는 시인의 눈길은 얼마나 그윽한가. 그 몽상 속에 생명의 길을 내며 마음 달뜨는 시적인 누림은 얼마나 신학적인가.

아주 조금만 존재하는 향유

물론 시인은 밥버러지처럼 음식만을 즐거움의 대상으로 집착하지 않는다. 그는 겨울날 눈 내린 길바닥을 맨발로 걸었던 추억이 있고(1:13), 기울어도 제 빛에 안기는 달의 이미지에 기대어 아픈 몸에도 태연하게 "몸이 아프다 기울면/ 아픔이 나를 안아주리라"(1:15)라고 아픈 몸과 화해를 유도한다. 그런가 하면, 그는 하릴없이 자신의 숨소리를 들으며 "내가 쉬는 내 숨 속에/ 길이 하나 보이다 지워졌다"라고 말하면서 "혼자 길 아닌 곳으로 나서고 싶은 소리"를 듣거나(1:20-21), 왼쪽 가슴 아래께에 온 통증의 기미에 깊이 침잠하며 "잘못 꾼 꿈이 있었나?" 자문했다가 "이런 날은 아픔이 낫는 것도 섭섭하겠네"라고 익살을 부린다(3:12). 자기 몸에 대한 세심한 반응은 바깥의 자연물에도 나타나는데, 가령 "살구를 따서 쥐고는 그 이쁘디이쁜 빛깔을 잠시 바라보며/ 살구씨 속의 아름다운 방을 생각하고/ 또 그 속의 노랫소리"를 따라 제 삶의 지나간 여정을 살피는 상상과 성찰의 연쇄 고리를 보여준다. 그에게 생의 소박한 멋과 맛이 감지되는 이러한 채널은, 세속의 감각으로 볼 때 별 재미없는 기벽같이 보일지 모른다. 하지만 이런 것들이 그에게는 절실하고 애틋한 감수성의 심연이고, 남들이 다들 갖고 자랑하며 즐기는 것들의 부재로써 누리는 또 다른 차원의 사치다. 이처럼 한 생명이 존재의 이름으로 누리는 '부재의 사치'는 그가 사랑하리라고 결심하는 "이 세상의 모든 뒷모습들"

(3:23)을 사랑하는 방식이며, "가장 낮은 자가 가장 깊이 삶을 건너는,/ 가장 가벼운 자가 가장 높이 이승을 건너는" 깨달음의 결과다. 그 깨달음에 잇닿은 삶의 자세를 시인은 아마 '아주 조금만 존재하는 것'이라고 말할지 모르겠다. 얼핏 극소주의minimalism의 소극적 인생관을 떠올리기 쉽지만, 그것은 차라리 아주 낮고 고요한 곳에서 '너'와 하나가 되고 싶은 소멸과 원융일체의 욕망에 가깝다. 보라!

> 이렇게 맑은 날은
> 나 아주 조금만 존재해야 하리
> 존재하려면 아주 조금만 조금만
> 존재해야 하리
> 차라리
> 너의 속이 되어서 너의 속이 되어서
> 아주 속이 되어서 없고 싶구나(3:93)

이러한 삶의 자세에서 존재의 포즈는 평상시 강의 흐름처럼 고요하고 부드러우며, 담담하고 희미하다. 그 강물 위로 진눈깨비가 오는 좀 거친 사태조차 "저무는 강에라도 적籍을 두려/ 저렇게/ 저렇게도 삶을/ 수식하는군"(3:30)이라며 묵묵히 중얼거릴 뿐이다. 그리하여 이 세상에 흐르는 모든 삶의 현상들이 마치 "모든 것 손놓고/ 깊이 깊이/ 아이라도 다 독여/ 재우는"(3:29) 풍경으로 수렴될 듯하다. 그만큼 그의 시에는 비명이 없고 탄식도 안 보이며, 안달하면서 부르대는 실존의 아우성이 들리지 않는다. 물론 그의 시 세계가 삶의 고통에 전혀 무관심하거나 슬픔과 동떨어진 세계에 마냥 신처럼 초연한 것이 아니다. 다만 그는 그것을 배를 밀듯 자꾸 밀어낼 뿐이다. 그의 빼어난 작품 중 하나인 〈배를 밀며〉는 그가 이런 달관의 포즈로 작은 것들을 살피며 느끼고 그것들을 부드럽게 누리게 된 내력을 슬쩍 암시해준다.

배를 민다
배를 밀어보는 것은 아주 드문 경험
희번덕이는 잔잔한 가을 바닷물 위에
배를 밀어넣고는
온몸이 아주 추락하지 않을 순간의 한 허공에서
밀던 힘을 한껏 더해 밀어주고는
아슬아슬히 배에서 떨어진 손, 순간 환해진 손을
허공으로부터 거둔다

사랑은 참 부드럽게도 떠나지
뵈지도 않는 길을 부드럽게도

배를 한껏 세게 밀어내듯이 슬픔도
그렇게 밀어내는 것이지

배가 나가고 남은 빈 물 위의 흉터
잠시 머물다 가라앉고

그런데 오, 내 안으로 들어오는 배여
아무 소리 없이 밀려들어오는 배여 (3:18-19)

이 시의 묘미는 밀어내는 배에서 사랑과 슬픔의 관계를 아스라하게 떠올려주는 데 있다. 떠나는 배와 밀어주는 손 사이의 허공에 대한 경험이 시인의 가장 깊숙한 마음 구석에 자리 잡은 '흉터'일지 모르겠다. 떠나는 배처럼 사랑도 부드럽게 떠나지만 그 부드러움은 세게 밀어내는 손의 힘에서 생긴다. 그러나 그 밀어내는 손의 힘은 밀어내는 슬픔을 향한 것이다. 이처럼 사랑과 슬픔이 동격으로 "빈 물 위의 흉터"를 남긴다. 그것은 이내 가라앉지만 보이지 않는 흉터의 잔상 가운데 아무 소리 없이 밀려들어오는 배(=사랑=슬픔)가 있다. 보이지 않는 흉터가 들리지 않는 배를 불러들이는 이 현상의 자가당착에 시인은 일찌감치 익숙해져 있었던 것이리라. 그래서 그 자가당착을 깨는 대신 그것과 더불어 살며 놀고 또 즐기는 쪽으로 나간다.

아주 조금만 존재하면서 고요한 삶 가운데 그 결핍을 향유하고 부재를 누리고 싶었던 장석남 시인은 마침내 그러한 세계를 만나 아예 그 속으로 들어간다. 그것은 그가 '수묵水墨 정원'이라고 부르는 세계다. 그에게 왜 수채화의 날들이 없었으랴만, 그 시절의 알록달록한 색깔들이 세월 속에 빛바래고 무채색의 묵묵한 정경 안에 자족하게 된 것이 아니겠는가. 그는 그 수묵화 같은 세계 안에서 "마른 노래를 물에 풀며" "무명실 같은 노래를" 듣는다(3:35-36). '水墨 정원'이라는 제목의 연작시 아홉 편의 작품에서 시인이 노래하는 대상은 거기에 부제로 붙여둔 강, 마른 시냇가, 물 긷는 사람, 북두칠성, 물의 길, 모색暮色, 대숲 등이지만, 그것들로 시인이 보여주고자 하는 것은 그가 택한 어떤 삶의 스타일이다. 수묵화 스타일의 이 담담한 시들이 실제로 그가 완상한 특정 수묵화 그림들에 자신의 삶을 이입한 것인지 의문이 들기도 하지만, 실제로는 그와 반대로 시인 스스로 수묵화로 그려진 정원에서 누리고 싶은 삶의 비밀처럼 보인다.

수묵화는 역동보다 정적의 세계를 추구한다. 그 안에는 풍성한 자연이 묵직하게 펼쳐져 있으며 인생은 한구석에 조그맣게 존재할 뿐이다. 그러니 수묵화야말로 아주 조금만 존재하고자 하는 그의 스타일을 아주 잘 반영하는 표상인 셈이다. 그 안에 정원이 있다. 그것은 인공정원이 아니라 자연정원일 테고, 그래서 강과 별, 대숲 등이 등장하는 것이리라. 일찍이 태초의 인간에게 선물로 허락된 에덴의 동산은 생명의 실과가 풍성히 빛을 발하는 유채색의 낙원이었다. 그러나 지상을 떠도는 나그네로 추방된 이래 인생은 누구나 무채색의 수묵 정원 한 칸쯤은 가슴한 켠에 다들 쟁여두고 있다. 그것은 물의 길처럼 흐르면서 번지는 고요한 생의 황혼 빛 같거나 가끔 바람에 서걱거리는 대숲의 노래 같은 환상과 추억 속의 공간이다. 수묵화의 특징적인 기법이 물에 갈린 먹의 번짐효과에 있음을 고려할 때, 수묵 정원에 살며 누리는 그 생의 비밀 역시 흐르면서 번지는 길에 있을 터이다.

번짐,
목련꽃은 번져 사라지고
여름이 되고
너는 내게로
번져 어느덧 내가 되고
나는 다시 네게로 번진다
          …
번짐,
음악은 번져 그림이 되고

삶은 번져 죽음이 된다

죽음은 그러므로 번져서

이 삶을 다 환히 밝힌다(3:46)

번짐의 효과는 억압적이지 않게 생의 근본 이치를 이루며, 강요하지
않고 만물의 천변만화를 이끌어낸다. 죽음조차 번지면 삶을 환히 밝히는
빛이 된다. 그래서 시인은 "번져야 살"고 "번져야 사랑"이라고 속삭인다.
그렇게 번지는 삶과 번지는 사랑이 만나면 생이 저절로 누려진다? 너와
내가 서로 번지며 나와 네가 된다니…. 우리는 그 생의 수묵화적 누림이
자폐적이라고 쉽게 단정할 수 없다.

먹고 보고 느끼는 즐거움

전도서의 가르침대로 장석남 시인은 헛된 생의 누림에서 차지하는 먹고
마시는 일의 중요성을 잘 간파한 듯하다. 그것이 더 이상 고역으로서의
'일'이 아니라 향유를 위한 생의 본래적 가치라는 점도 시인이 전도서와
함께 잘 파악하고 있는 것 같다. 그러나 그의 식사는 생의 부조리를 달래
거나 덧없음을 보상받기 위한 행위가 아니다. 그의 밥은 덧없는 생의 추
억 속에 자리 잡고 있는 그 자체로 순정한 밥, 곧 '맑은 밥'이다. 아울러,
그에게는 더불어 먹고 마실 아내도 없는지 늘 홀로 묵묵히 흘러가며 번
져가는 내면의 동선만이 뚜렷하다. 즐겁게 살기 위한 방편으로 그는 몸
을 단장하기 위한 하얀 의복도, 머리에 바를 향기름도 필요로 하지 않는
다. 그것마저 없애고 줄여 그는 "아주 조금만 존재하는" 법에 익숙하다.
그렇게 부재의 사치에 적응한 그는 결핍이 곧 향유로 다가오는 생의 비

밀을 깨치고 있는 듯하다. 그것은 포만한 충족감의 반대편이 아니라 그 너머에서 찾아오는 생의 은근한 선물이다.

그가 에덴에서의 실낙원 이후 개척한 그 향유의 공간은 '수묵 정원'이라 그가 부르는 곳이다. 그것은 삶의 장소이면서 대상이며 동시에 그 본질적 내용을 이룬다. 아가서에서 보여주는 열락과 환희의 세계는 장석남의 시라는 강물 깊숙이 복류하고 있을 뿐, 좀처럼 밖으로 표출되지 않는다. 그는 사랑에 눈멀어 과수원을 헤매지 않고, 그리움에 사무쳐 안달하지도 않는다. 사랑하는 연인의 몸에서 뿜어져 나오는 눈부신 빛에 황홀한 심사를 노출하지도 않으며, 그 아름다움을 탄성의 언어로 예찬하지도 않는다. 시인에게 그런 사랑은 바닷물 위의 배처럼 밀어내거나 밀려들고 또 잠시 매어두는 슬픔의 관성에 지나지 않는다. 그는 다만 그 과수원의 복숭아나무나 살구나무 등속에 눈길을 주고, 그 열매의 예쁜 빛깔을 '잠시 바라보며' 그 씨 속의 '아름다운 방'을 그저 '생각'할 뿐이다. 그렇게 덧없는 생을 줄이고 또 줄여 소멸을 꿈꾸는 자리는 시인의 풍요한 상상력과 뛰어난 이미지 조형 속에 놀랍게도 누림의 자리와 포개진다. 바로 거기서 그의 시와 그 안에 투영된 그의 생을 너무 헛되지 않도록 감싸주는 따스한 온기가 생겨난다.

전도서와 특히 아가서처럼 장석남의 시에도 표면상 하나님은 거의 등장하지 않는다. 고작 등장한다는 구석에서도, "겨울 이른 아침/ 맑은 공기 속에/ 싸락눈 쏟아지기 시작하자/ 동그마한 흙마당에/ 나보다도 더 작은/ 하나님들이/ 여기저기에 들떠/ 왔다갔다하시네"(2:31)처럼, 하나님은 작은 물상에 깃든 은총의 분신으로 순정하게 다가올 뿐이다. 줄어들고 싶은 그의 갈망은 하나님마저도 여럿으로 나누어 축소하여 싸락눈 속에 담아낸다. 그러면서 그는 은총의 감각 속에 그 하나님의 들뜬 마음까지 읽어내는 것이다. '하나님들'이라는 어휘 하나에 집착하여 다신교 전통을 떠올리고 범신론을 연상하는 것은 신학도의 버릇이지만, 그것이 하나님에 대한 자유롭고 순진한 그의 상상력을 억제하지는 못한다. 수묵화의 상상력에 깃든 그의 신앙인즉 유일하게 "인류평화의 신앙"이며, 그것은 그 거창한 구호의 옷을 벗고 "민들레의 보름달" 이미지로 수렴된다(3:32).

이렇듯, 그는 하나님을 말하지 않고도 하나님이 허락하신 덧없는 생의 누릴 만한 분복을 잘 안다. 잘 알기에 그는 정중동의 눈빛으로 이 세상에 담긴 생명의 비의를 보고 듣고 느끼며 즐긴다. 시류를 좇아 무엇을 배부르게 먹고 소유하지 않아도 배부른 텅 빈 충만과 배부른 가난의 삶을 그는 '부재의 사치'로 누리는 것이다. 이 비밀 아닌 비밀이 종교인들, 특히 그리스도인들에게 생소한 것은 그만큼 우리가 본래의 태초에서 멀리 떨어져 나왔고, 삭막한 종말에 가까이 다가섰기 때문이리라. 시인이 조형한 담담한 수묵 정원은 고사하고 자본이 쌓아올린 인공정원에서 온갖 집착과 탐심에 절은 생들이 녹슬어가는 세태가 우리 삶의 실존과 무관치 않기 때문이리라. 그래도 시인은 고요하게 흐르며 다감하게 속삭인다. 그래도 번져야 한다고. 화선지 위에 먹물 번지듯, 우리 생은 번지면서 담담히 누려져야 한다고. 그래야 죽음조차 우리 삶을 환하게 비추는 빛이 될 수 있다고. 그래서 덧없는 생이 시간의 덫이 되기보다 맑은 밥상 위로 피어오르는 은총의 덤이 되어야 한다고. 그의 이런 담담한 목소리 앞에 상호 찡그릴 위인이 어디 있겠는가.

• 이 글에서 인용한 텍스트의 출처는 다음과 같다. 괄호 안의 첫째 숫자는 아래 시집의 번호
이며, 둘째 숫자는 그 시집의 쪽수다.

1. 장석남, 『새떼들에게로의 망명』(서울: 문학과지성사, 1991).
2. _____, 『젖은 눈』(서울: 솔출판사, 1998).
3. _____, 『왼쪽 가슴 아래께에 온 통증』(서울: 창작과비평사, 2001).

•• 그밖에 이 시인은 『지금은 간신히 아무도 그립지 않을 무렵』(서울: 문학과지성사, 1999),
『미소는, 어디로 가시려는가』(서울: 문학과지성사, 2005)라는 제목으로 두 권의 시집을 더
냈다.

24장 식사의 회복과 향유의 신학

-안도현,『간절하게 참 철없이』에 기대어

음식과 식사: 생명 지속과 향유의 밑절미

그리스도교 신학의 중요한 구성 요소로서 고난은 불가피한 생의 그늘이다. 그것은 애당초 창조의 목적과 무관하였다. 그러나 죄악과 다툼 속에 고난은 피할 길 없이 당면해야 할 삶의 일부가 되었고, 마침내 고난과 그 극점인 죽음은 또 다른 죽음으로써 대속해야 할 구원의 과제가 되었다. 바빌론 포로기 이후 이스라엘의 역사체험은, '고난받는 종의 노래'에 잘 예시되듯, 고난의 신학을 대승적 차원에서 새롭게 재정립하는 극적인 계기를 제공하였다. 고난이 가해자와 피해자가 모두 동참하여 서로 마음을 열고 한 하나님을 경배하며 찬양하는 종말론적 화해와 소통의 희망을 견인한 것이다. 그것의 역사적 결실이자 신학적 총화가 그리스도의 십자가 사건이었고, 이 고난의 결정체 속에 구원신학의 핵심적 표상이 탄생했다. 그러나 역설적으로 그 구원은 창조의 회복과 연계된다. 즉 사망 가운데 노출된 이들이 생명을 얻되 더 풍성히 얻게 하는(요 10:10) 그리스도의 성육신 목적이 바로 창조론적 구원관의 요체인 셈이다. 그렇다면 풍성한 생명이란 무엇일까. 생명은 어떻게 풍성해지고 빈곤해지는가. 전통신학은 이런 질문에 통상적 영성의 기준을 제시하였고, 그 반대편에서 오늘날 체제의 번영과 성공 논리는 주로 정치경제적 삶의 관심에 초점을 맞추어왔다. 그러나 욕망의 구조에 대한 학계의 탐구에 따르면, 생명의 풍요함이 신체적 욕망의 조율과 균형이란 측면과 무관치 않음을 점점 강조하는 추세다. 인간의 내면과 영적 삶의 영역이 신체적 기반과 밀접히 연계된다는 평범한 사실을 겸허히 추인하게 된 것이다.

육신과 정신이 긴밀히 내통하는 이와 같은 통전적 인간이해의 기초 위에 신학은 종래의 고난이란 입자를 포괄하면서 그것과 길항하는 또 다른 구성 요건으로 향유의 가치를 외면할 수 없다. 아니, 향유야말로 하나님의 창조 회복이란 차원에서 우리 삶의 전방위적 물화物化를 경계하며, 희생과 고난이란 명패 아래 횡행하는 각종 억압적 체제에 저항하는 새 시대의 담론적 토대라 할 수 있다. 누림으로서의 삶은 여전히 사치처럼 들리고 향락의 분위기를 연상시킨다. 그러나 이 땅의 생명창조나 그리스도의 구원사역이 내용과 형식에서 극진한 사치의 결과라는 엄연한 사실 앞에 신학적 사치론은 인간의 다양한 삶의 현실에 상황 논리로 변덕스럽게 반응하는 유아론적 자가당착과 상투적 고난신학을 산뜻하게 넘어간다. 이를테면 인간 삶의 질적 수준에 배려하는 하나님의 사치스러움이 그것을 세속화하여 고상한 형이상학적 명분으로 치장하는 인간의 치사함보다 낫다는 것이다.

내가 향유의 신학적 의미와 관련하여 초점을 맞추는 주제는 음식과 식사다. 성경에는 이와 관련한 수많은 사례가 있거니와, 이 모든 것은 기실 하나님을 향한 제의적 현장과 내접한 인간 삶의 실질적 가치를 지향하고 있다. 창조 이야기에 등장한 에덴의 싱싱한 천연음식과 노아 홍수 이후 고기 맛을 들인 인간의 잡식성 욕구에 대한 하나님의 걱정스러운 배려가 그 앞 대목에 나온다. 이후 제의화된 식사와 음식에 대한 각종 규례들은 단지 건강위생상의 관점에 국한되기보다 품위 있는 삶의 향유적 추구로 연결되는 것으로 보인다. 이 가운데 전쟁이란 극한 상황 속에서도 죽음의 위험을 앞두고 징병소집에서 면제해주어야 할 대상으로 약혼하고 결혼하지 못한 자와 새 집을 건축하고 낙성식을 치르지 못한 자의 범주에, 포도원을 만들고 그 과실을 먹지 못한 자(신 20:5-7)를 함께 포함한 것은 가장 대표적인 식사 향유의 예일 것이다. 이와 아울러, 인간의 삶이 겪을 수밖에 없는 헛된 실존의 조건을 통찰한 전도자가 "사람이 먹고 마시며 수고하는 것보다 그의 마음을 더 기쁘게 하는 것은 없"(전 2:24)다거나 "사람마다 먹고 마시는 것과 수고함으로 낙을 누리는 그것이 하나님의 선물"(전 3:13)이라는 각성은 먹고 마시는 식사의 일상이 다분히 신학적 관심의 대상임을 암시한다. 게다가 이는 인간의 욕망이 가장 민감하고 끈질기게 반응한다는 점에서 문화인류학, 사회학, 심리학, 정신분석학 등을 포괄하는 총체적 인간학의 탐구대상이기도 하다.

오늘날 분주한 조직사회의 스케줄과 다이어트, 식재료의 대량생산과 패스트 푸드의 만연으로 사람들은 자기 의지와 무관하게 음식과 식사에서 소외되기 일쑤다. 불안한 먹을거리로 툭하면 불거지는 사회적 불안은 반생태적 삶의 환경과 밀접하게 연관되어 있거니와, 그 각성의 계기도 한 고비 지나면 감감하게 잊힌다. 이런 가운데 사는 현대인들(좁게는 그리스도인들)이 태초의 원시적 음식에 대한 영적인 감각을 회복하고 식사의 경건한 전통을 재현하는 우회로로서 나는 안도현의 최근 작품들을 신학적 관점에서 조명하는 데 집중하고자 한다. 만만찮은 시력을 지닌 시인 안도현은 평단의 공통된 호평과 인정에 걸맞게 이제 중년의 관록에 넉넉한 관조의 품새가 느껴지는 담담한 작품들을 내놓고 있다. 가장 최근에 상자한 시집 『간절하게 참 철없이』(2008, 창작과비평사)는 농익은 시적 감각으로 분수한 현대인이 놓친 예스러운 유년의 기억을 탁월하게 묘파하고 있다. 이 시집이 특히 내 주목을 끄는 것은 거기에 조형된 음식의 생태학과 이에 따라 품격 있는 식사를 '시적으로' 회복하는 작은 틈새의 미덕 때문이다. 나아가 아마 그가 의도하지 않았겠지만, 식사의 회복을 통한 향유 지향적 삶의 신학적 통찰이 행간에 아른거리는 시적 이미지의 아우라와 섞일 때 이 시집의 독서는 신학적으로도 충분히 보상받을 수 있을 것이다.

유년기의 음식이 각별한 까닭

이 시집을 관통하는 일관된 주제는 유년기의 식사에 대한 추억의 재생과 그 감각적 반추다. 그 과정에서 시인은 식사다운 식사의 회복과 생명의 재활을 꿈꾼다. 그는 무엇보다 오늘날 도시가 제공하는 편리한 문명의 이기에 안주할 의향이 없고, 그 가운데 만들어지고 대량 유통되는 음식의 맛을 즐길 수 없다. 그는 차라리 멀찌감치 떨어져 조용한 가운데 추억만으로도 넉넉한 세상을 꿈꾼다. 그것은 담담한 관조의 세계이고 자연과 동화하는 느리고 고독한 삶이다. 소박한 자족의 삶이다. 그래서 그가 〈가을의 소원〉이란 제목 아래 늘어놓은 삶의 방식은 "적막의 포로가 되는 것/ 궁금한 게 없이 게을러지는 것/ 아무 이유 없이 걷는 것/ 햇볕이 슬어놓은 나락 냄새 맡는 것/ 마른풀처럼 더 이상 뻗지 않는 것/ 가끔 소낙비 흠씬 맞는 것/ 혼자 우는 것"(11) 등이다. 이 모든 방식을 체현하는 대표적인 물상으로 그가 드는 예는 "바라보는 일이 직업"인 구름의 존재 방식, 곧 이 세상살이의 번잡한 경계를 초연한 "구름의 독거"獨居다 (12). 그렇게 자유스러운 포즈로 관조하다 보면 일용할 양식의 메뉴도 그 계량적 물질성을 벗어나 세밀한 이미지와 함께 거듭난다. 가령, 〈공양〉을 노래하면서 그가 정리한 메뉴판은 아직 음식이 되지 못한 싱싱한 자연의 식재료가 우리 현실 속의 계량단위에 파격적 변용을 가하는 쾌감을 선사한다. "싸리꽃을 애무하는 산山벌의 날갯짓소리 일곱 근/ 몰래 숨어 퍼뜨리는 칡꽃 향기 육십평/ 꽃잎 열기 이틀 전 백도라지 줄기의 슬픈 미동微動 두치 반/ 외딴집 양철지붕 두드리는 소낙비의 오랏줄 칠만구천 발/ 한 차례 숨죽였다가 다시 우는 매미 울음 서른 되"(10).

물론 저런 메뉴로 실제 공양을 할 수 없을 것이다. 이상적 음식의 표상에 가장 근접하는 대상을 찾아보니 그 흔적이 자연에 숨어 있거나 자연의 일부로 한몸이 되어 있다. 그래서 시인은 빗소리로 왁자지껄한 마당에서 뜬금없이 "부엌에서 밥 끓는 냄새가 툇마루로 기어올라"(21) 오는 움직임을 느낀다. '툇마루'라는 고색창연한 어휘로 미루어볼 때 이 시인은 옛적 고향의 시골집이나 그것과 유사한 현재의 집에서 천천히 되어가는 가마솥의 밥 냄새를 떠올리고 있는 모양이다. 밥은 모든 음식의 필수 양식이니, 그것과 함께 찬이 없을 수 없다. 밥이 빠지면 수제비나 국수라도 올라와야 한다. 그렇게 해서 시인이 뽑아낸 이 시집의 2부에 제시된 메뉴판을 순서대로 훑어보면, 수제비, 무말랭이, 명태선, 물외냉국, 닭개장, 갱죽, 안동식혜, 진흙메기, 예천태평추, 돼지고기, 염소, 꽃게장, 무밥, 콩밭짓거리, 민어회, 물메기탕, 병어회와 깻잎, 통영서호시장 씨락국, 전어속젓, 토끼탕, 매생잇국 등등 그 가짓수의 풍요함만으로도 배가 불러온다. 더구나 시인은 어릴 적 기억을 토대로 이 음식의 재료와 만드는 방법까지 몇 군데 친절하게 시적으로 재구성해놓으니 영락없이 토속적인 식탁의 부활이다. 시인은 외할머니를 떠나보내고 어머니까지 부재한 상태에서 이 음식을 오랫동안 맛보지 못했다. 그 결핍이 더 간절하게 미각과 후각, 시각의 상호 작용을 부채질하여 가난했지만 풍성했던 식사의 날들 속으로 독자들을 불러들인다.

이런 음식들은 오늘날 즉석에서 가공하여 내미는 패스트 푸드와 대척점에 놓인 슬로우 푸드의 전형적 목록이다. 이 음식을 만들어내기 위해서는 요리사와 식재료와 연료와 기계음의 무미건조함을 넘어 다양한 손길들이 개입되고, 풍성한 소리들과 함께 노동의 향연이 섞인다. 가령, '건진국수'가 한 사발 나오기까지 먼저 "밀가루반죽을 치대며 고시랑거리는 [시어머니의] 소리가 있고 반죽을 누르는 홍두깨와 뼛센 손목이 있고 옆에서 콩가루를 싸락눈처럼 술술 뿌리는 시누이의 손가락이 있고 칼국수를 써는 도마질 소리가 있고 멸치국물을 우리는 칠십 년대 녹슨 석유곤로가 있고 애호박을 자작하게 볶는 양은냄비가 있고 며느리가 우물가에서 펌프질하는 소리가 있고 뜨거운 국물을 식히는 동안 삽짝을 힐끔거리는 살뜰한 기다림이 있고 도통 소식 없는 서방이 있고 찰방거리는 국물이 있고 건진국수 옆에 첩처럼 따라붙는 조밥이 있고 열무며 풋고추며 당파를 담은 채반이 있고" 그렇게 해서 건져낸 안동사람들의 누대에 걸친 숨 막히는 여름이 있다는 것이다(58). 이 찬란한 공동체의 우주적 향연 가운데 빚어진 메뉴에 군침 흘리며 입맛을 다시지 않을 위인이 어디 있겠는가.

개구리들 밥상가에
왁자하게 울건말건

밀가루반죽 치대는

조강지처 손바닥

하얗게 쇠든 말든(44)

물에 남은 물기를 꼭 짜버리고

이레 만에 외할머니는 꼬들꼬들해졌다(45)

마치 붉은 노을을 국자로 퍼다 먹는 듯하던 닭개장(52)

시래기에 묻은

햇볕을 데쳐

처마 낮은 집에서

갱죽을 쑨다(53)

　이런 시구들을 오래 씹으면서 먹다 보면 예의 음식을 먹는 사람과 먹
히는 음식이 한몸으로 어우러지고, 사람 외에도 햇볕이나 붉은 노을, 개
구리조차도 이 식사의 자리에 불청객이 아니라 마치 한 모둠의 식구들
처럼 느껴진다. 비적대적으로, 외려 친화적으로 서로 먹고 먹히면서 만
물의 창조가 진행되는 태초의 원시적 식사가 이런 유년의 기억 속에 재
현되는 것이리라.

　시인이 조형하는 이러한 음식과 식사의 풍경에는 가난한 위장의 굶
주림을 채우려는 안간힘이 보이지 않는다. 속전속결로 먹어치움으로써
깔끔하게 다시 주변을 정리하는 효율성도 탐지되지 않는다. 또한 서로
더 먹고자 아귀다툼을 벌이는 험한 입들의 게걸스러움도 찾아볼 수 없

다. 다만 모든 만물이 차분하게 어우러지며 공경하는 포즈로 서로를 보양하는 향유의 은총만이 오롯할 뿐이다. 이 과거의 추억은 현재의 욕망으로 여전히 현전한다. 획기적으로 풍성해졌다는 물질적 형편과 경제적 환경에도 불구하고, 허겁지겁 먹어치우느라 분주한 현대인의 식사는 천천히 음미하며 누리는 감동이 극도로 둔해졌고, 이에 따라 혀의 감각 또한 퇴화하고 있다. 그 가운데 시인이 회복하길 꿈꾸는 식사와 음식의 세계는 아련한 만큼 절박하다. 자본주의적 육체노동의 근육이 팍팍해질수록 그 고단함은 풀어져야 하고, 체제의 억압과 곤욕이 심화될수록 고난의 감내라는 당위적 규범의 반대편에서 싱그러운 향유적 삶이 더 강조되어야 한다. 시인이 보여준 음식과 식사의 기억은 바로 그 팍팍한 억압의 시대를 견디는 푸근한 위안의 전당이었다. 그곳으로 난 미세한 틈은 이미 성인이 된 자식이 엄마의 젖을 갈구하는 것처럼 "참 철없이" 비칠 것이나 "간절하게"(61) 품을 수밖에 없는 정화된 욕망이 아니겠는가.

백석의 음식메뉴에서 예수의 식탁교제로

한국의 시문학사에서 감칠맛 나는 토속음식을 매개로 서정적 시학을 불러낸 최초의 시인은 1920-30년대의 백석이었다. 따라서 안도현이 상기 시집에서 〈백석 생각〉이라는 제목 아래 통영의 충렬사 돌계단에 앉아 평안도 여자를 생각하던 백석의 추억을 음식 시편 직후에 바로 끼어놓음은 자연스럽다. 그는 북방의 예스러운 음식에 대한 회억을 그 작품들 가운데 풍성하게 소개하면서 가난의 현실을 감내하며 그것을 도리어 풍요하게 누리던 식민시대 백성의 정서를 맛깔스러운 시어로 버무려낸 바 있다. 그러한 백석의 음식 시편의 전통은 이제 안도현의 동 계통 작품들로 이어지고 있다. 도회적 물질문명이 범람하는 21세기의 풍요 속에 자연과 회통하는 식사의 즐거움을 누리지 못한 채 인스턴트 만능의 상대적 빈곤 속에 허우적대는 현실을 그는 아프게 성찰하고 있는 것이다.

앞에서 살핀 대로 안도현의 음식 시편 속에서 음식과 자연과 인간은 따로 놀지 않는다. 그것들은 각자의 세계 속에 고립되어 있지 않고 식사의 자리에 한몸으로 어우러져 그 우주적 축제에 흥겹게 동참한다. 마치 예수께서 자신의 살과 피를 빵과 포도주의 물질 속에 담아 생명의 영원한 유전을 전망하였듯이, 식사는 개인의 배타적이고 이기적인 욕망의 충족이란 원초적인 생리학의 사실을 넘어 공동체의 향연으로 그 향유의 폭을 넓혀가는 것이다. 게오르그 짐멜은 이런 점을 포착하여 그의 에세이 〈식사의 사회학〉에서 "미학적 양식화"의 경로를 탐색했다. 그에 의하면 먹고 마시는 식사 행위는 인간의 공통적인 행위로서 보편성을 띠지만 동시에 개별적 신체의 욕구를 충족시키는 것으로 "독특하게도 가장 이기적인 것이며" "절대적이고 매우 직접적으로 개인에게 한정된 것"이다. 이렇듯, 먹음이라는 단순한 자연적 생리 현상은 공동체의 식사라는 자리로 그 외연을 확대해가면서 "미학적 양식화"와 "사회화"의 과정을 밟는다. 즉, 음식과 식사에 관하여 각종 규범과 질서를 세우면서 "식사를 더 높고 종합적인 사회적 가치의 직접적 상징적 표현으로 고양시키"게 된다는 것이다. 이와 같이 미학적 양식화의 과정 가운데 발전한 공동식사의 자리는 먹는 것의 개인적 욕구에 감춰진 이기적인 혐오감을 은폐하면서 그것을 공동체의 긍정적 에너지로 승화시키는 작용을 한다.

그러나 식사의 사회화 과정은 반드시 금기와 배제의 원리와 함께 작동되는 측면이 있다. 여전히 누구와 함께, 어떤 자리에서, 어떤 정서적 분위기 가운데 식사하느냐가 중요하다. 초대받는 자가 있듯이 배제되는

사람이 있고, 또 그 분위기에 어울리며 그 식사의 기준과 예법을 감당할
수 있는 사람이 있듯이 그렇지 못한 채 빠져야 하는 사람도 있다. 이러
한 식사의 미학적 양식화 및 사회화 과정은 복음서가 보여주는 예수의
식사 이야기와 겹친다. 그가 살던 시대에 식사는 정/부정의 율례와 습속
가운데 미학적 양식화를 거쳐 깊이 제의화된 상태였다. 물론 그것이 그
당시 유대인 공동체를 규율하는 사회화의 현장이기도 했다. 거기서 배제
된 부류는 이방인, 병든 자와 귀신들린 자, 여자, 특히 창기들과 세리들
처럼 흉악한 죄인의 범주에 속하는 변두리 존재들이었다. 그런데 예수는
그들과 흔쾌히 어울리면서 식탁교제를 변두리의 소외된 생명들에게 조
건 없이 개방하였고, 이로 인해 "먹보요 술꾼이요, 세리와 죄인의 친구"
(눅 7:34)라는 오명까지 얻었다. 그것은 식사의 미학적 양식화와 사회화
를 역으로 거슬러 올라가, 향유적 가치란 관점에서 식사의 신학적 기원
을 탐문하는 도전적 실험이었다. 그것은 식사의 개인적 자연주의와 미
학적 양식화를 두루 비껴가면서 음식과 인간과 자연이 하나로 어우러져
하나님 앞에서 더불어 누리는 식사의 고전적 원형을 회복하려는 시도였
을 것이다.

그도 그럴 것이 예수는 광야의 풀밭 위에 거창한 식탁을 차린 적이
있었다. 이른바 오병이어 칠병이어의 기적으로 알려진 이 식사 사건은
광야의 바람과 초록의 풀밭이 빈궁한 생명들을 품으면서 작은 도시락으
로 풍성한 식사를 이룬 은총의 경험이었다. 비록 그 토속적 메뉴에 대한
아득한 추억의 빛은 잘 보이지 않을지라도, 이 광야의 풀밭 식탁은 안도
현의 유년기 식탁과 식사의 행위가 범공동체의 차원에서 그 외연을 확
대해나간 풍경이었으리라 상상된다. 마침내 예수의 몸 생명이 빵과 포도
주의 식물성 음식으로 현전하게 된 내력 가운데는 마지막 식사의 문화

사적 의미와 더불어 이 역시 인간의 생명이 마지막 순간까지 누려야 할 향유의 신학적 의의가 감추어져 있다. 그 고고학적 지층을 해부하여 미학적 양식화와 제의적 사회화의 과정을 역으로 추론해보면, 그것은 '성만찬'the Holy Communion이기에 앞서 '주의 만찬'the Lord's supper이었고, '주의 만찬'이기 전에 '마지막 식사'the last meal였다.

죽음에 직면하여 그 마지막 순간을 현실적으로 내면화하는 당사자에게 소유욕과 명예욕 따위는 너무 요원한 대상이다. 영원히 잠들 순간이 코앞의 현실로 다가오는데, 성욕과 수면욕의 호출도 멀찌감치 물리칠 수밖에 없다. 그런데 살아 있음의 마지막 감각을 달래며 생명의 존재 가치를 먹는 행위로 위무하며 마지막으로 누리고자 하는 식사의 향유적 욕망만은 끝까지 소거되지 않는다. 물론 죽기 전에 먹고 싶은 것을 제공하여 혼자 맛보며 먹기도 할 터이다. 하지만 가족이나 친애하는 벗들과 함께 먹으면서 생명의 연대적 가치와 유전적 의미를 나누는 마지막 식사의 자리는 패턴화된 문화사적 양식 속에 예수 이전과 이후를 통틀어 줄기차게 되풀이되어왔다. 예수께 그 자리는 동물성 육체가 식물성 음식으로 회귀하여 친애하는 제자들에게 베풀어지면서 결국 음식과 함께, 그 음식 안에서 하나가 되는 향유의 원형적 공간이었던 셈이다. 그것은 무말랭이를 만들던 안도현의 외할머니가 무말랭이처럼, 무말랭이와 함께 "몸에 남은 물기를 꼭 짜버리고/ 이레 만에⋯꼬들꼬들해졌다"라는 시적인 통찰과 통하는 대목이다.

음식과 향유의 신학

혹자는 '우리는 무슨 간절한 갈망으로 똥을 누는가'라고 물었지만, 배설의 형이상학적 물음을 던지기에 앞서 우리는 음식과 식사의 신학적 원형을 물어야 한다. 그것은 곧 생명의 본원적 가치와 그 창조신학적 토대를 되묻는 일이라서 희생과 고난의 거대담론이 여전히 압도하는 우리 시대 신학과 이념의 풍토 위에 일종의 정언명령처럼 절박하다. 안도현 시인처럼 "적막의 포로"가 되어 "구름의 독거"를 사랑하며 "몰래 숨어 퍼뜨리는 칡꽃 향기 육십평"을 일용할 양식으로 공양받을 수 없는 처지에 우리는 날마다 주어지는 하루 세끼의 음식이라도 다시 천천히 먹기를 연습해야 할 것이다. 거기서 한 걸음 더 나갈 수 있다면 우리는 천천히 그 음식을 함께 만들면서 가급적 많은 자연이 그곳에 스며들어 호흡하며 정겨운 이웃들이 수더분하게 어울리는 음식과 식사의 생태학에 민감해져야 할 터이다. 그 가운데 이 땅의 생명들을 한결같이 구질구질하게 진흙탕을 뒹굴며 모질게 고생하거나 희생양 삼아 누구를 대신하여 잡아 죽이는 식의 강박적 족쇄로부터 벗어날 필요가 있다. 그것은 곧 생명의 본연적 가치가 향유에 있음을 의연히 선포하는 제 존재 의미의 확인이다. 에마뉘엘 레비나스의 탁월한 통찰이 보여준 대로 영혼의 고독과 삶의 물질성은 향유의 존재론적 가치에서 만난다. 거주와 노동, 잠과 꿈과 불면, 식사와 애무 등의 요소로 특징지어지는 일상적 삶은 우리의 존재를 그 생생한 장소감각과 함께 분열시키고 통합시키면서 날마다 견고한 주체로 거듭나게 하는 향유적 매개항이다.

그렇다면 이제 내 식사는 회복될 준비가 되어 있는가. 내 생명은 넉넉히 향유되고 있는가. 예수의 머리에 부은 값비싼 향유香油는 못 될지라도 내 생명의 향유享有는 하나님의 거룩한 사치에 적절히 상응하며 진척되고 있는가. 어릴 적 따먹었던 5월 아카시아 꽃의 상큼한 향기와 장마철 동네 도랑의 흙탕물에서 활체로 잡아 호박잎으로 씻은 뒤 걸쭉하게 끓여낸 추어탕의 웅숭깊은 맛, 초등학생 시절 옆의 짝꿍과 면도칼로 정확하게 반 토막을 내어 자랑스럽게 가방에 담아가던 구수한 옥수수빵의 이미지는 아직도 기억 속에 선명한데, 그 모든 미각과 함께 성취한 내 삶의 향유적 자취들은 어디로 실종된 것일까. 이 인스턴트 천국과 패스트 푸드의 세상에서 내 혀는 생태적 미각을 상실한 채 회복 불가능할 정도로 타락해버린 것일까. 식사의 회복을 향한 희망이 있다면, 향유의 신학을 위한 생명의 밑천이 여전히 남아 있다면, 이 모든 불우한 식사의 시대에 시인과 함께 다시 태초의 원시적 생명이 누리던 싱싱한 감각을 불러내며 오늘의 식탁을 반성하는 수밖에 없다. 이 세상의 타락한 음식과 식사의 현실 앞에서 내 덤덤한 오감과 함께, 과연 이 세상은 살 만한 세상인가. 늘 고단하고 메말라가는 내 생명은 충분히 향유할 만한가.

• 괄호 안의 숫자는 안도현의 시집 『간절하게 참 철없이』(창작과비평사, 2008)의 쪽수를 가리킨다.

기독교 인문
시리즈
001

시인들이 만난 하나님
한국현대시와 기독교의 대화

Copyright ⓒ 차정식 2014

1쇄발행_ 2014년 7월 19일
2쇄발행_ 2015년 9월 3일

지은이_ 차정식
펴낸이_ 김요한
펴낸곳_ 새물결플러스
편 집_ 왕희광·정인철·최율리·박규준·노재현·최정호·최경환·한바울·유진·권지성
디자인_ 이혜린·서린나·송미현
마케팅_ 이승용
총 무_ 김명화·최혜영
영 상_ 최정호

홈페이지 www.hwpbooks.com
이 메 일 hwpbooks@hwpbooks.com
출판등록 2008년 8월 21일 제2008-24호
주소 (우) 158-718 서울특별시 양천구 목동동로 233-1(목동) 현대드림타워 1401호
전화 02) 2652-3161
팩스 02) 2652-3191

ISBN 978-89-94752-73-0 03230
책값은 뒤표지에 있습니다.

이 도서의 국립중앙도서관 출판시도서목록(CIP)은 서지정보유통지원시스템 홈페이지
(http://seoji.nl.go.kr)와 국가자료공동목록시스템(http://www.nl.go.kr/kolisnet)에서
이용하실 수 있습니다(CIP제어번호: CIP2014020395).